ハーバード法理学アプローチ

Teaching Public Issues in the High School

高校生に論争問題を教える

著
Donald W. Oliver & James P. Shaver
ドナルド・W・オリバー、ジェームス・P・シェーバー

訳
渡部竜也・溝口和宏・橋本康弘・三浦朋子・中原朋生

東信堂

Teaching Public Issues in the High School

DONALD W. OLIVER, *Harvard University*

JAMES P. SHAVER, *Utah State University*

1966, Utah State University Press

訳者まえがき

「主権者教育では何が最も大切ですか」

　ここ数年、様々な場面でこの問いについて尋ねられた。問いかけたのは、小学校から高等学校までの現職の教師たち、教師を目指す学生や大学院生、主権者教育に関心を寄せる新聞記者や地域社会の人々である。「18歳選挙権をどう考えますか」「18歳という年齢は、政治的判断ができるほど成熟しているのですか」「選挙前は生徒に何を教えたらよいですか」「小学校から高校3年生までに、子どもたちにどのような力をつけていけばよいでしょうか」など、問い方こそ違えど、一様に、何か今までと異なる新しい教育が求められるのではないか、何かを変えていかねばならないのではないかという期待や関心を持たれていたと記憶している。

　読者であれば、これらの問いかけに何と答えるだろうか。児童・生徒が、「選挙や政治に関心を持つようにすること」「国民主権を担う主権者としての資質や能力を持つこと」「実在する様々な政党の政策を吟味し、判断できるようになること」「社会が直面する様々な課題に対して、自らの主張を考えたり、関わり方を選択・判断したりできること」「多様な価値観を持つ人々が共生できる国家や社会を築けるようになること」など、回答は様々であろう。ではもう一歩踏み込んで、「それが可能になるには、どんな教育が必要ですか」と問われたらどうだろう。本書が問うのは、まさにこの問題である。

　本書は、米国の社会科教育学者オリバー (Donald W. Oliver) とシェーバー (James P. Shaver) による共著『Teaching Public Issues in the High School』(1966年) の翻訳である。本書は、1950年代後半から1970年代前半にかけて、ハーバード大学のオリ

バー、ユタ州立大学のシェーバー、そして当時オリバーの指導学生であったニューマン（Fred M. Newmann）らによって研究が進められた教育開発プロジェクト「ハーバード社会科プロジェクト（Harvard Social Studies Project）」の理論書として位置づけられるものである。

　本書の出版は非常に古く、今から 60 年以上も前のこととなる。21 世紀に入り約 20 年が経過しようとしている現在、なぜ訳者らはこのように古い書籍を翻訳するのか。それは、本書が、民主主義社会における公教育の在り方を考える上で避けては通れない根源的な問いかけを行うものであり、またその問いへの著者たちによる一つの優れた回答を示すものだからである。

　米国の社会科教育に不案内な読者のため、本書成立の背景を簡単に紹介しておこう。1950 年代から 60 年代にかけての米国では、冷戦構造のもと国家予算を投入した最先端の科学技術の教育が奨励される一方で、ブルーナーら教育心理学者の提唱もあり、先進的な学問の構造を取り込んだ教育プロジェクトの開発が盛んとなっていた。社会科の領域においても、歴史学、地理学、政治学、経済学、社会学、文化人類学など様々な人文・社会諸科学の学問を基盤とする、「新社会科」と呼ばれる、一群のカリキュラムや教材が数多く開発されていた。

　こうした学問中心の教育開発が進められる中、それらと全く発想を異にするプロジェクトとして研究が進められたのが「ハーバード社会科プロジェクト」であった。米国民主主義社会において主権者（the people）に求められる資質や能力を根源から考え、その教育の方法を説き明かすとともに、理論に基づく実践を通じ、多くの単元教材を開発し普及させた本プロジェクトは、当時の米国において高く評価されただけでなく、今日におけるシチズンシップ育成の議論においても、常に参照され、その意義を論じられるものとなっている。その理論書である本書は、米国社会科教育の研究において、まさに古典としての地位を占めている。

　翻って我が国では、2016 年 6 月に 18 歳選挙権を認める改正公職選挙法が施行されるに伴い、全国各地で主権者教育の一層の充実が唱えられるようになった。文部科学省も総務省との協同で——法務省ではない点で興味深いが

――、主権者教育のための教材を作成し、全国の高等学校や教育機関に配布した。そこでは、選挙や請願の方法、憲法改正の手続きなど、まさに主権者として政治参加する上での手続きの理解を踏まえて、実際の政策に関する議論、模擬投票や模擬請願を行う活動が提案されている。また地域の選挙管理委員会を中心とした出前授業も全国的に盛んであり、地域の大学生と協力して、選挙の仕組みや投票の意義について啓発を行う取組みも定着してきている。

　もちろんこうした試みは学習指導要領に基づいて行われる日常的授業とは異なり、生徒への影響は限定的であるとする見方もあるだろう。しかし政府機関や公的組織によって教材や授業が提供されていることの意味は大きい。政治に参加するための手続きや制度の側面を強調することが主権者教育のあるべき一つの方向性を示唆することにもつながるからである。

　根本的な問題は、このような教育によって果たして生徒が実際の政治への関心を持つようになるのか、また社会の様々な重要課題について考え判断するための資質や能力を育成し得るのかという点にある。確かに政治は、社会を成り立たせる上で不可欠な調整手段であり、その仕組みの学習は政治参加を行う上で不可欠ではある。しかしながら、そもそも人々の政治への関心は、政治の制度や仕組みそのものの学習によって直接的に喚起されるのであろうか。むしろそうした学習以前に、社会が抱える様々な問題や課題への関心、問題の捉え方や課題解決の取組みに関わる意見の対立や論争への関心が基礎にあって初めて、その調整手段となる政治への関心が高まるのではないか。

　生徒たちがこれから生きていく社会は、「人間の尊厳」という理念のもと多様な価値観や生き方が認められ、個人が自由に幸福を追求することが保障される社会である。しかし、自由や人間の尊厳はその解釈をめぐって多様な考え方が存在し、社会で重視される価値を実現する仕方や実現の度合いについても人々の間で意見の相違や対立がみられ、論争が生じ得る。こうした社会では、本書において著者たちが述べるように、自分たちの自由や尊厳に関わる事柄を政治や法の決定に任せておくのではなく、物事の決定の正しさに関して、「個人や集団がそれぞれの基準や分別――つまり彼ら自身の人間

の尊厳の定義——を開発できる幅広い裁量権を持つ」ことが望ましい。社会の問題に関し多様な解決策が生み出されることを許容し、促していくことが、個人の選択の自由を保障することになり、結果的には、人間の尊厳を促進する社会の形成につながる。

　それを可能にする教育の姿とはどのようなものであろうか。個の選択の自由や多様性を重視する社会で、公教育が共通して生徒に身につけさせるべきものは何なのか。個々人が将来においても問題解決のための判断の基準を開発してゆくために、学校は生徒に何を教え、何を身につけさせるのか。こうした問いに関心を寄せる読者に、本訳書が多くの示唆を与えるものとなれば幸いである。

訳者を代表して　溝口　和宏

目次／ハーバード法理学アプローチ

訳者まえがき ……………………………………… i

序文 ……………………………………………… x

第1部　一般教育としての社会科 ………………… 3

第1章　社会科における内容選択　4

内容選択の基準　8
まとめと概観　20

第2章　公的論争問題の分析における社会的価値の役割　26

第3章　価値対立への他のアプローチについて　45

主観的な相対主義の立場　45
実用主義（プラグマティズム）の立場　47
一つの価値を根源的に優先するアプローチ　50
価値の源泉　71

第2部　公的論争問題の分析を教授するための概念枠 …… 77

第4章　民主主義社会への倫理的なコミットメント　78

社会的価値と人間の尊厳　80
合理的合意　85
政府と基本的な社会的価値　90

第5章　アメリカ政府の諸原理　97

精選されたアメリカの政治的手続きの諸原理　99
アメリカ政府の実質的な目標　110
「民主主義的な立憲主義」モデルについてのいくつかの留保条件　116

第6章　公的論争問題を解明するための精選された分析概念　124

　　三つのタイプの見解の不一致とそれらの解釈方略　129
　　定義的問題　129
　　価値的問題　138
　　事実的問題　143
　　結論　160

第7章　法理学的認識枠を公的論争問題の授業で活用する　162

　　政治的論争の分析を教えるための一般的方略　180
　　パターン分析と社会科の教授　190

第3部　法理学的認識枠を公的論争問題の授業に応用する　193

第8章　問題単元を選択し組織する　194

　　歴史的危機アプローチ　196
　　問題—主題アプローチ　197
　　教育課程内における単元の配列と単元内における論争事例の配列　207
　　問題—主題単元の組織化に関する留保条件　208
　　付録A　単元の概略と教材の説明　214
　　付録B　リトルロックⅠ　222
　　授業計画の例証——リトルロックⅠ——　228

第9章　授業対話の分析　231

　　教室の相互作用に関する研究　231
　　教授行為の多尺度分析　239

第10章　生徒の資質能力を評価すること
　　　　　——先行研究の概観と筆記試験　254

　　批判的思考テストの改良に向けての指針　260
　　実験版の測定法　267

SIAT No1：議論分析テスト　268
　　　SIAT No.2：議論の記述と反論テスト　270
　　　結論　278

第11章　生徒の資質能力を評価すること―議論の内容分析　280

　　　SIAT No.3 ── 記載された対話の分析　282
　　　SIAT No.4 －「自由」議論を分析するためのシステム－　290
　　　結論　310

第12章　法理学的アプローチと社会科に対する期待　313

　　　社会諸科学の学問規範（ディシプリン）の挑戦　313
　　　歴史はどれだけ教育の理論基盤になるのか？　321
　　　法理学的アプローチへの批判　324
　　　法理学を教えることの未来　329

　訳者によるコラム「ハーバード社会科のカリキュラム構造と授業」　334

補論　実験用カリキュラムの実施結果　………　345

　補論 第1節　研究デザインと設定　346

　補論 第2節　実験カリキュラムの分析能力に与える影響　364

　補論 第3節　実験カリキュラムの教科内容や公的論争問題への関心に与える影響　381

　補論 第4節　二つの教授スタイルの教室での対話の実態　394

　補論 第5節　生徒のパーソナリティと公的論争問題分析　421

　訳者解説　454

序文

　社会科教育におけるカリキュラム研究の報告書は断片的な内容にとどまっていることがほとんどだ。アメリカ社会の性質についての疑問は上がっていても、おそらくカリキュラムについては一般的なことを若干示すだけにとどまっていたり、社会科の教科の目標については議論していても、カリキュラムについては若干の提言にとどまっていたり、授業の流れについては議論していても、社会科の教科の目標については簡潔にしか触れていなかったり。時折ある授業に基づく何らかの実験結果が報告されることがあるかもしれないが、社会科の目標という文脈から授業の流れを注意深く設定していることはまずない。本書はカリキュラム開発の全順序を最後までやり抜くという、私たちの信じるところとして普通ではない試みを提供する。まず社会の性質、特に多元主義が意味するものについて議論がなされる。この議論に基づいて教科の目標が立てられる。そしてカリキュラムに包含すべきものが開発される。最後にカリキュラムの実施結果についての実験的評価について詳細に報告がなされる。

　本書はカリキュラム（開発）と評価の包括的な試みを報告しているため、いろいろな人たちが自身の職業的関心や市民としての関係と大なり小なり関わりのある部分を本書の中にみつけ出すかもしれない。第2部と第3部は社会科に対して様々なアプローチを模索している経験の浅い教師や、学校で公的論争問題を扱っている自らの授業をより良いものにするために具体的な技術や知的戦略を追求している熟練教師にとって大変興味深いものになるはずである。第1部は、素晴らしい授業をこれまでも開発してきたが、自身のこうしたアプローチの倫理的根拠をより詳細に追求したいと考えたり、そうし

た自らのアプローチと私たちが本書で提案するアプローチを比較したいと望んだりする教師であれば、特に若手でもベテランでも関係なく適しているかもしれない（教室の秩序を保つのに苦闘している若手教師にとって、第1部はおそらく何かしら「学問的」で「理論的」に思えるだろう）。

　社会科教育を専門にする大学院生は、補論にて報告されている専門的な調査も含め、本書の全てに興味を持つだろう。この本はある特定の視点から書かれており、論争やさらに進んだ研究を刺激するように慎重に企画されている。そして三つの全く異なったレベルの研究が求められている——一つ目は、カリキュラムの哲学的前提の追究、二つ目は哲学的前提を教室の実践に活用するに当たっての洗練されたカリキュラムの計画、三つ目は、具体的な内容や教授手順の教育効果についての実証的調査である。補論で報告されている研究も、教育学研究でこれまで無視されてきた二つの領域——学習成果の評価と、教授スタイルと生徒のパーソナリティ（人格的特性）との関係の二つ——にまで手を伸ばしていることに注目すべきである。院生や彼らの指導教員が哲学的研究やカリキュラム研究、もしくは実証的研究を刺激的であると感じてくれるなら、彼らが同じような方向で研究しようと本書から刺激を受けてくれることを私たちは願っている。

　私たちはまた、アメリカの社会科教育の将来に関心のある専門家、または初心者の多くに読んでもらえることを願っている。社会科は学校教育において極めて重要な時期にきているというのが私たちの確信するところである。本書は社会科を狭義の学問的観点から再定義しようとする最近の試みに対して、議論に開かれた異議申し立てをすることを意図している。社会科を適切に概念化することをめぐっての現在の論争の中にみられる大きな問題と私たちが考えていることは、第12章において示しているので、最初に読んでみるのも良いだろう。

　読者は筆者らが開発したカリキュラム教材が最初に中学校で実施されたことに気づくだろうが、このアプローチはこの学年段階に限定されたものであると解釈してはならない。実際に私たちはこの研究を高校まで広げており、7学年から12学年までの6年間に通用すると考えている。私たちの研究を

中学校の学年段階を対象に行おうと決めたのは、理論的考慮もあるが、偶然的な要因もある。重要なことは私たちが「法理学的アプローチ（jurisprudential approach）」と呼ぶものが、様々な学年で、また様々なカリキュラム構造においても教材と授業計画に翻案することが可能であるということを読者が理解することである。付録に報告されている具体的な教材や手順は合衆国史の従来の教育課程に合わせたものであった。同じような形態の教材の多くは、9学年の公民領域、11学年の合衆国史、もしくは12学年の民主主義の諸問題（時事問題）の教育課程にも合わせることができた。ただ、現在、ハーバード大学ではこうした既存のカリキュラムに「合わせていく」のではなく、高校の既存の必修課程の構造を置き換えることを意図した統合社会科の配列（シーケンス）を開発していくための研究が進められている。このアプローチを学校のどこで、どのように用いていくのかについての見解がいかなるものであろうとも、私たちの研究の理論的根拠や概念的構造には広い用途があり、特定の教育課程や学年段階に縛られるべきではないと私たちはいっておきたいと思う。

　本書はハーバード大学社会科プロジェクトの1956年から1961年までの最初の5年間の研究成果に基づいた本当の意味での経過報告書でもある。ここで報告されている研究は数多くの財源からの資金的支援、そして同僚や共同研究者の道徳的・知的支援によって可能となった。このプロジェクトは最初にニューヨーク市のモンロー・ガットマン氏からの私的な研究助成金によって支援を受けた。後には、これが研究開発のための学校・大学プログラム、さらに後には、合衆国教育局共同研究部門からの支援によって拡大された。主要なサポートは私立大学のイニシアチブと支援によってもたらされていることはいっておかなければならないだろう。

　私たちは、本書の背後にある基本的な考えを発展・明確化していく手助けをしてくれた全ての人たちからの恩恵を受けている。それは、これらの考えを試みる研究環境を提供してくれた教師や行政当局の皆さんに対してもいえることである。特に、私たちと一緒に実践の主要な部分で教育スタッフを構成してくれた3人の教師、ハロルド・バーラックとレオナルド・ゴッドフリー、

そしてアーネスト・バン・ショーショールズに謝意を示したい。さらに、この実践はコンコードのエマーソン中学校の前校長モートン・シーベイが与えてくれた断固たる行政上・道徳上の支援がなければ、最初の6か月を乗り切ることは出来なかっただろう。加えて、コンコードで得た研究を他の学校での研究と比較することができたのも、マサチューセッツ州ウェストンのウェストン中学校、ニュートンのビッグロウ中学校、そしてニューヨーク州オールド・ウェストベリーのウィートリー・スクールの教師と経営陣の教書あってのことである。

　統計学上の研究の多くは、マサチューセッツ州ケンブリッジのマサチューセッツ工科大学のコンピュータセンターで行われた。この施設を使わせていただいたIBMとMITに感謝したい。

　最後に私たちはハーバード大学教育学研究科と、特にジャドソン・シャプリン大きな恩義を受けている。彼の啓発的な方策と行政的リーダーシップのおかげで、私たちの研究は可能になったし、円滑に進めることもできた。学校と大学の協力というアイデアや、教師の研究的な役割を作ること、学校での実践を改善することが第一の関心事となっている有能な大学院生のために怯まずサポートすることを、あれほどまで熱心に支援してくれたのも彼であった。

ドナルド・W・オリバー
ジェームス・P・シェーバー

ハーバード法理学アプローチ
――高校生に論争問題を教える――

第1部
一般教育としての社会科

第1章
社会科における内容選択

　公学校における社会科授業の適切な内容選択は、社会科を指導する教師や他のカリキュラム研究者が責任を負うべき最初の命題であるはずである。ところが不幸にもこの（NEA 社会科委員会が 1916 年に提出した報告書以降の）50 年間[1]の社会科教育の幾分活気のない状況は、次の事実を指し示しているように思われる――それは、もし教育者が積極的にこうした内容選択のプロセスに関与してきたのなら、彼らのうち少なくともカリキュラムを最終的にコントロールすることになる人たちの間では、あらゆる大きな改革をすることは必要に思えなかった、という事実である。あらゆる一般化と同じように、無論このような発言にも例外はある。学校の中には社会科のカリキュラム構造が著しく変化するのを経験してきたところもある。だが、保守的で商業的に作られた教科書への信頼によるものか、それとも過去の実践から外れたくないからなのか、伝統的な社会科の形態の妥当性を固く確信していることによるのか、概して、現状維持が浸透してきたのである。

　しかし、内容選択に関心を持っている人たちにとって、近年、この問題はますます深刻になってきている。理由はいくつかある。第一の理由は、歴史と歴史家に関係がある。歴史家は、過去について自分たちの叙述や解釈を基礎づけるためのデータを選択しなければいけないのであり、また教師はそうした歴史家以上に多くの選択をすることになる――慎重に選択することもあれば、いい加減に選択することもある――という事実がますます知れ渡ってきている。問題のこうした側面は、ここ数十年の歴史学の進展に伴い、より深く、より広く過去を取り扱う歴史学研究が蓄積されていくにつれて、より火急のものとなってきている。例えばアメリカ史の第二次世界大戦から現在

までをカバーした時代だけを教授するのにどのくらい多くの時間が費やされかねないのか認識する時[2]、もしくはここ100年間で入手可能となった歴史教材は南北戦争に限定しても溢れんばかりあることを考える時、教科書や教科書の歴史選択に安易には頼れない。

しかし、知識の拡大の問題は歴史にだけ限られたことではない。種々の社会科学がもたらした方法論や蓄積された発見[3]は、第二次世界大戦が始まって以来、急速に広がってきた。社会科学でも比較的新しい分野である行動科学は、人間的・社会的問題への方法論とアプローチを発展させ、政治科学や経済学といった他の学問に影響を与えている。これらは昔、歴史研究や哲学研究だった。

さらに、ここ数年、振り子は再び動き出し、中等学校における社会科のカリキュラムに無関心だった社会科学者の関心が活発なものに変わってきた。社会科学者は——自然科学者や生物科学者が、カリキュラム開発において顕著に関わっているのに倣って——中等教育のカリキュラム編成において、より大きな役割を果たそうとしている。また彼らは、中等教育のカリキュラムに、社会科学的分野からの方法論や理論をより広範に取り入れることを求めている。社会科のカリキュラムにおいて、自分たちの学問分野をそのままの状態を維持して取り入れようとする人たちもいるし、「社会科」をなくして社会科学を教科として教えようとしている者もいる。しかし、大抵の場合、ほとんどの人たちが議論しようとしているのは、どのようにすれば社会科学を高校の社会科プログラムに一番効果的に当てはめることができるかということである。そして多くの人たちがこの議論を、市民性教育の文脈の中で進めていこうとしている[4]。このような社会科学者の社会科領域への再介入は健全な影響をもたらした。このことは、社会科教育者が社会科学と社会科の目的との関係をより厳密に再考せざるを得なくさせたのだ。しかし、時間には限りがあること——そして、それに付随して生じる内容選択の必要性——が議論者の肩越しにのぞいている幽霊のような存在になっているのである。

選択の問題に付随する別の因子を見落としてはならない。世界的なイデオロギー論争が増してきていることで[5]、アメリカ人は自分たち自身の価値観

や価値への積極的関与に関してより認識するようになっている。その結果人々は、より新しい社会科学も歴史と同じく、自分自身と自分の地域社会そして国家社会についての正しいことや間違っていることが何であるのかということ（特に前者「何が正しいのか」ということ）を生徒が学ぶことができるような媒体として用いられるべきだ、と強く主張するようになった。社会の中の諸々の力が、道徳性は歴史的内容もしくは社会科学的内容を通して直接的に教えられるべきだという信念に従って社会科のカリキュラムを形作る働きをする時、もしくは合理性に対してより積極的に関与しながら、そのような内容は社会問題を明確化するために用いられるべきだと主張されるような時、もはや政治的・倫理的理論の領域に足を踏み込んでいくことを避けることはできない。このような領域拡大については明確に考え抜かなければならないが、それがこれまで脆弱な正当化しかなされてこなかった社会科のカリキュラムに無計画な負担を与えるものになってはならない。

　しかし、社会科領域を再考するとして、いったいどこから始めるべきなのだろうか。カリキュラム決定は目標を土台としてなされるべきだというのが、教育の原則である。すなわち、教育課程（course）の内容や教師の態度、そして生徒の進歩を評価するために用いられる手段は、それらが教育課程のねらいから引き出される範囲において適切だとか、もしくは妥当だということになる。教育課程の目標は学校の目標と一致しているべきだし、より広い意味においては、社会の目的と一致していなければならない。

　実際には、社会科のカリキュラムを決めるに当って、目標がこうした重要な役割を果たしていないことを示す証拠はたくさんある。例えば、生徒の推論能力の成長と関わりのある目標を支持しているのにもかかわらず、教師が作ったテストも出版されているテストも、専ら「事実に基づいた」資料を思い出すことや言い換えることばかりを求めすぎてしまうことがよく生じてしまう[6]。多くの学校で社会科のカリキュラムが断片的な構造となってしまっていることはよく指摘されるところである。社会科の教育課程の間や、それぞれの教職課程内のある部分と別の部分との間にさえ一貫した関係が欠けていることがよくあるが、それらは、社会科の全体的構造が目標を考察するこ

とから展開していない事実を示している。

　アメリカの高等学校において、統合された社会科プログラムの土台を作るはずの様々な要素――すなわち、歴史や倫理、そして法律、社会科学の概念や一般原理、分析概念、そして社会的問題に接していくこと――は、大抵の場合、カリキュラムガイドに列挙されている。にもかかわらず、例えば、カーンの『道徳的決定』[7]や、『ディフェンダー』のようなテレビ番組で示された、倫理や法的原理についての各要素の間の相互作用や、法的原理と法的手続きとの間の重大な相互作用は、まず教室で関心が集められることはない。その証拠に、(学校では) 社会的問題の下にある感情が絡んだ状況に生徒を関与させるよりも、結論を出すのに口当たりの良い様々な奨励案とセットで社会問題について抽象的な解説が示される傾向にある。しかし、最も重要なのは、カリキュラムガイドに載せられているのと同じ断片的でばらばらの方法で、様々な要素について生徒たちに学ばせている実態である。生徒は一連の歴史的概念を「学ぶ」。倫理的・法的概念一式についても「学ぶ」かもしれないが、すでに述べたように、これらのことはしばしば軽視されている。生徒は、単純化された人工的な歴史状況には適用されても、われわれの文明が直面している大きな問題にはまず適用されることのない社会科学的概念から選択されたものを「教えられている」だけなのかもしれない。生徒は一連の個別的な批評的思考技能や、それらの適用に関して、何らかのことを「学ぶ」かもしれないが、通常、分析的思考の基本的戦略の点からそれらを学ぶことはない。教育者たちはどういうわけか、これらの断片が、全員とはいえないまでも大抵の生徒をより知的に、もしくは理性的に人間や自分たちの住んでいる社会について考えることができるようにする複雑な知的プロセスの素材となるだろうと想像している。問題は、カリキュラムの時と同様に、複数の要素が生徒の中で実際に役立つ知的枠組みへと自然に消化されていくのではなく、断片的なままであることにあるのではないか。このように、様々な断片を関係づけることに既存のカリキュラムが全般的に失敗している事実は、社会科の枠組みを、現代の民主主義国家における市民性の性質について考察することではなく、社会諸科学の規範体系 (ディシプリン) から引き出すことに目が

向いている昨今のトレンドを多少なりとも説明するものであることは疑いのないところである。

そこで、本書は次の二つの関連性を持つ問題に対して挑戦する。第一に（テキストだろうと最近のペーパーバックの歴史的な解釈だろうと）生徒は良いとこ他者の考えや結論の観察者である、という大まかで抽象的な観点から高校社会科の内容を扱っていくことの問題である。第二に、カリキュラムの分化の問題である。私たちは、独断的に選ばれ、依然として分化され断片化された大学の学問領域に頼るのではなく、地域社会の中での市民の役割を慎重に考察することによって構造は社会科に向けて準備される、と私たちは想定している。従って、まずは民主主義の性質と民主主義へのコミットメントについて考察していき、その後、この考察に基づいてカリキュラムの概念的枠組みを示していくことにしたい。学習に向けての問題領域の選択、そして学びの評価も、こうした概念的枠組み（フレームワーク）を活用して作成された実験カリキュラムの成果と併せてこの文脈の中で扱われることになるだろう。

内容選択の基準

社会科のための内容を選ぶ時に基準となる枠組みを詳細に扱っていく前に、その準備として二つのことを明確にしておかなければならない。一つは、社会科学と社会科との間の区別。もう一つは、「内容」の定義である。

一般教育としての社会科

「社会科学」という言葉と「社会科」という言葉は、しばしば互いに置き換えることがができるものとして使われる[8]。しかし、多くの教育者にとって、この二つの言葉は違った指示内容を持っており、考える時の混乱を少なくするために二つは区別しておくことが便利と考えられる。ウェズリーはこの分野で一般的に使われるようになった定義を最初に表明する仕事をした。彼は社会科学を「人間関係に関する詳細で体系的な論理的研究」についての学問的領域と定義する。一方、社会科の方を、「学校、もしくは他の教育現

場で用いられるために選択・適用された社会科学の部分、ないしは側面」と呼んでいる[9]。実際、社会科学から内容を選択する際の基準への関心はますます高まっきているが、これと同時に、社会科にある種の統一性が必要なのではないかという考えも生じている。社会科を一つの規範体系（ディシプリン）として考えるべきだと主張する者もいるくらいである[10]。そして教育者たちは「社会科は～である」という時、社会科を複数形扱い（the social studies are）せずに、単数形扱い（the social studies is）し始めているが、このことで中心目標を軸として編成された教科内容の統合感（feeling of integrity）を示そうとしている。社会科が上述の「一つの規範体系（ディシプリン）」にはまだ値しないものであることは、私たちが社会科に構造が欠如していることを議論していることや、授業での選択と目標とを関係づけていこうとする問題関心の欠落を議論していることからもおそらく明らかであろう。だが、本書はある程度まで、社会科を統合カリキュラムの領域にまで組織化していくことに貢献するものであると考えて下さってよい。

　社会環境の中での人間に関する研究としての社会科学と、この研究の成果を教育学的に応用させる社会科とを区別することは、内容選択においていくつか重要な意味がある。単にひとつの学科として社会科学を教えることを選択する人もいるし、社会科学の内容を全ての市民の一般的知的能力に寄与するものとして用いることを選択する人もいる。しかし、どちらを選ぶかで教師は異なったカリキュラム決定をするようになる。なぜなら、内容選択における基準が違ってくるからである。次の例がこの点を明らかにするはずである。アメリカ史の中でジャクソン時代を研究している大学の学者が、なぜジャクソン時代を学生に教えたいのですか、と質問されたならどのように答えるだろうか。自身の学問的能力のある領域がたまたまそこだったからです、とその学者があっさり答えたとしても、驚くことはないだろう。学問的見地からすれば、それ以上の答えをする必要があるだろうか。ジャクソン時代に関するあるデータを学生に示し、他のものは示さないことに対する理論的根拠は、ある特定の「事実」を選ぶことがこの時代の最も適切な解釈を示すことになるという前提によるだけでよいのだ。つまり、彼が内容選択をする時

の基準は、基本的に、歴史のデータと解釈を選ぶ時に用いている基準であり、それはもしかすると、歴史学を専攻する学者仲間の持つ基準かもしれない。

プロの歴史家の一人として教師も、この時代への生徒たちの興味が——もしそうした興味が生徒側にまだないとすれば——永続的に起こせるかもしれないという希望を正当化の理由として加えるかもしれない。そしておそらく教師の中には、学識のためにしろ、個人的な興味によるものにせよ、知ること自体を目的にしてジャクソン時代を主題として追求していく者もいるだろう。しかし、基本的にこの種の正当化は、個々の社会科学の規範体系（ディシプリン）が学問や「真理」を永続化させるひとつの試みとして教授されるべきであるという、分かりやすい仮説に依拠している。

同じ理屈が多くの有能な大学生（その点では高校生も）に対しての基礎学科の教育準備コースを正当化するのにも用いられるかもしれない[11]。個々の内容領域を紹介されることになる学生のうちのほんの少しの割合の者しかその学問分野でのトレーニングに参加しないにもかかわらず、ただ知識を伝授するだけではなく学問と文化全体に対して重要な貢献をするかもしれない人材を募っているのだということで、この決定は当然のように擁護されることになる。

このような基準は、一般教育としての高等学校における社会科プログラムのための具体的な内容選択にとってあまり適切なものではない。ここでは教師の個人的な好みや、ある学科内での真理の探求を永続化させることは、せいぜい二次的な優先順位でしかない。地域社会の利害関心や、その社会で生きていくことになる生徒たちの利害関心こそが、最も本質的な構成要素になるのである。この明確な事実ゆえに、社会科のカリキュラムを開発する者は、しばしば「生徒が自分の地域社会や世界を理解する手助けとなる内容を選択する」といったような目標について言明することから始めるのである。

内容選択のための土台として、このような一般的な言明は、非現実的なものである。なぜなら、それらは何ら具体的なガイドラインをもたらすものではないからである。そして教育者たちはこの目標を達成するために必要な潜在的カリキュラムの範囲や複雑さが段々と分かってくるにつれて、戸惑い始

める。社会科教育者や教師が、より広い範囲の内容を網羅しつつも連続的により高次な一般原理へとつなげていくような教育課程を導入することによって[12]、もしくは新たにより特化した断片を開発することによって、「増大する複雑さ」や「知識の爆発」といった問題について解決しようと模索することが現在の中等教育のカリキュラムにおけるトレンドである。私たちがいっているのは、例えば合衆国史の教育課程は年々現代史を組み入れる量を拡大していることだとか、原始の穴居人から最近の原子学に至るまで記録に残っている歴史を文字通り網羅しようとしている「世界史」の教育課程が最近人気を博していることだとか、そして世界文明の教育課程では、アフリカとアジアに特化した地域学習が含められているといったことである。

　確かに、既存の教育課程の範囲を拡げることは可能である。しかし、このことで、網羅的な通史または地理教育の計画に組み入れるべき個別的内容の選択という問題は解決されていない。さらに、これらは従来通りの枠組みに合わせられなければならないのだ。おそらく教師たちは、通史は時代の全範囲を網羅するものだという理由から、もしくは地理教育の計画は全世界の地理的領域を含んでいるものだという理由から、地球の知られている時間・空間の全体性に対応するために選択された内容こそが完全なのだと感じているのかもしれない。もちろん、この考えは馬鹿げている。このことを認識して初めて、私たちはおそらくカリキュラム開発のためのもっと具体的な基準を探すのに時間をより有効的に使おうとすることができるようになるのだろう。

内容の二つの意味

　明確にしておかなければならない二つ目のポイントは、「内容」という言葉を使う時の曖昧さに関するものである。一般に、「内容」とは、世界を記述する材料、もしくは世界についてのデータが「題目」のもとに解釈または分類されていく方法のことであると仮定されている。社会科では、通常、内容とはデータや、歴史、地理学、経済学、政治学、社会学、心理学などの学科の範囲内でのデータの解釈のことをいう。これらの内容の各領域は、もちろん、もっと細かく区切っていくことができる。例えば、古代バビロニア史

や、古代エジプト史、古代ギリシア史、古代ローマ史などなど、というように。

しかし、分析と選択を必要とする第二の種類の内容がある。すなわち、生徒がデータを扱う時に用いる知的プロセスや、データの解釈——例えば、どのようにして自己の信念を打ち立てたり、もしくは、ある特定の題目について到達した結論を正当化したりするのかということ——を記述するもののことである[13]。例えば、生徒はある題目の一部として示された情報にどのような対処をすることが期待されるのだろうか。ブルームの『教育目標の分類学』[14]は、生徒の情報の取り扱いについての教師の期待を類別しようとした試みの一例である。生徒はただ情報を「知っている」だけかもしれないし、「理解」したり、「言い換え」たりするかもしれない。「応用」するかもしれないし、「分析」もしくは「統合」するかもしれない。そして／もしくは、「評価」するかもしれない。明らかに、「評価」のように複雑な知的作用は、論理的一貫性があるかどうか一組の信念を調べたり、一般的結論を支えるために直接的観察を用いたりといったように、多くのより具体的なプロセスに分解することができる。デューイの『思考の方法』[15]が最初に出版されて以来、問題を扱うに当たっての人間の知的操作と戦略については、その複雑さや有用性に違いはあれど、様々に分析されてきた。「証明のプロセス」を扱った文献には、ララビーの『確かな知識』[16]や、コーヘンとナゲルの『論理と科学的方法』[17]、そしてごく最近ではハルフィッシュとスミスの『反省的思考』[18]のような、有名な作品がある。

ならば、内容を選択することとは、どのようなデータを生徒が知らされるべきかというだけではなく、むしろ情報を扱うために何を教えられるべきかということを決める問題でもあるというべきであろう。われわれは情報題目を選択することだけでなく、生徒が何らかの建設的な方法で情報を扱うことができるようになる知的操作を選択することについても正当化しなければならないのである。

基準についての私たちの立場

このように、学校の教科の中で一般教育としての社会科は、内容選択——もしくは、もっと広い意味では、カリキュラム開発——の基準が、社会科学の学問規範（ディシプリン）が必要とするものではなく、むしろ、社会の必要とするものを考慮して引き出されることを求めていることになる。ビアード[19]は30年ほど前に、教育の目標について議論するには、教育が行われることになる社会の目標を考えずしてできないことを強調していた。このことは社会科には特に関係している。

　本書の基本的テーマは、アメリカ社会における目標の多様性が、非常に抽象的な一つのフレーズ、つまり、その社会の中で生きている各々の人間の尊厳と価値を促進することに要約しえるのだ、というものである[20]。私たちの社会の中心となる価値に積極的に関与していこうというこうした発言は珍しいものではない。それどころか、ありふれたものであり、たとえ実行に移すに当たっては幾分問題が出てくるとはいえ、少なくとも理想としては異論をはさむ余地はないようである。

　「どうして」個人の自由と人間の尊厳は社会の中心的目標である「べき」なのか、ということを、私たちは究極的な意味で正当化することも、合理的な説明をすることもできないことは分かっている。哲学的レベルでのこのような合理化が、不可避的に回帰的循環論法的にならざるを得ないというだけではなく、どの程度「道理」が説得力を持てるかは、その人の育った文化に依存していることを人類学が証明している。このような価値を最終的に説明するものは一切ない。人間の価値観の中心にまで迫っていったとしても、決まって何かしらの信仰に基づいた教義を受け入れて終わってしまうに違いない。例え望んだとしても人は自分の文化の拘束から完全に逃れることができない事実を認識するならば、私たちは人間の尊厳へのコミットの中に、人間それ自体が一つの目的となるという信念について説明のつかないような容認があることを理解できる。私たちはそうしたコミットメントが中心的なものとなっている社会の中で、人間の尊厳という価値を社会の目標として素直に受け入れているのだ[21]（価値の源泉と、価値としての人間の尊厳についての正当性については、この後、第3章で議論されることになる）。私たちの社会が人間の尊厳

という価値に献身していると主張することは、実はほとんど何もいっていないのと同じである。鍵となるこの言葉は曖昧であり、どのような行動がこのコミットメントを証明することになるのか、どのようなタイプのカリキュラムがこのような行動を生み出すことになるのか、ということについては何も語ってくれない。尊厳という言葉を特に具体的な言葉で定義するつもりはないが、本章の後半と次章以降において、中心的価値から引き出される価値やこうした価値がこの中心的価値に与えている意味について取り上げる。第二章と第三章では、私たちの鍵となる言葉について具体性を低次なままとどめていくことについての弁護（主に教授法上の弁護）をしていくつもりである。

　この中心的価値への社会としてのコミットメントを基盤としたカリキュラムの開発のための基準を考えるに当たり、私たちは価値の永遠化に関心を持たなければならない。間違いなく、このような価値を促進し、保護している社会を組織する方法は数多くある。どんな方法が採用されようとも、その社会には一つの顕著な特徴があると私たちは仮定している。すなわち、社会の基本的な問題がどのように解決されるべきなのかということについて、異なった見解を持つたくさんのグループが、大なり小なり政府の統制から独立した形で存在するだろう、と。これらのグループは、社会の中でサブカルチャーを代表している。

　そのため、私たちはもし人間の尊厳と、その本質的で明瞭な特徴の一つである「重要な選択をする権利」というものが存在するなら、様々な生き方の中から選択する真の自由が存在することになるに違いないと想定している。それゆえ、世の中を渡り合っていく上で人間が直面しなければならない問題に対して多様な解決策を擁する多様な集団（下部社会）が存在しているに違いない。全体主義的社会では選択をすることにあずかることは一切ない。そこでは、政府の公式の手段が、時に大多数の人々に支持されるかもしれないが、それぞれの主な決定に向けて受け入れることのできる一つの解決策を定義づけ強制するために用いられる。主体的な集団が複数あること——すなわち、多元主義——は、自由な社会の必須要素である。なぜなら、それが、何らかの選択の自由を確かなものにできる唯一の自然なメカニズムだからであ

る。私たちがここで用いる多元主義という言葉は、社会の中に異なった政治的もしくは党派的グループが存在することを暗に示しているばかりでなく、少なくとも相互に自由なコミュニケーションができる程度に互いを尊重し合うことを主張する様々なサブカルチャーの存在も意味するものである[22]。

　人間が自身の社会的・物質的環境を作り上げていくのに必要となる調整に向けた視座について様々な見解を有しつつ、相互に小集団が競合するという、望ましい多様性を有した社会において結束を維持するには、次に挙げるいくつかの要素が必要となる。

(1) 社会内部の各集団は不可避的な程度に距離を置いていたとしても、多くの問題が共同体全体で対処していかねばならないのだ、とした認識がそこに存在しなければならない。
(2) 全ての小集団の構成員はある程度価値へのコミットメントを共有し、また共通の問題に対処する上で用いる規範的語彙を一つの枠組みとして共有していなければならない。
(3) こうした規範的枠組みには、個人間や集団間の対立を調停するための手順が、特に社会的問題の解決において必要なものとして、含まれていなければならない。

　ここで挙げた社会の対立形式では、社会の対立において、社会を何よりもまず維持していくのに最重要となるプラグマティックな（実用的な）道理（例えば、社会環境においての人間や集団の相互作用は人間的充足にとっての必要条件である）について考慮することも求められる。もともと、ヨーロッパの複数の小さな集団が、主に経済的・宗教的理由のために互いに団結し新世界にやってきたのだ。これらの集団が徐々に発展していって植民地となり、ついには植民地同士が単一の国家へと結合されていった。このことは、経済的・文化的相互依存がみるみる進展していき、ばらばらでかなり独自の文化を有していた小集団が——少なくとも政治的・文化的意味において——一つの社会を作り上げたことを反映している。小「社会」は、国家社会の中の多様性と自由を維

持するために、依然として私たちとともにある。だが、その外部の社会も、私たちとともにある。より外部の社会の問題を処理することができ、なおかつ、最大限に広く、深い個人の自由と人間の尊厳が小集団の間に存在する事実を認めることができることから、国家政府が必要とされているのだ[23]。

それと同時に認識しておかなければならないのは、多くの場合、国家的問題を解決する方法が、小集団の価値観や彼らの統合すらも促進するかもしれないし、崩壊、または破壊してしまうことも十分にあるということである。例えば、人種問題に対する南部の「解決」は、より外部の社会によってその大部分は拒否されてきた。このことが南部の白人社会での人間の尊厳の考え方にどのように影響したのだろうか。

つまり、人間の尊厳の概念に対しての政府の献身には二つの役割がある。それぞれの小集団ないしは集団の自律性を守ることと、国家共同体の内部の対立状況に適用することのできる共通の標準価値(スタンダード)を開発することである。国家共同体は、異見を有する者たちが自分たちの違いを議論するに当たって共通の拠り所とすることのできる国家規模の倫理的標準価値があって、初めて存在可能となる。

こうしたこと以上に、人間の尊厳の概念といったような、広範な一般的概念は、あまりに漠然とし過ぎていて、地域社会の問題を議論する上での標準価値としてはあまり役に立たない。それはもっと具体的な意味を持った理想に変えなければならない。これらのより具体的な理想については、私たち自身の社会や政府の倫理的基盤を書いた政治的・法的文章の中から比較的容易にみつけることができる。例えば独立宣言には、全ての人間は平等に創造されており、それぞれが生命と自由と幸福の追求の権利がある、と宣言されている。主意は明らかに法治国家による政治的平等の保障である。憲法の前文は正義の理想と、自国の平和、共同防衛、公共の福祉、そして、自由の賛美を列挙している。自由は権利の章典の中で、さらに規定され、言論の自由、信教の自由、集会の自由、家庭内でのプライバシーの権利、そして個人財産の保護する権利を含めている。権利の章典の中で、正義は法のもとによる平等の保護(アメリカ合衆国憲法修正第14条)と同じく、適法手続き(due-process)

という明確なシステムによって定義されている。

　ミュルダールはこれらの標準的概念や理想のことを「アメリカ人の信条」と呼んでいる[24]。これらは国家共同体が共通問題を説明し議論し評価することを可能にしてくれる標準価値を国家共同体に与えてくれる。

　自由社会における共通の問題を扱う時の政府の役割は、大変に大きい。「正しさ」とか「良さ」についての標準価値が異なっているために、人間はその社会の一般福祉（幸福）を同じ見地から理解しようとはせず、また政治的・法的文章についても同じ見地から解釈したりはしないだろう。だから、政府が社会的な問題を解決するある種の責任を受け入れる限り、例えそれが解決方法の異なる者どうしを和解させることであろうとも、その社会の中に存在する様々な集団を容認、または破壊する力を備えることになる。このように、政府はとても難しい立場にある。例え、社会的、政治的対立を助長することになるとしても、人間と集団の権利を守る義務がある。政府は合理的議論と主張をもたらしていく義務があるが、どんなに一時的であれ、政府は共同体全体に影響を与えてしまう議論を解消することのできる唯一の機関でもある。議論を許し奨励しながらも、その解消の手助けをするというパラドックスは、自由社会における政府にとっての大きな挑戦課題である。このパラドックスが公学校に対して、その政治的機能に関して特別な要求をしてくるのである。

　もちろん、対立の制御という一般的問題に政府や学校が取り組むに当たって実行可能な方法はたくさんある。その一つは、人間は基本的に寛容なのであり、個人の価値観や財産が他人や他の集団によって脅かされたとしても、彼らを理解し「愛する」ことを教えたり、訓練したりすることができるのだ、と想定することである。この取り組み方は、人間が究極的に教育可能な生き物であると信じる必要がある。つまり、反社会的な衝動は訓練で人間から取り除くことができるとか、もしくは、攻撃性が深刻な問題に発展することが決してないような方法で育てることができる、と信じることである。

　キリスト教思想と共産主義の双方を含め、この「理想的」解決法を基礎とし、同時に、人間の尊厳を社会の至高の目標として守るべきだとするイデオロギーがある。これらのイデオロギーを堅持している人々は、「善き」人間

と「善き」社会に関して真の定義に到達することは可能だと考え、そして彼らは、この真実を持ち合わせるべきだと主張している。さらに、全ての人間が「真理」を理解し、それに従って行動すれば、対立だとか不寛容は一切なくなるだろうと考えている。これらのイデオロギーでは、対立は究極的には悪いものとなる。共産主義とキリスト教思想の双方の支持者たちは、一切の対立がなく、そのために対立を統制する強制力を持つ機関の必要が全くない人間の状態を想像してきた。対立は人間の性質が一時的に不完全になったことによって起こるもの、そしてそうした事態を引き起こすことになる一時的な社会の状態とみなされている。

　このようなイデオロギー的観点は、現代人にとって長期的な進化論的目標として役立つかもしれない。しかし、歴史の点からすれば、社会化(socialization)についての研究結果から観た時と同じように[25]、それらは一つの民主主義である公学校向けのカリキュラムを構築する基盤とするには非現実的なものである。本書での立場は、多元主義社会において要求される公共での決定の大半に、全ての人が同じように理解すると思われるような明白な言葉で真理を定義することなど不可能である、というものである。小集団の多様性によって生じる様々な背景が、こうしたことを妨げているのだ。さらに、この社会において人間の尊厳という概念の最も重要な要素の一つである選択の自由は、公の決定をすることに関して、選択するべき妥当な選択肢が大抵一つ以上存在することを前提としている。

　社会科における一般教育に対してこの立場が持つ意味は重要なものである。第一に、明らかにされる真理がないために、教師は生徒たちが様々な理想や価値観、信条を持つことを許容しなければならなくなる。加えて、教師はイデオロギー対立について個人的な解決法をみつけ出すかもしれないが、社会の中にある様々な手段の間で繰り返される紛争については、それらが教室の中でそのまま展開するように、寛容な姿勢で臨む必要がある。善き社会とは、全ての人間が正しさに関して、ある一致した実質的な定義に従って同じように行動する社会のことだ、などと考えてはならない。むしろ、善き社会とは、個人と集団がそれぞれ自身の価値標準や嗜好——すなわち、彼ら自身の人間

の尊厳についての定義——を発展できる広い自由の幅を認めている社会のことなのである。この観点からすると、進歩とは「善き生き方」を象徴しているような様々な行動様式を選択してきた自由な人間集団の間で繰り広げられる、長い長い非暴力的対立によって成り立っているのだ[26]。

　アメリカ社会の多元主義と共有性についての基本的な考察を基にすると、社会科における一般教育に向けて内容を選択するための二つの基準が浮き彫りとなってくる。第一に、生徒は、われわれの社会の中にある公の問題——つまり、社会と同じく、個人も衝突している状況——に触れさせられるべきである。そして第二に、生徒はこれらの公の問題を、ある程度有益である政治的・社会的枠組みの中で分析するように教えられるべきである。私たちは冒頭から、適切な枠組みは西洋的な憲法上の伝統から生まれてきたことを主張している。

　しかし、この内容を適切に教えるためには、教師は先の二つの前提条件が子どもたちの教育によってすでに満たされていなければならない、と考えることができていなければならない。生徒は、記述的レベル、概念的レベルの双方において[27]、自分自身の文化と、衝突してくる他の文化について、ある程度、慣れ親しんでいかなければならない。また、西洋文明の民主主義的伝統から出てきたアメリカ社会の基本的理想に対してコミットされていなければならない。

　初等教育のカリキュラムについては、本書では広範な再考も体系的な再考も全くなされていないが、先の第一の前提条件に関していえば、初等教育における社会科関係の書籍をざっと読む限りでは、いずれの本もこれらのことを奨励しているようではない。むしろそこから、いくつかの不適切な部分がみつかった。第一に、教科書は内容的にも（事実についての誤りが多い）、重点を置いている箇所についても、ひどく非現実的である。第二に、教科書はアメリカ市民が現在直面している、そして将来的に直面することになる挑戦課題や問題に対して不適切な資料を多く含んでいる。第三に、重要な歴史的・社会科学的概念と、生徒たちにとってこれらの概念を機能的なものにしてくれるだろう具体的な経験との関係を打ち立てる努力がほとんどされていない

ように思われる。数冊教科書を見てみたが、「大量生産」、「スラム」、「オートメイション」、「労働組合」、「企業」、そして「社会階層」といった概念に、これらの教科書はほとんど触れておらず、ましてや、適切な概念を発展させるのに必要な広範な事例が示されることはまずない[28]。初等教育カリキュラムに挙げられる多くの目標の中においても、現代のアメリカ社会を理解する時に必要となる社会諸科学の概念を教えることが、最優先の目標とされるべきである。社会的問題の研究を強調しているカリキュラムでは、社会諸科学の概念を同時に教えることができない。両方とも、あまりに複雑すぎる仕事だからだ。しかし、公的論争問題のカリキュラムは、先に（初等教育のカリキュラムの中で）紹介されることになる概念の意味を拡げていくのに役立つはずである。

学校はアメリカ社会の基本的理想への積極的な献身について教えていくべきだという提案は、いつも問題を起こすことになる。「洗脳」という赤い旗が、蒙昧な服従という含蓄とともに、しばしば振られることになる。それでも私たちは共通規範へのコミットメントに基づいた社会的団結が必要とされていることについては、すでに述べてきた。このジレンマは現実的問題である[29]。これへの解決策は、全ての人が合理的にコミットすることが期待できるような社会の一般的諸価値と、これらの価値を政策的決定（これについては意見の食い違いが生じるに違いない）に移し替えることとを注意深く区別する中で生じてくる。後者に関しては、個人の選択の自由は堅持されなければならない。本書の大部分は、社会的価値の枠組みの範囲内で個人の選択を認める立場から論じており、その立場に基づいてカリキュラムを解説している。教室で価値観をどう扱うかという問題については、この後の章で、広く取り扱っていく予定である。

まとめと概観

まとめとして、われわれの立場を次のように述べておこう。異なる経済的集団、異なる民族的・人種的集団は、様々な生活様式を持っているという事

実にもかかわらず、個人の自由と人間の尊厳へ積極的にコミットしていこうとする社会では、そのような多元主義は許容され、奨励されている。しかし、私たち各々が下す最も重要な個人的決断の多くは、社会の中に存在する他の集団の行動に依存しており、その集団は、私たちのものとは異なる利害関心や行動についての価値標準を持つかもしれない。このことが、絶え間ない摩擦と対立の源となっている。この対立が社会の大部分にとって突出したものとなった時、それらは個人的決断の領域から公共の決断へと移されることになる。なぜなら、そのような広範囲に及ぶ問題を扱うことができる十分な強制力を持っている唯一の仲介役は政府だからである。結論が公のものになる時、全ての市民が直接的、間接的にそれに関与することになり、それぞれの市民がこの対立と利害関係を持つことになる。公的論争問題を議論するには、倫理的・政治的行為についての共通の価値標準、共通の原理、そして共通の規範についての語彙が必要となる。一般的に西洋文明は、そして特にアメリカは、公的論争問題に向けての基本的な語彙として役立つような価値標準を開発してきた。その価値標準には、財産権、言論の自由、信条の自由、個人的集会の自由とプライバシー、暴力の拒否と対立を処理する方法としての理性への信頼、全ての人の一般福祉、機会均等、平等な法的保護、法による支配、もしくは憲法上の政府への規制、被統治者の同意による支配、適法手続き、三権分立、地方自治といった概念を含んでいる。

　しかし、社会科における一般教育を焦点として、公の対立と政治的論争に自分自身を関与させていくことは、内容選択への最初のステップに過ぎない。一度生徒が受け取ったその内容を、生徒がどう対処するのかを特定しなければならない。知的プロセス、生徒が内容を積極的に自分の行動原理に関係づけることができるような受け入れ可能な分析の価値標準、そしていつ内容が「理解」されたのか明確にするための基準、これらが説明されなければならないのだ。分析のための妥当な枠組みを示す試みは、続く章の中で示されることになるだろう。しかし、まず、非常に重要な点が明確にされなければならない。私たちが信じるところでは、社会的価値の性質や構造を概念化する方法と、倫理的立場を明瞭化するプロセスとの間には、密接な関係がある[30]。

自由や平等、親愛を、例えば、それぞれが市民に同等の忠誠を求めているものとして考えるか、それとも、序列的な秩序のもとに置かれたものとして考えるかによって、特定の論争上の問題における自身の立場を正当化する際に、それらの用い方に根本的な違いが出てくることになる。それゆえ、私たちは次に社会的価値と、それらが公的論争問題という闘技場においてどのような作用をするのかかに目を向けることにしよう。

註

1 例えば、次の文献を参照のこと。Moreland, Willis D. Curriculum Trends in the Social Studies. *Social Education* (1962), vol. 26, p.102.
2 ボルスターは、次の論文の中で、子どもたちに意味するところがほとんどない一般原理を用いつつ、歴史をより表面的なレベルで網羅することが解決策の一つであってきたと指摘している。Bolster Jr., Arthur S. History, Historians and the Secondary Curriculum, *Harvard Educational Review* (1962), vol. 32, pp.48-49.
3 しばらく、われわれは社会科学に歴史学を含めないことにする。そうすることで、このような類別を好まない歴史家の怒りを避けられるように思う。
4 次の文献を参照のこと。Berlson, Bernard, et al. *The Social Studies and the Social Sciences* (New York: Harcourt, Brace & World, Inc., 1962) ; and Hunt., Erling M., at al. *High School Social Studies Perspectives* (Boston: Houghton Mifflin Company, 1962).
5 ここで言及されているイデオロギー論争は自由主義的民主主義と国家共産主義の間の現在の対立以上のことを含んでいる。ロシア革命と同じく、イタリア、ドイツ、そしてスペインでのファシズムの成功は、現代の民主主義政府への新たな重大な問題の始まりを記している。フリードリッヒやブルズツィンスキーによって指摘されたように、コミュニケーションや輸送における技術的な変化により、この問題は昔の専制主義国家の問題よりずっと根源的なものである。Friedrich, Carl J. and Brzezinski, Zbigniew K. *Totalitarian Dictatorship and Autocracy* (Cambridge, Mass.: Harvard University Press. 1956).
6 この資料のほとんどが事実に基づいていないことは、次の論文にて説明がある。Noah, H. J., and Prince, C. E., and Riggs, C. R. History in High School Textbooks, *School Review* (1962), vol.70, pp.414-436.
7 Caln, Edmond. *The Moral Decision: Right and Wrong in the Light of American Law* (Bloomington: Indiana University Press, 1956).
8 Berlson, et al., *op cit.*
9 Wesley, Edgar B. and Wronski, Stanley P. *Teaching Social Studies in High Schools* (Boston: D. C. Heath & Company, 4th ed.. 1958), pp.3-4.

10　McCutcheon, Samuel P. A Discipline for the Social Studies, *Social Education* (1963), vol. 27, pp.6145; and Wronski, Stanley P. A Philosophy of the Social Studies（NCSS1963年大会（ロサンゼルス）のセクションミーティングでの配布資料より）

11　しかし、大学専任講師たちが経済学入門コースで、市民性やその他学生たちのニーズと彼らのコースとの関係について取り扱った際の興味深い報告もある。Knopf, Kenyon A. *The Teaching of Elementary Economics* (New York: Holt, Rinehart & Winston, Inc., 1960).

12　Bolster, *op cit.*

13　明確な知的プロセスを実行することは、一般的に一つの技術とされている。技術と知識という二分法は、特に論理的というわけではないが、カリキュラム開発での問題を明瞭化する上では役立つかもしれない。実際、この「技術」は、手段としての知識、すなわち、どのようにして、他の知識を手に入れ、評し、実証するのかという情報からなる。手段としての知識の習得は、具体的な知的操作を実行する生徒の能力（例えば、伝統的な座標を用いて地図の一点の位置を確認する能力）によって立証される。これは丁度、「主題的」知識の記憶力を測る記憶テストのようである。

14　Bloom, Benjamin S. (ed.). *Taxonomy of Educational Objectives* (New York: David McKay Co., Inc., 1956).

15　Dewey, John. *How We Think* (Boston: D. C. Heath & Company, 1933).

16　Larrabee, Harold Atkins. *Reliable Knowledge* (Boston: Houghton Mifflin Company, 1945).

17　Morris R. Cohen and Ernest Nagel, *An introduction to Logic and Scientific Method* (New York: Harcourt. Brace & Co., 1934).

18　Hullfish, Gordon and Smith, Philip G. *Reflective Thinking: The Method of Education* (New York: Dodd, Mead & Co., 1961).

19　Beard, Charles A. *The Nature of the Social Sciences* (New York: Charles Scribner's Sons, 1934).

20　Edel, May and Edel, Abraham. Anthropology and Ethics (Springfield, Ill.: Charles C Thomas, Publisher, 1959). 本書のp.91以降においてメイ・エデルとアブラハム・エデルは、この価値が多くの原始社会で見受けられ、普遍的価値の状態に十分近づいたものであると指摘している。しかし、中国文化や中国人がどの程度「環境」に左右されるのかについて調査したメナートの研究は、人間の個人性（individuality）に対するコミットメントが普遍的なものであるという見解に疑問を投げている。Mehnert, Klaus. The Chinese and the Russians, *Annals of the American Academy of Political and Social Science* (1963), vol. 349, pp.2-4.

21　ここで次の三つの関係についてここで一言触れておいてもよいであろう。つまり、社会で作用している価値（人々が実際にとる行動の基礎となるコミットメント）と、社会的理想（社会によって認められた価値）と、個々の教師の個人的価値観の間にある関係である。私たちの立場は、もし教師が社会で作用している価値だけにコミットし、そして／もしくは社会の理想にコミットしないならば、その教師は教室にいるべきではない、というものである。教室においてその教師が影響を及ぼそうと試みている生徒たちの精神は、おそらく、その教師の個人的価値観や信念の影響を受けやすい。その教師に抵抗するだけの自律した立場にない生徒たちに向けて

生じる問題ゆえに、教室は社会の理想を覆すには不適切な場所である、というのが私たちの考えである（強調しておかなければならないことは、私たちは理想を覆すことについていっているのであって、作用している価値や実践を覆すことについてではない）。実際的、そして道徳的視点からすると、もし教師が彼の住んでいる社会の理想に基づいて誠実に動けないならば、彼はその社会を去って、どこか他の場所で教えるか、それとも、その価値構造を変化させるべく大人社会に影響を与えるように試みるべきである。（その場合、彼は政治的行動もしくは世の中を変化させる組織に参加することになるだろう。）

22　多元主義の立場についての、特に、社会科の目標についての伝統的主張との関わりから多元主義について幾分詳細な解説をしたものとして、次の論文がある。
Oliver, Donald W. The Selection of Content in the Social Studies, *Harvard Educational Review* (1957), vol.28, pp.271-300.

23　次の著書の特に第5章を参照のこと。Lindsay, A. D. *The Modern Democratic State* (London: Oxford University Press, 1943).

24　Myrdal, Gunnar. *An American Dilemma* (New York: Harper & Row. Publishers, 1944).

25　例えば、次の論文を参照のこと。Schmidt, H. D. Bigotry in Schoolchildren, *Commentary* (1960) vol.29, pp.253-257. シュミットは、社会的政治的態度が学校の影響だけからなるわけではないことをある程度例証する、とても説得力のあるデータをいくらかだが示した後、所属集団への感情がそれ以外の集団に対する反感を助長することを明らかにし、実験的証拠によって裏打ちされた納得のいく説明をしている。現実的に、この事実に直面してみて、シュミットは次のような結論を導き出している。「集団の嫌悪感の問題は、所属集団への強い感情をいかに緩めるかではなく――それは不可能であるが――いかに集団に対する忠誠を維持するか、適切かつ安全な境界線を視野に入れ集団の敵対心を維持するかという問題である。利害をめぐる摩擦と対立は、それらが常に個人間で生じているように、集団間においても常に存在するだろう。しかし、それらが集団の犯罪へとつながっていくことを許すべきではない。本当は個人的レベルでのみ治療が可能なものであるが――政治的嫌悪は私たち皆に存在し、それは私たちの歴史の自然な結果でもある。しかし深い嫌悪感を抱くこととそれを反社会的行動へと転換させてしまうこととは別のことであると若者たちに語ることは、より誠実な行為である。」(p.257)

26　ここで示されている対立－緊張モデルは、アメリカの政治的意向からすれば何も新しいことではない。1943年、ビアードは、社会科学と政治倫理の関係についてコメントしながら次のように述べている（Beard, *op cit.*, pp.170-171）。「だが、もし、［社会科学における経験主義］が、その探究を可能な限り、その教科内容の末梢まで向かうようにさせるものであるならば、これらの変化と方向づけの緊張状態や、人間の思考によってもたらされる選択という概念を、できる限り正確に吟味し、説明しなければならなくなる。」「そして、社会科学がこの義務を忠実に遂行したなら、全ての政治システム（アメリカではこのシステムを通じて調整がなされる）が統制と準拠という柔軟な枠組み――すなわち、合衆国憲法――についての考え方に即して創

造されているという根本的な事実を明らかにするだろう。緊張が生じた際、その政治システムは緊張の中に永続的側面があると想定し、また、法の範囲内で探究、議論、提案、決定が行われることで、緊張状態を調整できると想定している。そのような調整に向けて用いられる諸価値は、その国家の文化的遺産と、その遺産から発展し、遺産に再び加わってきた観念によって生み出される。」

27　子どもに自らが住む社会についての概念的な見方を教えたり、他の社会と自分たちの社会との関係を例証したりするためのアプローチには、少なくとも二つある。スタンフォード大学のポール・ハンナによって開発されたアプローチは、社会世界を解釈するのに有効な一般原理に基づいたカリキュラムを組み立て、子どもの身体的・心理的距離（ハンナは自分たちの住む共同体、つまり学校から始まり、近隣地域、都市、地方、州、国へと広がっていく直線的なものを想定している）に応じて順序良く配置していくことを支持するものである。ジョセフ・グランニス（ハーバード大学）も子どもの社会概念の体系的発達に焦点化したカリキュラム開発計画に着手している（Grannis, Joseph C. The Framework of the Social Studies Curriculum, *National Elementary Principal* (1963), vol.42, pp. 20-27）。だがグランニスの計画は、ハンナの研究の中核にある共同体についての直線的な身体的・心理的関係を想定していない。彼は、概念を相互に関係づけることのできる異なった論理的操作を子どもに訓練していくことに、より力を入れている。

28　小学校での社会科の教科書で、「キューバ」のようなトピックの取り扱いをみてみると、ためになる。カストロ政権が樹立する以前のキューバは、大抵、アメリカによってスペインから「解放」された幸福な共和国として提示されている。旧キューバ憲法で保障されていた改革（例えば、「女性は投票の権利を持つ」）については、大抵、法的虚構としてよりも、事実として示されている。しかし、非常に多くの人々が貧しかったことについては、ほとんど触れられていない。バチスタによる無慈悲な独裁政権については何も触れられていない。

29　「統一と統合の象徴」のような一般的価値観の中で、個人主義を包括的に扱ったものとしては、次の論文がある。Oliver, Donald W. Educating Citizens for Responsible Individualism, in Franklin Patterson (ed.) *Citizenship and a Free Society*, 30th Yearbook of the NCSS, 1960, pp.201-227.

30　ビアードは（Beard, *op cit.*, pp.182-183、188-189）、人が行動を決める上での準拠枠の重要性を強調している。彼は特に、内容選択を含め、教師の行動への影響を強調している。

第2章
公的論争問題の分析における
社会的価値の役割

　おそらく、「社会的価値」、及びその性質や機能を理解するのに用いられる「知的プロセス」について私たちが考えるところを最もよく紹介しているのは、ミュルダールの『アメリカ人のジレンマ』の付録1であろう。ミュルダールの理論の要点を以下に示したが、彼の文体には明確さと力強さがある。私たちはミュルダールの理論の重要点に対してほとんど異議を感じていない。その主旨及び彼が紹介する知的プロセスについての詳細な説明は次の通りである。

　　人々は、実際の現実はどうであるか、また、どうであったかについて考えを有している。そして、どうあるべきか、どうあるべきだったかについても考えを有している。前者を「信念（belief）」、後者を「価値評価（valuations）」と呼ぶ。ある人の信念、すなわち知識は、客観的に正しいか正しくないか、より完全かより不完全なものかを判断できる。価値評価──つまり現在または過去の情勢や関係が「妥当」であるのか否か、「正しい」のか否か、「公平」なのか否か、「望ましい」のか否か、そしてそれはどの程度なのか──は科学が提供するような客観的な基準によって判断できない。人々は自身の信念や価値評価を「意見」の中で表明する。通常、人々は意見の中では、考えていることや知っていることと、好きか嫌いかということとを区別しない。
　　二つの思考形態の間には、密接な心理的相互関係が存在する。私たちの文明社会において、人々は信念の中に合理性や客観性を求めたがる。私たちは科学を信頼しており、原則として、科学の成果に従って信念を

変える覚悟をしている。人々はまた彼らの抱いている価値評価に道理を持ちたがっており、そして通常、彼らは道理があると思う価値評価だけを表明する。意見として役立てていくために、明確な価値評価が選択され、言葉によって組み立てられ、受容可能な「道理」があることよって動機づけられる。価値評価は、現実に関してのいくらかの信念の助けを借りつつ一般的価値を序列することとして位置づけられ、そしてここから価値評価は論理的推論として捉えられることになる。このような価値の階層性（ヒエラルキー）は単純な建築構造である時もあれば、巧みな構造である時もあるのだが、それらは主に個人の文化的水準次第である。しかし各々の文化的水準に関わりなく、大部分の人々は、自分たちの仲間、そして自分自身に向けて、整えられ磨かれた価値評価の領域――そこは、誠実さ、論理性、一貫性が根づいている領域――の中で意見表明をしたいと考えている。しかし、これから私たちが議論しようと考えているような理由から、ほとんどの人々の表明する意見は、実際のところ非論理的であり、社会的現実に関しての歪んだ信念によって橋渡しされた矛盾した価値評価を含んでいる。加えて彼らはそこで期待されている行動について不適切に指摘したり、また通常、行動をとるに至った動機について誤って伝えたりもする。

　価値評価についての論理的な序列を明らかにしようとするこうした試みにみられる基本的な困難は、当然ながらそれらの価値評価が実際に対立していることである。加えて、価値評価が衝突する様子、そしてその対立が個人や社会にもたらす影響を研究するに当たっては、私たちはあたかもこうした価値評価が同じ平面上に存在するかのように単純に扱われえないことを主張しておかなければならないと考えている。価値評価は道徳的特性（moral personality）の差異と関係する。それぞれの価値評価に含まれている道徳的指針（moral precepts）には、道徳的判断の一般性の程度についての違いがある。例えば価値評価の中には、人間一般に関係があるものもあれば、黒人や女性、外国人と関わりがある価値評価もある。また黒人の特定の集団や、個々の黒人と関わりのある価値評価もあ

る。一般的で不変的有効性のある価値評価もあれば、ある状況に限って正当性を持つものもある。漠然とした主張であるが、西洋の文化圏の人々は、より一般的で普遍的な性質の価値評価の方が道徳的に優れていると思っている。そうしたことから、私たちがすでに述べてきたことではあるが、価値評価の動きは、より一般的な価値評価からの推論として個別具体の価値評価を表現するという形態に従うのが一般的であることを理解することができる。

　実際の日常生活の流れの中では、人は自らの道徳的特性の特定の次元の価値評価にばかり関心を集中させてそれを自明のものとしてしまい、しばしばそれとは矛盾することになる価値評価を有した他の次元にしばらく目が向かないという事実があることが明らかにされている。人々のほとんどの時間でなされているこうした価値評価の焦点化において、人々の選択は明らかにご都合主義的である。こうして表明される価値評価、そして具体的な行動や言葉でのやりとりを突き動かすものとして表に現れる信念は、その時その場の都合との絡みから選択される。これらは「正しい」という道理ではなく、「善い」という道理である。つまり端的にいえばこうした選択行為は「合理化」なのである。

　「価値評価の領域（sphere of valuations）」全体——私たちがここで意味しているのは、思想、演説、活動での価値評価の表明を含んだ人々の多様で相互に矛盾する価値評価の集合体のことである——は決して意識的に知覚できない。その一部は絶えず認識に抑圧されているものなのかもしれない。だが主観的無頓着の陰にほんの一時期隠れてしまったこうした価値評価が永遠に沈黙させられたままにあると考えるのは大きな誤りであろう。それらの大半は、経験のなすがままの流れや衝動に対応して意識的知覚の焦点が変化していくのに合わせて、時折意識となって芽生えてくる。また水面下に隠れていても、それらは実際の行動に影響を与えないわけではない。通常、価値評価は何かしらの方向性に合ったものに行動を曲げていく。つまり、価値評価を意識しないように抑えていこうとする理由は、もし素直に価値評価に従うならば、よりそれが行動に影

響を与えるからである。それゆえに本論においては、行動は概して異質の複数の価値評価同士の道徳的妥協の産物であり、それは一般性の異なる様々な次元で機能するものであり、そして様々な時や場所で異なる水準で意識に生じてくるものであると考えることにする。行動の背後に同質の「価値態度」が存在すると仮定することは、こうした事実を曲げることになる。私たちはこのことについて、日々の内省と観察と熟考からよく知っているに違いない。このような仮説を立ててしまうことは、私たちの究極的な研究対象である道徳的対立を隠してしまう傾向がある。

　加えて、今私たちが研究しているところの行動をもたらす個人や集団は、道徳的単体として行動しているわけではない。個人や集団は外部からの干渉なく合理化を自らの望むままに行うことができるように独りで生きているのではない。彼の価値評価は外部から疑問を投げかけられ、また議論されることになる。民主主義とは「議論による政治」なのであり、実際のところ、他の政治形態も程度は低いが、そうである。道徳的議論とは密接な家族の輪から、国際的な会議に至るまで、全ての集団において行われている。知的なコミュニケーションの現代的な方法は、そのような道徳的相互関係の規模や内容の濃さを増大させている。

　議論が個人や集団などによる道徳的批判の形態をとる時、その議論は、他の人が持ちえていないとある価値評価を自分は持っていると主張することではない。そうではなく議論とは、他者が無自覚という陰の中に隠してしまっている、しかし実際のところは共通に有していると想定される価値評価に訴えかけていくことなのだ。この対立する意見の中にも共通の価値評価が存在するという仮説は、大抵の場合正しい。(…) アメリカの文化的統一性は、ほとんどのアメリカ人は、異なった教育を受け、また集団や個人の差異と相関して学びの内実も異なっているにもかかわらず、共通した価値評価を有しているという事実から成り立っている。このことが議論を可能なものとし、批判者の理解と応答を保証する。

　互いを高め合う人間どうしの道徳的批判のプロセスにおいて、より高次でより一般的次元にある価値評価は——これは特定の小集団ではなく

全ての人間と関わってくるものである——定期的にどこかの集団から提起されてきたが、それは単にそうした価値評価を社会における全ての集団が共通に有しているからであり、またそうした価値判断が昔から称賛されてきたその優位的威信によるものである。こうした開かれた議論という民主主義的なプロセスによって、価値評価の領域を絶え間なく人々の意識の中に明らかにしていこうとする力が働き、その範囲はより広がっていく、そのような傾向が生じてくるのである。個人や単一の集団が自らの直観に頼って個々の瞬間にこうした価値評価を生み出していくよりも、ずっと多くの価値評価を意識づけていくことになる。ついでにいえば、このことの効果——加えて、より一般的な価値評価は実際に、より「高次な」道徳性を示しているという私たち共通の確信——こそが、自分たちを民主主義支持者であると思っている私たちが、公的な議論は不純物を取り除く作用があり、民主主義それ自体が人々に道徳教育を供出すると考える最も重要な理由である、と主張することを許してもらいたい。そのため一時的に折り合いの悪い価値評価が目の前に生じた時には、決断の留保と困難な状況といった要素が割って入ってくることになる。価値評価の不一致が公然と暴かれることなった個人や集団は、こうした食い違いを調停するための手段をみつけ出す必要を感じることになる。これは対立する価値評価の対（つい）のいずれか一方を調整することで解消することができる。もし修正されることになる価値評価の方がより低次な一般性の水準しかないのであれば、より多くの人が支持している価値評価の方により大きな道徳的調和が生じている。この場合、個別具体の価値態度と行動の形態は、より一般性の高い道徳原理に調和されることになる。他方、より領域的にも、そしてまたほとんどの時代においても、社会の他の集団全員に共有されている価値評価について変更や再解釈を測ろうとする試みがなされるならば、そのような逸脱集団は、他の集団との道徳的対立が鮮明になっていくことを目にすることになるだろう（これは、もし他の集団が一つの道徳的妥協に向けて彼らの一般的価値を変更することに対しての心の準備がなされていないとするならば、という話なのだが）。

議論がもはや不可能になるまでこのプロセスは続けられるかもしれない。極端な場合、こうした道徳的分離は、もし意見の異なる側の集団が十分に強大であるならば、平和や社会の秩序を壊し、国家は内戦に突入するかもしれない。

……………

　道徳的な価値評価の階層性（ヒエラルキー）の範囲での論理的一貫性を必要と思うこと──道徳的秩序が不確実であることに対して困惑を覚えたり苦痛に感じたりすること──は、近頃はよくあることになってきたが、非常に新しい現象である。（社会的）流動性や知的伝達手段、そして公的議論が少ない前近代においては、いずれの世代もお互いの価値評価の対立にさらされる機会は今より少なかった。また自らの目的のために価値評価の合理化をより完璧なものにしようとする誤った信念に対しての心の余裕といったものも、科学が未発達で教育の規模も小さかった当時は今よりももっと大きかった。このような歴史的差異は、孤立した後進地域での伝統に根づいた不明瞭な準民俗的社会からカルチャーセンターの知識人にまで話を広げるなら、異なる社会階層が異なる教育を受け、異なる外部社会との意思疎通の手段を有している私たちの現代社会の範囲内にも観察できるところである。前者の集団から後者の集団に移ると、道徳的な価値評価の領域は厳格さが失われ、より曖昧に、より不透明になる。同時に、より一般的な価値評価が、地方や階層、その他の小さな集団に対してより大きな力を持つようになる。最も確実な一般原理の一つは、社会は全体としてより一般的な価値評価の方向へと急速に進展していく、ということである。そのスピードは地理的な流動性、知的通信手段の開発、読み書きができない人の減少、教育に用いる資金といくらかだが関係があり、それらによって推量できる。
　こうした知性化のプロセスの中で、人々の自身の価値評価の領域に生じている食い違いへの自覚も高まっていく傾向にある。同時に──もし

道徳的シニシズムが広まらなければだが——彼らはますます彼ら自身や他人に、価値評価の一貫性を要求するように価値態度を改めていく。彼らは、価値評価の不一致を克服するために、社会的現実についての非論理的考察や誤った概念活用があることを認識し、これらを避けることを学ぶ。せっかちな人道主義者は、このプロセスが悪い意味で遅い、そして結果が貧弱だと思っていたかもしれない。しかしながら、ここ数十年の世代の視座は、(道徳の破滅は必ずしも発展のプロセスを妨げないという) より楽観的な印象をもたらした。

······················

　もしこの教育的努力が成功を収めたならば、価値評価と関わっての非論理性が、それらを持つ人々の目にさらされることになる。彼らはその時、彼らの価値評価をある程度変えていくことを強要される。私たちが示してきたように、合理主義とかたく結びついている今日の文明社会において、人々の信念が価値評価に依拠しているならば、価値評価もまた人々の信念に依拠しているのだろう。彼らを支えている信念が取り除かれた時、人々は彼らの価値の階層（ヒエラルキー）や、最終的には、彼らの行動をも再調整することになるだろう。私たちの文化においてのより一般的な慣習（規範）に最高の道徳的承認が付与されるなら、このことは（もし私たちはこうした「価値評価についての価値評価」が支持されるものであり、それによって道徳的シニシズムが解消されると仮定するならば）より個別具体のレベルでの価値評価もそこから生じるということを意味するものである。これが、私たちが一般的に、改善された知識はより「善き」市民に寄与するだろうといった想定をすることの道理であり、そして唯一の道理である。事実それだけでは何も改善しないのである。[1]

······················

私たちにとって非常に意義のあるこうしたミュルダールの見解を、以下に強調しておく。

(1) 客観的な検証の方法を条件とする事実の問題や信念と、異なる分析や正当化を要求する価値観や価値判断とを区別することは重要である。
(2) 価値は様々な一般性のレベルで機能する。つまり、特定の集団だけ通用するものもあれば、全ての人々に通用するものもある。特定の状況にのみ通用するものもあれば、全ての状況に通用するものもある。より個別的で具体的な価値は、しばしば、一般的な価値と矛盾する。
(3) 私たちは、私たちの価値観と感情的に同じ方向に誘導させるような事実や信念をみつけることによって価値の「合理化（rationalize）」を試みる。事実が有している感情に誘導するところと私たちの価値観とが一致しない時、事実の歪曲や感情の抑圧が生じる。
(4) 私たちが扱わなければならない不一致は二通り存在する。
　(a) 事実の導くところと社会的価値との間の不一致
　(b) 個別的具体的な価値と一般的価値との不一致
(5) いついかなる人にも通用するような一般的価値は、少なくともアメリカ人にとってはより高次で、より普遍的な地位を持つ。
(6) ある価値対立の狭間にある時、私たちは一方の価値を私たちの意識の陰に隠し、逆に私たちの今ここでの行動を支持するような価値を際立たせることで、この対立に対応しがちである。このようにして私たちは価値の不一致を認識したり、解決したりすることを避けようとする。
(7) 開かれた議論は、議論の前に集団に信念や価値についての全貌を知っておくように強いる傾向がある（例えそれらは相互に対立していても）。
(8) ほとんどのアメリカ人はその文化の基本的価値を共有しており、一般的なレベルにおいて文化的な統一性がある。しかし、異なる個人や集団は、異なる水準で異なる問題にこれら共有している一般的な価値を適用する。
(9) ほとんどのアメリカ人は同じ一般的価値を共有しているので、公的議論によって意見や見解の不一致が露呈した時、私たちはそれらを処理せざ

を得ないと感じる。

(10) 「公」がますます、ある価値を支える個別的具体的な信念の多くは誤っているという事実に敏感になっていくにつれ、「公」はその価値を変更することを強制されるようになる。そして、「公」が個別的具体的な価値とより普遍的・一般的な価値（例えば、自由、衡平、そしてキリスト教徒の同胞愛）との間の矛盾を意識するにつれて、これら個別的具体的な価値は徐々に修正され、最終的に行動における変化を生じさせる。

　価値や事実が互いに修正し合うプロセスや、個別的具体的な価値が一般的価値と相互作用するプロセスについての一つの分析として、ミュルダールの見解は一般的に私たちの同意するところである。しかしながら、彼の結論に関しては、多少私たちの考えとの不一致があるのである。ミュルダールは明らかに、一般的道徳的レベルにおいて価値はお互いに一致するものであると仮定している。視野の狭い、無知な偏屈者の価値観だけが、より一般的な価値と矛盾すると述べているのである。私たちの観点からみれば、「アメリカ人の信条」も現実的・政治的状況に適用される時、その最も基本的かつ永続的な価値も相互に対立する可能性がある。つまり、政治的論争問題の分析における最初のステップは、ある一般的価値の侵害が疑われる状況の根底にある事実的仮説（憶測）を検証することだとか、特定の利益集団の視野の狭い価値観と社会が有するより一般的な価値との間の矛盾を明るみに出すことを含んだものとなるという点について、私たちは合意しているのだが、ミュルダールが誤認していることは、これら利益集団の狭い価値観それ自体が基本的な価値（個人の自由や文化的自律）によって支えられていると記述した点である。ミュルダールは同胞愛と平等を優遇しており、またこれらの価値は人種問題においては重大であると考えている。こうしたことは、おそらく彼の立場を説明するものとなるだろう。だがこの二つの価値が対立しあうことは、十分に起こりうることなのである。例えばキリスト教徒の同胞愛は社会の中でのある特定集団（弱く貧しい集団）の味方をすることになるわけであり、これを差別と解釈することもできるのである。

そしてまたミュルダールは、「アメリカ人の信条」としての一般的価値がまさに人間関係についてのより一般的な考えと合致すると仮定しているが、私たちの観点からいわせれば、これはある人が、これらの一般的諸価値を抽象的な理想として捉えた時にだけいえることなのである。ある一般的な諸価値だけに基づいて、個別的な状況についての現実的な判断を正当化しようと試みる時、また不一致の問題に直面するのである。私たち自身の解決法は、ミュルダールがいうところの「一般的価値評価」を、二つの道徳的地平に存在するものとみなすことにある。より高次の地平には、唯一の「究極的な」価値、すなわち人間の尊厳だけが示される。次の地平には、ミュルダールの「アメリカ人の信条」において確認される諸価値からなる。このようにしてミュルダールが「アメリカ人の信条」として示した一般的諸価値を最終的な（究極の）価値と考えてしまうことで彼が直面することになった困難を回避することができると私たちは感じている。もしこれらの価値（一般的諸価値）が最終的なもので、永続的なもので、普遍的なものであるとしたら、それらの一つが他の価値を否定した時どうすべきなのかということになる。もしどれもが最終的で、どれも権利として受け入れなければならないとしたら、行動の基準としてそれらの中から一つを選ぶことは不可能になるのではないか。私たち自身の解決案の重要な部分は、より高次な道徳的地平に私たちの考えを引き上げること、そして人間の尊厳をより一般的かつ「究極的」なものとして定義し、「アメリカ人の信条」にある諸価値を最終的な価値（人間の尊厳）の特徴を明らかにして貢献するものとして定義することにある。従って、同意や代議権、適法手続き、言論や良心の自由、そして法の下の平等などのような価値は、人間の尊厳の考えの本質的な側面のいくつかを含むものと考えられる。それぞれが人間の尊厳の明らかなる特徴を含んでいるという意味では、これらの価値はお互いに矛盾するものではない。それらは全て、それだけなら一つの概念の基準であるが、それらが全て集合すると、理想的な社会においてお互いはどのようにふるまうべきかを描き出す。民主主義のイデオロギーに傾倒した人は、これらの社会的価値は全て人間の尊厳の要素であると考えているので、彼らはしばしばわざわざ民主主義に対して言及すること

なく諸価値の観点から政治的論争を解釈する。これらの価値や権利の多くは法の下で保証されており、人間の尊厳のこのような具体的な諸側面の支援は、捉えどころのないより一般的な価値の普及促進をもたらすのだと仮定されている。例えば憲法による（権力の）拘束は、人間の尊厳の明らかな特性として捉えることができる――政府の強制力は、被統治者による政府に委ねられるべきであろう。憲法による拘束はまた、手段的価値も有している――手段的価値が具体的な法制度の中にビルトイン（埋め込み）された時、その価値は、社会の構成員が自身の尊厳にとって必要だと判断するところの生活の諸側面に政府が過度に侵害しないことを保証するための助けとなる。

　このように社会的・政治的価値は、どのように人は他人と接するべきなのかということに関しての究極的な理想を定義するのを助けるような一般的な価値としても、そして人間の尊厳という理想を高めたり促進させたりするような実際的な公共制度を支える手段的価値としても、想定しうる。しかしながら、効力を政治的価値や法的価値が有していくにつれて、それらは具体的な意味を帯びていき、しばしば不一致を生じさせる。例えば、個人の自由はしばしば、多数派の一般福祉（幸福）と対立する。ミュルダールの分析がいかなる欠陥を持っていようとも、これらのアメリカ的な「一般的諸価値」は規範的なレトリックを提供し、このレトリックによって論争的な公的政策の分析と判断を始めることができるのである。

　私たちの提案するカリキュラムの知的プロセスについてのより充実した説明に進む前に、さらに二つの明らかにすべき点を追加しておかなくてはならない。第一に、ミュルダールは明らかにその立場に立っているとはいっていないが、価値を心理学的な事実として、「価値評価」として扱っていることは明らかである。しかし、社会がより一般的な諸価値に方向づけられて動いていくことについて彼が話題にする時、彼は明らかにこのことが、少なくとも博愛主義にとってはよいことであると捉えている。もし、諸価値が心理学的な事実に過ぎないのだとしたら、どうして現実的な判断を下す際に、個別的具体的な価値よりも、一般的諸価値により重点が置かれるというのだろうか。ある真理を論理的に「自明のもの」にしてしまうカントのいうところの

「合理的判断能力（rational faculty）」といったような形而上学的な概念に訴える様子はない。代わりにミュルダールは、一般的諸価値をより高い地位に置くことを、単にアメリカ人（または西洋人）の精神を特徴づける、興味深い倫理上の現象として扱っている。

　ミュルダールとは違って私たちは、第1章で述べたように、ある種の一般的諸価値を一つの明瞭となる仮説としてコミットすることを選択する。私たちにとって「アメリカ人の信条」の最も基本的な価値は、社会における学校の役割とも関連しているのであり、心理学的な事実以上のものとして扱われるべきものなのである。これら基本的な価値は、少なくとも私たちの特定の文化的準拠枠からみれば、人を「人間らしく」するような、そうした潜在性のある、ある種の普遍的特徴──例えば、自尊心の追求、共感や親愛の感覚、人と接する時に公正さや正義について配慮することなど──を叙述している。これら一般化された「善」として認知されているような特徴を私たちは「価値」と呼んでいる。

　明らかに、「善い」人の本質とは何かということについて私たちの考えを共有しない社会が存在する。私たちの観点からみると、人は最初に通常時の人間の行動には価値へのコミットが必要となることを認識し、次にその人自身の道徳意識を深く探り、その人自身の価値観を再吟味して、最後に人間の普遍的性質についてのより広い視野に立った考えに向かっていく、そして（もしくは）「普通ではない」状況下で生活した結果と考えられる「外の」集団のこうした価値観を拒否する、といった手順をとることによって、文化的多様性という事実に対処しなければならない。この「普通ではない」状況は、例えば、ナチの政治犯収容所における皆殺しへの断続的な恐怖の下での生活のように、集団が厳しい重圧下での生活を強制させられる時に現れてくる。こうした状況下でなら人は、西洋の伝統の範囲でなら「間違い」と考えられるような行為の基準を当然のこととして展開しているかもしれない。このような基準は、動物が生き延びるために必要となるようなものに思われる。そしてそれは、生き延びるのを可能にするだけのものである。生存それ自体は「善」であると仮定したとして、多種多様なストレスのかかる切迫した状況に立ち

向かうためには、別の基準の方が適切であるかもしれないとおそらく結論を下す人もいるだろう。しかしながら私たちはそれでもなお、「人道（humanity）」という西洋の価値に即したある種の価値は、政治的に安定していて道理にかなった経済手段を用いる知的に啓蒙された共同体においてのみ有効となるはずである、と主張する。確かに第1章でも強調したように、このような社会の中で教師は、その社会の文化をカリキュラム決定の操作的基盤として活用することが義務づけられている。だが私たちは、内省と文化的視座が欠落していることから私たち「アメリカ人の信条」へのコミットが単純に偏狭なことのための合理化となってしまわないように、常々注意を払っていかねばならない。

　価値を最終的に証明するものを提供することができないということが、価値を追究することをとても軽々しい些細な関心事であるかのように人に捉えさせてしまう事態に結びつかないようにすべきであることを強調しておくことが大切である。究極の科学的真理も私たちは手に入れることができないが、自然世界についてのより深い、より永続的な解釈を追究することを私たちは止めるべきではない。私たちの信念はどんなによくても高次の「見込み」を有するのみであり、決して確実性をつかみ取ることはないのだとしても、私たちの現実に関しての知覚とは反する信念について私たちは検証し、それに基づいた行動をとる。「人間」について究極的に定義することや人間の充足に必要な社会的状況の範囲について究極的に定義することは、科学的真理に近づくことよりもさらに困難かもしれない。ミュルダールが指摘しているように、価値評価は、科学的な証明のような客観的な基準によっては判断されない。しかし、これは私たちが価値の優先順位を決めることについての判断をなすことや、究極的な道徳的意味についての仮の結論に即して生活することを妨げるものではない。また私たちはそうした行為を止めることもできないだろう。すなわち、行為それ自体は何らかの規範を前提としているのであり、これは具体的な行動をとる際の根拠となる。

　明らかにしておくべき第二点目は、社会的価値を用いる、または、それについて考える二つの方法と関連している。それらの一つは「倫理的理想（ethical ideals)」(自由、平等)、もう一つは「尺度的構成体（dimensional constructs）」(平等―不平等、自由―抑圧) と捉えても良いだろう。もし私たちが社会的価値を倫理的理想として捉えるなら、二者択一で行動を判断する。つまりこの行為は公平か不公平か、合法か非合法か、といった具合だ。私たちが社会的価値を後者の尺度的基盤で捉えるならば、私たちの倫理的問題は、ある行動が耐えることのできないもの、悪いものとカテゴリーづけされるのは、どの価値的次元、どのポイントからであるべきなのか、または別の対抗する価値に優先順位が与えられるべきはどのポイントであるべきなのかを判断することとなる。

　どちらの価値の概念も特定の説得力を持っている。道徳的理想、または道徳的に絶対のものとして価値を考えることは、私たちの注意をその価値の本質的特性を明らかにすることへと向かわせ、その価値について妥協することは大した問題ではないかのようにふるまってしまうことのないように導いていく傾向にある。一方で、価値を尺度的な構成体として捉えていくことは、私たちに幅広い状況により柔軟に私たちの価値を適用することや、より現実的に価値対立の問題に対処することを可能にする[2]。単純にある価値がある個別の状況で侵害されただとかされていないだとかいうのではなく、価値侵害の程度について私たちは説明でき、同じ状況において守られてきたその他の「善なること」にその価値侵害が与える影響を見積もることができる。例えば「分離すれど平等」政策を黒人に対して行っている学校は、明らかに「分離しかつ劣悪に」の学校ほどには平等という考えを極端に侵害しているわけではない。両方の状況を単に「不平等な事実」として片づけてしまうことは、ある価値を保持したり擁護したりするために別の価値に妥協していく私たちの能力を無力化してしまう融通のきかない道徳的姿勢に私たちを陥らせてしまいがちである。

　言論の自由は同じ原理を例証するのに活用できる。絶対的な価値としての言論の自由はこの国の法と慣習によって侵害されている。私たちは名誉棄損も誹謗中傷も、(ブラック判事はこのルールを変えるべきだと提案しているが) 被告人に自由抗弁を請願することもできない。国家的緊急事態においては、検閲

が合法化されて私たちの多くの言論の自由が制限される。共同体における多数の平和と安全を侵害すること、例えば騒動を扇動するようなことを故意に話してはならない。これらの制約は、留保条件なき概念としての「言論の自由」については侵害している。もし、私たちが言論の自由を道徳的に絶対的なものとして考えるならば、制限されているのは実は言論の自由の発現ではなくて、それが「度を過ぎていること」である、と述べることによって、これらの規制を合理化できる。だがこれは、私たちの観点からみると、意味論的なごまかしである。「尺度的構成体」として考えるならば、言論の自由の絶対的価値はある程度まで、他の価値を守るために妥協されなければならないのである。

　ある個別の対立状況における倫理的な行為は、その状況を概念化または解釈するのに用いられることになる諸価値の間で「正しい（公正な）」妥協をすることによって成り立つ。価値の極度の侵害については、極端な状況下においてのみ、倫理的に正当化されると考えられよう（例えば戦時中に市民の権利を制限する場合のように）。それ以外の場合には、私たちは最低限の侵害以外の全てから、それぞれの価値を守っていこうと試みるのである。しかしながら「最低限の侵害」は、私たちが倫理的理想を、倫理的に絶対的なものとして明確なイメージを主張し傾倒した時にだけ、意味を持つのである。さもなければ、最終的にその価値の極端な侵害が許されてしまうまでは、普通の状況においてこうした基準は表に出てこないのかもしれない。価値の極端な侵害が許されてしまうのは、その価値がもはや人間の尊厳にとって大切になる要素を持っていないからといった理由ではなく、私たちのその価値についての基本的な考え方が変化してしまったという理由からである。例えば、言論の自由は徐々に検閲に屈していく。なぜなら、それぞれの新しい世代が少しの浸食を許してしまうからである。おそらく、そのような浸食に対する最善の対策は、個人や社会の良心に強く訴えかけてくる別の対抗する価値の利益となる場合を除いて理想となる価値が妥協されてはならないことを認識しつつ、理想の価値としてその価値を継続することのもたらす前向きな結果についてのイメージを持ち続けることである。つまり、理想郷とはそれぞれの価値が最

大限に表現されているような共同体のことではない。理想郷とは、人間の尊厳が最大限に発現されるように、個人の行動についてそれぞれの価値が適切な主張を行うような社会である。

　私たちの究極的な価値である人間の尊厳を、アメリカ人の信条における諸価値から構成されるものとみなすことの含意するところを認識した時、社会的価値についてのはっきりした考えを主張することの問題はより複雑なものとなる。ある単一の状況において、私たちは人間の尊厳の一側面を支持するものとして正当化されうるとある行動を許すかもしれないが、その行動が人間の尊厳の他の側面を侵害するなら、同じ行動を非難するかもしれない。例えば、道路脇にいる演説者が騒々しい民衆を扇動し、それが演説者自身や何も分かっていない傍観者、そして群衆自身の安全を脅かすことになったと仮定しよう。この場合には、民衆は数が多すぎて、分散させることはできないし、助けを呼ぼうにも救援の到着が遅すぎて、怪我をするのも、暴力をふるうのも止められようがない。であるなら、たまたまその場にいた警官が力づくに論者を止めるべきであろうか。

　ここで警官が力づくに論者を止めたと仮定しよう。この行為の中で、彼は言論の自由を弱めるとともに、路傍にいた演説者と群衆の安全を守ったわけである。事態を解明するために、こうした価値のジレンマは、単一の状況か

図：2つの価値が構成する価値のジレンマ

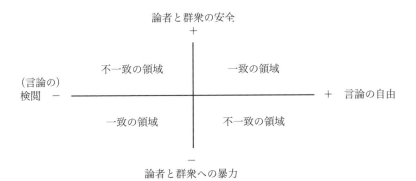

ら抽出された二つの価値の構成体または二つの価値尺度で表現されるのだと想像してみよう。このような構成は、座標システム[3]の図式で整理できる。ここでは無論、数学的な専門用語を伴うような組織図の正確さは欠如している。

「完全な」社会とは、左下の第3象限、つまりどちらの次元からみても悪いとされる領域に行動が陥ることを拒絶すること、もしくは右上第1象限、つまりいずれの行動も受け入れられること、これらが唯一の選択肢となる社会である。最大の困難が生じるのは通常、右下第4象限または左上第2象限にある、一連の行動の中から選ばざるを得ない時である。一方の価値を擁護することが、もう一方の価値を失うことに必然的につながるという訳である。現実生活において、これらは道徳的混乱や内面的な対立を今にも引き起こしそうな状況である。なぜなら、ミュルダールが指摘しているように、私たちは単に個々の状況において前向きな意味を持つものを内面化しているのではなく、アメリカ人の信条の全体を内面化してきたからである。

公的論争の分析に向けた私たちの枠組みの基礎となる私たちの倫理的な立場が、本章では公開されてきた。しかし、なぜそんなに倫理的な立場を明らかにすることに問題関心を持つのだろうか。この問いに対しては、素晴らしい説得力でもってビアードがおよそ30年前に回答している。

　　社会の中で育てられた全ての人間は否が応でも心に、社会についての知識、概念、そして理想についての枠組みを有している——多少なりとも物事についてのはっきりとした思考形態は必要であり、またそれを有することは望ましいと考えられている。そしてこの形態の枠組みを、思考や行動は多かれ少なかれ意識的に参考にしている。このような思考枠組みは、大規模なものかもしれないし、小さなものかもしれない。それは莫大な知識の蓄積を包含しているかもしれないし、わずかな知識しか抱合していないかもしれない。社会思想のカテゴリーとの関わりからよく整理されたものかもしれないし、混乱したものかもしれない。その中に含まれる理想の要素は人類の大志を最高の形で描いたものかもしれな

いし、ほとんどそうしたものが描けていないものかもしれない。しかしこうした思考枠組みは全ての人間の中にある。意識するなら、その思考枠組みも知られることになる。もしこの事実が否定され、もし明確化され知られるようになった、目的を有した視野の広い大きな思考枠組みが拒否され、また精神の入り口から故意に、そしてこれみよがしに取り除かれてしまうなら、視野の狭い局地的で地域的な、階級や集団、ないし個人の偏見が後方の扉から入り込んできて、精神の背後を占拠し、これが思考枠組みを形作ってしまうことだろう。[4]

全ての教師や、社会科カリキュラムを編成する人は、意識的ないし無意識的に、道徳的または政治的対立を処理する方法を形作る一つの準拠枠を有している——例えそのカリキュラムが論争問題を、生徒を狼狽させるもの、ないしは社会科授業のより「喫緊の課題」とは無関係なものとして無視するものであったとしても。それぞれの準拠枠を明らかにし、それが社会科におけるカリキュラム決定に向けての一つの基礎として十分に役立つかどうかを批判的に吟味することは、極めて重要なことなのである。

註

1　Myrdal, Gunnar. *An American Dilemma* (New York: Harper & Row. Publishers, 1944), pp.1027-1031.
2　諸価値について、これを理想的なものとか絶対的なものと捉えるべきか否か、尺度的構成体（程度の問題）と捉えるべきか否かという疑問は、最高裁でも多くの議論の的となってきた（特にフランクファーター判事とブラック判事の間で）。この問題については次の著書や論文が豊かな情報をもたらす。Mendelson, Wallace. *Justices Black and Frankfurter: Conflict in the Court* (Chicago: University of Chicago Press, 1961). チャールズ・ブラックの論文において、ブラック判事の次の引用が紹介されている。「私の信ずるところは、権利章典の中に『絶対的なもの』が存在するのであり、またそれらは、目的を持ってその言葉の意味しているところを理解する者たちによって権利章典の中に置かれている、というものである」。もう一方の立場、これはフランクファーター判事が支持するところだが、「バランスをとる」視点の立場と称される。ある権利は別の権利、または共同体の利害とバランスが図られる。論

文の執筆者は、あらゆる現実的意味での絶対的なものは存在いないのだが、基本的な権利を絶対的なものと考えること（例えそうした権利がその他の事を考慮することを妨げるほどに重視されてしまうに違いないとしても）は人の倫理的行動に変化をもたらすと主張する。私たちは理想となる価値と尺度的価値とを区別したが、このことがこの問題について明らかにしてくれると私たちは感じている。

3 簡潔に例証するために、この図は二つの尺度から示されている。ただ、個別の決定は多尺度的な分析を必要とするかもしれない。例えばこの事例の場合、「待遇の平等」もまた（分析の尺度として）妥当かもしれない。

4 Beard, Charles A. *The Nature of the Social Sciences* (New York: Charles Scribner's Sons, 1934), p.181.

第3章
価値対立への他のアプローチについて

　この章では、社会科教師に暗黙のうちに作用する根底にあるものや、カリキュラム立案者にとって自明な教義（ドグマ）となっている、複数の様々な倫理的立場について、そのいくつかを簡潔に取り上げる。ここで提示する多様な学派の倫理的思想に関する包括的かつ体系的な概観は、（私たち自身の知識の）みせびらかしではないことが明らかなはずである。私たちがここでより関心を持っているのは、私たち自身の見解を明瞭にしたり、逆に異議を唱えたりしてくるかもしれない具体的な視座について言及することである。

主観的な相対主義の立場

　主観的な相対主義の立場は、特に心理学や人類学といった社会科学の研究から、おそらく最も大きな刺激を得ている。これらの学問では、ある価値が文化的な要因に左右されることを主張する。価値観の相違は異なる環境の中で生まれるという明らかな事実は、行動の是非を判断する究極的な基準はないという相対主義者の主張を支える根拠となっている。一人ひとりの価値観はその文化的な条件の産物であり、ある一つの文化、一つの個人的な価値観は、他のものと同じだけの有効性を有する（と、この立場は考える）。この立場は、最終的な行為判断の基準は一個人の個人的な好みによるのだと考えるために（これらの好みが他人にとって善であるか悪いことであるかについては、配慮するかもしれないし、しないかもしれない）、主観主義的である。またこの立場は、行為の善悪は常に個人の有する目的次第であり、前述のようにこの行為の善悪は文化的に決定された主観的判断であると考えるために、相対主義的でもあ

る。共同体の目的は、単に共同体内の個人の目的の集約に過ぎない。目的を達成する手段の倫理的価値は、共同体の構成員によって主観的に判断される。

　この立場の難点は、社会の中で作用している社会的価値があるという、そうした現実を取り上げていないことである。一つの社会として、私たちはある一定の倫理規範に身を委ねている。私たちは常に規範に基づいて行動しているわけではないが、ミュルダールが指摘するように、私たちの多くは規範を信じている。さらに重要な難点は、相対主義者が社会的価値は存在するという前提にあるとしても、政治的な論争問題を議論できないことである。共同体全体にとっての「当為（なすべきこと）」がないため、議論できないのである。

　政治的な論争に合理的なアプローチをとることを真剣に支持する者たちは、これまでまずこの立場を採用することはなかった。しかしこの立場は古いやり方を打ち破ろうとする教師が、一般的に陥る落とし穴である。教師は時に「論争問題を教えるべきではない、論争問題に関する内容のみを教えるべきである」という教育委員会や教育委員によって、相対主義的な形式のアプローチを行うように勧められる。論争における対立する双方の立場が、時として、いずれが正しいのかを示されることなく、かなり抽象的に説明されてしまう。しかし、もし教師が指導上の枠組みの中で、社会にとって支持されている理想や社会が道徳的にコミットしている価値を活用する意志がないのであれば、このことですら教師はどのようにしたら効果的に教えることができるというのだろうか。この明白な問いに対して、主観的な相対主義者の立場は、ほとんど指針を与えてはくれない。価値をめぐる議論の扱いに対応できないままに放置された教師は、空虚なモラリズムを口にすること（このような方法で黒人の問題を扱うことがいかに恥ずべきことか）と、彼の生徒や共同体を現実の論争に巻き込んでしまうほどに自らが動的であることへの不安との間で板挟みになる。

　例え論争の分析に用いられる枠組みがいかなるものであっても、一人ひとりの市民の中の価値葛藤や市民の間の価値対立が存在するという事実と、選択の必要性を扱わなければならない。相対主義はこうしたことができないため、社会科教育カリキュラムの基盤としては不適切である。さらに相対主義

は、社会的論争の根本的な倫理的基盤を無視する。つまり、ある決定は別の決定よりもその集団の一般的価値と合致したものであると共同体を説得したいと考える個人や集団の切望を無視するのである。普遍的な価値と照らし合わせて判断の十分な根拠を示して問題に対処する——こうしたことを無視したり拒否したりすることは、単に課題を避けているだけであって、その解決にはならない。

実用主義(プラグマティズム)の立場

　二つ目の立場は、一般にデューイに帰するものであるが、提案された政策の結果を科学的に評価することで、社会的な対立を解消できる、という立場である。倫理的な問題は、経験的な問題に還元される。一つ目の立場とこの立場の違いは、価値の不一致は根本的に事実的主張の不一致と違うものではない、と考えている点である。ハルフィッシュとスミスは、この立場を次のように述べている。

　　そして明らかなことは、価値に関して信念を持つこと、判断すること、知ることは、価値が問題にならない状況でのそれらの行為（信念を持つこと、判断すること、知ること）と根本的に異なるような要素を含むものではない、ということである。物象や事象の付帯的な価値（extrinsic value）に関する言明は、他の統合的な言明が根拠づけられるのと同じやり方で根拠づけられている。付帯的な価値の知識は時空といった事実的諸事と関係があるのであり、決して絶対的でも決定的なものでもない。内在的な価値（intrinsic value）は経験における仲立ちの構造と関係があるのであり、他の概念体系の中でも見出される規則的な確実性（formal certainty）を享受できるだろう。しかしながら、このような体系を有する「価値」は、経験を構造化するあらゆる体系を有する「真理」と同じく、長い目でみての、人間の諸事での行動についての客観的（感情を含まない）有用性の問題である。

例えば、競合する政治的-社会的な体系はそれぞれ、経験を構造化するに当たっての代替可能な規則的概念的組織として考えられるかもしれない。アメリカ革命とコペルニクス革命を比較すると分かる。一体どのように太陽系は人々に認知されたのだろうか。また、どのようにして政治的-社会的な体系は人々に認知されたのだろうか。どちらの事例も、競合する概念の長期的な有用性についての問題である。[1]

ハルフィッシュとスミスは、長期的な「有用性」を参照することで、価値の枠組みの有効性を分析するよう提案している。問題に対するこうした着想は、「故障しない自動車」を観察するのと同じ感覚で、「社会的有用性」を観察できるとの仮説がある。だがこのようなケースが成り立つのは、人々が故障のない自動車の定義に同意できる時だけである。

さらに根本的な難点は、実用主義者たちは、「合理的に」正当化されてしまうかもしれない重要な社会的価値についての極端な違反行為を扱うことができない。例えば、もし十分な熟慮の結果、標準以下の知能の全ての市民に不妊手術を施すこと、国外追放にすることが社会的に有用だという結論に達したとしよう。私たちの証拠の全てが、犯罪、非行、違法行為、仕事の無断欠勤、その他の無責任な行為が著しく減少するであろうことを示しているとする。私たちは行動を起こせるだろうか。ソビエト政府の金持ち農家（クラニク層）への対応は合理的に認められるものであり、多くの有益な結果をもたらしたと当然のように主張する者がいるかもしれない。それでは、例えばヨーロッパでのヒトラーのユダヤ人大虐殺の賛否の理由について、その生じうる結果という観点から議論することは、本当に適切であろうか。正当化される殺人があるかもしれないとしても、正当化される大虐殺などあるのだろうか。

私たちは、実用主義の考え方が、倫理的な理論の断片を述べているに過ぎないと感じる。実用主義は、道具的概念としての価値の用途や、これらの概念を実証的に検証できる実験プロセスについて明らかにしようと試みる。実用主義が自然主義的な形而上学を基盤とすることは、「成長」や「発展」と

いう言葉に暗に示されており、露骨とはいわないまでも明白である。

さて、「結果を分析する」よりも適当な実証主義的アプローチが、ラウプ、アクステル、ベン、スミス[2]、ハント、メトカーフ[3]らによって著された。彼らは、二つの価値の間の対立は、より根源的で人々に承認された三つ目の価値への言及によって、解決するかもしれないことを主張している。ある男が、鉄道は政府によって接収されるべきである、なぜなら人々は最小限の利便性の上に効果的に管理できるだろうと、提案したとしよう。二人目の男は、これは自由競争に基づく企業体制への侵害だと述べる。ここには民主的な支配と私的財産権の価値対立がある。だが二つの価値は、第三の価値である経済効率性の観点から評価されうる。経済効率性は、「善」か「悪」かという結果の問題として説明できる。さらに、私たちが最も多く安い鉄道サービスを受ける可能性があるシステムはどちらなのか、という実証的な課題へと変換させることによって解決できるのである。

確かにこのアプローチは、政治的、倫理的な対立を結果の分析によって解決するという主張より幾分ましではあるが、困難な点もある。それは第三の価値が明らかに他の価値よりも優先されるべきものであり、かつ検証できる参照先があるような、一種類の政治的論争しか扱えないのである。ハントとメトカーフが指摘するように、多くの場合、基準として用いることができる第三の価値だけが、正義、自由、平等など、信条についての曖昧な用語を用いて言明されるに違いない。そのような状況では、前述したある種の定義的な価値論争へと追いやられてしまう。例えば、人種差別撤廃問題では、人種隔離の廃止論者と隔離支持者の双方から、黒人が法の下に平等に保護されるべきであるという承認を得られるかもしれない。しかし、人種隔離論者は「分離すれど平等（separate-but-equal）」の点から平等を定義し、廃止論者は人種の混ざり合った学校という点から平等を定義するために、対立は続いていく。ここである疑問が生じる。「分離すれど平等」の平等は、平等な保護について十分に配慮されているのだろうか、と。それとも私たちが平等となる前には、「生徒の割り当て（pupil assignment）」の基準として人種は完全に取り除かれる必要があるものなのか、と。

この事例をより深めていくために、生徒の発達中の自己イメージも含め全ての教育的な質についての客観的基準からみて、人種隔離を行う学校と統合された学校とは質的に同等であることが論証されたと想定してみよう。人種隔離に反対する者たちはこれで終わりとするだろうか。私たちはそうはならないと考えている。ある時点で「分離すれど平等」の中の平等についての文字通りの意味は、その重要さを失い、そして全ての子どもたちが教育の機会を均等に得られるかどうかはもはや問題とはならなくなる。人種隔離が不平等に関する一つの本質的で定義的な特性となるのであり、リベラル派は教育の実質的な平等を明らかとする事実に直面してもなお、彼自身の道徳的な憤りに固執するだろう。

　より根本的な第三の価値を参照することで価値対立を乗り越えようとする立場は、何らかの形で道理にかなった価値の序列づけができるという前提に立っており、そこには困難さが伴ってくる。個々の問題を取り扱うに当っての一つの構成体としての価値の持つ重要性や卓越性は、それを適用させる特定の状況に多くを依存している。そのため、明らかにアメリカ人の信条にある諸価値の序列は、永久に変わらないものでも固定されているものでもない。このことは、実際には価値対立が解消されずに、ある種の緊張状態が持続することになるという不愉快な結論を導くことになるが、とはいえ、このような観点から世界を認識し向き合うことは、多元的な民主主義社会の中で生きていくための根本的な条件としておそらく有益なことだろう。以下では、私たちが「成り立ちえない」と主張すること（例えば、一つの価値秩序を設定すること、少なくとも他の価値が演繹されうるだけの根底となる一つの価値をみつけようとすること）を実際に試みようとするいくつかの理論と、そこにみられる困難について、指摘していこうと考えている。

一つの価値を根源的に優先するアプローチ

　政治的論争に対処していくための第三の方法は、アメリカ人の信条にある諸価値のうちのいずれか一つを他の価値よりもより基礎的なもの、より根源

的なものであり、その他の価値はこの第一の価値から演繹されうるもの、意味づけされうるものと説明すること、または仮定することである。そして、ある状況は、その状況がどの程度までより基礎となる価値を侵害しているのか、または支えているのかを判断することによって評価されることになる。この考え方はいくつかの点で私たちの考え方とも似ているが、道徳的に最高位に位置する基底となる価値のその具体性のレベルこそが、私たちの考え方との決定的な違いである。人間の尊厳は、多少なりともその具体的な意味からではなく、その曖昧さと内在する内容の豊かさから、私たちの根本となる価値として選ばれたものである。私たち自身の立場は、ある程度論争が生じるという限界がある中で、それでもほとんどの人々が人間の尊厳をコモンセンス（常識）として共有しており、人間の尊厳を構成する諸価値の内のいずれか一つないしは数個の価値が他より抜きんでていると主張するのではなく、それらの諸価値のバランスによってしばしば最善の価値は表現されるのだ、という仮説に依拠している。こうした一般的な道徳的水準から離れ、アメリカ人の信条を構成する諸価値を具体的に取り扱い、この内の一つの価値を他の価値より上位に設定する時、私たちは困難に陥る。ここでは、アメリカ人の信条のうちのいずれか一つの価値を他の価値に優先しようとするいくつかの理論について考察し、私たちの意見としてではあるが、それらにはどのような欠点があるのかを指摘していきたいと考えている。

①政治的行為の中心原理としての民主主義的手続き

多くの参考文献では、民主的な手続きの過程（具体的には集団的手続きの過程）が、対立解消の背景にある倫理原則の中心になっている。この立場では、社会と個人両方の再建のための話合いや集団討論で出し合った意見を役立てることで、個人と社会の間にある隔たりを乗り越えようとする。つまり手続き的価値、いい換えると合意の手続き（consent procedures）や適法手続き（due process）こそが、究極的な価値になるといえる。

この理論には、手続き的な条件を除いて、善き社会の目的とは何かを明らかにしようとする問題を避ける疑わしき美徳がある。一方で「民主的な人」

のことについてはいくらかだが語る。彼は、政治的手段としての力（暴力）を拒否し、説得によって集団の合意を図ろうとする人物のことなのだ、と。つまりこの理論は、決定の方法こそが社会の目的になるという倫理観なのである。決定それ自体ではなく、決定へと至る過程が、その決定の「善」「悪」を左右するものとなる。この立場は、人道主義的、功利主義的な根拠に基づいて、合理化された考えであるといえる。その意思を尊重されるべき人間は、社会に影響を及ぼす決定に参加すべきであると考えられている。直接的であれ間接的であれ、決定の影響を受ける全ての人が参加した場合、その決定は、少なくとも長い目でみればより善い、公平で賢明なものになる傾向があるとも考えられている。

　この理論は目的を定義するものではないため、より高次の目的か、低次の目的かを区別することは問題にならない。「正しさ」は、民主的な手続きによって具体的に定義されるので、一般道徳的善（general moral goods）と個人の善（individual goods）の判別に気をもむようなことはほとんどないのである。「正しさ」の源泉は、普遍的な結論を見分ける高度に理性的な能力ではなく、共通の課題に直面した人々の集団が、理性を具体的に駆使することにある。

　現代において、この立場の主張はトーマス＝トーソンの『民主主義の論理』によって強力に擁護されてきた。トーソンは民主主義を正当化する様々な代替可能となるアプローチについて、長く回りくどい議論の後に、次のような提案と合わせて結論づけている。

　　政策提言の究極的な有効性を人は証明できないという文脈から、政治哲学の基礎として役立つ一般勧告がわき起こってくる。こうした一般勧告の詳述という展望において言語は上手く機能しなかったり滞ったりする。問題は、「理性的になれ」という定言命法（絶対命法）を、政治的決定を下すその文脈に合った言語に置き換えていくことにある。人は表現する力の不適切さから誤解が生じてしまうことを恐れて、語句を具体的に示すことを躊躇（ためら）ってしまう。よりふさわしい言葉を見出すために、私たちは次の言葉を提案する――「社会的目標に関して変更することの可

能性を妨害してはならない。」

　どんなに不適切な表現であろうと、それは究極的に「不可欠な」政治観である。ピアースの「探求の筋道を妨害してはならない」と同様、それについて「証明すること」などできない。だが誰かがある状態が絶対的に「正しい」と証明できない限り、そしてそのことで誰かがあらゆる変化を妨害することが正当化されることを証明できない限り、それは絶対的に正当化されるのである。[4]

　トーソンは「多数決の原理は、上述した私たちの奨励するところと一致する唯一の意思決定の手続きである」と主張する。加えて彼は、この多数決の原理には、国民主権、政治的平等、個人の政治的権利、多数者の支配といった民主主義的諸原理の一群を含むといっている。

　トーソンの議論には説得力がある。しかし、なぜある人が別のある人に対して最低限の礼儀と敬意を持って接するべきなのかを教えてくれない。そして、政府がはっきりとこの問題に関わらなければならないことの理由も教えてくれない。おそらく実際には、政治的民主主義は、純粋に開かれた共同体の中で、一人ひとりの人間の尊厳と敬意を要求する権利を保障してくれるだろう。しかし「言論の自由」や「集会結社の自由」など、権利に関する私たちの考え方を急激に変えたのは、正確には、近代の科学技術がもたらした複雑さである。私たちの主張は、多元的で伝統的な枠組みの中で複雑な産業社会が機能していくためには、一人ひとりの市民が、同じ市民の政治的な権利を寛大に扱うだけでなく、自分と同じくらい「幸福追求権」がある人間として他者を尊重しなければならない、ということである。リップマンは、1925年にテネシー州で行われたデイトン裁判についてブライアンの立場を取り上げ、「ブライアンと多数決の教義」と題する論文の中で、豊かな議論を展開している。その内容は、次の通りである。

　　この教義を調査するに当たっては、当初から生活に関する全く民主主義的な見解が引き出される原初的な直覚を持って始めるのが一番よいだ

ろう。それは究極的な平等とあらゆる他の生物と仲間であるという感情である。

　この感情には世俗的な意味はない。というのは、それは心から推理されるものであるからである。「あなたと隣人がそこにいたとします。あなたは隣人よりも生まれがよく、裕福で、力が強く、ハンサムです。その上、善良で賢く、親切で、仲間に多くのものを与え自分は受け取らないので、より好感を持たれています。あなたは、知能、徳目、有能さの点からみても、隣人よりも善良な人間であることは明らかです。しかし——不条理に聞こえるかもしれないが——これらの差異は大した問題にはなりません。というのも、彼の最後の部分は、触れることも、比べることもできない、唯一無二で普遍的なものであるからです」。あなたがこのことを感じるか感じないか。あなたがこれを感じない時は、世間が認める様々な優越性は、まるで海の高波のようにみえる。あなたがこれを感じる時は、それらは大海上の目立たない小波に過ぎない。人民は民主主義政府の可能性について思い描く前は、長くこの感情にとらわれていた。人民はそれについて様々な仕方で語ったが、この感情の本質は、ブッダの時代から聖フランシス、ホイットマンの時代まで同じである。

　あらゆる人間は、神の眼からすれば皆尊い存在であるという教義、あるいは最近になってイング司祭が取り上げた「男も女も皆その個性は、神聖で不可侵なものである」という教義は、証明する方法がない。このような教義は、神秘主義的な直観から生じている。それは人間の目にみえる性格と行動の背後に潜み、それから独立した精神的実在があると思われる。私たちはこのような実在の存在を科学的に証明するものはないし、証明できる性質のものではない。しかし私たちそれぞれが疑いようのない確かな方法で、測定され、比較され、判断を下されるようなことが結局はなされていることを私たちは知っているのであり、問題の中核は残されたままである。それゆえに、私たちは、自らが判断される時、正義よりも慈悲のほうがより公正であると確信する。私たちは自分自身についての事実しか知ることができないため、事実を知る時に、知性に

関するあらゆる観念においてはあまりにも粗削りの部分が生じ、道徳のあらゆる規準にあってはあまりにも粗野な部分が生じるのである。人間の判断は行動にに降りかかる。それらは必要な判断かもしれないが、私たちはそれが最終的な判断になるとは考えていない。この世界には、おそらく証明としては承認しがたい部分があり、そのことが神の審判が下る前に重くのしかかってくるだろう…。

　しかし私たちの大半にとって、永遠という観点から、非常に明瞭に、また着実に何事かを考察することはできない相談である。人類の平等という教義は、人間の経験の中だけでは吟味することができない。それは経験を超越した信念に基づいているのである。そういうわけで、この教義を理解した人々はいつも禁欲的であった。彼らは世間的な財貨や価値標準を無視し、または軽蔑した。これらの事柄は世俗君主（シーザー）に属していたわけである。神秘主義的な民主主義の論者たちは、それらが世俗君主に属すべきではないとはいわなかった。神秘主義的な民主主義の論者たちは、それらは最終的に世俗君主にとって何ら役に立たないだろう、従って今それらは真面目に取り上げるべきではない、といったのである。

　しかし、この精緻な議論の受容に当たって不可欠であった留保は間もなく目につかなくなった。神秘主義的な民主主義の論者たちは、自身の肉体的な欲求を放棄した人間だけに平等を説いていた。彼らはこの世間における平等の伝道者として歓迎された。そういうわけで、あなたは私と同じく永久に善良である、なぜなら善さの全ての基準は限定的で一時的であるので、という教義は、この世界の基準によればこの世界においてあなたは私と同じく善良である、という教義に取って代わられた。神秘主義的な民主主義の論者たちは、私たちが不平等を測るあらゆる基準を超越し非難することで、平等の意味を獲得した。民衆は、その欲求や諸基準を持ち続け、彼らが作り出して明らかにしてきた不平等を否定しようとしたのである。

　神秘主義的な民主主義の論者たちは、「黄金や宝石が何だ」という。

文字通りの民主主義を支持する者はこれを、みんなが黄金や宝石を持たなければならないといったのだと理解した。神秘主義的な民主主義の論者たちは、「美は表皮に過ぎない」という。文字通りの民主主義を支持する者は、得意になって、「君と同じくらい自分がハンサムかどうか、私はいつも気にかけた」といった。理性や知性、学識、英知は、神秘主義者にとっては一時的な世間の過ぎゆく出来事を扱うことに過ぎず、人々が創造性の究極の意味を見抜く助けにならなかった。文字通りの民主主義を支持する者にとって、理性のこの無力さは、ある人の考えが本来的に、他の人と同じくらい善い考えであるということの証拠であった。

このように、民主主義の原初的な直覚は、人の間に価値の序列がありうることを否認する哲学のアニムス（内なる異性）となった。全ての意見、全ての嗜好、全ての行動は本来、全ての他のものと同様に善である。それぞれが自己の基盤に立ち自らを守る。もし私がそのことに関して強く感じるなら、そのことは正しい。それ以外のテストはないのである。それはあなたの意見に反して正しいのみならず、私がもう（かつて強く感じていたことを）今は強く感じていないなら、自分の意見に反して正しいのである。いろいろな意見の相対的な価値が決定づけられるような裁定というものはない。それらの意見は全て自由かつ平等で、全てが同じ権利と力を持っているのである。

ある意見に価値を置くことはできないので、この哲学にはいろいろな意見の数を数えることを除けば、それらのいろいろな意見の間を決定づける方法はない。こうして、平等に関する神秘主義的な感覚は、実際には、二つの心は一つの心よりも善く、二つの魂は一つの魂よりもさらに善いということを意味するように転釈された。真の神秘主義者なら、魂の数を合算できるという考えだとか、少数よりも多数の方がより優れているという考えにぞっとするであろう。彼にとっては、魂は計量のできないもの、比較のできないものであり、そのことが、人々が真に平等であるという唯一の意味である。しかし、魂の価値が測られることを拒否することで彼が達する平等感の代わりに、世俗的な民主主義者は、魂の

第3章 価値対立への他のアプローチについて 57

数を数えることをあらゆる価値の値打ちを測る最終的な決定手段にした。それは奇妙な誤解であった。例えばブライアンはそのことをテネシー裁判の続く間に、それを高い救済にまで持ち込んだ。神の玉座を前にして、全ての人々が究極的には平等であるという精神的な教義は、ブライアンにとって、あらゆる人間はテネシー州の投票箱の前では同じくらい優秀な生物学者だということを意味した。その種の民主主義は、本来なら物質化されえないはずの観念の、肌理の粗い物質化であることは全くもって明らかである。それは互いに取り換えることのできない二つの世界の混乱した取り換えである。[5]

リンゼイは、この一節を引き合いに出した後に、明白な疑問を投げかける。「もし『神秘主義的な民主主義』が現に問題となりうることであって、それは文字通りの民主主義とは全く区別される別のものであるならば、私たちは何故に民主主義的な諸機構に関心を持つべきというのだろうか」[6]と。彼は続けて自身の疑問にこう答える。

　　もし、民主主義が生き残り続けるべきであるならば、手に入れることのできる技術、知識、リーダーシップのあらゆる小片でも使用し利用していかなければならないだろう。私たちが生きる複雑な相互依存した現代世界は、知識、技術、先見性、リーダーシップなしには立ち行かなくなる。無能力の礼賛は災害を導きうるのみである。現代民主主義国家は、必要な技術、知識を認識し兼ね備え、日常の人々が共通して有する人間性に敬意を払い結びつくことができて、初めて可能なのである。現代国家の諸制度が表現しなければならないであろうものは、平等に関する概念である。[7]

私たちの見解からすると、「共通の人間性への敬意」と「成熟」の尊重の両方とも、トーソンの分析の構成要素には欠けていた。

民主的な手続きアプローチには他にも困難な点があり、それはこの理論的

重要性を上回る。例えば、理性や知性の合理的な基準の受け入れを拒む人々にどう対応するのか。露骨に暴力に訴えるわけではないが、十分な知識のない者たちの不合理な恐れや緊張につけこむマッカーシーに私たちはどう対処するのか。広範囲の人々を催眠状態にして理性を麻痺させるヒトラーにどう対処するのか。民主的手続き主義の教義は、全ての重大な選択の場面において多数決は理性を働かせる、とした前提にある。なぜなら、民主主義のプロセスのシステム全体を放棄することは、多数派の一部の無気力で非合理的な行動によるもので、それはほんのわずかの期間にとどまると考えるからである。

　問題は単に民主的手続きに参加しようとする不合理な衝動を制御することだけにとどまらない。個々の対立において、誰が分別なく「理性的でない」存在なのかを見分けることにおいて、より深い問題がある。アメリカで激しい平和運動が勢いを増し、政府はついに「国家安全」に関わる緊急の脅威として、運動を告発したことを考えてみよう。平和主義者たちは、国家安全への脅威は、平和運動にではなく、政府の対外政策の方であると強く主張する。この理性の基準は両義的であるといえるのではないか。私たちは同じ資料を用いて、「正しい」政府の政策についてまったく異なる解釈を思いつくことができる。行為の妥当性に関して、このようにくっきりと異なる解釈をめぐって共同体が激しく割れた場合に、私たちはどのような決定を下すのか。簡単にいえば、次の問いとなる ── 共同体の改善、維持、保持の方法についての考え方が少数派と多数派や政府とで率直に異なるがために、共同体の安全を「脅かしている」強情な少数派に、私たちはどのように対処すればよいのか。社会制御の最終手段としての平和的説得に私たちはどこまで固執すればよいのか。そして私たちがもし説得を諦めて武力（暴力）を支持するとして、それをどのように正当化すればよいのか。

　同じ問題の形を変えたものとして、民主主義のプロセスは政治的論争問題を解決する最良の手段ではないとはっきりと宣言する強力な少数派集団にどのように対処するべきかという問題関心がある。これは決して抽象的な問題ではない。1933年、ドイツ政府はヒトラーに対して、彼の政党は公然と民

主的制度の廃止を提唱していたにもかかわらず、国家の統治を要請した。民主的手続きを保障する諸制度にとっての組織化された脅威に直面しているとき、力や抑圧によってその民主的手続きを守ることは適正なのか。個人や集団が「非民主的」だと烙印を押され監禁されることが許される時があるのか。このことは、1953年にアデナウアー首相がある有名なファシストの指導者に向けて行ったことである。彼がしたことには正当な理由がなかったのか。似たような危機が1948年にチェコスロヴァキアで起きた。しかし、チェコの人々は共産党を禁止しなかった。政治的自由が認められていたが、やがて共産党は武力と陰謀で、政府とその民主的な制度を打倒した。

　次の問題は、あらゆる民主主義理論の基礎である。すなわち、共同体の安全や共同体内部の民主的な諸制度の安全にとって脅威となる常軌を逸した少数派に対して、共同体はどのような対処をするべきなのか。どの時点で私たちはこの手の少数派の説得（演説）の権利を拒否するのか。またどの時点で彼らを黙らせたり、見解の変更を迫ったり、刑務所に行けと要求したりすることになるのか。「明らかな現在の危険（clear and present danger）」という原則は、何か一つの答えを与えてくれるのではなく、その問題を別の方法で説明しただけである。ある者にとってその危険は、民主的手続きを拒むに値するほどに十分に明白でもなければ現在的なことではないだろうし、また別の者にとってこの危険は明白かつ現在的なことであるため、共同体は民主的原理を行使するほど安全ではないとされるだろう。私たちの多くの見方は、どこかでこのどちらかに陥ってしまう。

　民主的手続きアプローチのもう一つの問題は、一般には「多数派による専制」といわれてきたことである。上で論じた問題とは逆である。先の事例での私たちの問いは、共同体に脅威を与える「不合理な」少数派から多数派をどう守ることができるのか、だった。ここでの問いは、不合理な多数派から、無害な少数派をどう守ることができるのか、である。もちろん極端な事例であるが、多数派の意思が、進歩や公共の福祉という名のもと、集団虐殺を犯すことがある。再度いうが、この質問は決して学問上の問いではない。実質的にこれは合衆国に住むアメリカン・インディアンに実施されたことだと率

直に述べる人もいるかもしれない。民主的手続きアプローチの支持者は、一般に反論するために二つの論点を示す。一点目は、少数派を迫害することは「不合理 (unreasonable)」であり「非常識」である、という反論である。二点目は、重大な政治的問題に対しては、高度な合意を求めることで少数者は保護されうる、という反論である。第一の反論に対して、合衆国の福祉と進歩を長い目でみるなら、インディアンの人口の大部分を死滅させることは「合理的である (reasonable)」ことだったという人がいるかもしれない。スターリンがロシア政府の計画に抵抗する大きな源となる自営農家（クラーク）を全滅しようとしたのも、まさに「合理性 (reason)」を理由にしたのである。人は、少数派の人々への人道的な処遇を正当化するのに、「合理性」とはまた別の価値を求めなければならないのである。第二の、重要な政治的決定に向けて高レベルの同意を要求することで少数派を守ることができる、という反論に対しては、その反論の問題点を理解するために、国連安全保障理事会やアメリカ上院議会の規定をよくみさえすればよい。少数派に拒否権を与えることは諸刃の剣である。少数派グループへの非合理で非人道的な扱いを予防できる一方で、共同体にとっては最悪の結果をもたらす、貪欲で先を見通せない少数派を許すことにもつながるからである。

②政治的論争に対する倫理的アプローチとしての個人主義

極端な個人主義は本質的には、主観的な相対主義である。それは次の二つの重要なる仮説を作り出す。

(1) 人々は動機が利己的であるとき、ホッブス的な意味で利便的社会を維持することが可能になる。
(2) 実際に相当の無政府状態や人間の不平等を広く許容するという犠牲を払ってまでも、最大限に個人主義を許容することが、共同体にとって最もよいことだ。

このようなことから、政府の認可や処罰は、身体への暴力の使用を制限し

たり、契約や所有権を保護したりするためだけに用いられる[8]。

　一般的にみればこの立場はまったく合理的に思えるが、実際の結果の重みに耐えきれず瓦解していくだろう。私たちは、政府の行動があからさまな暴力を制限したり、所有権を保護したりすることだけになってしまう時に、極端な不平等が人々の間に生じることをこれまで経験してきた。不平等は親から子へと相続され、固定化され、残り続けていく。このような組織は究極的に最も秀でた個人と効率のよい社会を生み出すというダーウィニストの主張は、弱き子どもが両親の富と財産の力によって守られ、強き子どもが成長の機会を得る前に両親の不幸な状況が影響して破滅の目にあってしまうという実際社会の観察によって反論されるかもしれない。個人の自由とこの自由を保護する政府の力が、まったく平等性を踏まえることなく絶賛される時、自由とは特別な階級にとってのみの自由を意味することになってしまうということが判明する。

　もし何者かが、いずれの世代の人々も自らの野心を進歩と権力に向けた競争の中で実現していくための合理的で平等な機会を有していることを証明できるならば、その個人主義の立場は擁護されるかもしれない。しかし実際には、それぞれの新しい世代にとっての公平な競争条件を生み出す助けとなる所得税、公教育、公衆衛生、公営住宅などの政策といったものは、粗野な個人主義者から恐れられ忌み嫌われている。その問題は、一つの世代から次の世代へと不平等が加速されていく傾向にある産業革命以後の都市の富の巨大な成長によって、さらにひどいものになってきている。

　この立場には少なくとも二つの大きな困難がある。第一に、どのようにして罪のない子どもは、彼の父の社会的な不適性によって苦痛を受けることがないようにできるだろうか、逆にいえばどのようにして特権階級の子どもに能力が欠落している時に、彼らが権力や支配権を得ることがないようにできるだろうか、という問題がある。個人主義は、自由（とりわけ経済活動の自由）は資質能力（各個人の資質能力であって、彼の親族の集団的な能力のことではない）に対する報酬であるとするという教義を強調する。二つ目の弱点は次の疑問に基づいている。もし「弱さ」による苦痛が、奴隷や動物の味わう苦痛

と大差がないならばどうなるのか。人が極端な貧困の中で耐え生きていく時、思いやりや愛といったような明らかに人道に共通している性質のものが、競争的な個人主義によって正道から外れるようにされてしまわないのだろうか。その時、強き者たちもまた、その人道をいくらかだか失ってしまわないのだろうか（これは確かにディケンズの作品の多くにみられるメッセージである）。

個人主義の立場は、政治活動に対する明確で首尾一貫した指針でありうる。ただ、それを守る個人が、相補的な価値としての平等な機会や普遍的な仲間意識を評価しさえすれば、その立場は崩れてしまう。そしてアメリカ社会において、これら他の価値に対してのこうした人々の関心を避けることは難しい。

③急進的な利己主義の変形としての啓蒙的利己主義

私たちがいうところの啓蒙的利己主義とは、共同体全体にとってのその人の行為が長い時間をかけてもたらす結果について省察した後に、自分にとって最善の行動をとっていこうという一つの方針のことである。行動が長い時間をかけてもたらす結果について省察していくという点が、シンプルな個人主義の立場との違いである。この立場は、もしも人々が、自らの隣人との相互関係を含めて自分の行動の自身にとっての全体的な意味を省察することを教えられたのならば、自然と自分だけでなく共同体の利益についても踏まえて自分自身を導いていくようになると主張するものである。それは、個人にとっての善は、ほとんどの場合、共同体にとっても善であり、またその逆も真なりと仮定している。

この立場を攻撃するための一般的な戦略は、英雄的自己犠牲の事例（例えば、戦友を救うために自分の命を犠牲にする兵士）を指摘することであり、これも個人の利己主義ですかと問いかけるというものである。このような反論には肯定的な答え（つまり「そうだ」という答え）が引き出される。つまり、ここにおいて個人は他人に対しての責務を大きく内面化することになり、もし彼がこのようにふるまわなかったならば彼は生きていくことができなくなるといった理由から、例えどのような利他主義的な行為であったとしても、こうした全

ての行為は利己的なのだ、ということを私たちは理解することになる。ここで私たちが問わなければならないのは、もし全ての行動が利己主義から生じて、利己主義が善の基準であるとしても、そのような行動の全てが善というわけではないのではないか、という問いである。

　啓蒙的な個人と、道徳に関心のない精神異常者または単なる快楽主義者との区別が話題の中心となる。ここにおいて啓蒙的利己主義を擁護する主張は、一般的に「利己的」を「啓蒙的」へと置き換える。政治的な行動は、視野の狭いその場だけの欲望と、長い時間が経ってから生じる善との区別をするのに十分なだけの、知的で省察的な人々によって、そしてまたそういった人々のために計画されるべきである、というのだ。このような置き換えは先に指摘されている循環性を回避する一方で、二つの「啓蒙的な」考え方が異なる公共の政策を考え出す時には、正しい評価を下す基盤を提供しない。

　例えば、ある人が（ソ連に対して）緊急かつ一方的な軍縮という点から自らの啓蒙的な利己を理解しようとしていると仮定してみよう。何が個人にとって最適で、何が共同体にとって最適かを注意深く考えて、彼は（例えば核戦争が差し迫っていると仮定する時）大きな苦痛や全人類の破滅の可能性という危険を冒すよりは、自由で民主主義的な社会を発展させる望みの持てるソ連の占領の方が国家にとってより善であるかもしれないと決定を下す。これに反対する人は、自らの啓蒙的な利己をまた違うように理解する。彼や、多くの自由を愛する人にとって、全体主義によって統制され拘束された中で生きていくことは我慢のならないことであろう。彼は、人生は私たち一人ひとりの自由に対する立憲民主主義的な保障なくしてはほとんど意味がないので、自分たちは降伏をするよりも自身の破滅という危険を冒した方が善であると信じている。各人は、それぞれ異なった目で、長期的な目でみての自身の利己を理解している。すなわち、各人、寛容できる社会的制約が異なるのである。啓蒙的利己主義の原理では、明らかにこの論争は解決できないであろう。それは単に、各人が個人の自由と肉体的苦痛の回避という価値のどちらをより重視しているかについて、つまり二つの価値にみられる関係について明るみにするだけである。それは、どちらの価値がより重要であるのかを示すもの

ではない。もし私たちの主な問題関心が、利己についてのどちらの考えが全体としての共同体の利益により貢献するのかといった疑問を中心に位置づけることにあるのならば、利己主義の概念は、倫理的基盤としての重要性を失い、そして功利主義がそれを引き継いでいく。

　啓蒙的利己主義の立場にはいくつかの困難があるにもかかわらず、多くの種類の問題の分析において有効となる部分もある。公共政策が長年をかけてもたらすものと、公共政策が短期間の間にもたらすものが相互に対立するとして論争が生じており、そして政策が短期的にもたらすものの方が、長年かかって生じる結果によって否定されるところよりも大きい傾向にあるということが一定の確信を持って説明できる時、これは、おそらく実際の判断にとっての一つの指針を提供する。例えば、森林資源の保護についての議論において、もしある人が、伐採の長期的にみた結果が重大な土壌破壊であることを説明することができるのならば、その政策は共同体の利益ばかりか、伐採する側の人々の長期的な利益にとっても有害であるとみなされるかもしれない。啓蒙的利己主義の主唱者が長期的な目でみた時の結果を省察することを重視することについては、注目するだけの価値があり、あらゆる政治的な論争を明確化するのにおいても、重要なステップとなる。

　④政治的論争を判断するための中心的な基準としての一般福祉または功利主義

　もしも健全な共同体が利己主義の実現にとって必要不可欠であることを説明できるのであれば、極端な個人主義の立場は瓦解してしまうか、ほとんど意味を持たなくなる。すでに先にも説明したが、啓蒙的利己主義への転換という考えがあり、そこでは共同体の利益がその人の利益と結びつけられているという理由から、彼は共同体に対して責任を感じることになるのである。共同体の利益は個人の利益と密接な関係にあって、必ずしも相容れないものではないのだが、どんな価値が実際に共同体にとっての善なのかをめぐって対立が生じる時に、政治的な行為に向けた指針をはっきりとは提供しないということを認めるだけの力がこの立場にはある。

　一般福祉または功利主義の立場は、少なくとも表面的には、公共政策の対

立を反転する基準を供給する。この基準は、「最大多数の最大幸福（善）」という単純なものである。功利主義において明らかな問題は、「最大幸福（善）」を定義し、測ることにある。もしも主な問題関心が衣食住、医療などのような基本的な経済上の財にあるのならば、問題は比較的簡単である。しかしながら、私たちの問題関心が、基本的本能的な必要から知的・精神的な要素へと移行する時、私たちは問題を抱えることとなる。現代社会において、経済的で審美的なエリートは「一般的な人間」よりも創造的に、幸福な（善い）人生の新しい表現を絶えず開発する。そして「一般的な人間」はそれを模倣することを選択する。もし「一般的な人間」がエリートと同じような観点で幸福な（善い）人生を解釈しようとするならば、創造的なエリートの進化は一般的な人間が追いつけるように停止されるべきなのだろうか。社会において、富める者の集団と貧しい者の集団との間には、どのくらいの経済格差があってもよいのだろうか。

　この疑問に対する共産主義者の回答には、「人はそれぞれ各人の最高の能力に応じて社会に貢献するが、各人の必要性に応じてしか受け取らない」という簡単な公式がある。さらには共産主義の教義は、真の共産主義社会における人間の動機は、経済ではなく、むしろ想像力や審美力であると仮定している。これは理論的には聞こえはよいが、現代社会はどんな社会でも社会階層化されており、それはとりわけ共産主義的な教義を抱いているはずのソ連においてもそうである。

　功利主義の教義は、基本的で倫理的な問題を解決するどころか、単純により明らかな疑問を提起する。すなわち、幸福（善）の合理的な基準とは何だろうか。幸福（善）の物質的な必要であるとか快楽的な喜びであるとかいったことよりもずっと洗練された視点から解釈されなければならない。ここで問題が再び生じる。人はどのようにして、より高き幸福（善）の度合いを測るのであろうか。社会において誰がこの疑問に答えるのだろうか——専門家だろうか。選ばれしエリートだろうか。多数派だろうか。共同体におけるいろいろな階層から選出された集団だろうか。

　功利主義の教義に対して過度に批判することは、おそらく不公平である。

なぜなら、人々の大部分の経済的な損失が顕著で明らかな時代に功利主義は発展し、成長してきたからである。生存という言葉が、貧困、栄養失調、病気の中で生きていくことを意味していたこの時代、女性や子供たちは生存するために工場や炭鉱で働くことを余儀なくさせられていた。富める少数者による大多数の貧民からの搾取は、この時代では神話などではなかった。しかしながら、アメリカにおいて一般市民が比較的に裕福になり、この構図を変えてしまった。例えば現在子どもが受けるべき教育の質や種類についての問いの方が、栄養をもっと取りたいという最小限の欲求にどうやって応えていくのかという問いよりも、はるかに多くのアメリカ人の注目を受けている。そして適切な教育基準の決定は、本質的に適切な栄養基準の決定よりもさらに難解で議論の余地のある問題である。最も広義の意味で捉えるなら、功利主義は私たち自身のアプローチ、すなわち全ての人に最大の尊厳を、と基本的に同じ目的を有している。その困難は、「最大多数の最大幸福（善）」が、現代のアメリカ社会にほとんど関連するものではなく、18世紀のイギリス社会に関係した歴史的に条件づけられている基本的な意味概念であることからくる。そしてもし私たちがこれを具体的な意味を明らかとせずにそのままにしておいたら、その言葉は、全ての経験領域の人にとっての一般的な幸福（善）について定義しようとする人間の試みに本来的に存在している困難を、直接導いてしまうのである。

　功利主義や一般福祉に類した価値概念についてもここで考慮しておくべきだろう。「最大幸福（善）」の教義と一般福祉との間を区別することはとても重要である。それはすなわち、多数派にとっての善と、共同体にとっての善との区別である。人は共同体を、有機的な全体として解釈することができる。そして共同体が健全に存在するために何が必要か、「ひねくれた」存在から立ち直るには何が必要かを判断しようと試みることができる。そしてもし共同体が生き残り発展していくための存在であるならば、共同体を確かな道徳的絶対性によって支配されるような存在として捉えることができる。ブキャナンはカントの自然法則の思考枠組みに沿って、この立場について議論してきた。

例えそのヴィジョンにいかなる理論的な含みや前提があるにせよ、鍵となる言葉は「自然の王国（kingdom of nature）」である。そのヴィジョンについての規制の結果は、王国の憲法の吟味によって明るみにされるべきである。この王国は合理的な存在である人間によって構成されるものであり、彼らの尊厳や自由は、彼らの意志に基づく行動において、彼ら自身に普遍的な法が与えられる時に発揮される。こうした自治という権力の恩恵を受けて人々は自身が目的となる。その王国の王たる全ての人間は単に手段としてのみ扱われるようなことがあれば、その自然の憲法は侵害されることになる。憲法に守られた状態というのは、むしろ人々が互いに関して、時に目的として、時に手段として互恵的に行動する状態のことであり、そうでなければ、彼らが共通の目的のための互いの手段として一つの有機体の中での器官として、または自由共同体の構成員として互恵的に行動する状態のことである。彼らはお互いに奉仕し合うかもしれないが、そうした奉仕者各々の中にある王権もまた尊重されるに違いない。[9]

ブキャナンはそれから続けて次のような例証をした。

　…（保護についての）これや、他に似たような教訓は今、資源の分配に向けた長期的計画へと結びつき、将来に向けて慎重に資源を節約していこうというねらいは、常に自然を増やすことや豊かにしていくことに結びつけられていった。そのような考え方は、ＴＶＡを確立した独自法がその最良の例である。そこに述べられた目的は、谷の財産を保持するためのものであった。そしてその目的は、植林、肥料、施設、土壌調査、電力発電、洪水の調整といった計画によって実行された。
　この弁証法的な学びから、新たにどこか神秘的な科学である生態学（エコロジー）が発展してきた。私が生態学を理解するところとしては、例えば企業が、調達、雇用、生産のもたらす意図せざる結果や副作用につ

いての総体系（integral pattern）を作り出そうとするように、生態学とは元々、資源開発の線形計画の様々な輪郭線を照合しようとする試みである。複雑な都市の工業生産は深刻な問題をもたらしてきた。生態学の試みの結果は別の定義や問題提起へと導いた。つまり、環境として都市を捉えるとともに、ある有機体として工場設備を捉えるようになった。すぐに環境を伴った有機体として都市を捉えることが必要となった。そして人はそうした議論を、国家経済や世界的な共同体にまで発展させていくかもしれない。これは秘かな目的論的思考である。この思考が意味するところは、明らかにこの状況における全ての事柄は、手段としても目的としても他事と互恵的関係にあるとみなされるであろうということである。このような考え方は、パトリック・ゲッディスとルイス・マンフォードがねらいとするところであり、彼らは谷での人間の性質を含む自然の質的向上を遂げた新技術革新時代を有機的な視点から捉えている。人類はもはや自然も自分自身も私的目的で利用しなくなるだろう。彼らは立憲主義的な「自然の王国」において自由な市民となるだろう。[10]

公共政策を判定するための超個人的な基準である「一般福祉」や「共同体の福祉」の概念は、疑う余地もなく、私たちが中心に置く価値概念である「人間の尊厳」の必要で実のある概念拡大である。ここにおいて、この人間の尊厳の立場と「自然の王国」との間には矛盾も一貫していないところも見受けられないのである。究極的に、人間の尊厳をめぐる定義は、人間の尊厳が最も表現されうる自然的社会的文脈について考慮しなければならないのである。

⑤政治的論争問題を判断するために基本的な基準としての平等性

平等性の概念には三つの構成要素がある。それらを区別することが重要である。第一の構成要素は、公正に皆に適用される規則を作ろうという考え方、すなわち法の下での平等の保護という概念である。二つ目の構成要素は、平等なアドバンテージ、または権利制限をもたらす規則を作ることに関わってくる。例えばゲームにおいて、私たちはゲームを定義する規則を作る。公正

に規則を適用するというのは、第一の平等性についての考え方である。第二の概念もこれと明らかに関わりのあるものであるが、それらはある程度第一の概念とは別の独立した考え方である。例えば人種隔離法のように、例え公正に適用されていても、一方の集団に対して別の集団よりも有利に導くようなルールを作り出すことは可能である。第一の平等の概念と第二の平等の概念は、正義という観念へと併合されていく。この観念は、有利な立場にある個人または集団ではなく共同体全体に利する法が作られるべきであるという問題関心と、法の公正かつ平等な適用という問題関心を含んだものである。

第三の平等についての概念は、ユダヤ教やキリスト教思想の産物、つまり人類皆兄弟という考え方である。「人間は平等である、なぜなら人間は皆神の子である」という考え方に象徴的に表現されている、そしてより自然な形としては、共感・慈悲・滅私は人間にしかない性質であって、人間の高度な意識の表れであるという考え方に象徴的に表現されているように、全ての人間は内面的に精神的な性質を持っていることを根拠とする。これらの性質の発達を通しての人間は、ちゃんとした善きくらしを送ることができる。人は他人を同胞とみなし、神との共通な関係にあることに気づくなら、人間同士の対立に対処するための手段として暴力や抑圧を用いることを拒絶するだろう。

平等に対する同様な概念が、マルクス・レーニン主義の背景にある「原動力」である。それはキリスト教とともに「概して個人と社会との間には、あるいは社会の中で組織された集団と社会全体の利害との間には元来対立などない」という仮定を共有している。ただし、キリスト教とは異なり共産主義は、この平等を精神的基準として捉えることを否定し、全ての人間関係が平和と調和の中で持続していく完全なる世界を達成する手段として力や暴力を使用することを許すのである。

最高の価値として人類の兄弟愛を捉えようとするキリスト教徒や人道主義者たちの問題は明らかである。つまり兄弟愛を尊重する観点をまだ受け入れていない人をどのように扱うのか。その社会の構成員の幾人かが中心的な概念を拒否する時、平和的説得が変革の手段であるような安定した社会をどの

ようにして維持するのか。ここでの本質的な問いは、貪欲で無知な者が対話を受け入れるまでの間（おそらく受け入れることはないだろうが）、人間の諸事を統制する道理のある手段として力（暴力）を考えることができるか否かというところにある。例えこれに対する回答がいかなるものであったとしても、究極的には、暴力や暴動を防ぐために力や暴力の威嚇に頼る政治システムなしには安定した複雑な民主主義社会は生まれてこないことは明らかである。

　実際的な政治的イデオロギーとしてのキリスト教的な愛、または普遍的な愛といったものは、政策判断の一つの基準としての利己主義を拒否するところまで普遍的に人間が社会化されうるのか、もしくはもっと重要なこととして人間は個人的目標を達成する一つの手段としての力の使用を拒否するところまで普遍的に社会化されうるのかについて例証するという課題に悩まされることになる。他方でアングロ・アメリカの法律や議会制民主主義という体系は、論争を解決する手段として理性と適法手続きという基本的な教義を人々が受け入れることだけを要求する。暴力と抑圧は、目的を達成するために暴力に頼る個人や少数集団に抵抗するために使われてきたのである。

　偏見なき法律の適用としての平等は通常、政治理論の根源的なる第一原理としては擁護されない。というのもこれは個人主義の一系譜となるからである。例えばハイエクは（法の下での）平等の保護という観念と、より大きな社会的経済的平等に影響を与える政府の行動との間の矛盾を明らかにする[11]。後者の状況では、政府は富裕層に故意に多くのペナルティを課し、社会的な貧民階層を利する法律を策定する（例えば所得税のように）。社会正義としての平等または平等な機会としての平等は一般的に、共同体全体に利益を与えようとする功利主義の理論的背景に基づいて擁護される。

　平等の概念を政治的論争解決に向けた第一原理とすることの主な困難は、身体的能力でも精神的能力でも人は決して平等ではないという明らかな事実である。このことは、平等を文字通り捉えるべきなのか、単に法の下での平等な取り扱いという意味で捉えるべきなのか、といった議論を導く。社会の有形財という観点から人間に平等な利益が与えられることになる社会を築き上げることは、ほとんどのアメリカ人にとって嫌忌の的である。なぜならそ

れぞれの人の共同体への働きや自己犠牲の程度は異なるからである。しかし例え私たちが共同体への貢献の度合いに応じて人に報酬を与えるという原理を受け入れるにしても、共同体はそれぞれの人の総体的な貢献度を決定する何らかの方法をみつけ出さなければならない。再びここで私たちは基準を問い直すところに戻らざるを得なくなる。その基準は、審美、知性、実際的な賢さ、努力、生み出される富の量であるべきか、はたまた別の何かであるのか。功利主義のように、平等主義も善の究極の基準とはならない。それは一度善の価値基準が決定された後ならば、一つの合理的な行為を叙述するための基準となるに過ぎないのである。また、文明化された存在にとって必需品であり、その価値についてはかなりの合意がなされているようなことを大多数の人々が否定されている状況下ならば、功利主義と同じく平等主義は最強の概念になる。「全ての人間は等しく創造されているという真理を私たちは自明と考えている」という言明の中に見られる平等主義を擁護することは、私たちの基本的価値である人間の尊厳を守ることでもある。この意味において、平等は自由の基礎となる。つまり、個人の自由と個人の選択という価値は、全ての人間がある共通の性質 —— 人道（ヒューマニティ） —— を共有しているという理由から全ての人に保障されているのである。

価値の源泉

　政治的な分析や政治的論争の論理的基盤についての議論から離れる前に、私たちは少なくとももう一つの疑問を提起しておくべきであろう。それは、価値の究極的な源泉（拠り所、出所）とは何かということである。これには、神、自然法則、預言者や聖人、人間自身など多くの回答がある。すでに表明してきたように、この問いに対する私たちの立場は、究極の価値である人間の尊厳の価値の源泉を見極めたり、いずれかの立場に立ったりすることを拒否することである。（アメリカ人の）信条の様々な側面は、歴史的な発明（陪審制度など）を通して何かしら偶然的に発達し、そしてそれらの手段としての効果のため、そして一部にはそれらが支持する根底にある価値からは独立した

形で神聖性をそれらにもたらすような神話の存在のために、それはある程度維持されてきたように私たちには思えるのである。ここで繰り返しておくが、知性ある教育を受けた全ての人々が同意できるような究極のコミットメントに到達することは、理性の活用という人間の知性的な能力を超えたこと、つまり人間にはできないことのように私たちには思われるのだ。

価値の源泉についての主な議論は、その源泉が人間自身なのか、人間を超えた何らかの力なのかというものに分極化する傾向にある。人がこの問いに挑戦する時の立場は、永久的で不変的な価値を支持するような見解をほのめかすものか、それとも相対的で柔軟な価値を支持する見解をほのめかすものかになる。このことについて議論するために、普遍的で永続的なものとして価値を概念化しようとする立場を――それはその価値の源泉が人間自身を超越したものだという理由から――私たちは「自然権」の立場と呼ぶことにする。価値は人によって創られたのだから、それは瞬間的で変化するものであるとするもう一つの立場を私たちは「相対主義」の立場と呼ぶ。

自然法則または自然権の立場は、人間は直感的に知覚することのできる、また全ての権利について自明である確かな固有の権利を与えられていると述べる。この立場における困難については、ホワイトが最も簡潔かつ明快に説明している。

　　　最後に私たちは、道徳性に関する確かに自明な規則がある、と信じる人について自問しなければならない。彼は詳細に分析されるならば道徳的な諸原理を生み出す本質なるものが存在するということを説得されうるだろうか。不幸にも彼はしばしばとても安易に説得されるのであり、彼への説得がうまくいったことにあまり自信を持つべきではない。そして要点は、こうした哲学的である複雑な手順の全てが合理的説得のための効果的な手段であるというよりは、むしろある種の自己激励となってしまい、これは暗闇の中で哲学的な口笛を吹いて強がってみせるのに役立ってしまうことにある。ある道徳原理が真理であると自分自身にいい聞かせる時、また他の時代の他の場所にいる人たちの中にはそのことに

疑念を持つ者もいることに気づいた時、その弱き男には助けが必要となる。その男は例えそれは皆にとっては自明なことではないにせよ、本質という領域内にある物事は、こうした道徳性の諸原理を実証する、または裏付けることができるくらいに関係づけられているのだということができる必要がある。当然のことながらそうした衝動は、物理世界の「諸事実」が、それについての彼らの言明を確証ないしは立証するほどに関係づけられていると男たちにいわせしめようとする衝動にも似ている。だが私たちはそれが科学者にとって論争や不確かな場面で何か有益であるのかと問いかけると、後者の視座が何ら価値のない特性を有していることに気がつく。諸事実はあなたの理論を真なるものにするまでに関係づけられていると繰り返し述べることは、完全に無意味である。このことを繰り返すことはあなた自身を励ますことになるかもしれないが、あなたのいっていることを真剣に疑う人たちを説得することはできない。

....

　倫理学的、数学的、形而上学的、化学的、生物学的、経済学的…あらゆる種類の信念が最終信念のストックを作り上げる。…私たちはそうした信念が互いに合致し、あまり自信なく抱かれているその他の信念と単純に調和的に適合して欲しいと考えている。すなわち私たちは、この構造が経験と感情とにかみ合うことを望んでいるのである。私たちはまた、他事が同じであるならば、他者が自分と似た信念体系を有してくれればよりよいのだがと考えている。実際、個人も社会も多くの信念に従ってきた。それらは一度は最終到達点として受け止めたものであり、そのうちのいくつかは道徳的な信念である。私たちはあらゆる種類のよき理性（道理）からこうしたことをする。そうであるなら私たちの最終的に到達する信念が正しいと捉えられることになるそうした本質についての神秘的な領域を考え出すことの目的は何であるのか。その政策の目的を達成しようとした時に、なぜ私たちは暗闇の方向に少しでも進んでいこうと

する必要があるのか。いかなる時にも私たちは皆究極の信念を持っている、私たちは変化を免れることなど絶対できない（永久にそれらの信念が変化することがないように自らの責任で問題解決することができるにもかかわらず）、同じ信念でもそれを最終到達と考える者もいればそうではない者もいる――こうした事実を認識することの方が、ずっと正常な判断ではないのか。私たちが一緒に上手くやっていくことができる人はどんな人なのか。大抵の場合、それはこうした根本的な信念の多くを同意することのできる人である。では私たちと口論になる人とはどのような人なのか。大抵の場合、それはこうした信念を私たちとは共有できない人のことである。ここでの要点は、私たち、そして私たちと同じ方針を有する人は、最終到達点の下に（または上に）本質の領域を作り出すことによって相互に激励し合うといった類のことを求めるべきではないのであり、また方向性の異なる人は、こうした本質の領域が存在することについては同意したとしても、決して私たちと同じようにはこの本質を用いることのない人たちである、というところにある。[12]

もし自然権の立場に問題があるというのならば、相対主義の立場は尚更すぐに泥沼にはまることになる。なぜなら、私たちは単に特定の文化的文脈の範囲内で歴史的に条件づけられただけの諸価値を生み出したり作り出したりしているだけなのだ、と主張する相対主義者が、広く文化を超えて共有された諸価値について説明せねばならなくなるからであり、そして例えば西洋の伝統の中で共有された諸価値といったように、特定の価値の行動様式（シンドローム）の持つ並々ならぬ魅力について説明せねばならなくなるからである。私たちの考えからいえば、人間の欲するところや人間にとっての善とは何かを規定するある安定した諸要素が人間の性質内にあると想定することは道理のあることのように思える。そうした程度で「自然権」と呼ばれる何かは存在する。しかしながらこの想定だけでどこまで道徳的規約（コード）を明瞭化できるようになるのかについては、一つの大いに開かれた問いとなる。

私たちが考えるところでは、相対主義の立場と自然権の立場とを区別する

ものは、最終到達の価値が言明される際のその明瞭さ、そして手段的価値と最終到達の価値とを人が区分する程度のどちらか、またはその両方である。人間の行動のどの範囲までが人間の尊厳の表現を構成し、その範囲までが議論の余地のあるもので、どんな行動が明らかに野蛮で反市民的であるかということについて、本質的な同意が存在する。しかしより大きな尊厳を得ようとする試みの中で、既存の諸制度が含意している手段的価値を用いて人はどの程度まで実験するべきなのかについては、鋭い意見の食い違いがしばしば存在する。

　価値の源泉に関する私たち自身の立場は直観的なところを基盤としており、それゆえに問題も有している[13]。それはつまり、ほとんど全ての人間が、どのような行動が野蛮で反市民的なのか、いかなる行為が本質的に人間的なのか、そしていかなる行為が妥当な論争の範疇に当たるのか、という事について直観的な合意に至るだろう、と私たちは想定しているということである。この点を超えて私たちができることは、決定は合理的討論によって下されなければならないと主張することだけである。従って私たちは、手段－目的をめぐる次の議論にとりわけ困難をかかえることになる。すなわち、どの程度ある合意された市民的価値（例えば同意のプロセス）はその他の重要な諸価値（例えば経済発展や国内の安泰）を確保するために犠牲とされるべきなのか。こうした問いについて私たちはただ相対主義的な答えしか出すことができない。つまりその答えは、その疑問を投げかけてくる集団の内部においてどのような説得が最終的に勝利を収めるか次第なのである。しかし私たちは次のことを付け加えておくことになる——もし意思決定を下す集団の構成員が普遍的な人間の尊厳を彼らの行動を判断する最終的基準とすることを放棄するのならば、この意思決定を下す状況はモラルを失ったものとなっていくだろう、と。私たちの見解としては、パンと生存のために自由を犠牲にしていくことは、もしそれが普遍的な人間の尊厳という最終的基準から誠実に合理化されるのであるならば、道徳的だということになる。そしてもしそれが個人の権力的関心や過剰な競争の中での出世への問題関心などからシニカルに意思決定が下されるのであれば、非道徳的だということになる。目的は手段を

正当化する。手段が正当化されうるには、この方法しかない。そして私たちは、全ての人のためにより大きな長期にわたる尊厳を促していこうという試みにおいてどの程度まで私たち各人がある私たちの権利を侵害されることを許容するべきなのかということが、各自が自力で判断すべき事柄であると言うことしかできない。私たちはそれを超えると手段が目的を破壊する（例えば人間の能力が本質的に人間それ自体となってしまう）ことになる境界点があると考えている。そして共同体から内への引きこもりや、より現実的なところとしては革命が正当化されてしまうのも、この境界線を超え出た時である。

註

1 Hullfish, Gordon H., and Smith, Philip G. *Reflective Thinking: The Method of Education* (New York: Dodd, Mead & Co., 1961), pp.98-99.
2 Raup, R. Bruce, et al., *The Improvement of Practical Intelligence* (New York: Harper and Row, Publishers, 1943).
3 Hunt, M. P., and Metcalf, L. E. *Teaching High School Social Studies* (New York: Harper and Row, Publishers, 1955).
4 Thorson, Thomas. *The Logic of Democracy* (New York: Holt Rinehart & Winston, Inc., 1962), p.139.
5 Lindsay, A.D. *The Modern Democratic State* (London: Oxford University Press, 1943), pp.253-255.（紀藤信義訳『現代民主主義国家』未来社、1969 年、326 〜 330 頁。）
6 p.255.（同上、330 頁）
7 p.261.（同上、338 頁）
8 この立場を合理的に擁護する著書として、次を参照のこと。Hyeck, F. A. The *Constitution of Liberty* (Chicago: University of Chicago Press, 1960)
9 Buchanan, Scott. *Rediscovering Natural Law*, A Report of the Center for the Study of Democratic Institutions (New York: Fund for the Republic, 1962).
10 Ibid, p.57
11 Hyeck, *op cit.*
12 White, Morton, *Social Thought in America: The Revolt Against Formalism* (Boston; Bescon Press, 1957), pp.275-277.
13 次のブキャナンのコメント（Buchanan, *op cit.*, p.48）は妥当である。「私はいつも、定言命法が表現している洞察に表向きに達するためにカントが用いる回りくどい推論に混乱させられてきた。つまりその推論は、あまり明瞭でも人を納得させるようなものでもなく、むき出しの洞察（bare insight）である」。私たちの見解としては、私たちの道徳的遺産を構成する数多くの倫理的または政治的諸原理についても、これと同じことがいえると考えている。

第2部
公的論争問題の分析を教授するための概念枠

第4章
民主主義社会への倫理的なコミットメント

　第一部で私たちは社会科の内容選択への一般的なアプローチについて概説した。私たちは内容選択には次の二つの主な決定が含まれることになると主張した。すなわち、第一に授業の具体的な教材を選び出すに当たり、その基盤として人はどのような主題を選択するのか。そして第二に、こうした教材を扱っていけるように教師、そして生徒を導いていくために、どのような知的枠組みが役立つのか、ということについての決定である。私たちは主題選択を導いていくための主な基準として現代の政治的論争問題を示し、さらにはこうした主題が分析される上で用いられることになる知的枠組みを提供するものとして、ある特別な多元的社会についての見方を提案した。こうした決定は、奇抜なものでも、特別なものでも、そして驚くべきものでもない。社会科への接近方法や「カバー」されるべき内容の概要について、このような一般的な説明をすることは、教育専門書ではよくあることである。主題についてシンプルに表にしたり、さらには「批判的思考」「アメリカの遺産の評価」「世界の相互依存の理解」といった用語を用いて理想的とされる知的なプロセスを説明したりするだけの指南書は、私たちの視点からみれば、ただただ役に立たないものでしかない。こうした曖昧な語句は、生徒が採用することになる知的アプローチについてしばしば自らの意識していない省察のない準拠枠に頼らざるを得ない個々の教師たちの解釈（翻案）を妨げるものとなる。
　第一部は、内容選択に関する私たちの立場について説明するのみならず、公的論争問題についての知的な分析に向けて方向づけられたカリキュラムの中に含まれるべき具体的な内容について、より詳細に言及する礎を築くこと

第4章　民主主義社会への倫理的なコミットメント　79

を意図したものであった。そしてこの第二部は、民主主義社会において公的論争問題を書き表し分析していくために人が用いるべき選択された諸概念について、より具体的に言及していく。こうした言及は「実際的な（working）」形式で行う。それは、多少なりとも適切なものとしてこれまで用いられてきたものではあるが、現在の条件下では、こうした概念を教えるための一つのテキストとしては適切とはいえない。私たちは、これが様々な年齢や能力を持つ生徒に向けて具体的な授業用の教材を開発・選択するための指南書として最善のものと考えている。一般的に、これは私たち自身の実験活動において用いられてきた方法である。

　第4章と第5章は比較的にシンプルで直接的な言葉を用いて書かれている。それには二つの理由がある。理由の一つ目は、こうした知的枠組みを青少年に教授することは実行可能なことであるということを私たちが例証したいと考えていることがある。理由の二つ目は、こうした知的枠組みについての言明が複雑になればなるほど、その知的枠組みはその枠組みの創出者個人の考えをより多く表現してしまうという、両者の間には強い関連性があるのではと私たちが疑っていることがある。私たちは、教師が私たちと類似した準拠枠を持って物事をみているが、いくつかの点でやはり違った部分があると想定している。私たちはまた、生徒たちが、政治的問題の分析に関して、自身の暗黙裡の、しかししばしば不適切な準拠枠を持っていると想定している。教師と生徒とが難解な政治的問題について取り扱う中で、問題を分析するための教師が選択した方法と、同じ問題を分析するために生徒が選択した方法との間に、間違いなく同意できない領域が生み出されることになる。私たちは、教師や生徒が彼ら自身の個人的な分析体系を明らかにし精緻化し伝達していくために私たちの提案した知的枠組みを活用できるように、この知的枠組みが、より単純で、より一般的なアプローチを提供していくことを望んでいる。

社会的価値と人間の尊厳

共同体の対立と論争

　人間、そして人間が生きていくその集団には、三つの重要な要素があると考えられる。第一に、人はそれぞれ何らかの形で皆違うところがある。人はしばしばその信じるところ、欲するところ、彼自身にとってよいとされるところ、他者や彼の周辺世界について感じるところが異なっているのである。第二に、このように個人単位での違いがあるにもかかわらず、人々は集団で生活することを選択し、そして同じ集団内に生活する他者と上手くやっていくために、個人的な欲望や信念のいくらかを修正する。そのため、各自はそれぞれユニークで異なった存在なのに、社会的な存在としての私たちは皆、安全のため、自らを守るため、そして仲間意識を持つために、集団で生活しお互い頼り合って生きていくことを希望して、多くのことを共有していくことになる。第三に、私たちは異なった存在であるが、共同体の中に生活し、共通の諸問題に直面しているという事実は、この共同体に影響を与えるような決断をめぐっての論争や意見の不一致を生み出す原因となる。私たちが共同体の他の構成員たちの望みや優先事項よりも、自分たちのそれらを先にしようと考えた時、こうした論争が発生するかもしれない。つまり論争は、その共同体の最良の利益となることが何であるかをめぐる解釈がそれぞれ異なることに原因があるかもしれない。いかなる状況にあろうとも、公的論争の解釈に向けて（もしかしたらその基礎としてかもしれないが）、表明されたあらゆる具体的な提案について、その正誤をはっきりと主張することは、一般的に難しいことである。

私的決定と公的決定

　私たちは、正誤、善悪に関する論争の全てが必ずしも共同体全体の仕事ではないことを述べておくことで、共同体の対立に関して先に語ったことについての留保条件を付けておくべきである。私たちの行動の中には主に私たち自身の個人的な福祉（幸福）に影響を与えるものがあり、これは誰の仕事で

もなく私たち自身の仕事となる。しかしその一方で、大半とまではいわないが、私たちが下す判断の多くは、私たち自身だけでなく、私たちの周囲の人々の多くに影響を与えている。この二つの判断の種類の違いを理解することが大切である。共同体に影響を与える判断を私たちは公的決定（public decision）と呼ぶことにしよう。対して個人や私的な小規模集団にのみ影響を及ぼす判断を私たちは私的決定（private decision）と呼ぶことにしよう。例えば、共同体における伝染病の抑制に影響を及ぼすような判断などは、一般に、共同体の問題関心であることは明らかである。対して、食事、衣服、音楽、芸術といったものは個人が楽しむものであり、一般的には私的な事柄である。また職業の選択だとか子どもを何人生んで育てるのかといったことは今のところ私的で個人的な問題関心であるが、これらは共同体に重大な影響を与えていく。

　共同体の論争問題となるかどうかの主な根拠となるものの一つが、私の判断は私だけが考えるべき事項か、それとも共同体の構成員によってある程度まで議論され、規制され、制御されていくべき事柄なのかという問いから得る情報である。私的な判断が正当に公的な問題関心となるポイントを見極めるという問題は、おそらく例を用いて説明するのが最良であろう。家を何色に塗るのか判断するというシンプルな問題について考えてみよう。これが明らかに私的な問題だということを否定する人は少ないだろう。では店の外の装飾に話題を移してみよう。共同体は店の店名や性格を広告する文字のサイズや外装に規制をかけることができるようになるべきなのだろうか。現在、広告の文字は通常、都市区画法によって規制されている。例えば最近、新しくウルワース社の店が掲げた看板は、（旅行者を招くほどの）美的かつ金銭的価値を兼ね備えていたその町のコロニアル式の装飾様式には馴染まないとして、ニューイングランドの共同体の首長を非常に立腹させてしまったという出来事があった。その店は、共同体から圧力を加えられ、今では「コロニアル式」を全面に押し出して営業をしている。

　このように個人的な好みと一般的な社会的価値との間を線引きすることは困難であることを例証するような事例には他にもたくさんあり、それをみつけ出すことは難しいことではない。例えば別の誰かと「競い合う」、または「打

ち勝とうとする」試みが、私的な問題関心のままでいられるのはどのような状況下であろうか。次の事例が示唆的である。

　　エドワード・C・タトルは、彼自身が裁判所に申し立てた告訴状によると、自身が住むミネソタ州のある村で、何年もの間、理容師として成功し店も人気があったという。彼は自分の家族に快適な暮らしをさせ、実際に年に800ドルずつ貯蓄をしてきた。そして彼が訴訟を起こすことになる1909年には、確かにその貯蓄は「相当な額」になっていた。しかしどういうわけか、彼はカシウス・××という地方の裕福な銀行の頭取の恨みを買ったのであった。××はタトルをこの業界から追い出そうと決め、ついには村で二番目の理容店を開き、理容師を雇い、自らの富と名声を使って、タトルの店から客を奪った。タトルは××が自らの商売目的のためではなく、タトルの商売が立ちいかなくするためにわざとこうした行為を行ったのであり、新しい店を出すことでの損失を度外視していたと訴えた。つまりタトルは被った被害についての弁償を求めて訴えたのであった。
　　一方、××は次のように主張した。例えどんなにその動機に問題があったとしても、自分は、誰もが守るべきである正当な商売の法律に基づいて競争に参加しなければならない、という義務だけは怠ってはいないので、例えタトルのいうような主張が証明されたとしても、自分に法的な責任はない、と。
　　ミネソタ州の最高裁は次のように結審した――もしタトルが彼の主張の正当性を証明することができたとしたら、××はその損害に対する法的責任を負うべきである。××のその訴えられた行為は、競争などではなく、不合理な「権力の濫用」でしかない、と。[1]

　この状況は、それが引き起こす明らかな問題のためにも、とても興味深い。もし××が怒ってタトルの理容店に行かなくなったというのなら、このことは間違いなく××とタトルとの間の私的な事柄と考えられていたであろ

う。もし××が3人の悪漢を雇い、彼らを店の外に立たせ、タトルの店に客が入っていくのを邪魔したとしたら、その時は明らかに公的な事柄となっていただろう。しかし、個人的な敵意を満たすために、情け容赦ない競争をしかけるというのならどうなのだろうか。××はタトルと競争するために、合法的に店を所持し、これを営業した。その一方でタトルは等しい条件で、あるいは公正な条件で××と競争する機会を決して持ちえていなかった。この時点で私たちは「財産権（所有権）」「競争の公正かつ平等な機会」といった社会的価値の言葉や用語を用い始めているという事実に気づくことが重要である。どちらの立場も、この論争において、社会的価値の言葉を用いることで彼らの立場を正当化したり擁護したりしているのである。

人間の尊厳と行為の価値標準

　ところで、公的論争において、社会的価値の概念の持つ目的や働きとは一体どのようなものなのか。この疑問に対する一つの回答として、次のように語ることになるかもしれない——すなわち、誰が正しく、また誰が間違っているのか判断が難しいような公的議論に私たちが直面した時、あるいは議論において共同体と個人と、どちらが決定するべきなのかいい切ることが難しい時、私たちはしばしば倫理的あるいは道徳的行為についての一般原理を探し求めることによって状況を打破しようと模索する。私たちの生活を導きうる行為規則を私たちは発見しようと試みる。さらに私たちは、他人との今後起こるかもしれない対立を解決するために、確実性の高い、そして結果が見通せる方法を予期したいと考える。こうした対立への確かなアプローチから、多かれ少なかれ、私たちが多くの異なるタイプの状況を評価したり判断したりすることを可能とする行為についての一般的な規則が生み出されることになる。タトルと××との対立には、明らかに二つの一般原理が関わっている。すなわち××が自分の財産や所有物について事業を始めるために利用する権利と、タトルにとっての公平で平等な基盤のもとでの他者との競争をする権利である。このような問題状況においては、私たちが倫理的な決断をするに当たって活用したいと考えるこの二つの一般的な規則や価値が、対立を引き

起こしている。一般規則や社会的価値を活用することで、私たちは社会的行為について、より一貫性を持って理解し評価することができるようになる一方で、こうした価値はしばしば対立し合う。こうした紛争において、私たちはより基本的な一つの価値標準（スタンダード）、すなわち人間の尊厳についての私たちの直観に訴えるかもしれない。そしておそらくこのことは、ある社会的価値の特定の適用が、それ自体でこの概念の歪んだ活用となるかもしれないということを教えてくれるものとなる。タトルの裁判において、裁判所が結審したように、財産権（所有権）はこの基本的な価値標準を守るためではなく、「権力の不合理な適用」としても活用しうるのである。

　しかし、もしより重要かつ基本的な価値というものがあるというのなら、どうして私たちは社会的政治的判断を評価するために、財産権（所有権）のような特定の価値との関わりから考えていく必要があるのだろうか。全ての行為をそれが人間の尊厳や個人に対する尊重に貢献する度合いによって判断してはなぜいけないのか。実際、一部の哲学者は、全ての倫理的原則を、人間の行動を導出するような単一の一般的な処方箋（提言）に集約しようとしている。私たちがよく知る格言がある――「己の欲するところを人に施せ」。この格言は人が他人に対してどのように接するべきなのかを伝えてくれる説得力のあるシンプルな格言である。それは人間の対立を解決するための指南となる。しかしそうした一般的な格言は単純で説得力もあるけれど、しばしばそれによって解決できるのと同じくらいの新しい問題を生み出すことになる。人はそうした格言がどのように異なる方法で取り扱われている様子なのかを解釈する存在であるからこそ、思慮深い人々は、私たちが「人間の尊厳」と呼んでいるような人間の行為に関する根本的な価値標準に自らの立ちふるまいが合致していけるように私たちを手助けしてくれる、より具体的な諸原理やガイドラインを構築していこうとしてきたのである。

　状況や人間の行動を判断するのに用いる社会的価値標準、もしくは価値について私たちが話し合ってきたことは、次の三つの言明としてまとめることができる。

第4章　民主主義社会への倫理的なコミットメント　85

(1) 人々はしばしば、自らの行動を導いていくために、人間のふるまいについての一般原理を開発しようと挑む。私たちの社会において最も一般的で基礎的な行動原理は、人間の尊厳へのコミットメントである。
(2) 「人間の尊厳」や「個人の権利の尊重」は、論争的状況において判断の本質的基盤となるところなのかもしれないが、こうした原理を基盤にするだけでは、選択的決定の有理（reasonability）について理解したりこれを伝えたりすることが困難となることがしばしば生じる。
(3) 人々は歴史を通して、それらに従うなら「人間の尊厳」という価値を促すことになると信じられているような、より具体的な価値についてこれまで開発をしてきた。こうした具体的な価値や権利といったものは、より基礎的な価値への構成要素であり、そこへと導いていく架け橋となると考えられるのかもしれない。そうした価値や原理には、次のような事例がある。
   (a) 自分の良心と個人的経験の命ずるところに従って、考え、信仰し、表現し、崇拝する権利
   (b) 身体的攻撃や傷害から身を守る権利
   (c) 他者に同意し、そうした同意を尊重する権利
   (d) 個人財産が強奪や破壊から守られる権利

　こうしたより具体的な価値は、人間の尊厳について私たちが意図するところを、よりはっきりとした観念で表してくれる。

合理的合意

　ここで記載された枠組みにおいて、私たちは人間の尊厳の尊重がアメリカの共同体における基礎となる社会的価値であると想定している。2人の人間が公共政策をめぐって対立する時、彼らは自身の立場を擁護し合理的に説明するに当たって、それぞれにこうした基礎となる価値に訴えていくべきである。だが人はどのようにして自らの視点を擁護し、また合理的に説明するのだろうか。人間の尊厳を最終的な価値としてコミットする社会は、公的討議

をどのように取り扱っているのだろうか。

　私たちの生活する社会は、公的討議を取り扱う一連の精巧な手順を開発していくに当たり、人間の尊厳という基本的価値と合致することを望ましいこととしてきた。こうした手順の背後にある原理は、私たちが「合理的合意」と呼ぶような、討論を平和的かつ尊厳を持って対処していくために発達してきたものである。しかし、こうした合理的合意について説明していく前に、まずは二つのこれとは異なるアプローチについて考えてみたいと思う。

　紛争解決を図るに当たって最も古い原理の一つは、「力こそ正義」である。紛争があると、対立関係にある諸個人の中でより大きく力の強い個人が、その力ないしは力がもたらす脅威によって対立を解決する。冒頭の事例では、××はタトルよりも豊かであり、権力もある。そのため彼はタトルをその業界から簡単に追放できてしまう。あるいは、もし誰が強いのか判別がつかないのであれば、彼らは戦ってそれを決する。力ないしは力のもたらす脅威を紛争解決に用いていくことは、専制政治へとつながる。信念や価値の問題を解決する手段としての専制政治は、しばしば正義や人間の尊厳という観念を侵害する。そのため、それは拒絶されなければならない。このことは、「文明化された」人間が共通に受け止めていることでもある。つまり、もっと合理的な手段を利用できるにもかかわらず権力や力による威嚇を紛争解決の手段とすることは、断固拒絶されなければならないのである。

　紛争解決のもう一つの方法は、思想の統制である。ある個人または集団が、他者の信念や価値観を形作ることができるまでに多くの情報源を統制してくるかもしれない。このようなやり方を採れば、全ての人間に同じ観念や価値を教えることができてしまう。ここには公的対立の余地がほとんどない。思想統制も力による解決も、しばしば独裁者が自らの権力を維持するための武器として用いられている。だがどちらの方法も、人間が持つ最も特有の性質の一つであり、そして何よりも人に尊厳を与えてくれるもの、すなわちそれは、自分の信念は正しく行動は善であるということを自分や他者に説得して納得させるための言葉や記号を、考え、論じ、活用するという能力のことであるが、これらを侵害する。専制（力による解決）は道理を拒絶する。つまり「ど

んな道理を決定するとしても、最終的決定は力によってなされる」のである。思想統制は、多くの情報源から自由に情報を引き出すことを認めないことで道理を阻害する一つの手段である。

　さてここからは人間の対立にアプローチしていく方法としての合理的合意に話を戻そう。合理的合意のプロセスは、自由で開かれた論争問題についての議論から始まる。議論の目的とは、それぞれの立場を理解させるために論争に個人や集団を関与させることであり、そして可能なら、行動の一般指針について同意することである。可能な限り廉直に論争について説明をした後、私たちはできるだけ自分たちの基盤となる社会的価値と一致するように決断を下す。そのため私たちは、他者を説得するのに、誤魔化しや嘘、歪曲された情報を用いるといったことは避けるべきである。言葉は程度に差はあっても、詩的・感情的な力を持っているという事実が、特有の問題を生み出す。価値を含んだ問題を論じていくには、「しっかりした」言葉や説得力のある比喩を利用していくことがおそらく必要となろうが、そういった言葉が非合理的な方法で意思決定を左右しそうだという理由からだけでこうした言葉を選んだり用いたりするならば、誤魔化しや嘘・偽りを含んだものになってしまうかもしれない。

　当然のことであるが、合理的説得と扇動とを区別することは、複雑で困難な問題である。少なくとも三つの重要な尺度がある。すなわち、話し手の意図・動機・誠実さ、話し手によって発せられたメッセージの真実性、メッセージがその聞き手に与える非合理的でコントロールのできない恐怖や感情の程度の三つである。ヒトラーは明らかに扇動的な例の最たるものである。彼が聴衆に伝えた動機や意図はしばしば不誠実で正直ではないものであった。すなわち、彼は不合理にも嘘をつき、聴衆の非理性的な恐怖心や衝動にしばしば働きかけ、時には、理性はあらゆる点で拒絶されるべきだという声明を聴衆にわざと発することもあった。『アンクルトムの小屋』のような本は、これと比べると曖昧な事例である。作者は誠実であった。本に書かれている出来事は実際にあった出来事に似せた説明を脚色したものかもしれない。そしてその本は、完全に南部の奴隷制度を歪めて捉えたものであった。しかしな

がら、比喩的には、おそらくこの本は奴隷制度全般の非人間性を表現しているという点では正しい。ここでの要点はシンプルに、誠実な説得と不正直な扇動との間の一線はかなり微妙であるという事実にある。こうした理由から、人は自分がどんな時に扇動が生じると考えるか見極め、それを明らかにしていくように注意を払っていかなくてはならない。だが不誠実さの根拠を手に入れることは困難なこともあり、特に他者の不誠実さを非難することで「扇動的だ」と誤った告発をしないように、いつも以上に注意を払わなければならない。

合意についての二つの意味

これまで私たちは人間の尊厳の価値とより合致したプロセス、つまり合理的合意を支持し、論争解決の手段としての専制や恣意的な検閲、そして情報統制について拒否してきている。こうした合理的合意のプロセスを活用していく人々は、自分たちに影響するかもしれない行為の可能な方針について自由に討論する。しかし論争解決の主要な手順として合理的合意のプロセスにコミットすることは、多くの問題をもたらす。おそらく次のような例を示すことで、私たちはその最も重大な問題点を如実に記述することができるのではないだろうか。

洪水の脅威が、ある共同体に迫っていると仮定しよう。水位が急激に上昇している共同体の構成員はどう対処するのかをめぐって激しく揉めている。一部の者は全ての人間がこの町を出て、個人的損害を避けることを望んでいる。そしてその他の者たちは、女性と子どもだけが立ち退き、男たちはとどまって家や財産を守るための試みとして、土手を築き守りを固めることが必要であると考えている。もしこの論争の解決の基準として完全な合意が形成されることにこだわっているとしたら、三つの選択肢が考えられる。第一の選択肢は、まず生きることが最善の方策であるということを全員に説得して理解させていくことである。そして第二の選択肢は、男はとどまって水害に対して備えをするべきだということを全員に分かってもらうことである。そして第三の選択肢は、同意に達することができなければ、共同体が水没する

第4章 民主主義社会への倫理的なコミットメント 89

まで全員に残ってもらって議論をするという道である。明らかに第一の選択肢、第二の選択肢は、そのどちらもが第三の選択肢よりよいものであるといえるだろう。

　多くの場合、共同体が利用できる論争の二択の選択肢は、そのどちらも何をするべきかを際限なく論争するよりはよい。必要な行動をとることが絶望的である時、全ての構成員の同意が得られるまで待ち、その決定を実現に移すなどということは馬鹿げている。というのも完全な合意という原則は、論争解決の手段としては実際のところ、稀にしか使われることはないからである。一般に決定は、論争においてある決定が最も良いということを構成員の多数が同意する時になされるものである。多数というのは全体の二分の一、三分の二、四分の三より一人多いということかもしれない。そうでなければ、ある集団が決定することは全て、前もって「合意」が構成されていたということになるだろう。しかしながら、別の意味で私たちはしばしば完全な合意を要求する。私たちは合意に至るプロセスが誠実に実行されてきているのであるならば、集団が下した決定に全ての市民が遵守していくことに同意するべきであると要求する。例えば、ある集団において、多数決による討議や選挙のプロセスが、誰が首長になるのかをめぐる意見・見解の不一致の解決に向けた適切な方法だという点にそこの構成員が合意しているとしよう。もしこのプロセスが採られるなら、その時は公職に選ばれた人に首長としての敬意を表することをあらかじめ皆が同意している、ということになる。もし一人がこうしたプロセスを受け入れるのを拒絶すると、その人は集団の構成員としての地位を失うことにもなりかねない。もちろん、政治的共同体におけるそういった地位を失うことは、より重大な帰結を生むことになる。

　この時、合意という観念を二つの異なる方法から考えることができる。私たちは、ジョーンズが首長になることや、洪水の間は全ての住民が町から避難することのように、具体的な事項の決定に対して合意を与えることができる。また私たちは合意への具体的な手続きに従ったあらゆる決定を遵守していくことに合意を与えることができる。一般に私たちは、具体的な事項の決定が私たちを拘束してしまう前に、市民の多数派や彼らの代表（代議士）が

決定に対して合意しておくことばかり要求する。だがしかし私たちは、全ての市民が意思決定のプロセスに拘束されるべきであると主張している[2]。

　私たちが生活する共同体や私たちが属す集団においては、大多数の人は論争解決の手段として合理的合意のプロセスに従って行動をしている。この国における具体的な事項についての討論だとか投票の手続きといったことは、一般的にこうした合理的合意の精神と一致するものである。

政府と基本的な社会的価値

　日常生活において私たちは各々が何らかの集団責任というものを想定しているため、私たちはどうしてもある程度まで共同体レベルでの集団的論争にしばしば巻き込まれてしまうし、それが個人的な集団や家族での論争となると尚更である。しかしながら、政治的権力や制裁権（許認可権）を持つ集団との関係と、それよりもずっと人々の自発的行動に頼ることになる集団との関係とは、区別することが肝要である。私たち個人の思うところがどのようなものであったとしても、政府は、合法的な合意の手続きをとる限り、私たちに決定については従うように要求してくるだけの権限を有している。もう一方の集団の場合、その集団の目的を達成するためには、構成員たちの自発的行為に頼ることになるだろう。例えば、私たちの社会においては（両親が教会の会員であるといった要素が私たちのこうした権利を実際には行使できないことを意味することがあるかもしれないが）私たちは自分の属したい教会を自発的に決定することができる。そして教会に入信した後も、教義を破ることにでもならない限り、私たちは教会の教義に従うように法的に強要される可能性はない。しかしこの国に生まれた者であるという理由から、私たちは（そうした地位をあからさまに拒否しない限り）この国の公民であり、私たちは政府の決定に従わなければならず、また法の影響を受けなければならない。

　帰化した市民の立場は、自発的集団の構成員の立場により近いものである（外国人の立場では従うべき政治的な法を決める自由はないのではあるが）。このことは、自発的集団と政治的集団との違いが程度の問題であることを例証するのに役

立つ。自発的集団はしばしば、教会の構成員を従わせるために「地獄で永遠に天罰を受ける宣告」という脅しが用いられる例にみられるように、政府が行使する権力に近い形で権力を行使する。こうした図式は、州が労働組合を合法とすることで労働組合の構成員資格が与えられる事例のように、自発的集団における構成員資格を奨励するに当たって政治的認可が用いられることで、さらに複雑になっている。

市民の議論

　これと同じ結びつきから、私たちはルールと法についても区別しておくべきであろう。非政府的集団のルールを破ったことによるペナルティは、私たちが政府の法律を破った際に課せられるペナルティよりも厳しいものとなることはまずない。人々が自発的に参加してできた集団のルールに従うことを拒否することは、今後の構成員資格の停止にもつながりうる。しかしこれは課せられうる刑罰の最高刑であることが通常である。一方、政府の法律や法令に従わなければ、財産や自由、場合によっては生命さえも失うことになりかねない。さらに政府は、一般的に権力を独占していて、政府の決定を市民に従わせるように権力を発動することができる。

　どうして政府にはそうした独占権が与えられるべきなのだろうか。この生命や自由にまで及ぶ権力は、個人の自由や人間の尊厳という観念の全体を脅かすものとはならないのだろうか。自由に参加したり離れたりということができる自発的な集団だけが存在するというのでは駄目なのだろうか。これらの問いに答えていくことは難しい。一般的に、人道的な政府は、共同体や国家の内部において個人の尊厳や自由を保護・促進していくのに必要な時にだけ、権力や強制力の使用をすることを「正当化」することができるとされている（私たちは、民主的な政府でさえ、権力を正当に行使していないかもしれないという事実に気がつくかもしれない）。

　政府が権力や強制力を正当に行使するにはどうしたらよいのかについてより深く理解をしていくために、例を一つ挙げてみよう。共同体において圧倒的多数の人間が、罪に問われた人間に対する公平で正式な裁判の実施を熱望

していると仮定しよう。ある男が幼児誘拐と殺人の罪で告発されている。その男はすでに逮捕されている。ここにおいて政府は、もし彼を自由にしておけば、共同体の安全にさらなる恐怖を与えるかもしれないその男を一時的に拘束するために強制力を発動することを選択したわけだ。その時訴えられたその男は、共同体を去ることで自らの問題解決をするという選択はできない。彼の共同体の一員としての資格と共同体に対する責任は、多かれ少なかれ、永続的なものである（少なくとも彼は共同体から退去するという選択ができるようになるまでは、構成員としての責任を果たす立場であらねばならない）。私たちのこうした事例をさらに広げて考えていくために、殺された子どもの父親が刑務所を襲って殺人者として告発された男を縛り首にするために、自分の友人たちをたくさん仲間に引き入れたと仮定しよう。その時そうした行為は、正当な裁判を被告人に保証するための共同体の責任に反することは明らかなので、政府はそれを防ぐために再度、強制力を行使しなければならない。

　こうした例は、個人が共同体の一員となる時には重大な特典を得るが、同時に重大な責任を負うことを私たちに示してくれる。責任を果たすことは平和的で秩序だった社会を維持していくのに必要であり、社会は「法に対して従うかどうかは構成員の自発性に任せる」ことを認めるわけにはいかない。もしこうしたことが認められるようなことがあるならば、個人（子どもを誘拐し殺害した男のような）や集団（誘拐罪で告訴された人物に私刑（リンチ）を食らわせることを望む父親によって率いられた集団のような）は、集団の他の構成員から反感を持たれたり構成員として承認されなかったりといったペナルティを受けることを除いて、あらゆるペナルティを彼らから直接受けることはないとする他者の権利を脅かすことができてしまう。こうした経験は、社会的不承認が一般的市民の権利を守っていくのに十分なだけの強力な拘束力たりえないということを明らかにする。権力や強制力の脅威でさえ十分とはいえない。そのため私たちは、刑務所や囚人という存在が必要となってくるのである。

政府の二つのシステム

　法や秩序を維持し、市民が紛争を解決するに当たって合理的なプロセスを

用いる機会を持てるように保証していくために、共同体は政府に権力を委ねている。政府はその共同体に属し、政治的権力——政府によって課せられた要求に従うように人々に強制していく権力——を与えられた人々によって構成されている。閉ざされた共同体や国家においては、政府はそうした権力を、自発的な集団が形成されるのを制限したり、情報の流れを検閲したり、政府に反対するようなことをいう人間を粛正したり拘束したりするために利用する。「開かれた」社会においては、政府は自発的な集団や情報の自由な流れに干渉することをできるだけ控えていこうとする。なぜなら、それは構成員が政府の質を知的に評価し、政府が無分別な行動をとっていると感じたら、時としてそれを支配する役人を罷免し交代させることができるためである。このように、閉ざされた社会は人々の合意によって統治されていることが当然のこととされている。なぜなら、ほとんどの市民は政府の下した決定が賢明であると感じているからである。合理的合意のプロセスに市民が携わっていくことが認められるなんてナンセンスだと考えられている。市民は政府による決定の賢明さについて自由に議論したり考えたりすることなどできないし、下された決定が賢明ではないと感じることがあっても、それを変えることができない。私たちは通常、民主主義政府が国民や共同体の願いに対してより敏感であり、この政治体制が政治権力を行使する最もよいやり方であると感じている[3]。しかし民主主義社会においてさえ、個人や自発的集団は、寛容ではない多数派や狡猾な少数の有力者によって脅かされたり虐げられたりする可能性がある。

立憲主義

ある社会が人間の尊厳や合理的合意といった中心的価値を守っていくための法や原理の体系によって制限された政府を形作り、そしてこれを維持していく時、その国家は立憲民主主義（constitutional democracy）の枠組みの内部で作用しているということができるだろう。そうした政府は立憲的と呼ばれるが、それは政府の行為が、政府や人民の権限を規定し制限している基本的な法や原理の体系によって制約されているからである[4]。

立憲民主主義は少なくとも次の二つの重要な性質を帯びている。

(1) 政府は人々が（または人々の大多数が）同意を示す関心領域にのみ、その権力の適用を限定する。
(2) 政府は、個人の権利や自由を市民の大多数が侵害することに同意した時でさえ、そうした権利を保護する責任がある。すなわち多数派がある行為を実行するのに同意したとしても、政府はたまたま少数派になってしまった個人の基本的な権利を多数派が侵害してしまうことのないように制限をかけていく義務があるのである。例えば、表現の自由や自発的集団への参加の自由は、アメリカ合衆国憲法の下で保護されているのである。

民主主義的な立憲主義（democratic constitutionalism）についてのもう一つの注目するべきことは、委託された最終権限の概念についてである。政府は憲法を通して人民によって委託された権力を行使する。しかしながら「最終的な権限」は人民の手に残されている。さらには憲法の中で言及されたルールに則ってのみ、人民は彼らのこうした最終的な権力や権限を行使することになると想定されている。

こうした権力の委託の過程は、まずどのように生じるだろうか。社会はどのようにして立憲主義を獲得するのだろうか。その一例として私たちの国であるアメリカ合衆国について考えてみよう[5]。1787年、13の州の人々は、新しい国の拠り所たる法典を制定するための会合を全員で持つことができなかった。交通網も発達していない当時である。皆がこのことのために何か月も家を空けておくことができるわけがなかった。だが人々の多くが連合規約によって規定された政府よりも良い政府を作り上げたいと強く願っていた。13州の人々は共通の要求を持ち合わせており、それを実行に移したいと考えていた。だがこうした共通の要求を効果的に促進することができる政府に権力を委ねるにはどうすればよいかが分からなかった。その上人々は、中央政府に権力を委託すると、その政府は人民の側に本来あるはずの最終的な権力を尊重しなくなってしまうかもしれないと考えていたため、権力の委託に

ついて慎重だった。もちろんこうした危惧は、当時のイギリス政府の統治から学んだ経験に根差すものであり、多くの人々がイギリス政府は13州の人民の尊厳や自由権を侵害したと考えていた。

13州それぞれの市民の大多数は、国家の全人民の要求によりよく奉仕する政府を計画するために、選挙で選ばれた代表者に権限を委ねた。しかしながら、こうした代表者たちには新しい政府についての計画を採用する権限が与えられなかった。憲法が成文化され、その採択は有権者に委ねられた。この時、提案されたばかりの憲法の価値をめぐっては様々な議論、思想、主張が存在していた。開かれた議論の後、人民や彼らの代表者から権限を委ねられた代表者たち、各州、そして州に住む人々が、この新憲法に同意するかどうかについて、「参加」「反対」を決定する投票をした。13州中9州が合意した時に憲法は成立し、そしてその権限によって拘束されることを憲法は約束するものだった。このような合意への行動がとられ、そしてアメリカ合衆国憲法は人類史上の重大で画期的な存在となった。というのも、合衆国憲法は政府の権限の制限と、個人の権利の保護を、明らかに強調しているからである。

たとえ民主主義的な立憲主義の理想に始めの頃からコミットしていた政治的指導者であっても、制限なき権力を保持したい、活用したいという欲望は、政治的指導者たちの共通の傾向であってきた。世界史上のほとんどの政府は、立憲民主主義の概念によって抑制されるものとなってこなかった。合衆国憲法の考案者たちは、政治的権力に制限を加えることが必要であることを認識していた。そして政府というものが、新国家が直面する喫緊の課題に対処していけるだけの権限と権力を持つ必要があることも認識していた。彼らは権限と抑制との間で正当につり合いがとれた立憲主義的政府を創設するという挑戦的課題に向き合った。この挑戦的課題を憲法の立案者たちは、今日でも私たちがその指針とするような政治運営に関する数多くの原理原則に則って対処した。政府は、人間の尊厳や合理的合意という重要な側面を促し、維持し、あるいは侵害するかもしれない社会の中での主要な制度の一つと考えられるため、それらの原理原則は特に重要である。

このような政府の指針となる原理原則には、人間の尊厳や合理的合意という、妥当な定義を構成するものについての多くの前提（仮説）がなされている。私たちは次章において、その中でも最も重要ないくつかの前提について、またそれらと私たちの基本的価値との関係について説明し、またそれらが憲法において具体的にどのように含まれているのかについて説明するつもりである。

註

1 この事例は次の本からの引用である。Cahn, Edmond. *The Moral Decision* (Bloomington: Indiana University Press, 1956), pp.135-136.
2 政治哲学者の中には、個人は自らの良心と合致する決定にのみ従う義務があると主張する者がいるという事実が、ここでは指摘されておくべきだろう（例えばラスキやソロー）。クエーカー（キリスト友会に所属する信者）の中には、法的な合意形成のプロセスを通した上で宣戦布告をしたにもかかわらず軍隊に従軍することを拒否する者がいるが、それがこの原理を適用した一例となる。より高次な反社会的・違法的行為は、それが自己都合によるものではなく、良心によるものである場合なら、民主主義社会はこれに寛容な傾向にあることを指摘しておきたい。
3 民主主義社会についての私たちの議論において、私たちは、合理的合意に基づいた政府というのが必ず全ての社会にとって善である、といっているわけではないことは明らかにしておきたいと思う。合理的合意に基づいた共同体での論争に対処するための手順は、必ずしも全ての人間の状況下において適切だ、となるわけではないのである。複雑な社会を民主的なものにしていくために、合理的合意に基づいた政府は最低限、高い識字率、教育を受けた責任のあるリーダーの指導性、安定した政治・経済のシステムをおそらくは有していかねばならない。
4 一般的に憲法は成文化されているが、憲法が重要となるかどうかは、人民が憲法の守ろうとしている諸価値と合致するように自らの行動を抑制していこうとする気概を有しているかどうかに左右される。
5 明らかにアメリカの憲法が記され修正されるプロセスについてのスケッチが過度に単純化され過ぎているに違いない。民主主義的理想主義は、このプロセスにおいて大きな役割を果たしてきたが、個人の虚栄心や権力の問題、そして経済的問題もまた重要な役割を果たしてきた。ここでの簡潔な説明は、「合意という行為 (act of consent)」がどのように合意形成の全行程にもたらされてきたのかについて、一つの事例を明示することを意図したものである。私たちは、例えばメイフラワーの誓約のような、よりシンプルな事例をあまりに単純化したり歪めたりしないように選び出してきた。とはいえ、合衆国憲法は私たちのカリキュラムが軸とする多くの問題の法的基盤を提供してくれる。

第5章
アメリカ政府の諸原理

　私たちは、人間の尊厳と合理的合意という、リベラルな民主主義社会の中核になると私たちが考えている二つの価値についてここまで示してきた。また、こうした価値を濫用から守る上で課題となることについて議論してきた。そしてこうした価値を守る上で中心となる政治的価値は、民主主義的な立憲主義であると私たちは述べてきた。加えて私たちがこの用語を用いてきたように、民主主義的な立憲主義は、一つの政治の原理以上の存在である。つまり、合理的で知的で人道的な方法で問題を判断していくための一組の手続きを意味するものでもある。また民主主義的な立憲主義は、人間自体の性質についてある種の仮説を頼っている。最も重要な仮説は、第一に人間は他者の利益のために自らの衝動を抑えるように訓練されうる存在である、第二に人間はある程度の個人の自由や自己表現のために否応なく努力する存在である、の二つである。こうした仮説は歴史上で裏づけられるのかどうか、つまり人間は実際に合理的で人道的な特性への自らの信条を、そうした性質を守り促していけるような具体的な政府の諸機関という形に翻案しえているのかどうかということが、歴史における最大の問いの一つとなってくる。

　本章において私たちは、アメリカの憲法システムのいくつかの具体的な条項が、人間個人の尊厳を擁護するという根本的な問題関心からその重要性を導かれることになるような一般的な法的政治的諸原理といかに関係があるのかということを（読者に）示していきたいと考えている。私たちは連邦政府の憲法を、こうした諸原理がどのようにもっともらしく適用されているのかについて私たちが説明できるようにしてくれる「聖典」を提供するものとし

て重視している。しかし私たちは、アメリカ人の経験を、立憲主義をより広範に捉えてきた一つの事例として用いることを断っておくことが重要である。広い意味での立憲主義は、あるタイプの政治形態と関係する——この政治形態においては、多様な利害のある人々と政府との間の権力関係が、自由・展開・変更の領域を自発的集団や個人に広く開かれるように定義される。こうした政治形態を生み出し展開しようとする人間の奮闘については、ゼカリヤ・チャフィー・ジュニアのようなパイオニアの研究の中で文章化されている。ゼカリヤは歴史的な視座から重大な憲法の危機を説明し、こうした危機の結果、法と政治の技術的手続きが発展し、立憲主義の教義が全体的に進歩したことを描いた。私たちがここでこうした歴史について示すことができないことは明らかだし、また基本的な法やそうした方に意味を与える技術的手続きと、人間の尊厳や合理的合意にコミットする社会を維持することとの間に想定される関係について私たちがここで詳しく説明することも記録を示すこともできないことは明らかである。私たちがここでしようと思うことは、こうした関係のいくつかについて、事例としての目的で合衆国憲法の理論を用いながら極めて概略的に説明することである。私たちが今話題にしていることは原理や理論に関することなのであって、パワーポリティクスの現実だとか実際の政治過程についてではないことは明らかにしておくべきだろう。本章はその概略的かつ理論的な性格のため単純化が過ぎると思われても当然であろう。だがしかし、私たちはあえてこの過度の単純化のリスクを犯してきた。なぜなら、こうした政治的枠組みの中で共同体の諸事を管理してきた人間の強みや欠陥について生徒が判断するのに用いることのできる価値標準として、すっきりとした骨格だけの形で政治理念——そしてそうした政治理念を成し遂げたいと考える社会が用いる概念上の道具についてのいくつかの考え方——を示していくことが重要であると私たちが考えるからである。

　私たちはかなり曖昧だけど堅実な人間の尊厳という概念に無条件にコミットしているが、これに対してアメリカ政治の諸原理に対しては、これらがより基礎となる諸価値の一部を構成するものであったり、ある程度こうした諸価値の維持の助けとなったりする場合においてのみ、私たちはコミットして

いる[1]。私たちの視点からみて、合衆国憲法は決して「神聖なるもの」ではない。だが合衆国憲法が明らかに成し遂げんとする目的は、私たちが思うに、永続的かつ普遍的なものである。以下に示される諸原理は、また、アメリカの立憲的政府の重要原理の全体を語りつくすものではないし、それぞれは相互に排除し合うものではないことも理解されておくべきである。実際、これらの諸原理は密接に織り交ぜられており、ある原理の第二の意味が別の原理の第一の意味であったりすることもしばしばである。諸原理について列挙したい人にこのことは困難をもたらすことになる。だがこうした困難とは関係なく、個々の原理の相互排他性や関連性について議論ができるようになるには、その前に先の試みがなされなくてはならないのである。

精選されたアメリカの政治的手続きの諸原理

法の支配

「法の支配」というフレーズは、政治権力を持って実行される行為が個人の気まぐれ、あるいは私的野心によって支配されるのではなく、確立された手続きを通して公布された法によって権限が与えられるべきであるという命題を指すものである。当然のことながら立憲主義は法の支配と近い概念であり、そして事実、それは法の支配の一つの明確な形といえる。権力が政府によって正当に実行されうるそうした条件について憲法は考慮に入れており、憲法の中で表現されているように、人民と政府との間には「契約」が存在するのであり、政府はこうした制約の範囲内で権力を保つことを誓わされている。こうした成文憲法とそしてそれを遵守する公務員からなる合衆国政府は、法に支配された政府である。例えば、私たちの憲法は連邦政府の許される行動範囲だけでなく、連邦の制約に関する原理についても記載している。

〔修正9条〕この憲法に一定の権利を列挙したことを根拠に、人民の保有する他の諸権利を否定し、または軽視したものと解釈してはならない。

〔修正10条〕この憲法によって合衆国に委任されず、また州に対して禁止し

ていない権限は、それぞれの州または人民に留保される。

　政府についてのこのような考え方においては、契約というアイデアが重要となる。というのも、人民と同様、政府も法を破ることが可能なのである。政府は憲法の下で委託されていない権力を行使する時、そして公務員が権力を行使するに当たって適切な合意の手続きを経ていない時、政府の違法行為が生じうることになる。例えば、アメリカ合衆国大統領が同盟国への助太刀や宣戦布告によって議会の同意なしに兵を送り戦争を始めるなら、この行為は違法とか違憲と呼ばれることになり、法の支配という規範をも犯したことになる。

　人民もまた、政府に委託された権力の下で作られた法を破ることがあることは明らかである。しかし政府や人民（あるいは様々な政治機関）が法を犯しているかどうかを知るのが難しい時がある。例えば、最高裁はある条件の下で白人と黒人の子どもが同じ公立学校に通うことを拒否することが違法であり憲法違反であるという判決に至ったが、この時、南部の州の住民の多くは、憲法下では最高裁に委ねられていない権力を最高裁が行使したとして、最高裁が憲法に違反していると主張した。このように、法の支配の原理は一般用語で明確に定義することができるが、法がいつ破られているのか、そして誰によって破られているのかを判定することが時として難しいことがある。

　法の支配の意味の第二の側面は、全ての市民に平等に適用される一般法を作る義務が政府にあることをはっきりと指し示す。一度法が作られたなら、何人たりとも、その地位や立場がどのようなものであったとしても──金持ちであっても貧乏人であっても、そして政府関係の人であっても──法に従うことが求められる。自白の強要についての近年の裁判所の判決文の文言は、この原理を例証するものである。

　　不本意な自白の強要に対する社会の憎悪は、そうした自白が本質的に信頼に足るものではないということのみに由来するのではない。それらはまた、警察は法を実効していくだけでなく、法に従わなければならな

いという根の深い感情、つまり結局のところ生活も自由も実行犯自身によって晒されることになる危険と同じくらいの危険を、容疑者を有罪にするために用いられる不法の手続きによってももたらされるという感情から生じるのである。[2]

　連邦政府についての憲法の条文の多くは、法の支配の原理の細目（例えば明瞭なる立法体系の確立だとか大統領の立法府に与える権限の制約だとか）の応用を反映しているが、憲法の具体条項の多くも明らかにこの原理を例証するものである。第1条第9項の第3では「私権を剥奪する法案や遡及効の法案は決して可決されてはならない」と言明している。私権剥奪の法案は、本質的に裁判官の前で裁判を受ける権利を侵害する立法行為である。遡及効の法案は、その行為がなされた時には合法とされていた行為について罰することを認める法のことである。遡及効の「法」は法による支配の精神を侵害する。なぜなら、もしそうした法が認められたならば、人はいつ実際のところ自分の行為が合法的であり、またいつ違法的であるのかについて分からなくなるからである。曖昧な法、大雑把な法も同じ原理を侵害する。法の支配は、市民が法的活動の限度についてははっきりとした観念を持つべきであるという考え方を含むものである。

法の下での平等の保障

　法の下での平等の保障は、存在する法は全ての市民に公平で分け隔てのない方法で執行されなければならないことを意味するものであると一般的に理解されている。この意味でこの原理が意味するところは、法の支配の概念とオーバーラップする。

　もう少し包括的な意味での法の下での平等の保障は、法は特定の個人や集団の特権を拡大させたり、また逆に特別な損害を与えたりすべきではないということを意味している。法は実際には例えば農場補助金のように特定の集団に特権を与えたり損害を与えたりする働きをしているかもしれない。しかしこれらの行動については、共同体全体の福祉という観点から判断されなけ

ればならない。例えば、1954年に最高裁は同じ学区の白人と黒人が別々の学校に通うことを強要する州法が、黒人を劣った人種として扱っている、つまり平等の保障の原理に反しているとした判決を下した。平等の保障は憲法において全ての州の市民に保障されている。修正14条では、「いかなる州も（…）その管轄内にある者たちに法の下の平等の保障を拒否してはならない」とある。

合意と代表

　合意の原理は、市民が自分たちに影響を与える政府の決定に、少なくとも間接的に参加することが許されることを意味している。前章で指摘したように、合意には二つの段階がある。私たちは自身に影響を及ぼすであろう具体的な決定に同意を与えたり合意したりできる。そしてまた私たちは、こうした決定が下されることになるであろうプロセスについても合意することができる。連邦政府や州政府では毎日何千もの決定がなされているのであり、その各々の決議に全ての市民が参加することは不可能である。しかし私たちは、決定されたことについて人々が何らかのチェックをし、何らかの発言をすることを望んでいる。人々に政府で発言する権利を与えるという問題を解決するためにも、また今ここの諸問題を処理するのに効果的な権力を政府に与えていくことについての問題を解決するためにも、市民に代わって行動する権利が代表者に委託されることになるような合意のプロセスが設けられている。それはつまり、人民は自分たちの最終的権限を活用するために集まることなどできないために、人民は彼らの希望や利害関心を代弁するための少数者——法を可決する代議士、法を実行に移す公務員、法を解釈しどのように適用していくべきなのかを判断する裁判官——について選び出さなければならないということである。どの権力が人民によって政府に委ねられ、その権力はどのように行使されうるのかを示す主な規則（ルール）は、憲法の中に見出される。例えば、連邦政府によって下される各々の決定は憲法の下で保障された権限、または憲法が暗示するところの権限による行為である。憲法や憲法運用の歴史は、憲法の適用や解釈についてのガイドラインを提供してく

れるが、これはまたアメリカの同意のプロセスの主要な基盤を構成する。アメリカ市民がこれまで続けて「合意」をしてきたのは、まさにこのプロセスの方にである。

　連邦政府がどのように組織されるのか、どういった権力がこれまで政府に委ねられてきたのか、市民は公的機関の責任についてどのように想定し、その活動にどのように合意するのか——このような憲法に記載されている主要な手続きについては、多くの社会科の教科書（ここには歴史、公民、そして「アメリカ民主主義の諸問題」（時事問題）の教科書も含まれる）に詳細に説明されている。憲法や憲法をめぐる様々な解釈を読むにつれて、政府の構造やメカニズムはとても難しく複雑であると思えてしまう。私たちの視点からみて思うに、まずこうした憲法のメカニズムやプロセスの複雑さについて学ぶ前に、そうしたメカニズムの背景にある目的について理解するべきである。このことは、人民に影響を及ぼす決定に対して何らかの発言をする権利を人民に与えることになる。この権利には、政府の活動がどの程度申し分のない仕事をしているのか判断するために時折政府を審査する権利や、共同体の様々な利害を管理する市民の代表者を政府に送り込む権利や、代表者を選挙する権利が含まれる。民主主義社会におけるこうした市民の権利や特権は、「被統治者による合意」という言葉をもって要約される。

適法手続き

　私たちはこれまで、次の三つのアメリカ政府についての重要な原理について議論をしてきた。

(1) 法の支配——公務員の個人的命令ではなく、一般の規則という観点から決定すること。
(2) 法の下の平等の保障——特権を持つ集団の利益ではなく、社会全体の利益から法を制定したり適用したりすること。
(3) 合意——人民が少なくとも間接的にでも政府の決定に参画することができるプロセスがあること。

これらの原理は、中心的な問題関心に合理的合意の擁護と人間の尊厳の保持がある政府にとっても行動指針となると思われる。

これら三つの原理に貫かれ、しかも非常に重要なのでそれ自体で一つの指針として言及されておかなければならない概念が、適法手続き（due process）である。法の適正な手続きは、個々の市民から、生命、自由、財産を奪おうとする政府の独善的な行動を禁止することである。広く解釈するなら、この概念には緊急時の政治的行動についての適切な警告、自白を迫る時に用いられる手段の制限、政府が土地収用をする際の事前の意見聴衆、個人の権利を奪うような立法権の活用と制約といったことが含まれる。しかしながら、この概念が最も一般に用いられ、そして運用されている最良の事例は、刑法の執行と刑事裁判においてである。

政府が法を破った者を告発するに当たっては、少なくとも三つのことが考慮されなくてはならない。

(1) こうした法を作る権限が政府に与えられているのか。
(2) 政府が合法や正当と主張する行動が法を犯してはいないか。
(3) 人々は政府が非合理的であると主張する行為を本当に行ったのか。

一例を挙げてみよう。共産主義を支持する雑誌を発行することに反対する法がアメリカ議会を通過したと仮定してみよう。ジョー・ジョーンズはソ連の国民がアメリカ市民よりも幸福な生活を送れると述べた雑誌を発行したことで逮捕された。ジョー・ジョーンズが法を破り有罪であるのかどうか私たちが知る前に、次の三つの質問に答えなくてはならない。

(1) 共産主義を支持する雑誌の発行を禁ずる憲法上の権利をアメリカ議会は持っているのか。
(2) ソビエト国民がアメリカ市民より幸福な生活を楽しんでいるという記述は、「共産主義を支持する」事例であるのか。

(3) ジョー・ジョーンズはこのような記述のある雑誌を実際に発行したのか。

　これらの質問に決定を下すのは誰なのだろうか。私たちの政府のシステムにおいては、そのような職務は主に裁判所にある。こうした問いを審議したり判決を下したりする時に裁判所がとるプロセスが「適法手続き」の一側面を形作る。そしてこの法のプロセスは、まさに裁判所が証拠を熟考したり、行為と法との関係を憲法的・法律的に解釈していったりしていくプロセスなのである。

　法の適正な手続きは、権力を濫用する恐れのある政府から個人を守っていくために設けられてきたのだが、これは共同体に危害を与えたり、個人の自由を侵したりするかもしれない個人を合理的に認定するための基礎ともなる。法の適正な手続きが刑事裁判に適用される場合、そこには同胞の一人が罪を犯していると非難されることが正しいことなのかどうかを判断するに当たってとられるべき一連の手続き、例えば証拠の注意深い吟味・推論・審議が含まれる。このように、こうした文脈の中で適法手続きを定義する特別な手続きは、共同体と個人その両方を守るように立案されている。

　広く概略的にみると、連邦政府に対する適法手続きは、主に人身保護令状、遡及効の禁止などを取り扱っている憲法上の諸条項や、その他修正2条、修正5条、修正6条で定義されている。

　最も単純にいうならば、刑事裁判において適法手続きを受ける権利というのは、公平な裁判を受ける権利のことを意味している。「公平な裁判」の技術的な定義は裁判所によって常に再吟味されてきているが、そこには次のような重要な特性を含んでいる。

(1) 被告に対する証拠は合法的に得られなければならない。政府は捜査令状なしで証拠を得るために個人の過程のプライバシーを侵してはならない。
(2) 陪審員や裁判官が裁判を正当化するのに十分なだけの証拠がそろっていると感じなければ、何人たりとも罪を理由に拘束されてはならない。
(3) 何人たりとも同じ犯罪で二回裁判をかけられない。

(4) 何人たりとも自分自身に不利となる証言を強制されない。
(5) 犯罪を告発されたあらゆる人は、罪を犯した地域において、公平で偏見のない陪審員によって迅速に裁判を受ける権利を有する。このことは、裁判が行われる前の段階で、政府が何人たりとも無期限に拘束できないことを意味する。
(6) 被告は彼が告発された具体的な罪状について知らされる権利を有する。
(7) 被告は彼を告発した目撃者と直接会う権利を有する。
(8) 被告は彼を助けることになると考えるなら、証言人の招聘を要求できる。
(9) 被告は自分自身の弁護を助けてもらうために弁護士を依頼する権利を有する。

公平な裁判に対するこれらの条項は、連邦裁判所に適用されているが、いくつかの州の憲法でも同様な項目がある——ほとんどの罪が実際には州の裁判所において裁かれるので、これらは重要な項目である。

三権分立——チェック・アンド・バランス

連邦政府と州政府は、少なくとも理論上は、主要な機能を持つ部門が三つに分かれている。最も単純な意味でいうところの立法部門は、共同体や国の必要に応じるための法を制定する。行政部門は法を確実に実行する。司法部門は法を制定する権限が政府に委ねられているのかどうかを判定し、また行政部門によって法が正確に解釈され適用されているのかを確かめる。しかしながら、権力の分立は、政府の機能と責任を単に分ける方法であるということにとどまらない。それは連邦政府の権力を制限し、州や個々の市民の権利を守る方法でもある。また権力の分立は、人民に属し、政府には委任されていない権力を政府が行使することを防ぐ方法でもある。政府のこの三つの部門は、それぞれに他の部門をチェックし、また抑止できる。

次に挙げるのは連邦政府の三つの部門が互いにどのようにチェックしバランスをとり合っているのかを示す例である。

(1) 大統領は議会によって可決された法案に署名することを拒否したり断ったりすることができる。その時議会は、法案が法律となることを望むならば、過半数の賛成ではなく三分の二の賛成によって再び法案を通過させることが必要となる。
(2) 議会は大統領によって提案された法案が通過するのを拒否できる。そして議会は大統領が執行するべきだと考えている法を施行するのに必要とされる支出を拒否できる。
(3) 上院は大統領によってなされる連邦政府の公職への任命を拒否できる。
(4) いったん法が議会を通過し大統領によって施行されたとしても、裁判所はそのような法を作る権限は憲法によって議会に委任されていないことを宣言することができる。つまり、裁判所は法を違憲と宣言することができる。
(5) 大統領と議会は最高裁の構成員に空席が生じたときに、構成員に優先してその任命権を持つ。大統領は上院の三分の二の同意をもって最高裁判所の構成員を指名する。権力が政府に委任されていることについて、裁判所が政府の他の部門(立法・行政部門)と争うならば、大統領や議会に賛同する傾向にある人間を指名することによって、時が経てば司法の見解を変えることが可能である。
(6) 憲法第3条の下で最高裁に与えられたある特別な権力を別にすれば、最も重要な権力は議会に与えられている。第3条において憲法は、「前項に掲げるその他の全ての事件については、合衆国議会の定める場合を除き、合衆国議会の定める規律に基づいて、最高裁判所が法律及び事実の双方に関する上訴管轄権を有する」と述べている。

権力分立は政府の権力を多くの方法で抑制する傾向にあるが[3]、上記の事柄はその中でもより重要なもののいくつかについて説明したものである。そしてこれらの中で最も重要なことは、法を作り施行する権力から司法プロセスを切り離していることである。裁判所は市民の適法手続を受ける権利を守り、また政府の権力濫用から個人を守る最大の責任がある。立法部門と行政部門は、どうしても共同体においてより力のある利益集団——数的に力のあ

る、健康的に力のある、影響力の上で力のある集団——を代表してしまう傾向にある。これらの部門は権力を行使できる人たちの影響を受けやすいのに対して、裁判所はその都度個々人を扱う。適法手続きは、政府やその他の私的集団によって脅かされている特権や権利を持つ個々人のいずれにも適用される。そして裁判所は、個々人の権利と他の個々人や共同体に対する政府の責任とを比較する。個人の権利をめぐる議論は、通常、立法部門の混雑した庁舎の廊下ではなく、静かな法廷で行われる。こうした議論は通常、慎重に熟考した雰囲気で行われるべきである。おそらく、人間の尊厳と合理的合意を重視する自由社会の最も基本的な保障は、政府の基礎原理を守る裁判制度の独立と適法手続の強化と支持によってもたらされる。

連邦主義

アメリカ合衆国憲法は、単一国家内に二つの異なるレベルの政府を持つ。一つは合衆国の国家政府であり、もう一つは個々の州の諸事について営む州政府である。憲法において権限が中央政府と地方政府に分けられているこのような政治制度のことを、連邦制と呼ぶ。

合衆国が連邦制を築き上げたのには、いくつかの理由がある。憲法の草案者は、イギリスが独立革命以前にアメリカ植民地の人々の権利を脅かしたのと同じやり方で、単一の強力な中央政府が個人の権利を脅かすことを心配した。アメリカ植民地の各市民は自分たちの植民地に対する強い忠誠心を発達させてきた。それぞれの植民地は合衆国がイギリスから独立する以前から、かなりの程度自主的自律的な政府を有していた。個々の植民地、後の州は自地域の諸事の多くを管理していく権利を油断なく守っていた。しかしアメリカ市民は、弱くて影響力の無い中央政府が高くついてしまうことについても、独立革命後の苦い経験から学ぶことになった。

連邦制は、それぞれの州の人民が地域の問題については最もよくその取扱いを知っている（だろう）という仮説に基づいている。しかし国全体に影響を与える問題については中央政府が扱われなければならない。合衆国史を通して、いずれの問題を地方が扱い、いずれの問題を中央が取り扱うべきなの

かについて、永続的に論争してきた。企業や労働組合といった全国的規模の集団の成長は、どの問題が地方で扱われるべきかを決定することを、より困難なものにした。

連邦政府はここ100年間にわたってその重要性を増してきたけれども、州政府はいまだに地方の統治と管理の一つの手段に過ぎない。自らの州政府を組織し運営する人民の権利は合衆国憲法によって保障されている。しかし州政府が管理運営できる権限は、いくつかに制限されている。これらの制限については、多くが第4条の中で述べられている。例えば次のようなものがある。

(1) ある州で実施されている司法処置は、他の州でも合法なものと認識されることになる。
(2) 合衆国は全ての州に政治の共和主義的体制を保障する。
(3) 各州の市民には、いくつかの州の市民特権が与えられる資格がある。このことは、他の州の市民権によって個人に保障された特権を、各州が尊重しなければならないことを意味するものでもある。

憲法は修正条項においても、州政府の制限について定めている。例えば次の通り。

(1) 奴隷制度はどの州においても不法である（修正13条）。
(2) どの州も法の適正な手続きなしに市民から、生命、自由、財産を奪うことができない（修正14条）。
(3) どの州も市民から法の下の平等の保障を奪うことができない（同上）。
(4) どの州も人種によって市民になる権利や投票する権利を奪うことができない（修正15条）。
(5) どの州も性別によって投票する権利を奪うことができない（修正19条）。

しかし、人間の尊厳や合理的合意がアメリカ合衆国と同じくらいに重視されている他の民主主義国家の中には、政治の連邦制度がなくとも人々の生活

を守っている国もあることについては言及しておくべきだろう。例えばイギリスである。それにもかかわらず、多くのアメリカ人にとって、連邦制は、人民の自由を逓減させるのではと危惧されている連邦政府から個人を守るために必要であると考えられており、地方自治の象徴として誇りを持たれ、重視されている。ただ、連邦政府の権力への慎重な制限と、州の権利の保障を意味するこの連邦制の原理は、およそ100年前に始まった交通・通信革命以来、さほど重要ではなくなったと考える人たちもいる。彼らは電話、テレビ、ジェット機、近代的な車、高速道路が全ての構成員を一つの結びつきのある共同体へと形成させていき、一つの州の問題は、アメリカ国民全員の問題となったと強く主張する。連邦主義についてどのように考えるかは人それぞれだが、連邦制は連邦政府と州政府双方を抑制しつつ、個人の権利を守っていくことを意図したアメリカ政府の一つの伝統的価値である。

アメリカ政府の実質的な目標

　私たちはここまで、自分たちの社会において隣人や共同体や国家と人間との関係を支配するべき基本的な価値について、話をしてきた。私たちはこれらの価値を、人間の尊厳と合理的合意と呼んできた。つまり、全ての個人は一人の人間であるという、ただそれだけの理由から価値のある存在とされ尊重されるべきなのであり、そして公共の意見の不一致を解決する上で人を導くべき原理は、合理的合意であるべきなのだ。

　アメリカ政府についての説明をしていく中で、私たちは自分たちの政治制度の背景にある手続き的原理の主な目的の一つがいかに人間の自由と尊厳の保障と、共同体内部の意見の不一致や対立を対処するプロセスとしての合理的合意の擁護にあるのかを例証しようとしてきた。立憲主義の観念を支える諸原理や民主主義的な政府は、全てこの目的を持っている。だがこれらの原理は、共同体を改善しようとする試みにおいて、政府が考慮に入れる必要のある行動の選択肢を評価する方法については、ほとんど何も語っていない。これまで私たちは主に共同体の無責任な構成員や、暴政・圧政、または野放

しの政府によって引き起こされる可能性のある権力濫用についてチェックする手段について説明してきた。今私たちは、共同体を改善するために具体的に企画された政治的行動がもたらしうる結果の価値を判断するのに用いる諸原理について、吟味していこうと思う。私たちの政府が有する肯定的な目的について最もよく説明したものの一つは、憲法の前文である――「私たち合衆国の人民は、より完璧な連邦を作り、司法を設立し、国内の平穏を保証し、共同の防衛を準備し、一般福祉を促し、私たち自身と私たちの繁栄に対する自由の恩恵を確保するために、合衆国憲法を制定した」。こうした諸価値と、そこに含まれる最も顕著な要点についての私たちの考えについては、次のように簡潔に記すことができる。

正義

　正義を築き上げることは、共同体の中の全ての人々が公平に取り扱われることを考えることであることを意味する。「正義」または「公平」は、もちろん曖昧な用語である。一つの意味として、それは法の下の平等の保障――ある集団を他の集団よりも優遇する法は作られるべきではない――と同じことだとされる。最近では、この言葉はより広い意味を帯びるようになり、人生における機会の均等のこととされるようになってきた。だがどこに境界線を引こうとも、基本的な考えに、各人は自分の才能を促進し、価値のある自己尊重できる個人として自分自身を成長させる道理のある機会を持つに値する存在である、という考えがある。もし政府が「正義を確立するために」存在するのであるならば、尊厳を与えられた人間として他者を扱う機会を持たないまでに虐げられたり搾取されたりする人がいないか、政府は見極めていくことが求められる。

国内の平穏と共同防衛

　これらの概念は、いずれも次のより基本的な観念と関わりがある――共同体内部の平和と秩序の維持。国内の平穏を維持することは、つまり、私たち市民の間に無秩序や暴力が蔓延らないように抑止していくことを意味する。

共同防衛に備えていくことは、他国や他の政府が私たちを傷つけたり、私たちの権利を制限したりすることがないようにしていくことを意味している。憲法は州に義勇兵を持つ権利を与え、また連邦政府に軍隊を装備する権限を与えることで、これらの目的を遂行していこうとしている。

一般福祉

　一般福祉という用語は、共同体全体、もしくは国全体の進歩や福祉のことである。福祉は多くの方法で定義されてきた。ただこの言葉が、共同体の個人が生命や健康上必要となることまでも欲してはならない、といったことを意味することはまずないことは確かだ。この言葉は、全てのアメリカ人のためにちゃんとした教育、医療、生活水準を設け、彼らが生産的な仕事に就く機会を持てるようにしていく何らかの責任が政府にはあるということを示すものである。当然のことながら、このことは、政府それ自体がこうしたことを提供しなければならないということを意味するものではなく、単に政府はこうした水準を大きく破ることのないようにしていく責任がある程度あることを意味しているに過ぎない。

自由の恩恵

　政府は人々に自由を「与える」ことはできない。自由とは人が強制されることなく選択できる時に達成される条件（状態）のことである。また人が生きることや健康でいるための何らかの重荷から解放される時にも達成される。貧困の真っ直中、そして病気で苦しんでいる人々は「自由」でいることが難しくなる。強制ではなく合理的合意を通して、こうした人々が彼らの差異を解消できるように政府がその方法を提供できている限り、そして健康であるとか権力があるという理由だけである個人や集団が他者に命令を遂行させることができてしまうことのないように政府が防止策を講じる限り、そして彼らによって重大な決定を自由に下すことができる限り、自由の恩恵は守られている。自由の恩恵を守るということは、政府が自由な選択に干渉するような自らの行為を抑制することを意味してもいる。

憲法は自由を定義しているが、このことはアメリカ人には特に重要なことである。

表現の自由
憲法の修正1条は、表現の自由に関して議会に無条件の制約を課している。

「合衆国議会は、言論及び出版の自由、あるいは平和的に終結し、苦情の是正を請願する人々の権利を縮小するようないかなる法律も作ることができない」

また修正1条には、宗教の自由も含まれている。

「合衆国議会は、ある宗教の設立を尊重する、あるいは宗教の自由な活動を禁止するいかなる法律も作らない」

裁判所は政府へのこうした制約を広く解釈してきた。修正1条において議会に課せられた制約については、修正14条の下で州にも適用されている。

私有財産権
財産の所有及び管理の権利はとても重要な自由権の一つである。財産の価値は、しばしばその人間の才能、勤勉さ、仕事を懸命にやったことの結果である。この意味で財産権は憲法の至る箇所でも支持されている。例えば修正4条ではこう記されている。

「不合理な捜索及び押収に対し、身体、家屋、書類及び所有物の安全を保障されるという人民の権利は侵されてはならない。令状は宣誓または確約によって裏づけられた相当な理由に基づいてのみ発行され、かつ令状は、捜索すべき場所、逮捕すべき人、押収すべき物件を特定して示したものでなければならない。」

財産権はだいたい、土地、お金、ある種の品物についての権利が与えられることだと考えられているが、これにはまた、他者と契約を結ぶ権利、拘束力のある合意をする権利も含まれる。他者にサービスを売る権利、土地や家屋を他者に売る権利は、法律によって保障されている契約権である。
　財産権や契約権は修正5条や修正14条で特に保障されている。ここには次のような記述がある――「何人たりとも、法の適正な手続きなしに、生命、自由、財産を奪われない」。修正5条にはこの他、公平な対価なしに政府が公的使用の目的で私有財産を取り上げることができないことを規定している（「補償なく公用のために私有財産を取り上げてはならない」）。権利章典の第1条第10項には、契約の義務を侵害するいかなる法も州は通過させてはいけないことが明記されている。

「自由の恩恵」の政府規制
　個人の自由は無条件に保障されているわけではない。午前2時に隣人の家の窓に乗り出して大声で話す自由を保障しているわけではない。火事でもないのに混雑した劇場で「火事だ！」と叫ぶことは正当化されない。税金を支払わないことを唱える宗教を合法的に実践することはできない。個人の家庭に有毒な煙を垂れ流す工場を合法的に操業することなどできない。個人の自由は他者の権利、そして共同体全体の権利を考慮して制限されることは明らかである。自由選択という価値にコミットした社会が持つ一つの大きな問題は、個人の自由と共同体の福祉との間のどこに線を引いたらよいのか判断しなければならないことがある。単に人々の大多数、または政府の思いつきを保護するためだけに自由を宣言することは、道理なき自由の侵害である。共同体全体の健康や安全を脅かすかもしれない権利を擁護することは馬鹿げている。ここで私たちが議論していることの主な目的は、自由選択についての合法的活動を定義する、または政府規制の合法的活動を定義するというこうした問題に私たちが取り組めるように、その際に用いることになる認識枠（フレームワーク）を提供することにある。

民主主義社会における論争を分析する際に基盤となる倫理的諸原理：まとめ

　公的な対立や論争を取り扱うに当たって、アメリカ国家はこれまで、政府や法律は公的議論の結果生じた成果であるべきだとする伝統を継承し、発展させてきた。この伝統で重要なのは、各個人の尊厳と個人の価値に重きを置いている点、そして当然の結果として人間の尊厳やそれを促進していくための条件について異なった定義をする人たちの間で生じる論争を解決するのに理性や説得力を用いていくことに重きを置いている点にある。私たちの見解からすれば、社会の重要な目標は、こうした基本的価値が公共政策を作るための基準として尊重され適用されるべきであるという共通認識を築いていくことにある。この目標に向けて活動する一つの方法として、こうした一般的価値が伝統的に示されることになってきた、より具体的な概念という観点から、こうした一般的価値へ私たちがコミットしていくというやり方がある。しかし一人の市民個人としてこの価値を認識しコミットしていくことは、そうした価値が共同体で機能するように真剣に考えられていることを保証するものではない。共同体における政治的な諸制度が、こうした一般的価値と合致した方法で機能していなければならないのだ。

　合衆国憲法の起草者とその継承者は、こうした一般的価値と密接に関連する重要な諸原理によって穏当に定義づけられたり規制されたりした手続きをもって、一つの政府を作り上げようとしてきた。そうした諸原理はここまで、法の支配、合意による統治、法の下の平等の保障、適法手続き、権力分立、連邦主義や州の権利として説明されてきた。それらは私たちのほとんどにとって、とても重要なことである。なぜなら、それらはより基本的な社会の価値である、個人の自由、正義、平和、共同体の福祉を守ることになると私たちが考えるからである。

　私たちは、こうした社会の基本的な諸価値を下支えする政治的諸原理を侵すことが、基本的な諸価値それ自体を危機に陥らせることになると想定している。例えば、もし法の支配という考え方によって課せられることになった制約を政府が破棄できてしまうのなら、個人の自由の中で最も基本的なもの、

例えば表現の自由や集会結社の自由は危険に晒されることになるかもしれない。それゆえに私たちは、基本的な社会の諸価値というものは、ある手続き的な諸原理に政府が積極的に献身するかどうかにかかっていると考えている。個々人がこうした政治的諸原理の各々、または全てがより基本的な諸価値を促すのかと疑問に思っても無理はない。しかしながら、現状の枠組みにおいて、私たちは一般的に、こうした諸原理いずれを侵害しても人々の問題関心を呼び起こす呼び水となる、とした仮説を受け入れてきた。だが論争問題の最終的な判断を私たちが下す際には、私たちはこうしたより基本的な諸価値を注意深く用いていくべきである。なぜなら、政治的諸原理は、まさにそうした基本的諸価値から意味（significance）というものを得るからである。

「民主主義的な立憲主義」モデルについてのいくつかの留保条件

　民主主義的な立憲主義の倫理基盤、つまりここまでアメリカ民主主義の「神話」と呼ばれてきたものは、明らかに18世紀後半のアメリカの生活での諸事実によって条件づけられてきた「ジェファーソニアンの諸原理」についての体系的選択からほとんど変わっていない。だがこうした生活の諸事実の多くは失われてから長い年月を経ている。ここでは、より重要となる事実の結果として頭にとどめておくべき留保条件について簡潔に示してみよう。

1. アメリカ民主主義制度の初期の考え方は、国家の政治的機能の重要性や、合意のプロセスにおいて不可欠な役割を担う政党の重要性について、ひどく低く評価するものだった。生徒たちに、先に挙げた諸原理を「転ぶべきところに転んだ」といったイメージで伝えることは、危険とまではいかなくとも、不誠実である。ここまで私たちが一覧にして挙げてきたアメリカの政治構造に組み込まれてきた政府についての諸概念については、政治的論争をよりはっきりと記述し議論する上で用いることのできる「評価的な原理（evaluative principles）」として捉えると、よりよい理解となる。確かにこれらの諸概念は、場合によっては、どのような具体的な政治的決定が実際に下されるのかを人

が正確に推量できるようにしてくれるかもしれないような、最重要の考慮事項となるとは限らない。個人の権力や虚栄心、時間の切迫、政治的便宜、その他の事柄が市民個人や政府が実際に決定を下すに当たっては大きな役割を果たすことは疑いのないことである。だが、こうした政治的プロセスの現実に関心を向けることによって、生徒の政治的行動を理想に基づいたものにしようとする試みや、実質的決定やその過程についての判断を理想に基づいて下そうとする試みを無にしてしまうようなことは、決して許されるべきではない。私たちの見解でいえば、市民は公的論争について、こうした諸原理から説明される認識枠（フレームワーク）を用いて推量し、自身の立場を築けるように支援されていく必要がある。権力、個人の友人関係、私的な欲張りや政治的便宜といった諸要素が政治的決定に与える影響の程度は、市民がリアルな問題や、その問題を判断しなければならない現実の人々について学ぶにつれて、明らかとなるはずである。

　私たちの研究の範疇から外れていることは明らかだが、実際の政治的なプロセスを説明する概念や一般原理については、体系的な取り扱いをしていくことが有益であると私たちは考えている。そのため読者は、私たちの研究にこうした実際的なことが抜けているという事実が、政治的プロセスを学ぶことの重要性に反対するあらゆるバイアスを反映したものであると想定して欲しくない。このことは単に、学校で使える時間や研究資源を踏まえて優先順位を設定したことを意味しているに過ぎない。私たちは、大きく倫理的考察を基礎とするモデルを開発すること、そしてこうしたモデルを選りすぐりの国家規模の政治的論争に適用できるように子どもたちに教えていくことを選択したのである。そのため、生徒たちはこのモデルによって生じることになる制約の範囲内で具体的な問題に対する選択可能な複数の解決案のメリットを評価することに限定されることになる。生徒たちは、自らが下すあらゆる政治的決定について、それを実際にどのように実行するべきかという問題までも直視していけるように準備されるわけでもない。そして戦略上の理由から、私たちは、政策を行動に移したり、提案を法案に転換したりしていくという実践的問題について生徒たちに教えていくことについても避けてきた。

2. 先に概説された一般的な立場は、一つかそれ以上の党派が異なる倫理的基盤から議論をするに当たり、政治的論争に対処するのにどのような認識枠（フレームワーク）を用いるべきなのかという疑問に対して、何も答えるものではない。実際のところ、今日において最重要の問題は、認識枠の性質についてである。一つの共同体としての合衆国は、西洋自由主義の政治的伝統における基本となる諸要素を拒否するその他共同体、例えばファシズム体制（スペイン）や国家社会主義体制（ロシア）とともに問題を解決していかねばならない。合衆国はリベラルな西洋民主主義の政治的・経済的・知的基盤の発展に決して参加しようとしない新興の共同体、例えばナイジェリア、ガーナ、コンゴとも対応していかねばならない。また例えばインドのように、固有の倫理的伝統に誇りを持っているのだが、西洋の政治と倫理的伝統との複合体でもある国々とも対応していかねばならない。

　より広範で包括的な世界構造の中に西洋の政治的伝統を位置づけることになるであろう準拠枠を開発していくことは、明らかに本研究の守備範囲を超えている。こうした準拠枠を開発する立場に立つなら、私たちは語ってきたいずれのことよりもずっと論争的な主張をせざるを得なくなり、長年にわたってその正当化を図り続けていくことが求められることになるだろう。私たちは明らかにある種の民主主義政府についての基本原理、例えば法の支配や立憲主義について、世界全体にまで広げていこうとすることになってしまうだろう。しかし国連といった制度があるにもかかわらず、飢え、抑圧、恐怖、懐疑があらゆる進歩を妨げてしまっているこの世界、そして根本的に国家間で合意ができないことへの解決策として武力を用いることが考えられないこの世界において、こうしたことをどうやってするべきなのかという問いは、ほぼ回答不可能な問題を提起する。それにもかかわらず、これらの問題に社会科教師は直面することになるに違いない。やはり、私たち自身の社会の根本的価値と一致した何らかの倫理的な立ち位置が定義され適用されることになるに違いない。この問題への私たち自身の仮説的なアプローチは、他国内部での立憲的政府を強化し、そして国際関係における指導的原理として

第5章　アメリカ政府の諸原理　119

法の支配を強化すると思われるあらゆる行為を支持（支援）することを含んだものとなるであろう。この基準は具体的な状況に適用するのが難しい。なぜなら、ある一国家単位、またはある一つの国際関係を基礎として、法の支配の発展を促す諸条件を定義することの問題がそこにはあるからである。例えば、一国家単位においては、その国は立憲主義政府が実際的に実行可能となるより先に、（国民の）高いレベルの読み書き、知性の高い指導者、生命を維持するのでやっといったこと以上のよい生活水準といったことを備え持っておかなければならないかもしれない。そして合衆国は、非民主主義諸国がこうした民主主義社会になるに当たってのこうした前提条件に達することができるように支援することを選択してきた。私たちはこうした立場を主張しているのではないことをはっきりとさせておくべきだろう。つまり、ポリシーを適用することは難しい問題だと私たちはいっているのである。

　ただ私たちは、生徒が明瞭な倫理的・法的認識枠（フレームワーク）を用いて国内の諸課題を扱っていけるようになるのなら、そのことが国際社会の問題についてより知性的に対処できるように支えてくれるということも十分ありうると考えている。第一に、もし生徒が私たち自身の社会における表面的な慣習と、本質的な倫理的コミットとを区別することを学ぶのなら、当然他国についても同じ判断をすることができるだろう（ソ連が表現の自由や自発的集団の組織化に対して厳しい制限を課しているという事実は、ソ連の国家スポーツが野球でもサッカーでもないという事実よりは大きな問題関心を引き起こす因子である）。第二に、私たち自身の政治制度の倫理的基盤について説明することによって、生徒は政治哲学の一般主題（この多くはこれまでの社会科の中で無視されてきた）へと招待されることになる。究極的に国際的対立は個人の頭の中でなら解決されるであろうから、私たち自身の国の市民が政治的に洗練されていけばそれだけ、市民のイデオロギーをめぐる選択も知的なものとなるだろう。

　こうした文脈では、かなり議論されてきた話題である「共産主義について教える」についてのコメントも手順を踏んだものとなる。憎悪や疑念をはっきりと教義として教えることは、私たちの伝統の本質的基盤――人間の尊厳と合理的合意の概念――と矛盾する。「共産主義について教える」運動の

多くの根底には、明らかにこうした教義がある[4]。もし私たちが人間の尊厳、そして全ての人が人間であるという観念への基本的なコミットを放棄しなければならなくなったら、国を生き残らせるために、その引き換えとして個人が生きることは価値のないものとされてしまうかもしれない。

3. ここまで私たちが示してきた政治的・倫理的概念は、それが取り入れられてから後、毎年のように劇的に変化してきたこの社会において、どの程度まだ適切であるのだろうか。リンゼイはこの問いを次のようにまとめている。

> 社会が主に農業社会であり、自然と民主主義的であったスイスや合衆国の民主主義のような19世紀始めの民主主義体制においては、秩序維持の仕事を除いて政府はほとんど仕事をする必要がなかった。自然的に生じた民主主義社会は、内外の暴力から守られなければならないものだった。「行政的ニヒリズム、プラス警察官」とは、そのような社会に要求された政府についての、誇張されてはいるが決して嘘などではない説明である。産業革命は状況を一変させた。もし政府はその共同体に奉仕するべきであり、共同体をより豊かなものとなるように支援するべきであるとするならば、政府はこれまで帯びてきたあらゆる種類の仕事について、一層積極的かつ建設的に受け入れなくてはならない。もし組織的な軍事力を目的とすることがよいことではないという主張が正しいとされ、社会の自由な生活を妨害するような軍事力を放棄することとなるなら、近代政府が行う他の仕事の多くと、自発的結社が行うそれらとの間にはっきりと線引きをすることができなくなる。強制は目の前から消え去る。そして協議と審議熟慮が現れる。政府が自己の機能を遂行するそのやり方のこうした相違に伴い、民主主義的統治の方法に、それに応じた差異が現れるだろう。[5]

政府の役目が番犬から共同体生活への参画へと劇的な変化があったとするリンゼイの主張は、現在のところ事実である。しかしながら、社会の変化に

応じた変革を民主主義的統治の中に生んでいくという問題に、いまだに私たちは向き合っている。先の引用のある著書でリンゼイが仄めかしているのは、個人と政府との関係は変化したが、たとえ自発的集団の重要性が減ったとしても、個人の重要性が減りはしないだろうという考え方である。こうした仮説は今日、真剣に疑問視されている。この点について、アーサー・S・ミラーが述べていることは、長文ながら引用するに値する。

(1) 権力（正式の権限）は空間的（連邦制）、そして機能的（権力の分立）に分けられている。
(2) 憲法における権力の正式な分配は、政治的決定にのみ関わるものである。その他の重要な決定（経済的性質についての決定は特に重要である）はあっという間に対処される。
(3) 20世紀は大規模な半自律的な経済組織の成長がみられ、ピーター・ドラッカーはそれを「産業的企業体」と呼び、アドルフ・バールは「法人集中」と呼んだ。それは経済連邦主義の基本単位になっている。こうした組織について本書で用いられている名称は「工業共同体」である。
(4) オーソドックスな理論や憲法の教義は二つの実態——国家と個人——しか前提にしていないが、現在では完全にどこにも属さない孤立した個人というものは存在しないのであり、個人は集団の一構成員としてのみ意味があると広く考えられるようになっている。経営者層と労働組合の双方を含んだ大企業に加えて、農業組合、退役軍人会、慈善財団が新しい集団に含まれる。
(5) 現実の権力を効果的な管理能力を有した正式の権限であると想定するなら、あらゆる決定領域に実際に権力を発揮するのは、それがどんなに大規模で包括的なものであったとしても、一人の人間、一つの集団（国家を含む）だけでありうるはずがないということができる。現実の権力は、国家も含んだ集団の集積によって共有され、また分散されている。この集団はおそらく単純に最強だが、必ずしも支配的ではない集団である。
(6) このように幅広く権力が分散されていることを踏まえるなら、権力の

行使者の中で一人の権威者（決定者）を持つことが重要である。相対的な優先順位が様々な差し迫った必要に割り当てられなければならないし、集団間のヒエラルキーも決められなければならない。このことは、当然ながら今日のアメリカのシステムの中では、国家が果たす主だった役割である。

(7) 19世紀から20世紀初期の、政府の活動を「夜警」と称する消極的な理論が浸透していた頃、合衆国の最高裁は国家権力の最重要機関だった。正式な連邦制を裁定し、「私たちの基本となる法律と私たちの基本となる経済制度との間の結びつき」を提供することで、最高裁は政治経済に関する重要事項において最終的な政策を形作ってきた。今日、最高裁は議会や行政官僚と仕事を分有していることは明らかである。

(8) 今日、憲法と憲法理論に向けた喫緊の課題は、国家や個人との関係や別の権力を有する組織との関係、そして合衆国と世界のその他の国々との関係である。[6]

ここにおいて私たちにできることは、近代の研究者たちが様々な文脈において提起してきた問題について言明していくことくらいのものである。国家は常にこれまで、より小規模の複数の共同体からなる一つの共同体と捉えられてきた。ここには重大な疑問が存在する——これらの小規模の共同体の性質、そしてこれらと個人との関係とは何か。個人とはそれぞれ分けられており、また経済構造の中で制約された存在であるので、社会的・文化的・政治的領域で意味のある意思決定を下す余地がほとんどないのではないか。私たちが前に言及してきたように、私たちの政治的原理と手段の適切さは、尊厳や自由といった価値が生き残ることのできる、そして合理的合意が広く認められるような多元主義的社会をそれらが支えることができるかどうか次第である。既存の政治的手段によってこうしたより基本的な価値が減じていることを社会科学者が例証できればできるほど、こうした手段は再考されなければならなくなり、修正されたり、新しいものに置き換えられたりしなければならなくなる。

註

1 私たちの政府の諸制度を見直す必要性についての詳細な分析については、次の著書を参照のこと。Harmon, M. Judd. *The Search for Consensus*, Faculty Honor Lecture (Logan, Utah: The Faculty Association, Utah State University, 1964).
2 Spano v. New York, 360 U.S. 315, 318 (1959). 次の原稿からの引用。Connelly, Richard C. Police Authority and Practices, *Annals of the American Academy of Political and Social Science* (1962), Vol. 339, p.106.
3 「アメリカの諸制度」の特色は、議会制モデルには該当しないのであり、成文憲法を通して行政権と立法権が完全に分離して機能しているところにあることに注目するべきである。近代民主主義国家の諸価値を支持するに当たってのこの二つのモデルの比較優位（相対的な有効性）については、実際のところ多くの議論がある。また、おそらくアングロ＝アメリカの歴史において、「司法権の独立」の重要性をめぐる論争はあまり存在してこなかった。次の文献を参照のこと。Harmon, *op cit*. この文献では、三権分立が必要な行動を妨害するものとして議論している。
4 一つの例が私たちの指摘を例証するかもしれない。『共産主義者のプロファイル』(*The Profile of Communism* (New York: Anti-Defamation League of B'Nai B'rith, 1951.))、これは反名誉棄損連名という、明らかに保守または右翼系の団体ではないところが書いた本であるが、この本は次の文章から始まる。「共産主義とは何か。それはマルクス＝レーニン主義のイデオロギーに動機づけられて、超国家的な共産党組織によって推進され、党の補助機関に幇助され、共産党をソビエト社会主義共和国連邦の専断的政府の統治の階層性（ヒエラルキー）によって権力を付与され方向づけられていく、統一した中央制御型の世界規模の運動のことなのだ」(p.3)。こうした過度な単純化は脇に置いたとしても、この言明の事実的証拠は高度に疑義のあるところである。例えばこの運動は、本当に統一的で中央制御型なのだろうか。こうした疑問の投げかけられた過度に単純化された言明は、私が思うに、アメリカ人のより人道的で合理的な衝動をこれまで妨害してきたパロノイア（偏執病）に根付いたものであり、それを糧に生きるものである。
5 Lindsay, A. D. *The Modern Democratic State* (London: Oxford University Press, 1943), p. 286.
6 Miller, Arthur S. *Private Governments and the Constitution*, An Occasional Paper on the Role of the Corporation in the Free Society (Santa Barbara, Calif.: Center for the Study of Democratic Institutions, 1959), p. 4.

第6章
公的論争問題を解明するための
精選された分析概念

　ここまできたら、民主主義において人間の対立を伴う諸課題は簡単に解決されるように思われるかもしれない。一つの共同体の内で二人の人々、二つの集団が公的論争問題について議論する。それぞれが異なる立場をとる。誰が正しいのか。私たちはどちらの人間が自らの主張を重要な価値、またはこうした価値を支える政治的原理に基礎づけているのかを判断する。誰もが支持する原理から自らの立場を合理的に説明できるなら誰もが正しいに違いないし、そうではない人は間違っているに違いない。

　こういったアプローチには明らかに多くの難点がある。

(1) アメリカの共同体の福祉に影響を与えるほとんどの問題が議論されていくにつれて、それぞれ個々の人々は、それぞれに異なる立場をとる。通常、いずれの立場であっても、それらは重要な社会的価値によって理性的に支持されえてしまう。

(2) ある立場が重要な価値に支えられていることを主張すること、またそのいくつかを侵害することを主張することは、必ずしも主張を正しいとすることにはならない。こうした主張は、問題状況がどのように記述されているのか、そしてどの程度そうした記述が正確であるのかを正確に見極めるために吟味されなければならない。しばしば確かな記述は入手できないので、どの程度価値が実際に侵害されてきたのか、または支持されてきたのかを判断するのに苦労する。

(3) 全ての事実が明らかである時でさえ、人々はしばしば価値や価値を含んだ状況について記述し、ラベルづけをする単語（言葉）について、異なっ

た活用をしている。「適切な教育」や「平等の保障」のような言葉は、こうしたラベルでどのように価値が説明されていようとも全ての人間がコミットするかもしれないが、その意味するところは人によって異なっている。

そのため私たちは、共同体や国における政治的論争を分析するに当っていくつかの問題に出くわしそうである。一つ目の問題は、いかなる価値、または法原理が対立しているのかを明らかにすることや、それらの価値・原理のいずれを選択するのかということと関わってくる。私たちの理解するところ、それぞれの問題にはそれぞれ異なる戦略が存在する。そのため重要となってくるのが、価値的問題と事実的問題を区別すること、そして事実的問題と定義的問題を区別することである。政治的論争問題を取り扱うことというのは、通常、これら全ての領域の見解の不一致を解決することを意味するものである。最高裁まで持ち込まれることになった実際の裁判事例に基づいた具体的な出来事をみていくことで、私たちはこうしたポイントについて、そしてこれらのポイントが教室でどのように取り扱われるのかについて、最良の例証をすることができる。

歩道での演説

　肌寒く風の強い3月の昼下がり、激高したバリー・シュワルツという名の若い学生が、込み合った小さな商業地で演説をしていた。その通りはニューヨーク州ポーキプシーにあって、黒人が住んでいた。シュワルツは歩道の大きな木の箱に立って、自動車に付いた拡声器を通して高い調子の声で群衆に叫んでいた。彼は腕を振り、足を踏み鳴らし、時々拳で手のひらを叩いた。彼は、その日の夕方に開かれることになっていたアメリカ青年進歩党の集会を宣伝したかったのであった。彼は事の間に、
「この市長はシャンパンを啜る害虫だ。彼は黒人たちを潰しにかかる人間が誰であるのかを気にかけない」
「アメリカ大統領は蛆虫だ」
「アメリカ在郷軍人会はナチのゲシュタポだ」
「黒人は対等な権利を持ちえていない。武力で立ち上がり権利のために戦うべきだ」
と言った。シュワルツの演説を聞いていた群衆には黒人も白人もおり、75〜80

人を数えた。群衆は歩道にあふれ、通りに広がっていた。人々は落ち着いてはいなかった。いくつもの押し合いや付き合い、殴り合いがあった。ある者たちはレンガを拾い上げ、シュワルツめがけて投げて脅した。近くの商店主リンカーン・フロストは、彼の店の窓ガラスが割られるのを恐れて警察に通報した。

コリンズ警部補とデービス巡査部長は調査のためにパトカーを出動した。しばらくの間、彼らは車の中に座って様子をみているだけだった。シュワルツを潰すチャンスがきたと考えた見物人の一人の女性が「どうした、怖いのかい。警察は人を正しく行動させることができないのかい」と二人の警官をけしかけた。体の大きな筋肉質の男が、パトカーの周囲を回りながら「もしお前たち警官があの男を2分でオレンジの箱から引きずり下ろせないのなら、俺があの男の喉を潰す」といっていた。そして彼は群衆の中に肘を張って入り込み、シュワルツに近づいていった。

コリンズ警部補は群衆の中に分け入ったその男の後ろから群衆の中に入り込み、「喧嘩に至らないようにするために」シュワルツに群衆を解くように忠告した。彼らは忠告を数回繰り返した。その度にシュワルツは警察を無視し話を続けていた。群衆はその間もずっと、コリンズとシュワルツの近くで押し合っていた。筋肉質の男は、近くにいる男に「シュワルツを捕まえろ」と急き立てた。最終的にコリンズはシュワルツに、彼の安全を確保するためにも彼を逮捕しなければならないといった。そして箱から降りるようにコリンズはシュワルツに呼びかけた。

シュワルツは箱から降りたが、コリンズが彼をパトカーに乗せる際に、シュワルツは「この国の演説の自由はどうした。私は例えお偉い方が好まなくとも、私の思うところを話す権利があったはずだ。例えこの辺りにつっ立っている頑固者が私を封じ込めたいとしても、私には話す権利がある」と叫んだ。

シュワルツは裁判で有罪の判決を受け、30日間の禁固刑を受けた。シュワルツは控訴した。それが修正1条及び修正14条に基づく権利を奪ったからである、と彼は説明した。

この「歩道での演説」を議論するに当たって、私たちはこの問題を明確にするために、多くの重要な問いを投げかけることができる。何か重要な価値が侵されているのか。バリー・シュワルツは自身の演説の自由が奪われたと主張した。ポーキプシーの警察は、周囲にいた人々の平穏と秩序が脅かされたと主張した。ここには明らかに、重要な価値をめぐっての争いがある。さらには次のような疑問も出てこよう。

・こうした価値を支える何らかの法的基盤があるのか。
・この状況での価値の侵犯はまた、法律への侵犯となるのか。

さらに重要な問いとしては、次のものがある。

第6章　公的論争問題を解明するための精選された分析概念　127

・政府は憲法下において認められているはずの法を作成する権限が脅かされているのか。
・この特別な事例においても演説することの自由を、憲法は擁護するのか。

　これらの答えは簡単で、バリー・シュワルツが指摘するように、修正1条と修正14条がその法的基盤である。私たちはまた、次のような問いを投げかけるかもしれない。

・共同体には、無秩序な行為を禁じる法律を制定する権限があるのか。

　この答えは確実に「イエス」だろう。そこにはまさに、価値対立がある。私たちは憲法が最高法規であることを知っているが、私たちはまた、修正1条が演説の自由の道理のない活用から必ずしも人々を守り切れていない実態にあることについても知っている。私たちが平和と秩序を保っていきたいと考えている仮定として、どのようにしたら秩序は保たれるのか。演説者の逮捕によってなのか。あるいは暴力で演説者を脅していた者たちを静止することによってなのか。どちらの方針が採用されるのかは、演説の自由の「道理のある」活用がどのように定義されるかに、かなりの程度左右される。
　これは定義や価値の問題だけに終わらない。これは、問題状況を明瞭かつ正確に記述しているのはどれであるかという重要な事実的問題とも密接に関わってくる。「歩道での演説」における直接的に関係のある事実的問題は、暴力が実際のところどの程度生じていたのか、そしてどの程度大きな暴力への脅威が差し迫っていたのかという点が中心となる。これらとの結びつきで、次のような事実的問題もおそらく重要となってくる。

・群衆はどのくらいの人数か。
・群衆がどの程度、交通や通行人を妨害したのか。
・どの程度、「押し合い、付き合い、殴り合い」があったのか。
・実際にシュワルツを脅していたのは何人か。

・その時、何人の警察官が秩序維持のために動員できたのか。

　「歩道での演説」のような事例を分析していくことは、複雑な仕事である。私たちはこれに関する異なる種類の問題——価値対立や法的・憲法的問題、事実的問題、価値の定義や解釈についての問題、事実的記述の中に用いられている用語の定義に関する問題——を識別しなければならない。この分析過程は創造的なものであり、人が違えば違った分析がなされるであろうが、その場合にも指針として一般的に役立つ概念がある、と私たちは考えている。
　しかしながら、授業においてこうした事例を分析することの目的は単に概念的抽象化を図ることにあるのではないことに注意することが大切になってくる。つまり、より具体的にいえば、ここでの目的は、概念的分析から分析の有効性や適切さを立証する根拠（基盤）——事例それ自体の具体的事実——へと交互に移動していける能力を教えることにある。こうした目標を伴った「ケースメソッド（事例研究法）」は、強力なツール（道具）である。生徒は「前もって分析された」、そして後で新しい状況において活用することを見込んだ教材が与えられるのではない。選択のできる複数の概念システムそれぞれの有用性を検証する自由裁量が彼らには与えられることになる、そうしたプロセスに彼らは参加するのである。そして事例は、単なる概念の例証や教授のための一手段といったものではない。これらの事例は、公共政策についての一般的言明を生み出したり検証したりすることを可能とする情報的な根拠（基盤）を提供する。事例についての教室での討論は、必ずや私たちの提案するタイプのカリキュラムの中で論争的で対話的なものをもたらすことになるだろう——事例には必ずしも一つの正しい考えがあるわけではない。だがこのことは、教師が覚えておくべき「分析の諸原理」、つまり適切な問いを提起するに当たって、焦点や方向性をこうした討論にもたらしてくれる諸原理が存在するという考え方を前もって排除するものではない。次の節から私たちは、こうした焦点や方向性を議論にもたらしてくれる諸原理のうちのいくつかを整理して示そうと思っている。しかし、これらの諸原理は、公共政策や公的行為についての一般原理を導き出そうと試みる中で、否

応なく生じる問いを検証していくための指針をもたらしてくれるものである。

三つのタイプの見解の不一致とそれらの解釈方略

　私たちはこれから、定義、価値、事実をめぐる論争を別々の異なった型の問題かのように語っていくだろうが、これらは密接に関連し合っていることに注意を払っておくことがまずは重要になってくる。本節での私たちの目的は、これら三つの型の問題と、それらを取り扱う個々の方略にみられるある種の違い（差異）を記述していくことにある。複雑な社会的論争問題を扱わんとする際に生じるこうした三つの型の問題の相互作用の関係については、第7章にて扱うつもりである。

定義的問題

　公的論争を議論するに当たっての一つの基本的問題は、言葉あるいは象徴（シンボル）の曖昧かつ混乱した使用である。それゆえに、道理のある共通の意味を持つ言葉を用いて議論に参加することが重要である。こうした共通理解がないと、議論はおそらくフラストレーションの溜まる実りの無いもの、場合によっては必要性に欠けるものにすらなるだろう。

　言葉がどのように用いられうるのか定義あるいは説明することには、二つの側面がある。第一の側面は、言葉が実際に議論の中でどのように使われているか、例えばその言葉は議論の参加者にどのような意味なのかを確かめることである。第二の側面は、言葉の意味をめぐって見解の不一致があることが明らかになった時、最も有益な言葉の定義は何であるかを決定することである。また定義の問題と関わる最も重要な要素が、明瞭化（clarification）の問題である。例えば類型化をめぐる議論は、注意深い分類名称の定義づけによってしばしば解釈されたり、明瞭になったりする。

■二つのタイプの定義

　定義をめぐる議論の明瞭化及び解決においては、おそらく二つの定義操作

——事例による定義づけと一般基準による定義づけ——を区別することが大切になる。例えば、他の惑星から来た生物が私たちの近隣に降り立ち、そこには深刻なコミュニケーションの問題があるとしよう。もし彼らに話すことができる知能があると分かったならば、私たちは彼らに話しかけようと思うかもしれない。まず私たちは自分たちを指さして「人間」といい、そして彼らを指さして「生物」をいう時、互いをどう呼び合うかについて速やかに何らかの共通理解に達する。ほんのちょっとのやりとりで、その生物はおそらく全ての人を「人間」と識別できるようになり、それを「人間」と呼べるようになるだろう。人、物、行為、あるいは具体的な指示対称を指摘、あるいは列挙することを通した言葉による意思疎通は、「定義の指摘」とか「事例による定義」と呼ばれるものである。

　言葉＝指示対称の関係を創造すること、もしくは「発明すること」は可能であるにもかかわらず（科学者や広告業者は常にそうした行為をしている）、私たちのほとんどは、高度に構造化された文化的枠組みの中で学ばれてきた、そして意味の複雑なシステムの中に複雑に編み込まれたラベルを用いて意思疎通をしている。そのため、事例を引用して定義しようと試みる時、私たちはおそらく目にみえない（そして意識もしていない）分類システムと事例とを関係づけてしまっているだろう。一つの言葉を定義しようとする仕事は、通常その分類名称を明瞭にすることに私たちを誘うものであり、それはすぐに意味において重複する部分のある二つの分類の間の区別をめぐっての疑問となる。こうした状況においては、ある分類を定義することのできる一般基準というものが、定義の明瞭化や定義をめぐる見解の不一致の解決のために用いられることになる。

　こうした見解の不一致の展開について例証していくためには、次の事例を考えたらよいだろう。私たちは「民主主義国」を定義する時、イギリス、フランス、ベルギーを事例として引用する。しかし議論相手はなぜ私たちがベルギーをそこに含み、そしてソ連を外すのかと疑問を持つ。私たちは「その答えは簡単さ。ベルギーは民主主義国で、ソ連はそうではないからさ」と答える。これに議論相手は合意せず、ソ連こそ民主主義国であり、ベルギーは

独裁制であると主張する。ここまで、定義を確立できないままである。

　「民主主義国」という用語をめぐって私たちはどのように見解の相違が生じているのかより正確に判断するために、私たちが民主主義的と考える国と非民主的と考える国とを区別する「基準」だとか具体的な特徴といったものを列挙することになるかもしれない。例えば私たちは、(1) 全ての人民にある種の基本的な権利を提供している憲法を持つ国で、(2) 政府の主要な公務員のポストについて、直接または間接選挙をしている国を民主主義国とすると説明する。このように指示対象についてはっきりした特徴や基準を挙げることによって、言葉の適切な活用を詳細に説明していこうとする試みは、「基準による定義 (criterial definition)」と呼ばれている。

■定義についての見解の不一致の解決法
　先に挙げた問題は、当然のことながら、その用語が議論において一つ以上の方法で用いられていないか判断するものである。次の問題は、どのようにしたら議論の参加者の間に共通の意味を設定できるのか、というものである。これは関係する個人にとっては「意味の諸事実」についての探究という事柄であり、つまるところ言葉の「正しい」活用とは何であるのかを判断することになる。定義の不一致においては、まずラベルや用語とそれらが意味する事柄との間の「正しい」関係というのは、習慣の問題であることを覚えておくことが重要である。言葉とその指示対象との間には「自然的な」関係はない。例えば、若い男性の人間たちにラベルづけをするために、「男の子たち (boys)」、また若い女性の人間をラベルづけするのに「女の子たち (girls)」という用語を用いるということは、単に意思疎通が生じた時に共通の象徴的意味が必要になることに基礎づけられているに過ぎない。私たちは当然ながらこうした慣習を変えることで、その用語を逆に用いること、つまり若い男性の人間たちを「女の子たち」と呼び、若い女性の人間たちを「男の子たち」と呼ぶことも可能なのである（無論、これは合意プラス変化についての適度な普及があることを前提にしているのであり、混乱の結果生じたものではないものとしている。このことはまた、人々が象徴＝指示対象の関係に愛着を持ち、それらの関係を現実的

なものと理解し、「不自然」、つまり「馴染みがない」活用を拒絶する傾向があるという事実については考慮に入れていない)。この事例が指摘するところは、その言葉を適切に定義できる違った基準や異なる事例があることを人々に説得できるなら、いつでも定義は変わりうる、ということである。

慣行 (convention) が定義の基盤であるため、定義をめぐる論争への一つのアプローチは、よく知られた一般的な活用法に訴えていくことである。これはどのように、ほとんどの人間がその言葉を活用するのかを見極める研究企画も含んだものになるかもしれない。だがほとんどの人は、こうした研究プロジェクトに携わるための時間も資源も持ち合わせていないため、辞書が語の用法の権威としてこのギャップを埋め合わせる。もし辞書において見出される定義が議論の共通基盤として有益であるのなら、目的は達せられることになる。しかし全ての人間がその言葉を辞書に定義されているように用いるはずだなどと想定しないように注意せねばならない。辞書の定義はしばしば時代遅れになっている。その上、時に辞書は比較的に短い期間だけに用いられた言葉を含んでいないことがある。また辞書は、典型的なものだけを記していたり、特徴的な性質を記すだけであったり、同語反復であったり、また個別の主張のニーズに合致するほどには完全な定義ではなかったり、具体的な定義ではなかったりするという理由から、その定義が不適切かもしれない。

辞書の欠陥から生じる不確実性に対処するために、定義的問題の解決法として「規定 (stipulation)」がしばしば用いられる。議論の参加者は、前もって合意された基準をリストに挙げることで、議論においてその後が持つべき意味について書き出すか、規定する。ここでも再び、その定義が具体的な議論の文脈の外から適切だと想定されてしまう事態になる危険性があるし、実際にそうなっているかもしれない。定義はとても微妙かつ無意識に変化しうるから、議論の進展に併せて基準をとどめ置くことも大切である。

規定の活用は、議論の参加者によっては、当然ながら翻案 (translation) の過程と関わるものである。例えば、議論という目的に向けて、「財産の公的所有がある」ことが「民主主義社会」という言葉の一つの本質的基準と合意されることになったとして、こうした方法でこの言葉を用いることが普段な

い議論参加者たちは皆、この言葉が具体的な議論の場面で用いられる際には常に、その言葉がこうした意味を含むように翻案しなければならなくなる。翻案の基準の転換は、混乱または誤解を生み出す原因となって、いかなる結果を生じさせてしまうのか、それを見極めることは容易である。

　おそらく定義をめぐる議論を解決する上での最大の問題は、類型化 (classfication) をめぐって意見の不一致がある時に生じる。再び「民主主義国」の事例に戻ってみよう。憲法と公務員の選挙の存在という二つの扱わなければならない基準が示された。もしそれらの基準の正しさをめぐって意見の不一致があるならば、慣習や規定に頼ることが適切だと私たちはこれまで主張してきた。だが議論の参加者たちは、この基準に同意していながらも、ある参加者がソ連は憲法も選挙も存在するのだから、ソ連は民主主義国だし、そう分類されるべきであるとまだ主張していると仮定してみよう。この異議申し立てに対しての回答は、当然のことながら、「ソ連に憲法はあるが、この憲法は実際には政府を抑制しておらず、また人民の権利を政府が無視させないようにするものではない。また選挙は存在しているが、それは政府によって『不正操作』されており、実際のところ人民が自らの意志を自由に表現することを認めるものではない」となる。明らかに私たちがここで最初に示した基準よりは、より顕著な具体性（限定性）を持っているに違いない。この場合、民主主義国とは、(1) 全ての人民に重要な権利を保障し、また政府が尊重し従っている憲法を有している国であり、かつ (2) 脅迫の恐れなく自由に自らの希望を表現できる選挙を行っている国である、となる。現実にソ連がこの基準に適合するかどうかを決める前に、私たちは「基本的権利の尊重」や「自由選挙」といったキータームやフレーズの定義をしなければならないかもしれない。こうした定義づけのプロセスは、各分類 (class) を定義する上での判断基準を具体化すること、そしてこの分類の中に一般的に含まれている指示対象がこの判断基準に適合しているのかどうか、そしてこうした基準は役立ち適切であるかどうかを決めることを伴う。一度カテゴリーの定義が合意されたら、類型化における次の問題は論争となっている指示対象（私たちの例でいえば「ソ連」）がこの分類の暗示する特性を持っているかどうか

判断することになる。これは基本的に事実主張についての検証の問題である——この場合、実際に憲法による権力制約や自由選挙はソ連の政治制度の特性であるのかどうか判断するために、証拠を収集することになる。

■政治的論争におけるイデオロギー的・価値負荷的分類名称

広範に展開する公的論争問題を議論する際に大きな問題となることの一つに、大きな政治的・イデオロギー的立場を表現するラベルや用語がどの程度用いられているのか、といったことがある。例えば私たちは、次の状況について、単一の価値分類（value class）に位置づけることができる。

・強い少年と弱い少年が喧嘩をしている。
・両方の少年が同じルールを破ったとして逮捕された時、教師は放課後に一人の少年を残し、もう一人を残さなかった。
・両方とも同じ資格証明があるが、一方の人間には選挙権が認められることになり、もう一方には認められなかった。
・二人の男が同じ金額を稼いだが、一人は半分も税金に取られ、もう一方は四分の一が税金で取られたに過ぎなかった。

これらの状況全てが、対等な扱いという一つの価値的立場を侵害しているものとして記述されうるものである。私たちはこれまでこれらを同じ分類に位置づけてきた。なぜなら、それらはいずれも、一つの特性である「不平等」を証明するものであるからだ。目的物や事件を広義な価値分類へと選り分けて、それらに共通のラベルづけをするプロセスは、常に生活の中でなされているものであり、また明らかに政治的討論においても必要不可欠となる要素である。だが私たちがここまで指摘してきたように、ある分類に何らかの目的物や事件が含まれ、またその他がそこから排除されるに当たっての基準については、放っておけば人々は自然に注意を払うようになる、といった性質のものではない。

分類名称（class name）を用いることは、性急な一般化へと導いてしまう危

険性が特にある。私たちはある男が合衆国を批判する演説をする男をみて、「あいつはアカだ」、「共産主義者だ」と分類するかもしれない。彼にこの分類を与えることは、私たちは彼の政治的見解の多くについて、ある種の仮説を作ることを意味している。もし演説がこの類型化の拠り所となる唯一の情報だとするならば、私たちは不当な結論に飛躍してしまうかもしれない。政治議論で一般的である「共産主義者」といった用語は、定義することが難しく、しばしば具体的なメッセージを伝えるためよりも、むしろ感情的な訴えのために用いられる。私たちはしばしば、ある人が「保守主義者」「反動主義者」「リベラル」「左翼」「破壊活動分子」と呼ばれているのを耳にするが、それらの言葉の慎重な定義についてはほとんど耳にしない。

例えば、私たちは共産主義者を、(1) カール・マルクスの教えを信じる者、(2) 共産党の集会に参加した者、(3) ロシアか中国、あるいはその友好国の支配下で働いている者たち、と定義するかもしれない。これを基準とするなら、三つ全てを満たす者ならば共産主義者と分類されるであろう。カール・マルクスの教えを信じる者という事実だけでは不十分である。私たちはそうした人達をマルキストと呼ぶが、共産主義者とは呼ばない。ある人が共産党の集会に行ったという事実も、彼を共産主義者と分類するのに十分な情報とはいえないだろう。FBIのおとり捜査官、あるいは好奇心旺盛な大学生が参加しただけかもしれない。

「リベラル」というのも政治学で一般的に用いられている曖昧な言葉である。ある者たちがリベラルと評されるのは、彼らが、連邦政府はより強力なリーダーシップをとり、全ての州の一般福祉の改善（例えば、より良質の教育の提供、公共電力のためのダムの増設、医療支援）に向けてより多くのお金を使うべきだと考えている理由からである。また、黒人の選挙権、共産党員の演説の自由のような、少数派集団の市民的自由に献身していることから、そう評されている人たちもいる。このように、そのラベルは二つの異なる意味を有している。では連邦の強大なリーダーシップや社会福祉への歳出の増大を信じているが、マイノリティの市民的自由の欠落には特に関心がないことを表明する者は、リベラルというのだろうか。

■言葉の感情的要素

　論争分析において最も広く議論を呼ぶ側面は、言語の感情面の影響についてである。この主題についてのある文学の事例は、とても示唆に富んでいる。以下はアービング・リー『あなたは人民をいかに語るのか』の一節である。

　　この話は、ギリシャの共産主義の新聞がポール・ポーターのいくつかのコメントを報告する、そのやり方について述べたものであり、そのコメントはマケドニアでの経済会議中の祝宴の中でなされたものである。彼は「今夜、ギリシャのよき市民である皆様とご一緒できることは、誠に喜ばしいことです。あなた方ギリシャ人と私たちアメリカ人との間には、多くの共通点があります。私たちは食べることが好きです。またお酒が好き。そして私たちは輪になって座って話すことが好きです」と語った。新聞は「ポーター大使は、私たちは丁度アメリカ人のようで、大食いで、飲んだくれで、噂好き」と報じた。

　　それはある言葉が同じことを表現しているにもかかわらず、それぞれが違った価値態度をそれに仄めかすという、語用論の研究ではありふれたことの一つである。サム・ウォルターがいうように、「貧しい者が店から商品を盗ると泥棒と呼ばれるが、金持ちの淑女がこうした行動をしたら、彼女は「偏執狂」と呼ばれる」。最近まで「お金持ちはアルコール依存症で、貧しい者は飲んだくれ」といわれてきた。私たちはことが楽しいとか、希望にかなっていると考えられる時に用いられる言葉や、その逆の時に用いられる言葉については比較的にすぐ学ぶ。もしあなたが何者かに賛成を表明したいのであれば、次のペアのうち前者を選ぶのではないか——意志が強い・頑固者である、気前のよい・浪費癖がある、熱中している人・狂信者、愛国者・狂信的排外主義者、進歩的な・珍奇な、自由な企業活動の支持者・資本主義者。

　　言語は事柄を指示できる用語を含むだけでなく、話しての事柄に対する価値態度を伝えるものでもある。このことは私たちの評価を伴った問

題関心と関わりがある。というのも、とても多くの人たちが、他者に向けて用いる言葉にみられる価値態度と一致した判断を他者に下す傾向があるように思われるからである。彼らは慣習として、肯定的または否定的な考えを反映するようになった言葉を選び出すだけではなく、逆に用いられている用語が仄めかしている概念から人々や物事をみるように影響されていたりもしている[1]。

ここでの要点は単純に、政治的用語は強い感情的負荷を有しており、定義して活用することが特に難しいということである。議論においてこのような言葉に出くわしたら、記述の正確性や言葉を定義する上での基準に基づいて私たちの考え方を保つことを忘れてはならないのであり、それらの言葉が呼び起こす感情に基づいて考えないようにするべきである。

■まとめ

この節では、定義的問題、そして政治的論争における意思疎通上の問題について議論してきた。第一に私たちは、同じ言葉でも議論の参加者によっては別の意味を持ちえていないか、また違う単語が実際には同じ指示対象を示すために用いられていないか判断することが大切であると述べてきた。もし見解の不一致が定義を基盤とするものであると疑われるのなら、その単語が一般的にどのように用いられているのか（社会的慣習ではどうであるのか）判断したり、具体的な議論に向けてこの言葉にどのような意味を適用するべきか規定したりすることで、意思疎通を明瞭にすることができる。

第二の、そして先とも関わりのある問題は、公共政策とめぐって論争が展開する中でしばしば生じている。それは、目的事項、行動、もしくは人物についての適切な類型化についての見解の不一致と関わってくる。類型化をめぐる主張の対立を解決するためには、次のステップのうちの一つ以上が採用されることになるかもしれない。

(1) もし一つ、または複数の基準の適切さ、または信頼性をめぐって見解の

不一致があるならば、どのようなタイプが正しい定義なのかを決めること。
(2) もし基準内に用いられている特定の単語の意味をめぐって見解の不一致や混乱があることが分かったなら、より一層の具体化を図ること。
(3) 分類された具体的な事例について、その特性が適切な基準を満たすかどうか判断するために、事例に関する事実的記述について探究すること。

政治的ラベルはしばしばルーズに用いられているため、特にそのラベルが強い感情的負荷を持ち合わせており、分類されたその目的事項に向けての人々の価値態度に影響をもたらす場合、そのラベルの曖昧さや不正確さに警戒しておく必要がある。

価値的問題

私たちはすでに価値的問題については多くを語ってきたので、本節では多少なりともこれまで述べてきたことをまとめることにする。価値づけるという行為は、物事や行為を「よい」または「悪い」、「正しい」または「誤りである」として分類することを伴う。価値とは価値づけられたこうした行動、または価値づけられた目的事項のことである。私たちが適法手続を一つの価値だという時、「適法手続」としてラベルづけられた行動や手続きは、私たちにとってよいものであるということを意味している。

■個人的な好み、審美的判断、社会的価値

私たちは、次のような言葉を述べたと仮定してみよう——ベートーベンの音楽、青いネクタイ、普通選挙。もしこれらが価値であると考えられるとするならば、この語の後には「〜はよい」「〜は悪い」ということを仄めかしている。直観的に私たちは、青いネクタイがよいと主張することと、普通選挙がよいと主張することとの間には大きな違いがあることを理解している。おそらくこうした違いを説明するのに最も役に立つ方法は、私たちの価値判断が影響を与えることになるかもしれない人の数や各人が影響を受けるかも

第6章 公的論争問題を解明するための精選された分析概念 139

しれない程度という観点からみる、というものである。人々が青いネクタイを価値づけないことで共同体が大きな害を被ることは想像しがたい。だがこれは表現の自由だとか選挙権といったことには当てはまらない。

　一般的な共同体や政府の問題関心の主体になるほどには重要ではない価値を私たちは個人的な好み（嗜好）と呼んでいる。個人的な好みをめぐる論争の問題についてはここでは取り扱わないつもりである（このことはダークブラウンの髪よりも金髪の方が好まれるということが重要ではないと示唆するものではない。こうした好みは単に私的な事柄として取り置かれるというだけである）。

　審美性など美の判定や、芸術的な嗜好に関わる価値についても議論しないつもりである。これらもあくまで個人にとって重要であることに過ぎない。しかし個人的な好みとは異なり、これらはしばしば広く議論されたり、社会での論争となったりする。

　私たちが主に関心のある価値は、政治的・社会的価値、つまり個人の自由、平等、公正、一般福祉、平和と秩序といったこれまでにも議論されてきた価値である。これらの価値は私たちの政府や私的集団が公共政策や公的決定を正当化するために用いてきた主だった概念であるという理由から、公立学校で議論するのがふさわしいものである。

■価値と決定
　価値は何がよくて何が悪いのかを示すのみならず、人がこの判断に基づいて行動すべきことについても示唆するものである。また社会的価値は、全ての人がその判断に基づいて行動すべきであるといったことを示すものである。このように、示唆された行動や決定が、ある一つの価値判断の支持を仄めかすことになる。つまり価値判断は決定を示唆する。そして決定は、価値判断についての支持を暗に示している。例えば…

140　第2部　公的論争問題の分析を教授するための概念枠

価値判断	決定
教育の機会均等はよいことだ。	(故に)黒人は白人と同様、公立学校の良い授業を受ける機会を与えられるべきである。
共同体の平和はよいことだ。	(故に)私たちは適切な警察力を持つべきである。
表現の自由はよいことだ。	(故に)共産主義文学を検閲する法律を通過させるべきではない。

　決定あるいは政治的方針については、ある人がおそらく支持し実行しそうである行動について記述する。決定はその決定が実行に移されるならある種の結果が生じ、ある種の結果が避けられるであろうと予想することによって正当化することができる。このことは、その結果のよし悪しについて全員が合意していることを前提としている。決定がなされなければ重要な社会的価値が侵害されることを例証することによっても、決定は正当化できる。

決定	具体的な結果
私たちは共産主義者かのように聞こえる演説をする者を逮捕するべきである。なぜなら…	こうした人々は共産主義の考えを広めるだろうからである。

　予期された結果が決定の結果として生じるのかどうかについて見解が一致しないという事態は、こうした予想を支持するために事実的情報や証拠を収集することでだいたい解決することができる。これに対して、結果それ自体がよいことなのか悪いことなのかをめぐっての見解の不一致は、まずその結果と決定の両方を重要な社会的価値に照会することによって扱われなければならない。

　もしこうした主張をした人が、共産主義者かのように聞こえる演説をした人を逮捕することが共産主義の考えを広めることの何らの妨げとはならないという証拠に直面したら、この証拠は彼の意見的立場を弱めることになる。しかしもし彼がこうした逮捕が実際に共産主義の広まりを抑止しているとい

第6章　公的論争問題を解明するための精選された分析概念　141

う証拠を提示したとしても、誰かが「残念だが共産主義の考えについて知っている人たちはできるだけ多くいた方がよい。私たちは思想についての自由市場を持つべきだ」といってくるかもしれない。

　この時、価値の不一致が生じる。見解が不一致である彼らは、共同体の中で保持したいと考えるより基本的な社会的諸価値を参照することができる。例えば…

	決定	社会的価値
スミス氏はいうだろう。	私たちは共産主義を支持する演説をする人々を収監するべきである。なぜなら…	こうした話は共同体の安全を脅かすからである。
ジョーンズ氏はいうだろう。	私たちは人々の評判を損なわせるために嘘をつくようなことをしない限り、話したいことは何でも話題にすることを認めるべきである。なぜなら…	演説の自由は個人の自由の基本的な構成要素だからである。

　その決定が基本的価値を支持、または侵害しがちだと主張することによって決定を正当化していくことは、私たちを価値対立の問題へと誘う。ある一つの決定が、それが一つの社会的価値を保持するとの理由から擁護されるのと同時に、別の価値を侵害するとの理由から非難されるかもしれない。上の事例でいうなら、共産主義者の演説についての検閲は、そのことが平和と秩序の維持という理由から支持されるが、それが表現の自由を奪ったという根拠で非難される。

　しかしながら、これらの論争的な視点の対立は、それぞれの人の価値的立場の背後にある結末について仄めかした主張に、少なくとも何らかの真実があるという前提に立っている。例えば平和と秩序の重要さを強調する者は、共産主義者の演説が暴力と無秩序を招き、重要な社会的価値の弱体化につながると仮定している。もし私たちは注意深く調べてみて、共産主義者の演説や出版が暴力や無秩序、重要な価値の低下を招くような機会をほぼもたらさないことを明らかにするなら、価値の対立は解消される。一方、共産主義者

に表現の自由が与えられている国において、法や個人の自由の尊重が失われて、暴動、そして革命すら生じていることを明らかとするなら、法社会の保持に貢献するものであるという根拠から、何らかの検閲を真剣に検討することになるかもしれない。このように、それぞれの価値的立場の背後にある事実前提が検証された時、価値対立は解消されるかもしれない。

だが、それぞれの価値的立場の背後にある事実前提について私たちが検証し、そして所与の状況において、あらゆる合理的判断が少なくとも一つの重要な価値の侵害を招いてしまう事実を明らかにしたとする。例えば…

状況	二者択一の選択
ペンシルバニア州の宗教団体アーミッシュは、政府が老齢年金を支給するべきではないと信じている。それは、あらゆる人が病気や老人の世話を家族でするべきという宗教的信仰によるものである。	1. 政府はアーミッシュに対して、彼らに何の利益をもたらさなくとも、また彼らの宗教的信念を侵害してでも、社会保障税の支払いを強制できる。 2. 政府は法の下の平等の保障を侵害してでも（アーミッシュ以外の全ての人が納税を義務づけられているため）、アーミッシュを社会保障税の課税対象から外すことができる。
国家の緊急事態である。北朝鮮の共産主義者が韓国に侵入した。トルーマン大統領は予備役を数師団招集することを望んだ。それら予備役の多くが第二次世界大戦中、3～4年徴兵されていた。彼らの生活はこれまで戦争によって破壊され、今また破壊されようとしている。だが大統領は兵士を必要としている。	1. 大統領はよく訓練されている予備役の兵士を招集し、国家の安全保障のために防衛軍として彼らを徴用できる。 2. 大統領はまだ兵士に服したことのない若者を徴兵し、全ての若い市民を平等に扱うことができる。

これらの状況（またはこれと似た他の多くの状況）には真の価値対立があり、新たな事実が生じても解消されないと想定してみよう。簡単な解決策は存在しない。答えは所詮一つの意見に過ぎない、といったところで何も解決しない。公共政策が問題となっており、誤った判断はその国の将来にも影響するかもしれない。単に定義の問題だといったり、状況を説明するために正しい単語を活用したりしたところで、この状況を解決することはできない。どの

ように状況が描かれようとも、何らかの意味で公正さ、もしくは公平さの侵害がある。「もっと証拠を集めてこい」といっても問題は解決できない。集められた証拠は共同体の利益のために、誰かの権利が侵害されることをどんどんと明らかにするだけである。

このような問題に直面した時、そこには「正しい」もしくは「正当な」解決策はないという事実を受け入れざるを得ない。私たちは人間の尊厳についての私たちの考えの侵害を最小限にし、人間の尊厳を促すあらゆる社会的価値を最も侵害しない政策を創造し、受け入れなければならない。このタイプの政治的問題を分析することの目的は、こうした価値の対立を存在しないものかのようにふるまうことではなく、重要な価値の侵害を最小とする決定へと導いていくことにある。

■反省的分析の重要性

一般に、政治的社会的意見の不一致の中心には価値的問題がある。共同体の利益を守る政治的行動と個人の自由を保護するための政治的行動のバランスをとることに関心のある共同体においては、私たち全員が提案された政治的行動の知恵を考慮し、各個人の尊厳に利益をもたらすという観点から意思決定していく義務がある。慎重で周到な判断を通した政治的行動に影響を与えていくという義務を放棄することは、私たち全てにとって最も重要となる自由の喪失を招く可能性がある。

事実的問題

私たちはここまで、定義的問題と価値的問題の両方に関係のあるいくつかの考え方について議論をしてきた。この節では、事実(私たちは「事実主張」と呼ぶ)をめぐる見解の不一致について取り上げる。政治的言明において論争の中心は、通常、次のような価値対立をめぐる見解の不一致にある――どちらの価値が、人間の尊厳または合理的合意とより密接に関わっているのか。実際にこうした価値対立がなるかどうかは、事実的情報の正確さに左右され

る。公的決定をめぐる議論において、事実的情報の正確さは、少なくとも次の二点で重要である。

(1) 決定それ自体は、各人がよいとか悪いとか、正しいとか誤っているとか考える、決して本当か嘘かは「証明できない」状況の諸要素に基礎づけられる。だが決定は速やかにそこに隠されているある事実についての考察へとつながる。例えば、「南部では黒人の選挙権が侵害されている」という言明は、ある種の事実を仄めかしている。この言明は、「黒人は完全や選挙権を持つべきである」という、黒人が選挙権を持っているのかどうかについては語っていない言明とは全く別の性質のものである。従って価値対立が存在していると想定するより前に、価値が侵害されたという主張によって示唆された事実を確定することが重要となってくる。諸事実について注意深く吟味した後、そこには価値対立するようなことなどないということに、全員が同意することになるかもしれない。

(2) 政治的論争において人々はある価値的立場を擁護するために事実的予測をする。例えば、しばしば社会保障計画によって失業者支援と老齢年金を保証することが、労働者の自発性や自立を弱めているといわれる。また高額の所得税は、所得の大半が税金によって政府に吸い取られるため、経営者や専門職従事者の自発性を弱めているといわれる。こうした言明はしばしば、一般福祉に備えようとする政府の努力よりも私有財産権を重視する者たちによって支持されるが、言明それ自体は、その価値の妥当性ではなく、具体的な事実主張の信憑性に依拠している。その議論は、財産権あるいは税金がよいかどうかをめぐるものではなく、むしろ政府の行為が実際にある種の望ましくない結果（怠惰で無責任な労働者の創出）につながるのかどうかという点にある。

■事実主張の信憑性を判定すること
出来事の具体的な観察から導き出される結論と、観察それ自体、そして観

第6章 公的論争問題を解明するための精選された分析概念

察対象である出来事、これらはそれぞれに区別されていくことが大切である。出来事は私たちの周りの世界で生じていること、もしくは時事の状態として定義されるだろう。また私たちがここまで定義してきたように、全ての知識はこうした出来事の観察や記述を基にしている。出来事についての生の素材は、生命あるもの、目的事項、そして行動から構成される。私たちが出来事について描く時、実際には出来事についての私たちの認識を描いているのである。私たちは出来事の正確な性質について確実に知ることは決してない。私たちは感覚が私たちの脳に語ったこと、そして私たちの脳が意味として解釈したものを知るのみである。具体的な観察についてのこうした一般的な解釈を本書で私たちは「結論」と呼んでいる。事実的観察と結論との区別は、次の逸話において上手く描写されている。

　ハーバード大学のエリオット学長は、彼がこれまで経験したことを楽しそうに話していたが、そこには、何らかの結論を導き出すということについての、適当な注意を払うだけの事例が示されている。彼は混雑したニューヨークのレストランに入った時、帽子をドアマンに手渡した。彼が外に出る際、ドアマンはさっと彼の帽子を数百の帽子の中から取り出し、彼に手渡した。彼は驚いて「どのようにして私の帽子だと分かったのか」と尋ねた。ドアマンの答えは、「お客様。私はあなたの帽子だとは分かりませんでした」というものだった。「それではなぜ」とエリオット氏が尋ねると、ドアマンはとても丁寧に「あなたが私にそれを手渡してくれたからです」と答えた[2]。

事実的な結論が疑問視される時、私たちはだいたい、それを二つの方法で定義しようとする。第一の方法は、具体的な観察がより一般的な結論を支持する傾向にあることを示そうとすることである。第二の方法は、疑問視されている結論が正しいと考えられていたとしても、他の事実が論理体系に当てはまることを示そうと試みることである。例えば、私たちが次の主張をしたとしよう。

「労働組合に所属する者たちは、そうした機関のない労働者よりも、よい暮らしをしている。」

　まず私たちは、「よい暮らし」が何を意味しているのかという定義的問題を解決せねばならない。私たちは「よい暮らし」という言葉が、賃金、労働条件、休暇、病気療養、老齢年金の財源及び仕事の安全のような言葉で定義されるものであると合意したとしよう。この言説を私たちが支持する上での第一の方法は、より具体的な事実主張を調べることである。私たちは次のことを明らかにするかもしれない。

・チームスターズ組合のトラックの運転手は、組合に入っていないトラックの運転手より45％高い賃金を得ている。
・ジョージア州の建設業従事者の大半はニューヨークの同業者より少ない給与しか得ていない。ジョージア州の建設業の従事者の大半が労組に加入していないが、ニューヨーク州の同業者の大半が労組に加入している。

　私たちが認識できた具体的な事実主張のうち、私たちの証明しようとしている結論を支持するものが多ければ多いほど、その結論の信頼度は増す。
　事実主張を擁護するための第二の方法は、その主張と、その主張を真実であると受け止めさせる他の一般的事実とを関係づけていくことである。例えば、私たちは多くの未熟練工員たちが労組に加入した時期として知られる1935〜1940年にかけて、未熟練工員に支払われる賃金が劇的に急上昇した事実を引用するかもしれない。これらの諸事実は、組合加入の労働者が未加入の労働者よりよい暮らしをしているという結論と合致する（このことは、組合加入が賃金上昇の原因であるという事実を証明するものではない）。そして一般的に、議論のもとで一般的結論を擁護する具体的な情報を与えることで、その結論が他の諸事実と論理的に関係していることを示してゆき、私たちは自らの事実的結論を保証していく。

第6章　公的論争問題を解明するための精選された分析概念

具体的な事実主張とは、個別特定の場所、個別特定の時に生じた出来事についての記述的言明のことである。「フランクリン・ルーズベルトは1945年に亡くなった」「合衆国は1945年8月、日本に二発の原子爆弾を投下した」——正確な時間や場所まで言及されていなくとも、これらは個別具体の事実主張の事例である。だが個別の場所や時と結びつかないタイプの事実主張もある。

(1) 黒人は白人ほど賢くない。
(2) 不景気は企業が生産能率の上昇ペースを維持するために労働者の賃上げを拒んだ時に生じる。

これらの事実主張は、矛盾なく予想通りに起こる出来事を記述もしくは要約するものである。これらは一般主張または「一般原理 (generalization)」である。一般原理は、私たちがそれを擁護する具体的事例をみつけた時、確かめられる傾向にある。先の一般原理の事例において、私たちは次のことを確認することになる。

(1) 黒人が一般に白人と同等に賢いかどうかを解明するために、個々の白人と黒人、または集団の黒人と白人とを調査する。
(2) 歴史上で生産能率が急上昇したが賃金は同水準のままにされた時期を比較し、そのような時期が不景気であったのかを調べる。

一般原理はある種の出来事の多くの事例を吟味することで到達される特定の種類の結論のことである。それらが多くの個別具体の主張や事実を要約するにとどまらず、特定の種の出来事が過去において複数観察されていたことで、将来この集積された証拠を用いて、おそらくすでに到達された一般結論をより補強することになることにも注目すべきだろう。この意味で、全ての一般原理は予想 (仮説) である。一般原理が正しいかどうか確かめるに当たっては、その一般原理を擁護する傾向のある具体的事実や事例の数や信憑性を

評価することが重要である。

　私たちは具体的な事実主張と同様、一般原理のことも「事実」と呼んでいる。これまでも指摘されてきたように、具体的な事実主張と同じく、一般原理が事実であるかどうかについては、それを擁護する証拠の質や信憑性次第である。「証拠」は本書において、他の言説の真実性、または信憑性を擁護するのに用いることのできるあらゆる言説のことであると定義されている。それゆえに、証拠は一般的でも個別具体的でもありうる。しかしながら、証拠はそれが擁護する対象となる言説よりはずっと個別的・具体的なものとなる。

　例えば、一般的結論である「合衆国は世界で最も豊かな国である」は、多くの「諸事実」によって擁護が可能である。これらの諸事実は一般原理にも一般的結論にもなりうる——例えば、合衆国はいずれの国よりも自動車を多く生産している、合衆国は他のいずれの国よりも大量の小麦を生産している、など。これらの一般的言説は、それぞれより個別的・具体的な言説によって支持されうる。それ故に、私たちは証拠の一般的なものと個別具体的なものとの鎖を築いていくことができる。

アメリカ合衆国は世界一豊かである。(なぜなら…)
　→一人当たりの自動車生産高がどの国よりも多い。(これは次の事実によって確定される)
　　→アメリカ合衆国は昨年 500 万台の自動車を生産した。これは他の全ての国での自動車生産台数の総量よりも多い
　　(これは次の機関が近いうちに発表する数字によって確定される。)
　　　→アメリカ商務省は、合衆国と外国の自動車生産台数を発表した。

　それぞれのより個別的具体的な言明は、上にある言説を擁護する「証拠」となると考えることができよう。一般原理が疑問視された時、私たちはより個別的具体的な一般原理、統計、そして信用のできる情報源を準備することで、これを支えていこうとする。

第6章　公的論争問題を解明するための精選された分析概念　149

■統計

　統計とは、観察されてきたいくつかの出来事の数え上げ（カウント）に基づいて数値的推計をしたもののことである。それは多くの観察をまとめたものである。数値的言明の中には、一般的とはいえないものもある。なぜなら、それらがすでになされた具体的な観察の記録を説明するものであり、これから観察することになると思われる事柄の性質について何ら語ることを想定していないからである。だが一般的といえるものもある。それらは出来事の具体的な数え上げに基づいていたとしても、一般的なことを言及したり予想したりするために用いられている場合である。例えば、私たちはソ連や合衆国の経済成長率について、特定のポイントの統計調査をするかもしれない。それらの観測の要約は、個別記述的統計に過ぎない。もし私たちがソ連の経済成長率をまとめ続けて、一般に合衆国の成長率よりも高いと結論を下すなら、これは統計に基づく一般原理、または一般的推論となるだろう。

■情報源（拠り所）

　個別具体の事実主張、一般原理、あるいは統計が問題にされる時、私たちはしばしば観察した情報がどこからきたものであるのか、つまり情報源（拠り所）を確認することで、その信憑性を明らかにしようと試みる。次の種類の情報源（拠り所）は、情報を記述し、その信憑性を検証し始めようとするに当たって、有益なラベルといえる。

1. 証拠の拠り所としての直観

　直観はしばしば「常識」と呼ばれる。自身の言明を「それは常識だろ」ということで擁護しようとする者がいる。もし焦っていたら、その人は「ええ、私はまさにそれが真実であるということを知っているのです」と続けるかもしれない。私たちが真実だと考えている事実主張の多くは、直観的な証拠に基づいたものである。通常、直観は証拠の乏しい情報源である。なぜなら、直観は私たちの主張が真実であり、彼らの主張が虚偽であることを他の人に証明する方法をまったく提供しないからである。事実をめぐる意味の不一致

があった時は直観を超えて、もっと他の証拠の拠り所をみつけ出すのが、通常は最良の策である。

　しかし直観はここで私が議論する二つのタイプの証拠と関わりがある。まず直観は、しばしばこれまでその人が経験してきたことに基づいている。そのため、「中国人は決して共産主義者たちに反乱することなどできないだろうと私は直観として感じている」という一つの言説は、実際にはいくつかの事実基盤の存在を仄めかしているのかもしれない。例えば、理にかなった「虫の知らせ」を保証するのに十分なだけの観察データがあるのかもしれない。そうでないなら、もしこうした反乱が今は生じないだろうというのが、まさに「常識だ」とその人がいったとして、彼は実際、こうした言明を彼が知るところの何らかの歴史データに基づいて論じたのかもしれない。この場合、こうしたデータを評価することの方向に動くことが重要となってくるだろう。もしある人が経験、もしくは情報によって擁護されているわけではない直観と、十分とはいえないまでも何らかの具体的な証拠に根差した直観と、どちらに頼るのか決断しなければならないとして、後者の方がより強固な行動の根拠を提供してくれることは確かだろう。

　また直観の中には、一人の人間がこれまで具体的に過去に経験してきたという理由から、またその物事についてその人物が特に有益な洞察をしていると思われるという理由から、直観の中には他の直観より「尊重されるに値する」ものがあることも認識されておくべきである。例えば、私たちはおそらく、例えトンプソン大使の判断が「虫の知らせ」のみに基づいたものだとしても、ロシア人が具体的な交渉の申し出に対してどのように反応したのかについてのトンプソン大使の「虫の知らせ」を重視する。そのため、一般論として私たちは直観に基づいた主張については厳格な証明基準を適用するべきであるが、同時に私たちは、考察中の主題領域に通じている人間の直観的言明は、おそらく何ら根拠のない状態よりはずっとましな判断基準となりうることもまた認識しておくべきである。

2. 証拠の拠り所としての権威

「ドイツは第二次世界大戦で敗れた」という事実主張がある歴史学者によってなされているとしよう。彼にどのようにしてそのことを知るのかと尋ねると、「私の書いた歴史書がそういっている」という。またある者がラテンアメリカの国で革命があったと主張しているとしよう。彼は昨日のニューヨークタイムズでそれを読んだから、それが事実であると知ったという。事実主張の証明の問題に直面した人間は、しばしば他の人がこうした主張をこれまでにしてきたことを指摘する。この「他の人」は通常、歴史書の著者やニューヨークタイムズの記者といったように、私たちよりも所与の主張についてよく知っていると考えられている人々である。換言すれば、これらの人々は信頼しうる権威と私たちが信じている人たちである。

　何が権威を信頼させるのか。次の問いは、信憑性をめぐる証拠を収集する際に用いることができるものである。

a. そうした権威は、彼が語るその出来事について彼が直接の目撃者であることが理由なのか。

　例えば、新聞記者は実際にラテンアメリカの革命を目撃したのか。

b. その権威が目撃者という理由によるものでないとするならば、彼は誰から聞いたことをここでリピートしているのか。

　例え同じ情報の断片を読み聞きしても、異なる人が反対の報告をするかもしれない。それゆえに、各自がその情報をどこから得たのか把握することが大切であり、こうすることで本当は何が語られたのかについて理解することができるのである。情報元が分からなくては、私たちは証言を検証することができないのであり、信頼できる権威者たちは、情報の出典を示している。

c. その権威は、自らが書いている主題についての専門家であることが理由なのか。その領域について、どのくらいの訓練を受け、また経験を積んできたのか。

　ある人がブラジルは共産主義国になりつつあると報告してくるかもしれない。この証言は、おそらく共産主義についての知識、ブラジルの指導者

についての知識、そしてそれらの歴史と伝統についての知識が必要となる。ブラジルが共産主義国になりつつあるという主張を信じる前に、私たちはこうした主張をした者が、この主題について正確な観察をするのに必要となる知識を有しているのかを確認しなくてはならない。ある権威が専門的知識の必要となる観察内容を報告している時は、その報告書の専門性の力量についての知識を獲得しておくことが大切である。

d. 権威者に個人的偏見や先入観があると私たちが考えるだけの、権威についての何らかの情報が存在するのか。

　もし企業の社長が高い法人税は事業の成長を鈍化させるかと尋ねられるなら、彼らはほぼ確実に「そうだ」と答えるだろう。もしどうしてそう考えるのかと尋ねられたなら、彼らは多くのよい理由を示すことだろう。彼らが状況についてフェアな見解を示し、その上で企業は実際に税を払い過ぎているといっている可能性もある。だが彼らは企業を経営しているので、企業側を支持し、そうした自身の偏見を正当化するために一連の理由を生み出しているのかもしれない。

　この「偏見」という言葉は、人や行為、物事のよさや悪さについての強い個人的な感情が、それらに関わる事実主張についての真偽の評価に悪影響を及ぼす事実を示す言葉である。人々は偏見や先入観を自らが持っていることを、通常表明することはない。人々は、それらの事実主張が実際に正しいからそれを信じているのだと考えがちである。

　議論されている主題に対して個人的な「利害」のない人間は、しばしば「公平無私である」といわれる。彼らは議論の成果が金にも財産にも評判にも関わってこない。彼らは個人的な利害の関わりがないために、問題となっている事実主張の賛成・反対に対して、偏見を持って臨む明らかなる理由もない。だが企業の社長の場合、税金についてそうした立場にはない。なぜなら彼らの生活は会社が儲かるように経営することにかかっているのであり、翻って会社が税金を払い過ぎていると私たち（もしくは政府）に認識させることができるかどうかにかかっているからである。

しかしながら権威はこうした問題について個人的利害（関心）を持ちつつも、信頼できる主張をすることもできることもある。多くの記者は、人種関係についての発言をする南部の人々のように、報告することに関して個人的利害（関心）がある。ある問題に個人的な利害のある疑いのある全ての記者の証言を評価する方法は、当人の利害（関心）が彼の正確に証言しようとする行為を妨げているのかどうかについて、評定しようと試みることである。私たちは権威による説明について別の問いを投げかけることで、これを判断することができる。

e. **権威はどこかで矛盾したことをいってはいないか。**

　権威は慎重で首尾一貫した議論をしているか。例えば企業の社長が「課税されて破産する」といっているのに、違う場所では株主に対して高い配当を支払っていることを自慢しているかもしれない。

f. **それらの主張は他の権威によっても支持されているか。**

　南部の黒人が南部には差別があると主張する。もし南部の事情に詳しい別の権威も、彼の見解に同意するならば、私たちも黒人の主張を受け入れる傾向にある。

ここで挙げた、彼らの権威のいうことの信頼性を判断するのに役立つ、権威についての問いかけは、重要なもののほんの一部だけに過ぎない。また、人は時に、人が有能であるかどうかという問題とはほとんど関係のない権威のシンボルを探し求めることがあることに注意すべきである。こうした疑問の余地のあるシンボルのいくつかについて、以下に示していこう。

多くの子どもたちや若者たちは、「大人であること」が人を権威者とすると考えている。私たちは一般的に年齢を重ねれば重ねるほど、よく物事を知るようになると仮定している。人々は時に年上の人が「私がそのようにいった」ということによって主張の証明を試みる。年配者の知識だって限界があり、実際しばしば年配者相互の見解が合致しない。

また中には、自らが読んだ本などを信頼する人がいる。「印刷物の主張」——白い紙の上の黒い文字——は、真実のような魔法を放つように思われる。

しかし口伝の言葉と同様、この文字も容易に虚偽または誇張された主張となる。文字は口伝よりも少しばかり高尚だというだけである。

多くの人々は、その男が高い地位なので——共同体の目からみて重要人物だとされているので——全ての主題について信頼できる権威だと考えてしまう。実業家、政治的指導者、医者、テレビの有名人、お金持ちがこうした高い地位を持つ。私たちはしばしば彼らが主張していることについて、彼らは専門家であろうとなかろうと、彼らのいうことを信じてしまう。

3. 証拠の拠り所としての個人の観察

第三の証拠の拠り所は、個人による直接観察である。場面によっては、これは最良の証拠となるが、特に政治的論争の学習においては、個別の観察では物事を証明できない場面にしばしば直面するため、これは深刻な限界を有している。歴史的証拠の評価においては、すでに過ぎ去った事であるため直接観察できるようにさせてくれるような実例を設定すること自体が不可能である。こうした理由から、歴史的知識にかなりの部分を頼ることになる公共政策についての論争問題で私たちは、個人の観察や実例の説明を用いるよりも、しばしば権威を用いて私たちは物事の証明をしようと試みるてしまう。

もう一つの困難は、私たちは自分の聞きたいものを聞き、みたいものをみて、そして自らの過去の経験や背後にある知識と一致する経験の諸側面を選択したり記憶したりしてしまう傾向があることである。

4. アナロジーによる証明

事実主張の擁護を試みる中で注意深く証拠を評価していくという、しばしば長い時間が必要になってしまうプロセスは、アナロジー（類推）による証明という、ずっとシンプルな方法を支持することで回避される。例えば、ある人は憲法が国家運営には必要だと主張しているとしよう。彼は自らの主張が正しいことを示すために、証拠を収集するという手段に出るのではなく、ただ「一般にフットボールの試合にルールが必要であるように、政府にも成文憲法が必要である」という。私たちはフットボールのような複雑なゲーム

にはルールブックが必要となることを知っている。また私たちは、政治も複雑であることを知っている。私たちは、フットボールも政治も複雑である点で共通しているため、成文憲法なりルールブックなりを必要とするので似ているという主張を、おそらく受け入れるだろう。私たちは討論を解決するに当たり、記憶やインフォーマルな慣習に頼れないという点で、フットボールも政府も同じであるという結論を出すかもしれない。比較は単純なものや馴染みのあるものと、より抽象的なものや複雑なものとの間でなされる。

　しかしながら、アナロジーはミスリーディングを生み出す可能性がある。二つの目的事項、行為、または状況はある点で類似しているかもしれないが、もっと他の重要な点では異なっているかもしれない。フットボールのルールブックは内容をとても詳細に記している。憲法は普通もっと一般的な内容で記されている傾向にある。ほぼ200年前に書かれた私たちの憲法がより具体的な内容であったなら、おそらく今日では時代遅れとなってしまい、もっと昔に捨て去られていただろう。憲法修正はフットボールのルールを変えるよりもはるかに難しく、共同体により深刻な影響をもたらす。こうした点で憲法はフットボールのルールブックとはまったく別のものである。この点を証明しようとして似た物体や状況を比較しようとする人は、それらの似た点だけでなく、異なる点についても配慮するように注意を払わなければならない。

■サンプリング――どのくらいまで私たちは証拠を必要とするのか
　ここまで私たちは、結論と証拠、そしてそれらを擁護するために行われる観察それぞれについて区別する必要があることを話してきた。より重要となってくるのは、具体的な事実主張に基づいた結論の正確性や信憑性は、結論が根拠づけられるに当たって用いられる具体的な事実主張の「真実性」といったことだけでなく、実際に観察された出来事の数や種類次第でもあるというところにある。換言すれば、私たちは自身が集めてきた証拠の「信憑性」だけでなく、証拠の量にも関心を持たねばならないということなのだ。特定の一般原理や結論を擁護するかもしれない諸事実の選択や観察のプロセスのことを、サンプリングと呼ぶ。ある結論を擁護する証拠のサンプルを評価す

るに当たっては、二つの頭に入れておくべき重要な考察がある。

(1) サンプルはその一般原理や結論を正当化するのに十分なだけの規模でなくてはならない。もし私たちが「平均的な労働組合の構成員は、彼らの労働指導者に不満を持っている」と主張するならば、1000人の組合員に尋ねた結果である方が、10人の結果であるよりもずっとよい。

(2) サンプルは、結論を導き出す対象となる出来事の種類の内で代表的なものでなくてはならない。労働組合の構成員は、自らの指導者に不満であるという結論を出すために、証拠は様々な業種の様々なタイプの組合のサンプリングに基づいたものとされるべきである。例えば、労働組合の中には、主に未熟練の労働者から組織されているところもあれば、ほとんどが熟練の労働者から構成されているところもある。業界全体を基盤とし、未熟練の労働者も熟練労働者もそこに一緒にいる鉄鋼労連やゴム工業労連のような事例もあれば、大半が熟練労働者から構成されている労働組合もある。もし「熟練」対「未熟練」といった分類が、労働組合のリーダーシップの形態とか、このリーダーシップに労働者が満足しているか否かといったことと関連するものであるのなら、私たちは労働者のサンプルに、どちらのタイプの労働組合にも所属している労働者が一定数含まれていることを確かめたいと考えるだろう。

■事実的言明が信頼できると私たちはどこまで確信しているのか語ること

事実主張が実際に正しいかどうかは、その主張を擁護する証拠の質と量に左右される。証拠は常に限られており、主張が完全に正確だとか、逆に完全に虚偽であるとかいったことを私たちは確実に知ることなど不可能である。主張には常にその真実性や虚偽性についてある程度の疑いが存在するので、私たちは事実的言明をするに当たって、自らが感じている確信の程度を表現するための何かしらの方法を必要とする。

ある事実主張をとても多くの証拠が擁護する時、通常それは「事実」と呼ばれる。私たちの言葉でいうなら、事実とは、例えばアブラハム・リンカー

ンが1860年に大統領に選出されたというような、合理的に間違いを証明し得ない主張のことである。このことは、その言明が絶対的に正しいということを意味するものではなく、その信憑性についてはまだ合理的な疑問を投げかけることも可能かもしれない。しかしながら、全ての意図や目的において私たちはそれを真実として扱うことができる。具体的な事実主張は結論というよりは、合理的な疑義を挟めない真実といったものになりやすい。

多くの事例において一つの主張を擁護するには根拠が不足していたり、何らかの矛盾した証拠が存在していたりする。例えば労働組合の歴史は、労働組合が労働者の利益を失わせてきたことを示す証拠もあるが、通常は労働者を助けてきたことを示している。入手可能な証拠の大半が「労働組合は労働者を助けてきた」といった言明が正しいことを示す時、言明は「おそらく正しい」と私たちはいうことができる。

大多数の証拠がその言明は正しくないことを示している時、その言明を「合理的な疑義を挟む余地のない虚偽」と呼ぶことができる。これも否定的な意味でだが一つの事実である。

言明の中には、証拠が少なすぎる、手に入れることのできる証拠はいずれも矛盾があるといった理由から、これらあらゆる観点からも信用することのできないものがある。このような状況が生じた時、私たちはこのような言明を「疑わしい言明」または「問題のある言明」と捉えることができる。しかし時として、その疑わしい、また問題のある言明を、その文字通り受け止めるのではなく、証拠を追加することで立証が可能かもしれない低水準の一般性を持つ言明として扱うことの方が重要となることがある。例えば、アメリカの人種問題をめぐる議論でよく挙げられる問題に、黒人と白人との間に遺伝的な基盤からの知的差異があるかどうかというものがある。この問題での証拠はとても混乱しているため、人がほとんど何を口にしても論争を呼び起こしてしまう。しかしながら、一般に知性テストや学力到達評定において白人の方が黒人より成績がよいというのは、広く認められてきたことである。この事実それ自体は、生来の知識の差異をめぐるより一般的な問いに人は適切に対処できるかどうかという疑問とはまた別に、明瞭化（clarification）と留

保条件づけ（qualification）を私たちに求めてくるかもしれない。

　知識の確実性を記述するのに人が用いる言語は、些細なことのように思われるかもしれないが、これがしばしば議論が行き詰まる一つのポイントのように思われる。単純な真偽二元論は、多くの場合、達成できない要求を突きつける。ここで示唆されていることは、ある程度暫定的な真理というものを認めていこうという一つのレトリックである。

■価値負荷された言明――価値判断と事実主張の曖昧な境界線

　私たちはすでに価値の負荷された定義やラベルの問題について議論してきた。感情的なトーンの言語についての一般的な問題は、言明全体の文脈から考える時、その処理をより難しいものにする。問題の実際は、言明の中で価値判断と事実主張がめったにははっきりと分けることができないことにある。実に頻繁に、価値や嗜好といったことが事実主張の中に織り込まれるのであり、そのためこのことを一般に価値負荷的言明と呼ぶ。

　価値負荷的言明について、常に次の二つの問いが投げかけられる。

(1) その言明は正確な記述的主張を含んでいるか。
(2) その言明が表明する価値や嗜好に私たちは同意するか。同意できないか。

次の言説について、これらの二つの問いを投げかけてみよう。

「大統領は公務より休暇に多くの時間を費やしている」

　これを私たちは、一つの事実主張として取り扱い、事実検証に晒すこともできるし、あるいは単にそこに暗示された価値判断に反応するだけで済ますこともできる。この言明についての上の二つの問いに答える中で、私たちは次の事実のいずれかをみつけ出すことになるかもしれない。

(a) 私たちは大統領が公務に顔を出すよりも多くの時間をゴルフに費やしているとしても彼のことを好きである。(私たちは事実の正確性を受け止めているが、表明された価値判断に同意してはいない)

(b) 私たちは大統領が自分の使える時間の大半を公務に費やしていることを知っているが、彼のことを嫌いである。(私たちは表明された価値判断には同意しているが、事実の正確さについては認めていない)

(c) 私たちは大統領が自分の使える時間の大半を公務に費やしていることを知っているし、彼のことを好きである。(私たちは表明された価値判断に同意しないし、事実の正確さについても認めていない)

(d) 私たちは大統領が公務にかけている時間よりも多くの時間を休暇に使っているので、彼のことが嫌いである。(私たちは事実の正確さを認めているし、表明された価値判断にも同意している)

要は、価値負荷的言明の中で表現されている感情と事実主張、その両方を分析するように私たちは注意を払っていかねばならないということである。なぜなら、私たちの価値がその価値負荷的言明の中に仄めかされた価値とは異なるものかもしれないが、その事実が正しいことには合意せざるを得ないかもしれないからである。

時として表明された事実が同じままでも、その言明の中に仄めかされている2〜3のキーワードを変え、そこから価値負荷を変えることができることがある。例えばある人が、「社会主義的な政策枠組みへの急進的で無謀な財政支出によって、今や私たちの国は金融恐慌と財政逼迫の危機にある」と主張しているとしよう。もしくは「病人、生活が苦しい者、障碍者に一定水準の生活を保障するために国家財源を出動しようとする試みにおいて、私たちは大金を費やしてきた。私たちの国の支払い能力を維持していくには、新しい財源が必要だ」と主張しているとしよう。事実という観点からみて、この二つの言明はほとんど同じ事を主張しているのかもしれない。しかしこの二つの言明が表明している感情はまったく異なるものである。

私たちはどうしてある言明を攻撃または擁護しているのか、その理由につ

いてはっきりと理解しておくことが大切である。その事実的な意味に基づいたものなのか、それとも価値の合意するところに基づいたものなのか。もし攻撃の基盤がはっきりとしていないのなら、私たちは事実主張が証拠によって擁護されるからという理由ではなく、「いいものかのように聞こえるから」という理由からのみで擁護し続けてしまうかもしれないのだ。

結論

　私たちはこの章で、異なる三つの種類の見解の不一致——言葉の意味や活用をめぐる不一致、ある種の社会的政治的行動原理の相対的重要性をめぐる不一致、私たちを取り巻く世界のある出来事についての事実説明の正確さや妥当性をめぐる不一致——について話をしてきた。ある論争的議論は一つ以上の種類の見解の不一致を内包しているかもしれず、それらの間の関係については捉えにくく複雑であるかもしれない。このように見解の不一致をカテゴリー分けしていくことは、政治的議論を分析する上で有益な第一歩となる。なぜなら、議論へのアプローチの適切さは、対立内容についての具体的な特性の見極めに左右されるからだ。1961年の夏から秋にかけて行われた核シェルターの価値をめぐる激しい議論はこの点をよく例証してくれる。そこでは一般的に次の問いが取り上げられた。

(1) 核戦争の後、その残された場所は、生き物が生きていく価値のあるところなのか。
(2) 核シェルター計画は戦争発生の確率を減じるものなのか。それとも増大させるものなのか。
(3) 自らの身を守るために隣人たちを核シェルターの外に締め出す権利を人間は有しているのか。

　これら三つの問いを扱う上での最初にとるべき戦略は、それぞれまったく異なるものとなるかもしれない。第一の問いは、かなりの部分「生きていく

価値」や「残された場所」の三つの言葉をどう定義するか次第となる。「残された場所」はすなわち、事実的問題に翻案されうるものであるが、その一方で「生きていく価値」は明らかに価値的問題を提供するものである。第二の問いは明らかに一つの事実的問題である。しかし第三の問いは、再び一つの価値的な問いである。議論は一般にこうした重要な問いを呼び起こすが、人はそれらを体系的に取り扱うことがなかなかできない。各論者はこうした論争のうち、自らが直観的に自身の主張する側を支持する論争を取り扱う傾向にあり、逆に彼の意見に反する作用をもたらす傾向にある論争を拒否する傾向にある。もし人は、個々人がこうしたことを超えて、適切な解決方略を求めて疑問に直接立ち向かう時にこそ議論はより実りのあるものとなる、という事実に気付くならば、合理的合意のプロセスはすばらしい知性を伴う希望多きものとして遂行されるかもしれない。こうして本章は、見解の不一致の根っこの部分を概念化できる一つの認識枠（フレームワーク）を提供し、それぞれ異なる形式の論争を整理し解決する諸方略を提供することに専念してきたのである。

註

1　Lee, Irving. *How Do You Talk About People?* (New York: Anti-Defamation League of B'nai B'rith, 1956), p.18.
2　Cannon, Walter B. *The Way of an Investigator* (New York: W.W. Norton & Company, Inc., 1945), p.337.

第7章
法理学的認識枠を
公的論争問題の授業で活用する

　先の三つの章で私たちが試みてきたことは、道徳的命法、政府の諸原理、そして証明の基準を関係づける際に用いることのできる何らかの概念を開発することであった。これらは一つの認識枠（フレームワーク）へと互いに重ね合わせることができ、それによって公共政策をめぐる論争問題が持ち上がった時にはいつでも、教師は（そして生徒は）限られた数の重要な問いに焦点を絞ることができるようになる。カリキュラム的にアプローチするには簡単に参照できるような「ハンドルネーム」が必要である。私たちは自らのモデルをこれまでシンプルに「法的倫理的認識枠」、または「法理学的認識枠」と呼んできた。だが認識枠の複雑さからラベルづけするのにこれまで苦労してきた。というのも、この認識枠は社会科のカリキュラムの中には一般的に結びつけられてこなかったような要素をいくつも内包しているからである。まずは教育課程「民主主義の諸問題」（時事問題）の中で一般的に取り上げられているタイプの現代的問題から始まる。冒頭では、「時事」をめぐる議論においてよくあることだが、具体的な状況を見ていくことから問題について入っていく。しかしその後、この現代的問題を、時間的空間的に広範にわたる問題へと関連づけながら、議論の文脈を広げていくために特に歴史的なアナロジーに訴えていくという展開となっていく。このカリキュラム教材が提起する最初の問い（頭となる問い）は、「～すべきか」というタイプの倫理的な問いとなる傾向にあるが、生徒たちの「よい」と考える解決案がその他の「妥当な」社会的解決策と比較されていく時、教室（授業）は否応なく法的・事実的・定義的な問いと向き合わざるをえなくなる。私たちが「法理学的な授業（jurisprudential teaching）」と呼んでいるものは、公共生活に関する永続的

ともいえる論争問題をめぐって展開する法的―政治的、倫理的、現代的、そして歴史的で事実的でもあるいくつもの問いのこのような融合を指しているのである。

　この「法理学的な授業」と、一般的に「批判的思考」と呼ばれているものとは区別することが肝要である。第6章で示された概念の多くは通常、社会科の授業においても国語の授業においても、批判的思考と関連づけられている。この文脈における批判的思考は、事実的言及と意見的言及とを見分ける能力だとか、論理的誤謬を認識する能力などのことを意味している。こうした「批判的思考」の考え方とここで私たちが示すアプローチとの間には、明に関係があるとはいえ、大きな違いもある。私たちのアプローチが強調しているのは、公共政策をめぐる問いに影響する二つないしはそれ以上の妥当性を担保している見解を明瞭にすることである。一般に、修辞的な技法や演繹的推論のロジックといったことよりも、妥当性のあるコミュニケーションや説得力についての解剖の方により関心がある。

　「批判的思考」あるいは応用論理学の教授というこれまでの考え方と、ここでの私たちのアプローチとの違いは、おそらくそれぞれが用いる教授方略について考えることで、最もよく理解できるのではないか。「批判的思考」の直接的教授は通常、（時にプロパガンダと呼ばれている）説得力のあるメッセージを分析することや、同じ出来事についての異なる説明を分析することで、情報を解釈したり、結論を引き出したりする上での問題点を明らかにしていくことと関わりがある。法理学的認識枠においては、教師は論争的な状況を提供する刺激的なメッセージを読ませることで議論を始めさせ、すぐ後にそのメッセージの中に示されている議題や問題の中身についての対話に移っていく。教師が分析しようとしているのは、論争を起こすようなメッセージそれ自体よりも、その後に生じる論争をめぐる議論である。そこで私たちが重視するのは、教師と生徒、そして生徒間の対話である。

　このような対話における教師の役割は複雑で、教師は同時に二つのレベルで考えることが要求されるのである。まず生徒の立場に異議を申し立てたり、教師自身の立場が生徒に異議を申し立てられたりした時、自分自身の操

り方について知っておかなければならない。これはソクラテス的な役割である。次に対話が進展していく上で生じる明確化のプロセスだとか曖昧な表現といったことに敏感でなくてはならないし、意識しておかなければならない。すなわち、様々な主張者が特定の立場を「合理的」とか「正しい」と他者を説得するために採用する複雑な方略を見極めて分析できなくてはならないからだ。証拠や憶測に疑問を呈したり、「価値負荷的な言葉」を指摘したりするだけでは十分ではない。公共政策の諸事において事実的問題は一般的にそれぞれの倫理的・法的な立場と結びつき、それらの小間使いのようなものであり、「単なる意見に過ぎない問題」として捨て去ることはできない。そして評価的・法的問題を明確にしていくことが関心の中心になってくる。この点において生徒は、カリキュラムにおいて、ある種の価値を信じるように、または受容するように教えられるのではなく、むしろ彼の価値評価的にコミットしているところを明確にすることだとか、そして価値的立場の正当化、定義的問題の明瞭化、事実的問題に関わってくる証明プロセス、これら三者の関係について理解することだとかを教えられることになる。

　再度強調しておくべきことは、正当化、明瞭化、証明の全ての方略に敏感になるように自分自身を教育することが、教師に「二重に考えること」、つまり異なる次元のことを同時に考えていくことを要求することになる。論争がこれまで焦点化してきた実質的な問題について教師は意識しておかなくてはならないし、それとこうした問題を解決することまではなくとも明瞭化してくれるような知的プロセスについても意識しておかなくてはならないのである。さらにこうした知的プロセスや方略は、「批判的思考」や「思考の方法」関連の書籍でこれまでいわれてきたものよりもずっと複雑なものであるというのが、私たちの主張である。以下、私たちは実例として、いくつかそのような方略について示していく。この文脈は明らかに教師が生徒にこうした方略を記して示すといったものとは別のものである。実際のところ生徒たちは、方略についての定義が自分と関わりのある意味のあるものとなるよりも前に、論争的議論に携わらなければならない。こうした議論への関与は教師と生徒、もしくは生徒間で行われるかもしれない。再度私たちは確認することになる

が、このような議論は、単に生徒に知的プロセスを教えるためだけのものでもなければ、議論されているトピックについて教えるためだけのものでもない。ここには教師による——そして最終的には生徒自身による——二重の知的プロセスを必要とする二重の教育的な目標が存在しているのである。つまり生徒たちは、議論している問題の法的・倫理的・事実的中身について、そしてこうした情報と生徒個人の知識、価値観、そして問題を明確にする一般的なプロセスへの敏感さとを結びつけていくやり方について、それぞれ学習しなくてはならないのである。

加えて、この第二の次元、つまり分析的次元は、より広範の公的論争問題の中に埋め込まれている定義的問題、評価的問題、事実的問題を見極めることだけでなく、これらの異なる種類の問題の間にある、より複雑な関係について認識することとも関わってくるものである。論争的議論におけるこれらの諸問題を有益な形に関係づけすることのできるパターンは、間違いなく無数に存在する。本書で私たちは、政治的論争において一般に生じるこうしたパターンについて、ほんの数個のパターンだけしか示すことができないが、政治的対立におけるこの三つの次元の問題がどのように一つの役目を果たしていくのかについて明示したい。私たちは「知的な明瞭化のプロセス」と呼ばれる何かについて生徒たちが「記憶する」といったことが有益であるとも望ましいとも思っていない。重要なことは、政治的議論に含まれるいろいろな方略を記述してくれるような一般的な修辞法については教師自身が、そしてやがては生徒自身が開発していくことが理想的だということである。以下に私たちが示すパターンは、私たちはどんなに頑張ってもできることは、有益で説得力のあるある種の方略について論じることだけであるという事実を示している。つまりこれらのパターンが「公的討論用のハンドブック」を構成することはないのである。

パターン①：価値が侵害される時点を立証すること〔事実の強調〕

ある社会的状況がある重要な社会的価値を侵害するのはいつなのかを判断するという問題は、定義的問題でもあるし評価的問題でもある。だがこれら

の趣旨に則った議論はしばしば議論になっている状況の性質をめぐる記述的な面の論争が中心となりやすく、この場合、事実についての見解の不一致が強調されることになる。

　例えば学校における人種隔離において、しばしば議論が集中することになる問題は、黒人向けに準備された分離学校が実際に白人向けの学校と比べて、建物の質、教える内容の量、教師の給料、そして物理的な設備といった客観的な基準からみて、本当に平等なのかといったことである。このような議論では、双方の論者が「分離すれども平等」は学校内の人種関係の問題に対しても正当化できる応答となりうると想定するかもしれないが、黒人学校が白人から切り離された状態で、白人たちの学校の水準まで向上できるかどうかという点では見解は一致していない。連邦最高裁による1954年の脱人種隔離判決は、最終的にはこのような問題についての事実を根拠として主張されたものであった。この裁判において学校分離の支持者と人種統合の支持者の双方は、黒人に対して平等な教育を施すことの重要性については意見が一致していた。問題となったのは、現在の状況（人種隔離）によって黒人が平等な教育を受けることが妨げられているのかというところであった。

　価値的言及から始まるかもしれないが、すぐに事実についての論争に戻っていくかもしれないような隔離政策についての問題で次に大切になってくるのが、「自律的決定」をめぐる問題、つまりそれぞれの州が自らの州の人種関係の問題を適切なものとなるように対処する権利があるという、州の権利の原則の問題である。南部の人々は彼らの大半が脱人種隔離政策に激しく反対していると考えていることもあり、彼らは州の権利を主張する。だが学校統合を支持する者たちの中には、こうした仮説を疑問視している者たちがおり、実際に多くの南部の穏健派の人々は法律を犯すくらいなら学校統合政策を支持したいのだが、彼らはずっと口やかましい過激派に脅かされて、沈黙を続けているのだと主張している。南部諸州の人たちの大多数が1954年の連邦最高裁判決なり、1964年の公民権法なりに従うことを選ぶかどうかということは、当然ながら実証科学的、あるいは事実的な問いである。

　政治的議論をおそらく最善と思われる形で展開してけるようにするために

は、こうした事実的な問いに基づいた議論をしていく必要がある。「傷つけられてきた」人たちによる事実描写がある程度正確であるという確固たる証拠が存在しないのであるなら、討論を広く展開するためのしっかりとした基盤がほとんどないことになってしまう。

　だがしかし、私たちは一度問題状況が正確に記述されたなら、事実的問題は解決されてしまうなどということを主張しているわけではない。それよりも、議論が様々な論争問題の間を「相互作用循環」しながら進展していくことの方がよく起こることである。例えば、議論は当然ながら、個人や集団が不公正に扱われる疑いのある状況を説明してくれる「残酷物語」から始まる。ある重大な価値が侵害されているという仮説が、表には出ないがはっきりと存在している。議論は価値の侵害を強調していくことから、残酷物語が本当のことなのかどうか、また広範にわたる教室の状況を代表するものなのかどうかを重視する方向へと場面転換するかもしれない（ミシシッピ州の田舎にある黒人向けの貧弱な教育施設は、全ての隔離された黒人向けの施設を代表するものなのだろうか）。事実をめぐる議論は、頻繁に正義、不正義についての程度を推し量る大きなスペクトラムを明らかにするだろう。

　議論を分析するに当たって、相互作用循環の考え方は、授業に対して直接的な意味をもたらす。教師たちは一般に、生徒たちが公共政策の問題に立ち入ることができるようになる前に「諸事実」について知らなければないとコメントするが、このコメントは否応なく「意見」や価値を含んだものとならざるを得ない。このコメントは問題を論ずるには少々単純化し過ぎている。重大な教授学上の目標の一つに、もしそれが妥当であることが知られるなら論争に重要な影響を与えると思われる事実主張（事実それ自体ではない）について選び出すことを生徒に教えていくことがある。議論が始まる前に、「関連する背景にある情報」を生徒たちに教えてしまうということは、知的に政治的問題を議論していくのに必要となる諸事実の関連性（レリバンス）を評価する機会を奪ってしまうことになる。だからといって、生徒はそのような背景にも一切知らずに論争問題についての議論を始めるべきだと私たちがいいたいのではない。私たちがここで強調していることは、生徒は公的な問題

をめぐる中心となる法的・倫理的問題に影響を及ぼすような情報について見極めながら、それらの情報を蓄積していくことを学んでいくべきである、ということである。

パターン②：価値が侵害される時点を立証すること〔価値評価の明確化の重視〕

　私たちは、例えば自由が許可制になった時、もしくは機会の平等がつまらないことかのように扱われるようになった時といったように、価値が侵害されていると想定される時点を明確にするという課題についてここで吟味してみてもよいだろう。これらは、いくつかのアメリカ的な社会的・政治的価値が極端なまでに侵害されているのが一般に大多数の市民にとって明らかな場面のことである。こうした価値侵害は、大多数の無関心によって抑圧されたり無視されたりした時、または例えば戦時下の検閲のように、そのことによって何か他の重要な価値が維持されることを示す事実によってそうした価値侵害が正当化されてしまいうる時、政治的意思決定にとっての特別な問題をいくつも生み出すことになる。しかしこうした価値連続体の中心には、これまで続いてきている濫用が政治的行動や強制を必要とするほどに十分重大なことであるのかどうか市民の判断がつかない曖昧な領域がある。

　例えば、今実際に実行されている「分離すれども平等」政策は、「法の下の平等の保障」をどの程度侵害しているのか。「分離すれども平等」の教義の歴史はそれ自体、最高裁が州の権利に干渉せざるを得ないと感じるほどに正義（公正）や人間の尊厳が侵害されてしまうのはどの時点からなのかをめぐる対立する解釈についての一つの研究となる。この種の解釈対立は、事実を用いるだけですぐに解決されたり明瞭化されたりすることはまずありえない。事実についての見解は一致していることはよくあることである。人種隔離を奴隷制の遺物と記述し、そして平等の保障に反するものと評する者もいれば、二つの全く異なる人種集団の文化的純粋性（文化面での本来の姿）を保護するもので憲法上の諸権利を何ら侵害するものではないと捉える者もいる、というのが実態である。

■倫理的立場の明瞭化の過程でアナロジー（類推）を活用する

　このタイプの対立を明瞭にするアプローチの一つに、比較事例またはアナロジーを用いるというやり方がある。問題となった事例を、同じ価値対立の構造が埋め込まれている仮説的または現実的状況と整理して比較したり、同一視したりすることで分析していく。そのため私たちは、いずれの比較事例が重要な価値を侵害しているのか、そしてそれは問題となっている事例とどこまで類似しているかと自問する。

　再びここで、公立学校における人種隔離の事例を取り上げることにしよう。この事例を私たちは実技教科や体育といった学校教育での性別による分離指導と比較、対象化すると想定してみる。大抵の場合、体育では男子と女子とは別々の施設とトレーニングを与えられている。もしそれぞれのグループが同じようによい指導と設備を受けている場合、そこでは私たちの平等についての観念は侵害されているのだろうか。おそらくそれはないだろう。また体育には性別による分離を行うのに十分な道理があるということから、私たちはその立場を正当化するかもしれない。女子は肉体的に男子と等しくないと一般的に考えられている。男子と女子とは異なった興味を持っている。男子と女子とは、互いの前では幾分自意識過剰になり、また遠慮がちになる。特に体操服を着ている時にそうだ。だがこれらの議論は、人種隔離の事例にもまた当てはまるといったものではないのではないか。もしかしたら女子たちは、自分たちの競技技能や能力に関する否定的な自己イメージを持っていなければ、男子のような肉体能力を持つに至るのかもしれない。

　ここでもう一つ別の比較事例を取り上げてみよう。社会階級による分離は、平等の保障を侵害しているのだろうか。全住民を収入に応じて三つに分け、三つ別々の学校制度をこれら三つのグループのために設立したとしよう。ほとんどのアメリカ人は、人種隔離を支持する人も含めて、おそらくこの種の分離に反対するだろう（実際には、多くの学校がこのような分離を促しているのだが）。しかし様々な社会階級の文化的純粋性（文化面での本来の姿）を守ることが、この種の分離だけではなく人種隔離を擁護する論拠としても活用されて

しまわないだろうか（下層階級は、ある種の形式張ることのない生活対応をもたらして、文化を活性化させているのだから、その本来の姿を守る努力をするべきだ、とさえいう者もいてもいいかもしれない）。

　私たちは、平等の保障の概念についての一般的な活用を大なり小なり侵害するこうした三つの状況についてみてきた。大抵のアメリカ人は、体育における性別による分離や差別が生み出すことになる不平等さについては大きな問題意識を持っていないように思われる。人種隔離はこれよりずっと論争を呼び起こす主題である——これは平等の保障を侵害している、いやしていないといったように。そして疑いなくほとんどのアメリカ人は、社会階級による学校分離が公立学校で実施されるならば、恐怖に慄くことになるだろう。

　アナロジー的事例（類推的事例）の活用は、平等－不平等の連続体に沿った一連の視点を生み出していくことによって、議論の文脈を広げることができ、そのことで特定の価値への私たちのコミットの深さを明らかにしていくことができるようになる。だがしかし、どの時点で平等は文化的自律よりも優先されなくてはならないのか、ということを教えてくれる具体的な事例がどれなのかについて判定するやり方をめぐる問題を解決してくれるものではない。全ての人間が、一つの共通の法的基準が存在するべきであるという点で合意しているかもしれないのだが[1]、平等が文化的自律より優先されなければならない境界線については、個人個人で判断が異なる。

　アナロジー的な事例の活用は、ある特定の価値が侵害されている、もしくは侵害されていないと私たちが考える状況の範囲を明瞭にしてくれるだけでなく、そうした状況とそうではない状況とを区別する基準を探し求めるように私たちを導いてくれる。例えば性別による分離を合法的と捉え、人種や社会階級による分離を間違っていると考える人は、男子と女子、男と女は、実際のところ社会において平等であると考えられているが、黒人と下層階級の家族はそうではない点で根本的に異なるというかもしれない（当然ながらこれは疑問の余地のある主題になるかもしれない）。一方で、性別による分離と人種による分離を同じようなものとみなしているが、社会階級による分離は平等の保障の侵害であると考える人は、多くの下層階級の人々は中流階級の人々の

ようになりたいし、彼らの近くでともに過ごしたいと望んでいるが、女子はスポーツを男子とやりたいとは考えていないし、大多数の黒人たちは白人たちと一緒に暮らしたいとは考えていない、彼らは一緒に学校に通いたいとは思っていないのだと主張するかもしれない。

■事実的問題に戻って

　私たちは一度、ある事例のグループを「平等を侵害するもの」との範疇に分け、また別の事例のグループを「侵害に値しない」と分け始めると、再び論争的状況において直観的に「正しい」と判断するところから事実をめぐる問題へと移っていくことになる。この状況において私たちは次のように問いかけるかもしれない。

・女性や女子は、本当に男性や男子と平等であると感じているのか。それとも彼女たちは男たちのことを社会的上位者として羨んでいるのか。
・ほとんどの黒人が本当に隔離された生活から脱して、白人とより密接な関係を築きたいと考えているのか。

　こうしてアナロジーを活用することで、とても似た状況においてある価値を侵害している状況とそうではない状況とを区別する特性について私たちは認識できるようになるのである。このようにアナロジーは、合理的に倫理的明瞭化を図るための力強い道具となる。

　公的論争問題を「教える」上で、アナロジーを用いることは、二つの点でコメントするに値する。論理的観点からいえば、教師はアナロジーを「虚偽の推論」の方法であると疑ってかかったり、少なくともその妥当性は疑問のあるものと考えたりする傾向にある。私たちはまず、アナロジーを用いることで事実の論点を提供していくことと、公共政策についての決定を明瞭にしたり合理化したりするためにアナロジー的状況を整理して用いていくこととは、まったく別のものであると指摘しておきたい。見た目が同じである諸事例を区別していこうとする試みは、実際に法的推論の基盤となる要素となっ

ている。

　次に、アナロジーを用いることは、生徒の政策をめぐる立場に一貫性があるのかどうかを検証するのにも、また立場の正当化を図る上での大きな問題が、立場を首尾一貫させる方法を学ぶことにあるのではなく、一貫してもいないものを合理化してしまうことにあるということを生徒に教えるのにも、最も効果的な方法であるということを指摘しておきたい（アメリカ人はある状況下での分離は「アリ」だと信じている）。加えて「よい」アナロジー、例えば些細な反論では済まないところまで要求してくるアナロジーは、なかなか思いつきにくいものである。こうしたよいアナロジーは、仮説的なものとなるかもしれないし、実際の事例になるかもしれない。それゆえに、論争的な議論を計画するに当たっては、どのような論争問題が生じてくるのか、そしてどういった非一貫性が例証されるべきなのか、そしてこの目的に役立ちうるアナロジーにはどのようなものがあるのか、前もって予想しておくことが一般的には重要となるのである（単元計画の事例については、第8章を参照のこと）。

パターン③：価値対立を明確にすること

　公的論争問題を扱うに当たって、おそらく最も重要なタイプの問題は、価値対立、または政治的ジレンマをめぐるものである。政治的ジレンマは、私たちが実際選択可能な選択肢のいずれもが、何らかの価値を犠牲にすることで別の一つの価値が高められるといった場面に直面した時に生じる。一般にジレンマは二つの方法で扱われる。つまり、私たちの行動がもたらす否定的な結果を拒絶、歪曲、抑圧することで、価値の侵害を人々に意識させない形にしてしまうか、私たちが侵害しようとしている価値よりももっと重要となる価値を私たちは守ろうとしていると主張するか──つまり、価値に対して冷静に優先順位を割り当てるか──である。後者の方略にこそ、より包括的なコメントをする価値がある。

　通常の静的な価値の優先順位を決めるアプローチは、ある程度第3章でも議論したように、より高い順位が与えられる価値については、それが人間の自由や尊厳についての私たちの考え方、または人間の尊厳を保つのに必要と

なってくる諸条件についての私たちの考え方により近接しているという理由から、より重要とされるべきだと主張するものである。例えば、学校での脱人種隔離の状況については、賛成・反対のいずれの立場も、その支持する価値が「人間の自由」とより密接に関係づけられていると主張することによって特徴づけられてきた。一般に南部の人々は、自己立場を擁護するに当たって、二つの価値を選び出す。一つは地方自治、または州の権利であり、もう一つは親が子どもたちに文化的純粋性（文化本来の姿）を守っていくという個人の権利である。このうち前者の価値は当然のことながら、憲法に基づいたものである。これに対して北部のリベラル派は、その主張の基盤を機会の平等という価値に置いている。この価値も修正14条の平等の保障の中に示されている憲法上の価値である。価値の優先順位をつけるという立場の枠内では、「より高次な」価値は侵すことのできないものであると主張することで、そのことで事例についての「諸事実」を考察していくことを拒否することができてしまう。脱隔離政策に対して「保守的な」立場は、次のような例証をする立場にある——私たちはある州で各人種に決して平等には教育の機会が保証されていない実態があることを知ってはいるが、憲法が保障するところの州の権利と地方自治は擁護されなくてはならない。というのも、連邦政府は単純に公立学校での人種不平等を含んだ教育問題を取り扱う権限を憲法から委託されていないのだから。そして立憲主義は支持されなくてはならない。なぜなら立憲主義は一時的な不正義（不公正）に寛大であったとしても、それでも自由と公正（正義）の基盤なのだから、と。

　このような立場についての上記の言及は論破できないものかのように思えるが、この主張の説得力はどの程度、第二の優先順位の与えられし価値——この場合、教育機会の均等——をひどく侵害しているのかということに多少なりとも依拠することになる。もしある特定の南部の州で、黒人たちが白人の子どもたちに比べて教育的恩恵をほとんど、もしくは一切受けていないことを証明できるとすれば、州の権利を主張したとしてもそれは幾分説得力のないものとなるだろう。そしてもし州の権利を独善的に支持する者が、この主張と教育の機会均等が極度に損なわれることとは関わりのないことだと論

じるなら、彼はアメリカ人の信条の基本となる一つの価値を無視ないし否定せざるを得なくなる。ミュルダールが指摘するように、大抵のアメリカ人は信条の全体を内面に受け止めてきたのであり、この立場を維持することは困難になる。

　一般に、ある価値が他のものよりも「より根本的な」ものであると訴えることが政治的な論争において有効に機能するのは、「比較的根本的ではない」価値が極度の侵害を受けていない時に限る。「分離すれども平等」の立場が、（各人種に）公平に実行されているとの想定の下で説得力を持ってきたのはこうした理由からである。ある州の人民の多数派に、ある人種関係の制度を課すことは明らかに地方自治や州の権利という概念に（特にそのような権限がこれまでまったく連邦政府に明確に委ねられてこなかった時には）極端に反することになるが、「分離すれども平等」は、一見、平等という価値をそんなには侵害しているようにはみえない[2]。学校統合支持者の主張が説得力を持つようになるには、「分離すれども平等」は法的事実だが一つの神話に過ぎないこと、もしくはこのことが本質的に幼い黒人の子どもたちに心理的なダメージを与えてしまうことを示すような事実的証拠を、反駁できないだけの量私たちが探し出していく他ない。

　このように、先に他よりもある価値に恒久的な優先権を単純に与えていくことは、価値の対立する状況に直面した時、ある安定した政治的立場となってくれそうに思えるが、「第二の」価値に重大な侵害がみられる時には、その立場は力を失うものなのである。アメリカ人の信条にある基礎的な諸価値は、人々にとって通常とても重要となってくるのであり、単純には無視できないものである。

　私たちはパターン②ですでに示してきたように、アナロジーは価値的問題を明確にするのに具体的に役立つものであり、特に静的な価値に優先順位をつけようとする主張のレトリックではぼやかされることなどありえない、価値をめぐるリアルな対立があるという事実を強調する際に有益である。先の問題事例とよく似た状況は、そこから先の問題状況を同じ価値（構造）を抽出できる時に提供されうる。二つの事例――問題事例とアナロジーとなる事

例——のそれぞれにおいて、ある価値の犠牲において別の価値が擁護されている。だがどちらの状況もある価値の擁護と別の価値の侵害を伴っているのに、一方の状況が「よい」と判断され、もう一方が「悪い」と判断されるかもしれない。理由を明らかにしてその一貫していないところを受け止めていくことが問題となってくるのである。次の事例はこのプロセスを例証するものである。

　1763～76年にかけて、アメリカ植民地の人民が自治権は自分たちの側にあると主張するようになったことに対して、イギリス政府は自治の権利に対して、ますます制限を加えるようになった。遂には植民地の人々の中にはこうした制限を耐え難いほどの自由の喪失と捉える者も登場した。彼らはもっと大きな自由を求めて、「ボストン茶会事件」を引き起こし、またコンコードに武器や弾薬を蓄えイギリス軍を襲撃した。イギリスに対する反乱を増大させるために通信連絡委員会が設立された。この反乱の目的は、人によって異なり、英国から譲歩を得ることにある人もいれば、必要なら暴力革命による独立もと考える人もいた。

　このような独立確保のための努力をほとんどのアメリカ人はどのように感じているのだろう。私たちは独立に向けて仕事をした男たちを称賛し、独立した日を祝日にして讃えている。ここで似た仮説的事例、所謂アナロジーを吟味してみよう。南部のいくつかの州では、伝統的に黒人に対して選挙権と教育の機会及び職業機会の均等を保証しようとせず、完全に市民権から彼らを排除してきた。黒人たちが大量の武器や弾薬を集めることができ、アラバマ州やミシシッピ州に対して全体的な暴動を起こすことができたとしよう。黒人たちは、その大半が彼らによって占められている南部に領土を得るために戦っているのだと主張する。アメリカ合衆国はそのような反乱を鎮圧するべきなのだろうか。ミシシッピ州やアラバマ州はそのような反乱を鎮圧するべきだろうか。

　多くのアメリカ人は黒人が反乱を起こしたことにある正当性を認めるかもしれないが、ほとんどの人が反乱を支持することはないだろう。アメリカが独立を目指していた時の状況で、フランスがアメリカ植民地に軍事的協力を

したように、独立を求めて戦う黒人たちにロシアが武器を提供することもありえるとした仮説によって、アメリカ独立と黒人独立の両方の状況の話を広げていくこともできる。

　一番目の状況と二番目の状況との間での私たちの立場には矛盾があるように思えはしないだろうか。より正確にいうなら、この矛盾はどういった性質のものなのか。私たちはこうした問いに対して、アメリカ独立革命で守られていた価値が何だったのかを自問することで答え始めることができる。アメリカ植民地の利益は、国王や英国議会の決議に代表されるものではないと植民地の住民たちは感じていた。それに彼らは同等の社会階層にあるイギリス人に与えられている権利を、与えられていなかった。彼らは権利を手にするために独立を達成しなければならなかったのであり、それが最終的にはイギリスの法律を犯しながらも革命を起こして戦い、そして暴力と破壊行為に訴えることを意味したのだ。アメリカにおける黒人による革命という仮説上の話も、明らかに類似点がある。黒人は代議士の選挙権や法の下での平等な対応という市民としての基本的権利を否定されている。アメリカ植民地の人々も同じような権利を与えられていなかった。黒人も（私たちの仮説的事例においてであるが）権利を手に入れるために、法律に背いたり、暴力に訴えたりしていることになる。これらはまさに、アメリカ人たちが独立革命で実際に行った行為である。

　これら二つの事例の分析は、多くの論点を示してくれる。政治的な問題は、しばしば特定の決定が重要な社会的価値を侵害する時に生じる。この問題は、ある状況のもとで下した私たちの判断を弁明するために持ち出された社会的価値が、似た状況で私たちが下した第二の判断においては黙殺されて当然とされる時、より複雑なものとなる。

　もちろん、いくつかの価値に高い優先順位を与えることで、価値の対立や不一致を回避することも可能である。例えば、多くのクエーカー教徒は、平和と非暴力の価値を非常に重要視することで、暴力や非暴力かどちらかを選択する状況となった時は、ほとんどの場合、一貫して非暴力を選択する。しかし私たちのほとんどは、こうした立場をとっていない。私たちは多くの個

人の自由に高い価値づけをしているために、もしその自由が不当もしくは不法に奪われていると感じようものなら、個人の自由を守るために他者を傷つけることを厭わないだろう。例えば、黒人たちは法による保護を要求しながらも、彼らは自らが賛同していない法に関しては無視したり侵害したりする権利があるとも主張している。より重要となるポイントは、私たちは一貫して一つの価値を支持しているわけでも、そして他の価値を常に擁護しているわけでもないことにある。なぜなら状況それぞれが独自の特徴を有しているからであり、もし人間の尊厳の基本的価値を私たち各々が定義のままに守っていくことを望むのであれば、各状況それぞれに固有の特性について考慮していかなくてはならないのである。

　人々が一般的な価値について一貫して支持するものではないという事実については、私たちが比較しているこの二つの事例の具体的なところからみても当然ながら正当化されるところではあるが、一貫性こそが合理性の本質的な基準となると考える人にとっては、しばしば戸惑いの元となる。一貫性のないことが私たちの意識に支障をきたし始めるようになるに従って、特に目につく価値、つまり特定の状況において明らかに支持されることになる価値が確実に最も合理的な決断へと導いてくれるのだと装うことの方が、ずっと容易なことであると考えてしまうかもしれない。例えば、アメリカ独立革命について考える時、私たちは政治的独立と自治という価値（そして、これらの価値がイギリスによって侵害されているという事実）に注意を集中させ、紛争を秩序正しく平和的に解決することを導くために英国の法体制の中にとどまるという価値にはあまり注意を払わない。この時、ある論争になっている政治的状況を議論するに当たっての主な難点の一つが、論争相手も論争的状況に含まれている対立する価値のいずれをも共有しているのだと無理にでも認識させていくことである（この事実こそが、まさに対話の基盤を準備するのだが）。例えば、アメリカの愛国者たち（パトリオット）はこれまで実に頻繁に独立革命を「自由のための戦い」と結びつけるように条件づけられてきたため、このようなフレーズが、ある価値を支持する一方で、他の重要な価値を侵害しているということを理解できなくなっている。ミュルダールがいうところの「意

識の影に隠れてしまった」ある価値を、白昼の下に晒させ、論争相手にも実際にジレンマが存在していることをなんとしても認識させるためにも、アナロジーは有効な方法である。アナロジーは、人がすぐに軽視したり無視したりしようとする潜在的な価値を指摘するのに役立つものである。

　ここにおいて私たちは、アナロジーを用いて独立革命に不利な見方を示すことによって生徒たちに全ての状況を拒否するように教えることができるだとか、そうしたことを教えるべきだとかいった意味合いを持たせようなどとは思っていない。いいたいことは、単に、政治的な決定やその結果の行動は、しばしば価値の衝突を伴うものであるということ、そしてこの事実を理解することによって私たちは自らの立場を合理的に説明したり、そうでもなければ無視してしまっていたかもしれない他の選択できる立場について考慮したりするのに、より適したポジションに立つことになる。しかしほとんどの事例において、最終的な判断は何らかのネガティブな結果を生じさせるという事実を私たちは無理にでも受け入れざるを得なくなる。このことを素直に認めることの方が、遠回しなフレーズを用いたり顔を背けて隠してしまったりすることよりもよいことである。

パターン④：価値の対立を事実をめぐる論争問題に転換すること

　価値対立に対処するためのここでの方略は、当然のことながら一般には実用主義（プラグマティズム）と関連するものである。ホワイトが述べるように「重要なのは、『望ましさ（desirability）』の判断についてデューイは、科学者が検証条件をチェックするのと同じ方法で、徹底的に諸条件を吟味し、その中で望まれる何かについて単に判断すればよいと考えていたことである」[3]。一般的にこの方略は、「私の支持する価値または政策的立場はどのような結果をもたらすのか」という問いかけから始まる。もし異なる価値や異なった政策的立場にある個人やグループがこの問いかけをして、同じ結論になると考えていることが判明したならば、政策と社会的結末とのこの想定された関係が実際に事実であるかどうか実証的に検証することによって、政策的立場や価値の相違については理論上解決することになる。例えば、学校の人種隔離

を支持する者たちは、よく白人黒人二つの文化の純粋性を維持したいと望む理由として、そうすることが人種関係において最良の相互尊重と調和を導くものだからだと主張している。隔離政策廃止を主張する者たちは、このことが「人類は皆兄弟である」という考え方を侵害しているのだと主張するだろう。彼らは全ての民族、宗教、人種は互いに自由に混ざり合うべきで、それはそうした交流が相互尊重と調和を養うことになるからだと考えているからである。一方は必要なら法的な保護規定を設定してでも、文化の純粋性や「団結の自由」という価値を支持しており、もう一方は、共通経験及び密接な関係の共有という価値を支持している。両者とも人種の関係が平和的かつ調和的であるべきだという共通した想いを根拠にして、対立する価値の自らの立場の正当化を図っている。

　実用主義の視点では、論争へのこうしたアプローチは、広い意味で経験的・実証的なものである。私たちは、ある手段なり別の手段なりが試されてきた個々の状況を観察して、そしてそれぞれの手段の共同体内部の人種間の平和への貢献度を評価する。ところが、いずれの仮説も実質的な事実証明によって否定されるような事態がしばしば生じ、この時、問題の「誤った」側に立っている論争相手は、価値の優先順位を入れ替えて、最終的に価値の上に道具的に価値を設定する。例えば、もし隔離がより多くの暴力や人種間の反感を生み出すことを示すような証拠があっても、この結果はより大きな善である文化の純粋性の維持のための必要悪として正当化されることになる。もし人種間の関係を密にすることで人種間の紛争を生じる事実が証明されたとしても、この結果もおそらくより大きな善である兄弟愛を実践することのために耐えなければならない一時的に必要となる悪として捉えられることになる。だが論争が経験的・実証的問題として純粋にアプローチされる時、それは潜在的に「解決可能」なものとなるのである。

　そのような諸問題に関係する定まった非論争的データを得ることは、もちろん難しいことである。広範にわたる社会学や歴史学、はたまたジャーナリストによる研究が最適の種のデータを提供する一方で、それらはまた著者個人の持つ先入観や偏見の影響を最も受けやすい。そして行動科学はより客観

的な方法論を生み出しているとはいえ、だいたいは複雑な政治的論争問題に対処するには深みと広がりに欠けている[4]。明らかに手に入るデータは何であっても、その質と妥当性がどんなに定まっていないとしても、活用していく他にない。不幸にも、政治においての多くの事実的な問いは論争問題として始まり、徹底的な歴史的・科学的調査を終えた後も、論争を呼び起こすものとして存在することになる[5]。

政治的論争の分析を教えるための一般的方略

　第6章で私たちは、政治的論争を分析するのに役立つのではと私たちが考える多くの重要概念について説明してきた。私たちは見解の不一致について三つのタイプに区分し、この不一致を解決しないとしても明瞭化してくれるものとして、様々な探究の道筋について説明してきた。この章で私たちは、読者に、こうした見解不一致の要素間に存在する複雑な関係について、何らかの概念を提供しようと試みてきた。この議論の全てにおいて、私たちの方向性は議論の分析とその分析に用いる探究の一般的なプロセスとに向けられてきた。しかし私たちは、政治的倫理的問題へのアプローチを公式のように示すことについて、特に避けるようにしてきた。その理由は簡単である。私たちはこうした問題に入り込んでいく議論的探究のプロセスがあまりに複雑すぎて、一つのアプローチで捉えることができないと考えているからである。

　しかし、教授学の観点からいうと、これまで私たちが示してきた分析のパターンは扱いにくく、ごちゃごちゃとしていて、一つの教授方略へと翻案することが難しい。例えば、分析的概念を教えることは比較的に簡単なことであるが、ある特定の問題と合致した諸概念を選んだり焦点化したりしていくことを生徒にどうやって教えるのかが困難な問題として生じてくる。この問いに答えていこうと試みる中で、私たちは一方で「問題解決の公式」と、もう一方で「私たちの分析公式を用いて、あなたがふさわしいと思うどんなやり方でもよいので、問題に対峙しなさい」という一般的に教師に任せていく部分との間の中道路線を採ろうとしてきた。その中で私たちが試みてきたこ

とは、(1) 政治的論争の分析の中で明らかにすることのできる主立った知的作業については要約すること、(2) その作業を大まかながら論理的な順序で配列していくこと、の二つであった。それゆえに、次に示す知的作業についての説明は、ここまですでに説明されてきたある種の分析的概念をより詳細に説明するだけでなく、考察の一つの方略もしくは順序についても仄めかすものである。

公的論争問題の主な分析作業のあらまし

1. 具体的な状況から一般的価値を抽出する

　これまで示してきた分析のパターンを用いるために、生徒たちは精選された倫理的・法的概念を理解しなければならないし、こうした観点から具体的な問題状況を解釈できるようにならねばならない。例えば、議会が反トラスト法を可決すべきなのかどうかということが問題となる時、生徒は財産権、契約の自由、大小の企業に同じように平等権を保証すること、十分な共同体の利益の保持といった一般的価値の観点からこの決断を解釈できるのだ、ということを理解できるようにならねばならないのである。

2. 尺度的構成体として一般的価値概念を用いる

　人々は通常、一般的価値を、カテゴリー分けするための概念、理念、もしくは「善（よきこと）」として解釈している。私たちは単一の状況から二つかそれ以上の価値が対立しているところを抽出し、その対立を減じるためにどのように状況を変えたらよいかと省察するならば、こうした諸価値をオール・オア・ナッシングのカテゴリーとして用いることは困難である。人種隔離の問題では、北部のリベラル派は黒人たちの権利が侵害されていると主張するが、南部の保守派たちは学校の統合こそが彼らの「結社（集結）の自由」を侵害していると主張している。この状況のままでは、妥協という考えは単純にはありえない。自らの価値的立場の全てを放棄するか、一切譲らないかのどちらかしかない。この問題の解決に向けた私たちのアプローチは、社会的諸価値を尺度的構成体（dimensional constructs）として扱っていくというもので

ある。例えば次のようにである。

表現の自由 ── 検閲
機会均等 ── カースト制度
キリスト教的兄弟愛 ── 自己の利益

　諸価値を尺度的構成体として扱うことで、私たちはより高次の価値である人間の尊厳を、妥協によって得られた諸価値の「混合物」、もしくは融合体として概念化することができる。ある特定の価値対立において私たちは全ての人たちが満足することはありえないことを認識しつつ、こうした妥協を求めていく。加えて問題解決は通常、価値対立を解消することではない。むしろ討論している当事者の利害と合うように状況を調整するものである。しかし調整は必ずしも人間の尊厳の基本的価値が薄められたり侵害されたりされることを意味するものではない。実際のところは、調整は私たちが人間の尊厳の基本的価値により近づいていくことを意味しているのかもしれない。

3. 価値的構成体（value constructs）の価値対立を確認する

　いったん生徒は具体的な状況から一般的価値のいくつかを抽出し、それらの価値について程度の差はあれ侵害されうる尺度的構成体であることを理解できるようになると、同じ状況から二つかそれ以上の諸価値が抽出しうること、そしてそれはしばしば対立していることを理解できるようになるに違いない。つまり、一つの価値を高める決断は、他の一つ、ないしは一つ以上の価値を損なう作用をするかもしれないのである。

4. 価値対立状況の分類（class）を確認する

　ある価値対立が生じる状況と、これと似た別の状況とを比較するために、生徒はその特定の状況を、価値対立の一般形態の一例なのだと捉えなければならない。例えば、州が定める人種隔離の法律が南部の黒人によって侵害されている状況は、アメリカ独立革命前にイギリスの法律を植民地の人民が侵

害した状況と似ていると生徒は考えるかもしれない。問題となる一般形態は、法的に組織された政府が「人間の権利」を侵害することと、こうした権利を守るために法を破ることとの対比の問題となる。

5. 考察中の問題と類似した価値対立状況を発見、または創造する

アナロジーを作り出していくことの目的は、論争相手に対して彼が一貫性を有していない多くの状況と比較せざるを得ないように仕向けていくことにある。もしこの比較が有益なものとなるとすれば、それらの状況は、おそらくいずれも支持されると思われる諸価値の対立を含むものに違いない。例えば、私たちの大半は、独立革命時の植民地の人民の行為を支持するが、おそらく問題はとても似ているのに、ミシシッピ州における黒人の同様の行為を支持する者はほとんどいないだろう。私たちはパターン③の中で示してきたように、アナロジーの目的は、ある特定の立場にある人々の間にみられる主張の一貫性のなさを露呈することにある。この見た目ではとても類似している事例を区別する基準といったものを探し求める中で、自らの立場を変えるか、その明らかな一貫性のなさを合理的に説明するかせざるを得なくさせるのだ。

6. 一般的留保条件が明らかにされた立場に向けて取り組む

同じ価値対立の構造を有する点に特徴がある二つの状況を区別するための基準を追究することによって、どのような状況で、ある価値なり別の価値なりに優先権が与えられるのかを示す留保条件の決定（qualified decision）へとつながっていく。例えば1776年のアメリカ大陸のイギリス植民地での暴動には賛成するが、ミシシッピ州の黒人たちによる現代の暴動には賛成しない人は、次のような方法で自らの立場について合理的に説明するかもしれない――黒人たちはミシシッピ州の住民であるばかりでなく、合衆国の国民でもある。連邦政府は彼らの動機に同情し、彼らの待遇を改善しようとしている。しかし植民地の人々は、イギリスという現在とは別の政府の下での住民だったのであり、その政府は住民が受けていた「迫害」の責任を実際的に負って

いたのだ、と。また彼は、政府の主要な権力が住民間の不平等を減らすべく首尾よく取り組んでおり、そのうちこうした不平等が取り除かれる現実的な可能性がある時は、どんな時でも政府の法的な枠組みの中にとどまる方が良策である、と一般化するかもしれない。それはまさにジェファーソンがいうように、「…長期間認められてきた政府は、薄っぺらな一時的理由で変えられるべきではない」のだ、と。しかしこれは、改革の希望が消え去るなら、人々は暴力と反乱とに訴えることを正当化できるという帰結になるかもしれない。

　このように、一連の先の知的作業によって、人は留保条件をみつけるプロセスへと「送り込まれる」ことになる。その人は所与の事例についての一般的指針を述べることになる。そうすると、彼の判断をひっくり返す類似した事例をぶつけられる——この類似する二つの事例では、真反対の価値が支持されている。彼は別の類似した状況を「悪いもの」として拒否しながらも、同時に「こっちは正しい」と判断させてしまうその状況の持つ一般的特徴を、いくらかだが発見しようと挑むことになる。最終的に彼は最適化された一つの一般的指針の言及に到達する。この指針は将来生じうる事例を予期し、それらに対してどのように対処するのかを教えてくれるものとなるだろう。例えば、「私が暴力革命を支持するのは、もし政府の改革に対して、まったくもってそれが実現されるという合理的な望みが消えてしまった時だけだ」というように。

　おそらく、また別の事例がこのプロセスをもっと明瞭なものにするだろう。西海岸に住む日系アメリカ人は、1941年の真珠湾攻撃のすぐ後に強制的に移住させられた。私たちはこの状況の中に、全ての市民に保障されているはずのある種の自由権どうしの価値衝突を認め、この事例において私たちは、法の認める「法の下での適正な手続き」という権利を共同体や国家の安全を侵すものだと考え、この移住措置について支持すると仮定してみよう。そこで私たちは、自身の立場をひっくり返してしまう仮想事例のアナロジーについて考えてみる。ある共同体に五人の日系アメリカ人がいるとする。一人は殺人を犯したとみられている。遠くからその犯罪をみていた目撃者たちは、殺人犯が東洋人の肉体的特徴を持っていたことだけを知っている。東洋人の

肉体的特徴を持つこの五人全員を共同体の安全を守るために監獄に閉じ込めてしまうべきだろうか。ほとんどの人が「そうすべきではない」と答えるだろう。しかしこの二つは同種のジレンマなのである。つまり「共同体の安全vs. 正当な法の手続きの否定」の構造である。私たちはこの矛盾をどのように説明するのか。私たちは国家や共同体の「安全」は２つの異なる意味を持っているというかもしれない。日本人の強制移住の場合は、私たちの基本的権利を保障している政府の法的枠組みが脅かされているが、殺人の場合は、証拠不十分で容疑者全員を放免することによって、もしかしたら何人かの市民の命が危険に晒されるかもしれないが、政府自体が脅かされているわけではない、と。ここで私たちは、次のような一般的な立場へと辿り着く。すなわち、政府が正当に市民の基本的権利を否定できるのは、それらの権利を守ることを委託されている政府自体が破滅の危機に脅かされている時だけであり、そうでなければ、このような政策は間違っているのだ、と。なお、このことは、納得のできる形で反対の立場を主張したり、これとは異なるやり方で反対の立場の留保条件をみつけたりすることなどできないといっているのではない。

7. 留保条件が明確化された価値的立場の背後にある事実的仮説を検証する

　留保条件が明確化された価値的立場について言及することは、ある程度私たちの主張にみられる一貫性のなさについて「説明して」くれるだろうし、論争での私たちの推論を明瞭にしてくれるだろう。しかし論争相手と私たちとが同じ倫理的コミットをしたとしても、それで論争相手と主張の違いを必ずしも解消することができるとは限らない。私たちの意見・立場は、二つの状況における対立する価値への私たちの重きの置き方だけでなく、多くの事実仮説にも影響を受けている。ミシシッピ州での黒人の暴動について、私たちは黒人たちの立場が連邦政府によって改善されるだろうと想定している。だがこの仮説を擁護する証拠はほとんどないかもしれない。日本人の移住の問題では、私たちアメリカ人は、アメリカ政府の安全性に対する当面の危険が存在しており、それは「疑わしい」忠誠を誓った市民を移住させることで、多少なりとも除去できたと主張してきた。だが今日、この主張は一般に誤り

であるとして否定されている。

　すでに述べてきたように、アナロジーは矛盾を曝け出し、その矛盾は一貫性に欠けた判断が下された複数の状況間の事実の相違について言及せざるを得ない状態に人々を導いていく。その後、議論は諸価値の優先順位だとか相対的重要性をめぐる論争から、各自の留保条件を明確にした立場を弁護するために、各自が主張する事実主張の違いを検証していくことへとシフトする。事実についての見解の不一致に向けての適切な方略については、第6章にて私たちの考えを示した。ここには、対立する事実主張を確認すること、事実主張に関わってくる証拠を探すこと、証拠の種類を評価すること、証拠（特に様々な種類の資格やバイアスを持った権威筋からくる証拠）の質を評価すること、証拠の量を評価すること（例えば、どれくらい多くの情報源からの資料がサンプルとして挙げられているのか、また各情報源のバイアスや事例がどの程度典型的な事例であるかといったことについての考察）が含まれる。

8. 言及していることの関連性／妥当性を検証する

　ここまで述べてきた様々な分析や知的作業のパターンは、広くいろいろな種類の論争になっている政治的状況におそらく当てはまるだろう。だが、ある一つの有効な分析のパターンが、ある具体的な議論の文脈の中でいつも有効なものになるとは限らない。分析パターンはそれ自体で妥当であるだけでなく、問題との関わりのあるものでなくてはならない。例えば住居の人種隔離をめぐる議論において、しばしば南部の人間は、ニューヨークの方が南部の町よりもずっと人種の住み分けが進んでいると非難する。これには「それが事実だとして、だからどうしたというのだ」と問いかけるのが一般的だ。この主張は、住居の隔離がよいか悪いかということと何ら関係がない。ここで関係を持つようになるには、その人がある場所での住居の隔離には賛成し、別の場所での住居の隔離には反対したり、「それは自然な」「正常な趨勢だ」といったりしている時だけだろう。

　関連性については定義することも、教えることも難しい。関連性は議論の中で形成されたある個別特定のポイントに適用される「具体的要因」と、考

察中の問題全体に適用される「一般的要因」の両方を有している。つまりある言及は議論一般とは関連性を持たせることが可能であっても、議論の特定のポイントとは無関係の可能性がある。言及や方略を評価するに当たっては、関連性について二つのタイプを頭に入れておくことが大切である。生産的な議論の進行は、論争全体とは関係があるが特定の議論のポイントとは無関係な主張によって、しばしば脱線させられてしまう。

結びに

　ここまで私たちは、中心主題を政治的論争問題としている社会科カリキュラムにおいて、一つの基盤となると考えて私たちが選択した主要な概念や分析プロセスについて説明をしてきた。こうした分析概念の選択の根拠は、多くの仮説に依存しているが、ここではその主なもののいくつかを挙げてみよう。

① 価値と事実を分けて考えることは有益である。
② 単に個別具体の論争事例の観点からではなく、一般的価値の観点から政治的論争を描き出すことは有益である。
③ アメリカ人の信条にある一般的諸価値と民主主義社会の究極の関心事である人間の尊厳とを区別することは有益である。
④ 事例比較またはアナロジー（類推）のプロセスは、その人の価値的立場を明確にしたり、政治的主張の食い違いを生じさせる事実的言及に目を向けさせたりしていくのに重要である。
⑤ 歴史学、ジャーナリズム、社会諸科学の方法は、事実部分の見解の不一致を扱うのに適した方法である。

　政治的論争問題にアプローチする分析のプロセスは、どんなに厳選したとしても、それを正当化することが難しい。というのも、人間の創造的な問題解決のエネルギーを、特に政治的・倫理的主張の食い違いを明らかにしたり解決したりといった方向に解放していく方法については、ほとんど分かって

いないからである。これらの具体的な概念や作業を選択した基本的な理由は、単純にそれらが論理学や倫理学の専門書に登場していること以外に、それらが倫理的問題を議論するのに私たちにとって有益であることが証明されたことによる。つまりそれらは、政治的見解の不一致を明瞭化し、解決していくのに役立つと思われるのである。その他に何がいえるというのか。こうしたパターンや分析プロセスに至るまでに私たちが経験してきた知的作業について、私たち自身が描き出したり、最終的に明確にしたりすることなどできない。

　当然ながら、次に生じてくる疑問に、こうして明示された分析的認識枠組みの全てが教えられるべきなのか、そしてそれは直接的になのか間接的になのか、といったことがある。この問いに対する私たちの立場ははっきりとしている。それは、政治的衝突を扱っていくことが自分はできる、とかそうした適性がある、と子どもたちに感じてもらうようにするためには、何らかの分析的枠組みを持たせ、これを使って政治的衝突にアプローチしていかせることが必要なのだ、というものである。私たちが描いてきた分析的枠組みは、それがどんなに疑わしく不十分なものであったとしても、分析を始めるに当たって方向性を与えるものである。このことは教授学的視点から特に重要となってくる。分析的枠組みを持たなければ、生徒は社会的論争といったものを、事実と意見、そして対立した主張が入り混じる迷路のように捉えるだろう。生徒は自らの意見に異議が申し立てられた時、彼は単に十分には省察されていない判断を用いていくことでしか論争にアプローチできない。彼は様々な種類の対立、そして見解の不一致を区別・整理できないのだから、彼は矛盾する信念や価値をしっくりくる均衡に再生しようと努める中で、一度にいくつもの方向に手を出してしまう。こうしたねじれたプロセスの一側面を、ミュルダールは次のように描いている。

　　私たちはすでに、査定額というものをめったに表に出てくるものではなく、もし出てくるとすれば、それはある人物が諸事実とそれらが意味するところとについての自身の信念を、社会的現実のいくつかの切断面

第7章　法理学的認識枠を公的論争問題の授業で活用する　189

との関わりから公式化しようとする試みの中にである、という事実についてこれまでそれとなく語ってきた。諸事実についての信念は、人が自らの意見を形成しようとする際に用いる査定の論理的ヒエラルキーに向けての礎石となる。査定が対立する時（これは一般に生じることである）、信念は非論理性を乗り越えようとする合理化の機能として役立つことになる。このように信念は、社会の中で手に入る科学的知識や、様々な市民集団へのその知識の伝達手段の有効性といったことだけで決定されるのでなく、常に「バイアスを有した」ものである。私たちは信念というものが、合理化という目的において一番適合するように一つの方向に体系的により合わせられたものであるといいたいのだ[6]。

　人間は自分の準拠枠がどんなに未完成で不十分なものであろうとも、こうした準拠枠から何らかの分析的要素を捉えない限り、自然的世界も社会的世界も十分に理解することも、制御することも望めないのである。こうした認識枠を持たない人間は、衝動的な生き物となり、自身の存在にのしかかる困難に自らの理性を集中させることがなく、失敗の合理化（言い訳）にエネルギーを浪費する。
　しかし極めて重要なのは、私たちがここまで示してきた分析的枠組みに疑問を持つこと、分析的枠組みの欠陥を認識し、自身の目からみてその枠組みが重要な問題を適切に扱えてないと感じるなら、それを拒否することについても、生徒にどこかで教えていくことである（本書で私たちが示した分析枠組みも明らかに、私たちが当初作り出したものからだいぶ修正が加えられたものである）。先の概念の多くは、それがどのくらい有益であるのか明らかとなるのに合わせて確実に変更されたり、放棄されたり、忘れ去られたりするべきである。分析枠組みとはそういったものであるべきなのだ。一人ひとりにとって有効な分析のツールは、だいたい自身が作り上げたものである。それらを生み出すのに明瞭な分析のルールはない。それらは独創的な思考が生み出すものである。ゆえに私たちの希望するところは、私たちの提案する分析の形態の活用法を人々が教わることのできる環境が生まれるということだけではない。私

たちの望むところは、このような概念が、その欠点と不十分な点とを各自に認識させるのにも有効となり、必要なら各自がもっと適切な概念を支持し、古い概念を各自が捨てることができることである。

パターン分析と社会科の教授

　社会科を教えるに当たって、パターン分析が意味するところについては、はっきりとさせておくべきである。第一に、これらのパターンは「事実」と「意見」の単純な二元論が不適切であることを例証している。社会科教師の仕事は「事実」を教えることにあり、生徒が自らの「意見」を形成することを認めるのはその後のことだと想定する人たちは、事実を「意見」または価値と「結びつけていく」ことを生徒に教えるといった複雑な課題から単に目をそらしているだけである。第二に、もう少し後になって使うであろう諸事実や抽象的技術についての「貯蔵庫」を教えることが教授法的に有効であると想定することは、ある政治的論争の周囲にある諸事実が生徒の頭の中で公共政策をめぐるより広範な問いと関係づけられていない限り、そうした諸事実は意味もないし役にも立たないという明白な観点を蔑ろにしてしまう。第三に、ここで私たちが提案した授業過程の意味するところは、その主要な目的が、社会問題が「公共の中で」枠づけされていく方法と、生徒が彼ら自身の頭の中で社会問題を組み立てていく方法とを関連づけていくことにある。このことは必然的に、生徒たちが「個人的な」意見・立場をとり、それを正当化していこうと試みなければならないことを意味する。これは、事実上、正当化についての複雑なパターンが、教室の中で明瞭に示されうる唯一の方法なのである。

　さらに生徒が公的決定の正しさを判断するのに積極的な役割を担うことを認める（そして実際にはこれを促していく）ことは、教室の知的環境条件に影響していくばかりではなく、教師の責任と役割に対する生徒の態度にも影響していくだろう。もし教師は公的論争問題について十分知っており、知的な意味で流暢にそれを扱うことができるのであれば、ほとんど問題はない。一方、

第7章　法理学的認識枠を公的論争問題の授業で活用する　191

　もし教師が生徒の尊敬を維持したいがために大人の権威の象徴に頼るのであれば、明らかに生徒は教師の尊敬とは矛盾するかもしれない個人的態度を示すだろう。というのも「真実」や「よさ」は、今や公的で知的な正当化のプロセスによって判断されるべき教室での開かれた問題となるからである。もうこれらは教師の手の中にはないのである。印刷物の中に偶然に登場している静的な諸事実や一般原理や、ある権威者が語る静的な諸事実や一般原理は、もうそれだけでは適切とはされないのだ。

　最後に、法理学的アプローチの教授と自己指導との関係について一言いっておくべきだろう。生徒が「ある問題に出会う」時や論争に携わる時、しばしばその生徒は、公的な意思決定の状況と、彼自身のパーソナリティの根本的な構成要素（例えば信念や態度）とを関係づけしていく。それゆえに、様々な生徒がそれぞれ違った観点から論争を理解するようになると思われる。異なった問いが個々の生徒にとって意味を帯びてくる。授業過程の一部には、これらの問いについて、それが全ての生徒にとって共通の意味を有し何らかの関連性があるように定義していくことが含まれている。しかしおそらくこれと同じ位に重要なのは、生徒たちに自分の問いを処理できるリサーチスキルを教えていくことである。

　社会調査や歴史調査のプロセスを高校生に教えていくことそれ自体の中に、何か目新しいことがあるというわけではないことは明らかである。強調されるべきことは、その調査されている問いの拠り所である。生徒たちは、これまでも「フランクリン・ルーズベルトは大統領の権限を濫用したのか」「アメリカ独立『革命』は本当に革命なのか」といった問いについてのテーマで文章を書くように要求されてきている。通常、このような問いは教科書の章末にみつけられるものであるか、教師から投げかけられるかのいずれかである。ここで重要になるのは、これらの問いが、概して、政治に携わる者たちの問いではなく、むしろ「学問的思考」の問いであるということだ。生徒たちはこうした問いよりも、一般的な法的もしくは価値的な問いと、これと関連する具体的な事実についての問い（例えば「1933年の失業者にとって、その当時の生活条件はどのようなものであったのか」）の方をより好んで投げかける傾向が

あるというのが、私たちの経験である。公的論争問題について法理学的アプローチを用いて教えていく上で、個々の生徒たちによる調査はカリキュラムのより実質的な部分となる。そしてより重要なことは、このような調査が問題を定義し取り組み合おうとする「生徒の努力」によって進歩していくことである。

註

1 アナロジー的な事例の活用が問題の解決には結びつかないかもしれないが、時にそれは人が自らの立場を変える原因となるだけの効果的な装置となるのであり、このことが実際にこの問題を解決する。例えば、最初の頃に人種隔離に反対していたが、アナロジーを用いる中で彼はそれを性的理由から男女を分けることと何ら違わないことなのだ、特に誤ったことではないと考えるようになるかもしれない。逆に、最初は人種隔離を何ら問題のないことだと捉えていたかもしれないが、それは社会階層の分離と同じところがあると考えて、自らの意見を改め、人種隔離にも社会階層の分離にも反対することになるかもしれない。
2 このような宗教的背景からの隔離の事例は、例えばモントリオールに実際に存在しており、いずれの集団も「残忍」とした感覚をはっきりとは持ちえていない。
3 White, Morton. *Social Thought in America: The Revolt Against Formalism* (Boston: Beacon Press, 1957), p.213.
4 この言及に関してのいくつかの例外について述べておきたい。①アメリカの黒人に関するミュルダールの研究、②偏見についてのオルポートの研究、③大衆文化についてのレイスマンの研究、そして④レヴィンの日常の研究――これらは多くの社会心理学者に影響を与えてきた。例えば、ラルフ・ホワイトとロナルド・リピットの『独裁政治と民主主義』はその一例である。White, Ralph and Lippitt, Ronald. *Autocracy and Democracy* (New York: Harper and Row, Publishers, 1960).
5 ケリーのアメリカ歴史学会 (American Historical Association) での宣誓 (*U.S. News and World Report*, February 5, 1962 に掲載) を参照のこと。ケリーは、1953年の人種隔離をめぐる裁判の訴訟当事者たちが最高裁から修正14条の設定者にはその考えを公教育の領域に適用する意図があったのかどうか判断するように依頼があった事実を指摘している。裁判所は両サイドから多くの証言の聞き取りをした後、明確な答えを出すことができないとの結論に至り、最終的に歴史的背景ではなく、社会学的根拠から判断を下した。この出来事は、私たちの要旨を例証するものである。人は事例によっては、関係がありそうに思えたり適切であると思えたりするデータを何でも活用しながら、実証的考察に基づいて政治的判断を下すべきである（例えそれが明らかに不適切かもしれなくても）。
6 Myrdal, Gunnar. *An American Dilemma* (New York: Harper & Row. Publishers, 1944), p.1030.

第3部
法理学的認識枠を
公的論争問題の授業に応用する

第8章
問題単元を選択し組織する

　内容選択のための理論を発展させる際に、われわれは、主題の内容——例えば、社会的世界や自然の世界における事実を組織するためのカテゴリーやモデル——と、分析的な概念——主題の内容の適切さや正しさ、あるいは、よさを判断するための基準（criteria）を提供するもの——とを区別してきた。第二部では、政治的論争を扱うための分析の枠組みとして役立つ、関連した一連の概念を提示した。これは、第一部で提案された内容選択へのアプローチを実施するためのわれわれの努力の第一歩を示している。ここからは、それによって生徒が政治的論争の実質について学び、またそれを通じて生徒が分析的概念を学び活用するような教材を描き出し例証しよう。

　内容選択の基準として、いかなる「問題アプローチ」を用いたとしても、主たる困難は、カリキュラムにどの問題を含め、どの問題を外すかを決めることである。現代の論争問題を教えることに関心を持つ人は、多くの論争問題の中から、どの問題が生徒に対し組織的に提示されるべき十分な重要性を持つと、どうやって決めるのだろうか。一般に、社会の安定と自由を脅かす最も抑圧的な問題は何かということに関して、専門職の社会科学者、政府関係者、ジャーナリスト、そして、その他の現代の情勢に関する専門職の観察者の間で、合意を見出すのは難しいことではないと、私たちは主張したい。さらに、問題が教えるに十分な重要性を持つかどうかということ以上に、その問題を組織し教える方法について、より多くの意見の不一致があると私たちはいいたい。

　現代の論争問題を教授するために教材を組織する方法として、少なくとも六つの教授学的アプローチが一般に用いられている。それらを簡潔に述べれば以下のようになるだろう。

(1) 内容的に自分たちと関わりがあると思われる時にその都度正規の歴史や政治の教育課程に現代の論争問題を差し挟む。
(2) 日刊や週刊の新聞やニュース雑誌を用いるプログラムを通じて、「日常のニュース」をその課程の主たる内容として扱う。
(3)「時事」を定期的に（通常は週一回）、正規の計画された活動として扱う。
(4)「教会と国家」「アメリカ社会の民主化」などのような主題を扱うテーマ史を、通常の歴史課程の内容に差し挟む。
(5) 歴史的危機アプローチ——現代の問題を分析したり説明したりするのに役立つ有益な一般化を求めて、特定の重要な歴史的エピソードや時代について確認し分析する。
(6) 問題－主題アプローチ——特定の主題に優先権を与え、過去のある時点から現在の問題の定義に至るまで展開しようとする。

　これらのアプローチの全てに長所と短所があるものの、最初の三つは根本的な欠点がある。すなわち、論争問題の歴史的背景とその現在の形態とを統合しようとする体系的な試みがほとんどなされないのである。(1) の時事問題を歴史の議論に差し挟むことは、通常、何らかの歴史が現代の世界へのつながりを持っていること、あるいは現代が過去とつながりを持っていることを例証するためになされている。素朴な疑問として次の問いが思い浮かぶ。実際に教えられている歴史の全てがそのような関連性を持つものであるべきなのではないか。もしそうだとして、なぜこのような方法で（現代と関係づける形で）教えられていないのか。(2)「新聞を用いるアプローチ」は、本質的には、現在の問題をランダムに扱う課程となる。その方法は、知的な読書習慣を生徒たちにもたらすことにはなるかもしれないが、時事に内在する政治的問題に対し、より広い歴史的見方や分析的な明確さをもって接近することを生徒に教える何の保証もない。(3) の「週に一度のアプローチ」は、本質的に「日常のニュース」アプローチと同じ欠点を持っている。
　私たちは後者の三つのアプローチこそが、共通して、真剣な考察に役立つ

と考える。私たちはこのうち、歴史的危機アプローチと問題―主題アプローチをこれまで用いてきた。

歴史的危機アプローチ

　このアプローチは、現在の歴史と類似した、あるいは対照的な、そして現在の問題の説明に役立つかもしれない特定の時代の歴史をみることによって始まる。一度、調査対象となる歴史の時代が明らかにされると、教師は、歴史のこの時点に収束する多種多様な問題をそれぞれ考察せねばならない。例えば、アメリカ独立革命においては、社会階層の大変動、独立宣言の言葉において具体化されている革命の理念、政治的・経済的問題の解決手段として暴力に訴えることの正当性（the legitimacy）、新政府の形態など、多くの重要な問題が集中する。ニューディールであれば、農業と工業のアンバランス、農業における洪水や旱魃の問題、株式市場の崩壊とその結果としての不況、自由企業と既存の政治制度に対する理念的な攻撃、労使関係において肥大する問題を調整するための適切な政治的手段の欠落、そして、工場労働者組合の台頭によって引き起こされる労働者内部の意見の不一致など、同時に起こることで危機に達するような相互に関連した多くの問題や争点を含んでいる。これらの全ての問題が現在においても類似するものがある。

　一般に、歴史的危機アプローチでの内容の組織は、特定の歴史的状況に優先権を与え、その状況内での問題の複雑な相互作用を分析することを求める。特定の歴史的状況の研究は、現在の問題に関する次の二種類の妥当性を持っている。第一にそれは、歴史的先例と現在の出来事の事実や状態との間の直接的あるいは間接的な因果関係を明らかにすることを可能にする。例えば、南部での人種問題における北部の「介入」への今日の南部の人の態度は、南北戦争や再建期のこれらの問題の取り扱われ方に、多少なりとも条件づけられている。第二にそれは、類似の歴史的状況から、いわゆる「歴史の教訓」と呼ばれるような、政治的行動や社会的行動の一般原理を発達させることへ導く。例えば、ヒトラーの初期の征服への宥和政策は、西欧民主主義におけ

る外交政策の失敗であると信じられているので、今日の私たちは、将来の宥和政策は平和よりも戦争を導くという仮説のもとで行動している。その原理は、権力を強化しようとする独裁者の試みの重要な局面において武力が用いられるならば、独裁は崩壊するかもしれず、ならず者国家の破壊行為から国家の共同体は守られる、という形に進化した。従って、ある意味では、「歴史的理由から」、英仏は1956年にエジプトのナセル独裁政権を攻撃したともいえるのである。

問題―主題アプローチ

　問題―主題アプローチは、重要で永続的と思われる現在の問題の選択から始める。そしてその問題や主題が、どのようなデータが妥当で生徒に提示されるべきかを決定する。これらのデータは、（通常そうなのだが）主として歴史的なもの、あるいはジャーナリスティックなもの、社会学的なものなどになるだろう。アプローチは明らかに因果的であり、説明的である。こうした現在の問題の本質を明らかにしたり説明したりするのに役立つ歴史的または社会科学的な事実や一般原理のみ探し求められる。

　私たちの見地からすれば、教授単元を開発するに当たって、テーマ的アプローチ、歴史危機的アプローチ、あるいは問題―主題アプローチが持つ相対的な利点を議論することはほとんど意味がない。あるアプローチが常に他のものよりもよりよいと考える道理は特に何もないし、あるアプローチを他のものを実行する際に利用できないと考える道理もないからだ。特定の歴史的時期は、歴史のその時点においていくつかの問題が悪化した形で集束したがゆえに危機なのである。一つの全体としての危機を考察することなしに、これらの問題の影響の全体や、問題相互の関係を理解することはできない。しかしながら、問題―主題アプローチは、問題の分析において最新の社会科学の情報を利用することをより容易にするだけでなく、ある一つの問題の歴史的展開に関して、より明確な解釈を提供する。例えば、歴史的主題として人種差別を研究する際に、歴史学だけでなく、社会学、心理学、人類学そして

法学の全てが重要な役割を果たすのである。

　問題−主題アプローチについてより詳細に論じる前に、教材の選択と組織のための明確な分析的枠組みの活用に関しての留意点を伝えておくべきだろう。現在の政治的論争を教えるために特定の教材をどのように選択し組織しようとも、一度ある問題が分類され叙述されれば、それが暫定的なものであっても、生徒はそれを著者や教師がこれまで理解してきたり示してきたりしてきたように扱ってしまいやすいことを理解していくべきである。これは避けられないことだ。私たちが内容を「論争的に」扱おうと決めた場合、従って、論争の多様な側面を提示し、正当化しようとする場合にでさえ、私たちは必然的に偏見や歪曲から免れられない。例えば、過去1500年にわたって西欧世界を悩ませてきた中央ヨーロッパの政情不安の問題は、ロシア人、ドイツ人、そしてポーランド人のそれぞれによって非常に異なった形で枠付けされ、教えられてきたであろうが、それが論争的であることや、問題があるということについてはおそらく皆が同意するだろう。社会的政治的な問題は、人々の分析的な枠組みの中ではなく、心の中の感情的な反応でもって始まる。これらの非理性的な反応が露わになってその存在を知られるようになった後にのみ、問題を理解し解決するための知的構造が生み出されることになるのである。問題の叙述は、第一にこの論争に関する基本的な情報収集からまずは生み出されるべきであろう。

　問題に関して独自の直観的概念を用いることからある程度距離を取り続けて分析的な枠組みを用いていくことによってのみ、どのような場合にその枠組みが妥当性のないものとなるかが分かるのである。これが一つの単なる学術的な問いではないことを例証するために、例えば、共産主義者は自身のイデオロギーが扱うことのできない問題のいくつかの側面を理解したり対処したりすることを拒否するがゆえに、自身のイデオロギーの不適切さを発見するのに苦労するという事例について目を向けてみよう。例えば、アフリカのナショナリズムと反植民地主義はともに、現代アフリカ人の信念体系において重要な役割を果たしているのかもしれないが、マルクス・レーニン主義は反植民地主義の問題をより簡潔に扱うことができてしまうため、現代アフリ

カの諸問題は反植民地主義の枠組みからばかり解釈されるなら、歪められてしまう傾向にある。

　ここで、私たちはカリキュラムを編成する際の一つのパラドックスに直面する。（分析）枠組みは、問題となるデータ（problematic data）から離れて別に「意味をなす」ものであり、それらのデータを組織的に扱えるものである必要がある。しかし枠組みは、問題についてのある側面は含み、ある側面は排除するよう私たちに仕向けてしまう傾向にある。また言うまでもないことだが、私たちは、私たち個人の準拠枠を生徒に教えることを希望するけれども、それぞれの生徒が自身の個人史の特異性と合致するように準拠枠を修正することになるだろうという事実について、気を配る必要がある。もちろんこれは、公的論争問題（領域）の指導のためにデザインされたいかなる社会理論や政治理論においてもみられる基礎的な矯正である。つまり、それは不完全にしか伝えられないし教えることができないのであり、これを理解し、日常生活の事実にそれを適用するために各人が奮闘するにつれて、理論それ自体が変化し成長することを認める他ないのである。

　私たちのアプローチでは、個人内の葛藤や個人と集団の間の葛藤を含め、社会的価値の間の葛藤を、問題の重要な基礎とみなしている。この枠組みの中で社会問題を理解し、より容易に扱うことができるよう、私たちは現実を歪めることを抑制しようと試みてきた。しかし、私たちによる問題の識別と分析は不可避的に私たちの政治的論争の見方を反映することとなるだろう。

具体的な問題─主題

　上で述べた警鐘の言葉とともに、私たちの問題の扱いは──社会的対立に関する全般的な理論から生じているという意味でいうなら──体系的でもないし徹底的でもないことを初めから認めた上で、一連の問題領域とそれぞれの領域で示される具体的な単元主題のいくつかについて述べることにしよう。その構成（the scheme）は、問題─主題アプローチに基づいている。つまり、生徒は、単一の主題や問題の歴史について、最初の重大な徴候から現在における政策表明までを研究することになる。

表1は、問題の領域、主題（topics）、そして各々で生じる価値対立の概要を示している。多数の問題単元が通常の高校社会科の計画の中で扱うことができることが、表によって明らかになるだろう。私たち自身の経験からすると、一つのこうした単元を教えるには、少なくとも3週間から6週間が必要となる。それゆえ、（価値対立の）概要が示すところよりもっと精選が必要となる。生徒は、一般的な歴史全体についてはいうまでもなく、市民として直面する問題全ての歴史的背景について教えられることなどありえないからだ。

　リストから特定の問題単元を選ぶに当たっては、かなり多くの有効な基準が思い浮かぶ。例えば（1）教師は、現代において最も重大に思える主題を選択するかもしれない。（2）教師は、その地理的領域の理由から、はたまたその教師の教えている生徒の身体的な理由から最も理解されていない主題を選択するかもしれない。（3）教師は、自身が個人的に最もうまく扱えるような主題について、あえて選択するかもしれない。（4）教師は、予想できる限りにおいて、最初あまり複雑でない主題を選択し、徐々により複雑なものに取り組んでいくかもしれない。こうした基準の多くを明らかにすることができれば、これら四つの基準は単に示唆的なものに過ぎなくなるだろう。

具体的な教材の選択

　一般的な教科の課程を選択したり教授する個別の単元を選択する段階から、生徒に提示される現実の文書や映像、あるいは他の資料を選択したりする段階までには大きな飛躍が存在する。教材と教材に基づく生徒と教師の対話とを区別することは重要である。生徒－教師間の対話については、第9章と補論の第4節で体系的に論じられる。ここでは、私たちは、特定の社会的問題について教える際のより一般的な目標に関連するものとして、生徒に提示され観察されるような教材に関心を寄せる。

　重要な政治的判断の基礎を据えるのに必要なタイプの教材を発見するために、まず私たちは以下のことを自問した。生徒はどんな情報や価値傾倒を議論に持ち込む傾向があるか。対話を生じさせるためには、それより前に私たちはどんな情報を生徒に与えなければならないか。そして、問題をより深く

表1　一般的な問題領域の同定

問題領域 (Problem Area)	単元例 (Sample Unit Topics)	価値葛藤[a] (Conflicting Values)
人種・民族の対立	・学校の人種統合 ・非白人と少数民族集団の公民権 ・非白人と少数民族集団への住宅供給 ・非白人と少数民族集団のための雇用機会 ・移民政策	平等の保護、適法手続 同胞愛 vs. 平和と秩序 財産権と契約の自由 個人のプライバシーと結社
宗教やイデオロギーの対立	・アメリカにおける共産党の権利 ・宗教と公教育 ・「危険」で「不道徳な」文学の統制 ・宗教と国家の安全保障 ：誓約、良心的兵役拒否者 ・宗教上の財産への課税	言論の自由と信教の自由 vs. 平等の保護 民主的制度の安全と保護
個人の安全保障	・犯罪と非行	自由の基準、適法手続き vs. 平和と秩序 コミュニティの福祉
経済集団間の対立	・組織労働者 ・ビジネスの競争と独占 ・農産物の「生産過剰」 ・天然資源の保全	平等で公正な団体交渉の力と競争 一般の福祉とコミュニティの進歩 vs. 財産権と契約の自由
健康、教育、福祉	・高齢者のための、貧困者のための十分な医療 ・十分な教育機会 ・高齢者の安全 ・雇用と収入の保障	機会の平等 同胞愛 vs. 財産権と契約の自由
国家の安全保障	連邦への忠誠―安全保障の計画 [外交政策][b]	言論、信教、及び結社の自由 vs. 民主的制度の安全と保護

(a) 価値葛藤のリストにおける「vs.」は、上段の価値が下段の価値と対立することを示す。このことは一般に真実であるが、もちろん多くの例外もある。例えば、最低賃金法は、財産権と契約の自由の侵害であり、そしてまた一般の福祉に反するものであると論じることもできる。

(b) この主題は明らかに国内問題に関する私たちの分析を拡大するものであり、新しいカリキュラムの中心に置かれるべきものである。それは、軍縮、中立国、中央ヨーロッパの安定化、発展途上国など、広範囲の副主題からなっているだろう。このようなカリキュラムは、国際的問題状況における権力と法の関係といった、まったく新たな問題を扱わねばならない。この問題は、私たちのカリキュラムにおいては、立憲主義の概念とそれに関しての補足的な法的概念によって取り扱われる。しかしながら、その枠組みの中でなら世界の問題を解決しうる、といったような一般的な憲法の枠組みというものは存在しない。最新のハーバード大学での研究には、国際的問題に向けての法・倫理的な枠組みを開発するという課題の追究だけでなく、この枠組みを実施するための教材と教授法の開発も含まれている。

理解するにつれて生徒はどんな補足的な情報を必要として捜し求めるようになるのか。単に問題を「提示する」ということ一つとっても、ある単一の型の文献によってだけでは扱いえない極めて困難な課題であることに私たちが気づいていくにつれて、教材の各種類には確かな違いがあることが明らかになってきた（私たちが最初にしたいと考えていたことは、単に「事例」を用いていくということだけであった）。例えば、私たちは「複雑性」と「顕著な特徴（saliency）」という競合する要求を満たすことは困難であることに気づいた。もし生徒が彼自身の頭の中で問題を扱いたい、あるいは構造化したいと望むまで十分に問題関心を持つことできるようにさせようとするならば、問題は生徒にとって個人的で、関わりのあるもので、そして顕著なものとして提示されなければならない。しかし、私たちは生徒に、最初の出会いの段階では身近で重要なものにみえると思われる問題を、最終的にはより広く複雑な視点からみてもらいたいとも考えている。このような競合する要求を満たすために、いくつかの異なる種類の教材が開発された。

■共感や感情的なインパクトをもたらすための教材

政治的社会的問題は、具体的状況への個人の感情的な反応から始まり、その後で、人々はその反応について反省したり、正当化したりし始める。それゆえ、他者が問題をどのように概念化しているか、あるいは問題状況にどのように対応してきたかを生徒に「教える」だけでは十分でない。生徒は、論争的状況を「生の」具体的な場においてみなければならないし、そしてまた、問題状況における反対者の感情的反応を、少なくとも我が事のように経験しなければならない。

私たちは、この目的に最適な教材が、フィクションと歴史的事実の双方を含む芸術的な形態をとる傾向にあることに気づいた。共感的な教材の主な要件は、生徒が実際に問題状況に関わった個人と一体感を持てるような、非常に個人的なものである。例えば、労働組合、組合の権利保障、ストライキ、失業、組合への脅迫、といった用語で議論される労使関係や、それと類似したような事柄は、抽象的な定義だけでなく、具体的な状況をも参照概念

(referent) として持っていなければならない。さらにいえば、学校の人工的な文化と社会のリアルな問題のギャップを埋めるのに役立つのはこの種の教材なのである。共感的な事例に訴えるには、生徒にとって教材が問題との個人的な関わりや真正さを持つものでなければならないのである。

■歴史的解明及び概念的解明のための教材
　一つの論争における一つの立場を知的に発展させることができるようになる前に、間違いなく生徒は、論争の背景において示される専門用語に慣れ親しむだけでなく、論争の歴史的、社会的、経済的、そして政治的な背景に広く慣れ親しまなければならない。例えば、アメリカにおける人種問題を議論する時、生徒は、人間のどのような特性が人種に起因するかもしれないのか、またどのような特性が文化に起因するかもしれないのかをめぐる論争を評価するために、人種と文化の区別や、人種に原因を帰せることのできるような黒人と白人の差異、そして、心理学的社会学的な概念の背景を知るべきである。さらに生徒は、なぜ、そしてどんな状況下で黒人がアメリカにやってきたのか、そしてこの大陸における黒人たちの運命を転換させた、南北戦争や戦後の再建期において頂点に達することになる厳しい地域対立の関係について多少なりとも知るべきである。
　しかしながら、おそらく論争的文脈の中で問題を議論することが許されて初めて問題の背景の多くが示されることになるであろう。だから、おそらく循環的なモデルの方がより適切である。生徒は、一般的な問題のいくつかの側面について、歴史的－概念的な情報を与えられる。その後、生徒は論争に関する一つの立場を選び、擁護するよう求められる。そうした後で、生徒は自己の立場がさらなる情報で支えられなければならないことに気づき、問題の研究に着手するのである。従って、最初の立場を支持する新しいデータを見つけ出すにつれて、生徒の立場は、より適切で、より洗練されたものになるはずである。自身の偏見を裏付ける情報だけを探し求めるような生徒を矯正する手段は、異なる偏見を持つ教師や生徒である。もちろん、これは「アイデアの自由市場」としてのクラスルームの基本機能である。

■抽象的で社会的政治的な手続きに対して状況に合った参照概念を提供する事例

概念的な事例教材の目的は、一般的な倫理的、法的、あるいは社会諸科学の概念に備えての具体的な参照概念を提供することである。例えば、労使間の団体交渉という専門用語は、複雑な一連の手続きを描き出すものであり、ストライキやストライキの解決、労働協約のような概念と関係している。これらの用語によって、一般的抽象的な特徴が示されることになるが、一方で、生徒が実際に進行中のそれを目にしたことがないなら、あるいはより多くの事例を目にしたことがないなら、概念を生徒が本当に理解したかは疑わしい。

もちろん、概念的な事例教材には単純で簡潔なものもあれば、複雑で手の込んだものもある。伝統的な教科書には一般的概念的な情報を例証する短い事例が散りばめられている。しかしながら、それらの事例はその特質上、政治的社会的問題に取り組むために理解されねばならない多くの概念の複雑さを扱えるほどにまで十分に詳細が述べられていないのである。

■論争的な事例

論争的な事例は、対立する倫理的、法的、事実的、そして定義的解釈が生じるような具体的な状況を描き出す。それは人種関係におけるプレッシー対ファーガソン事件や、労使関係におけるワグナー法やケーラーのストライキのような古典的な歴史的で法的な問題状況であるかもしれない。あるいは、例えば、ジョージ・オーウェルの動物農場のような、社会的論争問題の重要な本質を表現する短い物語や脚色された説明のようなものかもしれない。これらの事例は、教師と生徒あるいは生徒同士の論争的な対話に焦点を当てるためにデザインされたものである。

論争的事例は、実際に書き出すことで、歴史的情報の要素と併せて、感情的なインパクトをも含むようになるかもしれない。しかしながら、私たちは、事例が価値的な心象を強く持っていた場合には、生徒は感情的になるあまり、何も議論できないような事態に陥るかもしれないことを発見した。同じよう

に、大量の事実情報が事例の中に含まれた時には、事例は、切れ味がなく、手に負えない複雑なものとなって、生徒は、いくつかの事実を重要で関わりのある具体的な論点を見失ってしまう。

　授業のむけての基礎作業として論争的事例がどのように選択され分析されるのかを説明するために、章末に一つの事例を、討議戦略を描いた指導計画と一緒に、**付録AとB**で示している。「リトルロックⅠ」と呼ばれるこの事例は、南部の諸州が最高裁による人種差別撤廃判決を履行する中で生じた最初の大事件について描写したものである。

■離陸教材

　私たちが実施してきた一般的な教授モデルは、対話を中心的な位置に置いている。最初に生徒は、政治的社会的問題に対して意見を異にする敵対者に生徒が容易に感情移入できるような情報や、問題を取り巻く背景や状況を理解できるようにする情報を与えられるけれども、教師が生徒と対話を始めた時に「教えること」は生じるのである。しかしながら、最終的な教授目的は、生徒を教師から自立させることにあると考えている。とりわけ生徒は、自身や自身の仲間と対話することや議論して反論することを学ぶべきである。生徒は、教室外の他者によってなされた主張と同様に、自身の主張についても疑問を持つことを学ぶべきである。教材に対するこの立場が示唆するものは明白である。つまり生徒は、自身を批判的評価に導くような立場を提示している、雑誌、定期刊行物、本、テレビ、ラジオ、新聞各紙（ニュース記事と社説を含む）などの記事を含めて探し出すことを学ばねばならない。学校の公式な許可を促されることがなくとも、生徒がこれを自発的に行うようになるならば、私たちはこれを生徒が「離陸した（take off）」と呼ぶだろう。

■教材に関する一般的な解説

　私たちは、異なるタイプの教材の様々な機能を明らかにすることが有益であることを発見したものの、それは第１段階に過ぎない。直ちにそれらに関する他の疑問が提示される。

(1) 異なる種類の教材はどんなメディアを通して提示されるのが最もよいか。
(2) プログラムされた教育を通して社会科学の概念的教材（conceptual material）を提示することは可能か。そしてそのような方法は社会科学の概念的教材を提示する最も効果的な方法であると言えるのか。
(3) 映画やテレビは事例教材をよりリアリティをもって示すけれども、これらのメディアが持つ感情に訴える力のために、現実を歪め強調するという特異な問題が生じないか。

　私たちの現時点での教授学的知識のレベルでは、上の問いに答えることは難しく、この判断は直観的で臨床的な知に基づいてなされるに違いない。
　しかしながら、明確化された個別の問題の枠組みに合うようデザインされた一群の教材を選択し組織するという問題以上に深刻な問題が存在する。それは、対話の構造が、教師の頭の中にあればよいのか、生徒のためにデザインされた教材の中にあればよいのかという問題である。この疑問は、授業用の教材と論争的な対話の基礎としてこうした教材を活用することとの関係をおそらく教師が理解できていないことから生じている。残念ながら、私たちの経験からいえば、教師は一般に「より広範な枠組みを通じてよく考えたり、作業したりする」ためではなく、生徒の討論の基礎として「教材自体に示されている情報や概念的な構造」を活用する傾向にある。例えば、教師が論争的事例を、感情的な効果をもたらす事例かのように——単純に動機づけの仕掛けかのように——扱うことはよくあることだ。論争において生徒がどのような立ち位置にいるか、自己の立場を擁護し正当化するためにどのような分析的技能を用いているか、そして生徒は自身の立場を強化するためにどのような補足情報を欲しているのかを見出すことによって、こうした事例が徹底的に究明されることは稀である。「よいカリキュラム」というものが、「よい授業」へと導くよう慎重に設計された単元の概要にはめ込まれた一連の教材集として定義されるという考え方は、ナイーブなくらい楽観的だと私たちは考える。ここで私たちが提示する教授モデルは、生徒が困難な課題に対応す

る場合、すなわち、生徒が批判的対話において教師や他の生徒に出会う場合にのみ活性化するものなのである。

教育課程内における単元の配列と単元内における論争事例の配列

　一連の具体的な単元を配列するのに用いることができる、明白な基準がいくつかある。(例えば) ある個別の問題が「ニュースになった」時に、単元を教えることができる。もし労働者の単元が、地方労働者の紛争や全国的なストライキの長期化が生じている時期に教えられるならば、教師はローカルな情報源や最新のニュース解説を利用できる（しかしながら、私たちは、労働者の単元が、地方のストライキに対して共同体内に苦々しい感情がある場合、あまり教えられることのない事例であることを知っている）。私たちは自身の研究において、単元を幅広く歴史的状況の中に配置してきたし、単元の順序を大まかに決定するに当って年代順の配置を認めてきた。この配列においては、文化的・政治的革命という一般的な問題はアメリカ独立革命の文脈で扱われ、学校の人種差別撤廃は南北戦争前の緊張、南北戦争、そして再建期の拡大として扱われる。また、労使関係、ビジネスにおける公正な競争の基準、農業問題、移民、先住民問題への「最終的解決」は全て19世紀後半における急速な国の産業化の歴史における諸要素として扱われる。1920年代、大恐慌、そしてニューディール政策は、歴史的危機アプローチの単元として個別に扱われる。国内の共産主義者の脅威やそれが市民的自由に間接的にもたらす抑圧の問題は、現代の問題としてのみ扱われる。従って、問題－主題アプローチや歴史的危機アプローチによる内容編成は、「従来型の」歴史の課程に組み込むことが容易である。私たちのこうした判断の理論的根拠は、多少便宜的なものではある。というのも、それは子どもたちやその親たちの期待に沿うものだからである。しかし、それはまた、幅広い年代史的枠組みは歴史の課程に付加的な構造と意味をもたらすという確信にも由来するものでもある。

　人が具体的な文献、特に論争的な事例についての文献を一つの単元内で示す順序というのも、もう一つの重要問題である。ここでも私たちは年代的な

組織法に依拠してきた。例えば、学校における人種差別撤廃については、単元を組織する際、四つの重要な局面が設定されている。すなわち、人種分離の合法化へと導いた出来事、分離すれども平等の方針とその履行及びその法的概念の意味の進化、1954年の最高裁判断、そしてその判決を実行するための努力の四つである。

問題―主題単元の組織化に関する留保条件

　ある主題を教えることは結果として生徒がその主題を取り巻く情報や問題に「精通する」ことをもたらすべきだ、と一般に仮定されているように思われる。そして少なくとも個々の教師にとって、「ある一つの主題を教えること」は一学年かけてある一つの主題について一度ざっと見通すことを意味している。ここで二つのことが指摘されるべきだろう。すなわち（1）そのような問題について一度くらいざっと見通すことでは生徒を、複雑な問題についての洗練された有能な観察者にすることは不可能である。そしてこのことは私たちが（2）一つの主題は一つのカリキュラムの中で複数回触れられるものである、そしてまた、技能や問題関心は生徒が学校外で自分自身を教育し続けるように育てられていくものであると仮定しなければならないことを意味する。明らかに、これらの制約は、主題的編成上の教材にも年代史的編成上の教材にもあてはまる。事実、もし私たちが一度くらいざっと見通すだけで主要な問題の概略図を描くことができたなら、それはまったく幸運であるに過ぎない。加えて、私たちは多くの具体的な事例教材を活用するので、問題について誤った強調をしたり、重要な側面を省いたりと不適切に情報を与える可能性があり、それは現実的危険である。要するに、生徒が個人的な意味を持てるようリアルで明白な背景の中で問題を提示していくためには、客観的・分析的な方法で問題を提示することで生徒自身の持つ準拠枠に全く触れないで終わるよりも、それらの問題を歪める危険性を犯すほうがマシであると、人は打算的な推測をしてしまうということである。さらに私たちは第二の制約についても取り組まねばならない。すなわち、4週から6週間、問題

を研究した後は、生徒は問題についてお腹いっぱいの状態となり、急速に興味を失うようになるという問題である。それゆえ、単元の最初の3週間は極めて重要であり、教えるために選択された教材の量は、通常はこれらの境界を超えてはならない。理想をいえば、ここで私たちが提言するタイプのカリキュラムにおいて、主題は、数年にわたる教育課程において数回、そしてそれぞれの回においてより深く、複雑で、包括的に扱われたらよいのだがと思う。そうすれば、全ての単元を通じ、歴史的、政治的、倫理的な分析に向けた古典的な状況はもちろんのこと、社会科学のパワフルな概念も登場するのである。

　第二の留保条件は、問題－主題単元を評価するのに用いられる基準と関係している。私たちは、単元は二つの基準に照らして評価されるべきであるという事実を強調する。すなわち、(1) それは問題の性質について適度に正確でバランスのとれた印象を伝えるべきであるということ、そして (2) 教材は、それによって生徒が類似の問題をより知的に扱えるようになるような概念的で分析的な技能を教えるのに有効な手段を提供すべきであるということだ。この適切さに関しての第一の基準は、歴史家、社会科学者、そして現代の状況に関する熟練の観察者によって扱われなければならない。第二の基準は、教授過程の研究によって扱われなければならない。もしそのような研究が存在しない場合には、感受性のある知的な教師による最良の洞察によって扱われなければならない。この要請は、このアプローチを用いる教師に課される多くの責任を際立たせる。教師は、単に一連の事実的教材のカタログを教えていくことだけに責任があるのでなく、複雑な分析過程を教えることにも責任があるのだ。要請を満たすために、教師は、映画、短編、パンフレット、雑誌、教科書を含む多様な「資料」を与えられるかもしれない。教師は一つの文献や、教えるための資料を組織化すること、どの資料を省きどの資料を強調するかについての選択といったことに多くの時間を費やす。なぜならこれらの判断はクラスの生徒の性質や教育環境の性質などに左右されるし、クラスの生徒の数やタイプ、クラスメイトとともに過ごした時間などに左右されるためでもある。要約すると、教材の選択と組織は、政治的論争の分析

を教えるための一般的なアプローチを意味づけていくための、多かれ少なかれ恣意的で感覚的な営みなのである。アプローチの妥当性と教材の適切さは、教材の妥当性とその教授法の適切さと同様に、二つの異なる問題として扱われるべきである。

　第三の留保条件は、上述した様々な種類の教材の相対的な重要性である。そのアプローチが主として、異なるスタイルで書かれた異なるタイプの内容を教えるという点に本質があると必ずしも結論を下すべきではない。あらゆる、いわゆるケースメソッドと呼ばれるものと同様に、私たちのアプローチはもっと多くのことを含んだものである。それは、教材を通して教えられねばならない一連の倫理的・法的な諸概念を含むものである。それは、教師と生徒あるいは生徒間のある種の対話的相互作用を含むものである。それは、生徒の成長を評価する一つの過程として、口頭でのやりとりを評価することを特に重視していくことを含んだものである。とても一般的な表現で、そのアプローチはミュルダールによって巧みに描写されている[1]。

　　　開かれた討議というこの民主的な過程によって、価値評価の領域という非常に広大な部門に人々の意識的な注意を絶えず向かわせようとする傾向が始まった。特定の瞬間に意見を出すと自分たちに有利だと自らのイニシアチブで発見すること以上のことを、あらゆる個人や集団は意識するようになったのだ。

　この目的地（goal）を心にとどめるなら、「内容（あるいは内容を具体化する授業用の教材）」は、ここで提言されているアプローチの一つの構成要素に過ぎないことが特筆して述べられるべきである。私たちの関心は、抽象的な問題や論争「にはない」。私たちの関心は現実に存在する問題にあり、個々の市民の心の中で明確にされる問題にある。私たちは問題を教えるのではないし、論争を教えるのでもなく、論争の見方を教えるのでもない。私たちは単に論争の背景を教えるのでもない。私たちの目的は、生徒を勇気づけて、論争的な領域を探究させることにあり、また生徒が直面する状況の現実を踏まえな

がら、論争において自分はどのような立場をとるのか、そして自分の文化や社会の価値という点からどのようにして自己の立場をよりよく守れるかということを見出させることにある。それゆえ、この教材について抽象的な問題単元の概略の形で教えることで、(アプローチを) 生き生きとしたものにするのは不可能である。例え具体的な教材であってもそれは困難である。そのアプローチは、ただ生徒が自身の直面する困難な課題に対し自ら「応じていく」場合にのみ活性化するのである。実際の意味において、教育とは生徒が問題について (資料を)「読み」始めた時に始まるのではなく、問題に関する対話

黒人の完全な投票権に関する質疑応答に焦点を当てた議論の抜粋

(T:教師　S:スティーブ)

対話 (Dialogue)	注釈 (Annotation)
T：どう思いますか、スティーブ。 S：地方政府の警察権力は、憲法上の投票権に大いに役立つと思うし、おそらく黒人は投票権を持つべきだと思う。	
T：たとえあらゆる種類の暴力や抵抗があるとしても、黒人は投票権を持つべきだと。私たちは、南部に軍隊を送り、全ての個人の投票権を守るべきだということでしょうか？	← この教師は次のことを示唆している。 ・黒人に投票権を与えることは第二の重要な価値である共同体の安全を脅かすかもしれないということ。 ・秩序を維持するために連邦の介入が必要となれば、今度は州による地方の統制が脅かされること。
S：そうはいっていません。軍隊を送るべきだとは思わない。	← 教師による事実的仮定への疑問。ここで教師は、事実的仮定について議論することを選ぶこともできるし、仮定を仮説的に扱って、生徒が傾倒している価値について明らかにすることもできる。
T：でも、もし軍隊が大いに役立つとしたら、どう。 S：その時は、多分、賛成。	← 教師は後者の選択肢を選ぶ。
T：投票しようとする黒人に人々が電話で「もしお前が明日投票したら、お前の子どもたちに何かが起こる」といったとしましょう。私たちは、これらの脅迫を捜査するため、FBIを南部に送り込むべきでしょうか。 S：いいえ。 T：どうしてそう思わないの。 S：もし脅迫が実行されたとしたら、その時は軍隊かFBIを送ると思う。	← 教師は、地方の統制を支持して連邦政府の干渉に反対する生徒の立場が変化する地点を推し量るために、仮説的な状況を修正している。この教師はこれを行うため、「暴力」の意味を変化させている。 ← この生徒は状況の変化に合わせて、自己の立場を変えている。 ← この生徒は、自分が立場を転換したことを自覚しており、その決断に至った本質的な基準、つまり黒人が投票するのを妨げる隠し立ての無い権力の行使

	について説明している。生徒は自己の立場に留保条件をつけたのである。
T：勇気ある個人の黒人の家族に何かが起こった後でなら、あなたはそれを止めるために誰かを送るということですか。 　もし恐怖や脅迫が蔓延している状況にあった時に、人々が自由に投票できるように私たちはその状況を変えるために何かをなすべきだという考えに、あなたは賛成しないということですね。私たちは実際の暴力行為が起こるまで何もすべきではないと。 S：この黒人たちの事例においてはそう思います。 T：どうして。 S：僕は彼らに完全な投票権を与えたくはない。少し彼らの権限を取り上げるということです。 T：あなたは、白人に喜んで与える投票権を、黒人については否定したいのですね。 S：そうです。 T：それはなぜですか。 S：それは黒人が白人より劣っていると感じるからです。 T：どのような点で。 S：知性の面、健康面、犯罪率も。 T：あなたは、もしある人が結核や病気になったら、その人の選挙権を否定するということを提案しているのですね。 S：いいえ。 T：でも、もし黒人が病気になったら、私たちは彼に投票をさせないということなのでしょう？ S：もちろん、投票は認めます。私は彼らがこれらの理由で劣っていると思っているだけです。これらの理由から投票させないと言っているのではありません。 T：ではどんな理由であなたは彼らに投票させないと言っているのですか。 S：なぜなら、彼らはこれらの理由で劣っていると思うからです。(その後、生徒は自己矛盾に気づき、自嘲気味に笑う。)	←生徒の立場がもたらす否定的な結果について強調している。 ←ここで教師は定義の問題を持ち出す。つまり、私たちはある人の権利を侵害する前に、その人への身体的な暴力行為を犯さなければならないのか。暴力をふるうぞという脅しも、ある程度「暴力」であるのか。 ←　この生徒は、市民権に関して二つのカテゴリーを作っている。ここで教師は、人種に基づくこうした分類について正当化するよう求めている。 ←　子どもたちは大人と異なる分類がなされ、完全な市民権が否定されている。ある意味で、それは彼らが「劣っている」からでもある。この生徒の回答は、教師が探究する義務を感じるような合理的な構成要素を有している。 ←　生徒は彼が主張する市民権の分類の依拠する基準を述べる。 ←　ここで教師は、生徒が作った市民権の分類の根拠となる基準の妥当性に挑戦する。 ←　この時点でこの生徒は自己の以前の立場を否認する。

に個人的に没頭するようになった時に始まるのである。アプローチの中心にあるこの相互作用の過程の持つ意味は、次の教師と生徒の対話から引き出された注釈つきの引用にみることができる。

　このような対話は、先に行った私たちの分析の主要な要素のいくつかを具体化し、教材がもたらす二次的な機能を例証する。カリキュラムの焦点は、生徒の政治的問題の見方に当てられるのであり、それはなぜ対話が私たちの思考の中心に位置するのかを説明してくれる。つまり対話は、二つの機能をもたらす。それは、生徒の非明示的な思考の枠組みを明るみに出す。またそれは、教師がその思考の枠組みの中に要素を加えたり、不適切なものを分類したりするために、この枠組みの働きに干渉できるようにする。教材もまたこれらの機能をもたらすが、それは、生徒が教師からの挑戦に取り組む際に用いるのと同じ批判的な流儀で教材に対しても取り組むことを生徒がどこまで学ぶことができるのか次第である。この教材の動的概念こそが、私たちが読者に伝えたいと願うことである。

註

1　Myrdal, Gunnar, *An American Dilemma* (New York: Harper&Row.Publishers, 1944), p.1029.

付録A　単元の概略と教材の説明

以下のページでは、教えるという目的のために、ある主題—問題の概略が分析されている。考察されるこの問題は、人種隔離の問題という、現代の問題である。しかし法の下での団体交渉を要求できるかといった、かなりの程度まで「解決されている」かのように捉えられているような問題でさえ、あたかも現在の問題であるかのように扱うことができる。歴史的な視座は現代の問題に向けて新たな世代ごとに再発見されねばならないし、生徒は社会が過去100年以上にわたって下してきた選択の要点をふり返って見直すべきである。こうした問題は、生徒にとってまがい物でもなく時代遅れのものでも

「学校での人種差別撤廃」を教えるために用いられる教材についての解説

タイトル	教材の種類	特定の機能
アメリカにおける黒人：1600年から1865年	歴史的背景知識	黒人はどのようにしてアメリカにやって来たのか、何のために連れて来られたのか、そして彼らはどんな状況で暮らしていたのかを述べた一般的な歴史的説明。通常、この単元はアメリカ史の課程で広範な文脈の中で教えられるため、この単元で扱う資料には、南北戦争へ導いた出来事、戦争それ自体、そしてそれに続く厳しい再建期の資料は含まない。この教材は、歴史教科書に含まれており、容易に利用できる。
学校の人種差別撤廃（映画）クリントンと法（映画）初日の学校	感情的効果	映画「学校の人種差別撤廃」は、KKKの集会を詳らかに描いている。映画「クリントンと法」は、人種差別撤廃の受け入れと法への服従についての南部人の複雑な感情の事例研究となる。「初日の学校」の場合は、平等の原則が自身の子供の福祉への関心事によって挑戦を受けた場合の、原則への責任について両親の複雑な感情を提示する。これらの資料の機能は、三重にある。問題について南部の白人が感じるような仕方で北部の生徒が感情移入するのに役立つこと、南部の黒人がどのように扱われていたかを描写すること、黒人のための平等に関する生徒自身の複雑な感情を意識できるようにすることである。
プレッシー対ファーガソン裁判分離すれども平等	論争事例	プレッシー裁判は、結社の自由と平等の権利の間の基本的対立を提示するために活用される。「分離すれども平等」はプレッシーの実際の実行を支える価値となる。ここで焦点が当てられるのは、少数派の権利を保障するために革命のリスクを負うかといった履行の問題である。

学校の人種統合に関する司法の歴史	歴史的・法的背景知識	これはブラウン裁判でも提出された、人種分離に関する法的地位に焦点を当てる第二の歴史的資料である。
静かなるもの（映画）	感情的効果	これはニューヨークのスラムで育った思春期直前の黒人少年の事例研究である。非常に個人的な立場から、家庭崩壊、少年犯罪、道徳的責任感の欠如といった多くの黒人がとるライフスタイルについて、合理的な説明を提示している。
黒人と白人の人種的・文化的な差異	社会学的・心理学的背景知識	黒人と白人の人種的・文化的類似性や相違を体系的に提示している。
5月17日の決断	論争事例	これは1954年の人種差別撤廃判決におけるいくつかの重要な事実を提示している。
人種差別撤廃に関する最高裁決定の履行	歴史的・法的背景	1955年の最高裁判決の履行について体系的に提示している
ボルチモア市 セントルイス市 アーリントン市（ヴァージニア州） フロントローヤル市（ヴァージニア州）	例証となる事例	これら四つの事例は、最高裁決定の履行に関する可能性と問題を提示している。
ワシントンDC リトルロック、パートⅠ サマートン、サウス・カロライナ州	論争事例	これら三つの事例は、三つの異なる共同体における人種差別撤廃へのまったく異なる反応を提示する。これらの事例は、関連する法的、政治的、そして道徳的な疑問を十分な範囲まで探究させるものである。

ない。実際、彼らはいかに政府の規制が私たちの日常生活の一部となっているのかを知りショックを受ける。生徒は通常、雇用者が公正で慈善的にふるまうことを「望む」が、それとは対照的な事実がある場合には幾分か動揺する。しかし、政府の強制と個人の権力の濫用とのいずれかを選ばねばならない時、自身の内部での心の葛藤を見出すのである。

　教室で社会の下してきた選択の要点をふり返って見直すことができない主たる困難は、生徒が以前の選択は必然的なもので、正しいものであること、そして現在の選択肢だけが現実の対立を提示するものであると当然のように決めてかかっていることである。明らかに、この考え方は、現在の政治的選択がなされる際に用いる倫理的法的な思考枠組を極端に制限するものである。生徒は、法が作られたり変えられたりすること、最高裁が判決を下したり覆したりすることを眺めるだけでなく、これらの変化や変化における倫理的法的な矛盾という点から、関わった個人の奮闘や倫理的包摂の意味を感じなければならない。

　(私たちの開発した) 教材についてここで記述する主な目的は、単元の概略に沿って問題を提示するのに必要となる様々な文献資料を読者に示すことにある。これらの教材のいくつかは現時点で購入可能であるが、多くは私たち自身のプログラムのために書かれ、選択され、採用された実験的な資料である。現在、こうした教材もより広範囲の枠組みの中で改訂されており、まもなく読者全員が購入できるようになる予定である。[※教材は「ハーバード社会科シリーズ」として1969年に完成版が販売され、今なお後継教材が売られている。]

学校における人種差別撤廃の単元の概要

1. 　中心的問題：白人の分離主義者は、彼の子どもたちが公立学校で仲間になる人種をコントロールする権利を持っているか。あるいは、黒人が平等な教育機会を獲得できるよう人種が混合した学校に通う権利を保障されるべきなのか。

A　価値対立：結社の自由 vs. 平等な教育機会

　　法的対立：州の権利 vs. 法の下の平等な保護

B　対立の背後にある重要な事実的問題

　1.　実際に南部のほとんどの白人が、黒人との通学が彼らの結社の自由を深刻なほど侵害すると感じていたのか。ほとんどの白人は、もし黒人と通学することを強制されたら個人の権利を侵害されていると感じるだろうか。

　2.　南部の学校で人種差別撤廃がなされなければ、黒人は劣った教育を受けることになるのか。

C　定義的問題

　1.　「平等な扱い」とは何を意味するか。それは各人がまったく等しく扱われることを意味するのか「分離すれども平等」とは実際に平等な扱いではないのか。

　2.　結社の自由における「仲間となること（associate）」の語は何を意味するか。ある人が黒人と通学する時は、黒人と仲間にならねばならないのか。あなたはある人と同じコミュニティに住むから、あるいは同じ通りを下るから仲間になっているのか。

D　価値対立をより顕著にするアナロジー

　1.　結社の自由を強調するアナロジー

　　a.　もしアメリカ先住民の集団があなたの街に引っ越してきて、先住民の間には結核が非常に高い割合で存在することが知られていたら、あなたは彼らに特別の学校に通って欲しいか。

　　b.　校長が、運動場で男女を分離するのは正当なのか。

　　c.　もしあなたとあなたの友達が毎日運動場の一角でサッカーを楽しんでいるとしたらどうだろう。サッカーはうまくなく、いつも喧嘩を始めるような少年たちがあなたと遊びたがっている。彼らが嫌いだという理由だけで、その少年たちをゲームから締め出す権利をあなたは持っているだろうか。もしこの締め出しが彼らに劣等感を与えるとしたらどうだろう。

　2.　平等の権利を強調するアナロジー

　　a.　ある医者が、黒く縮れた髪の人々と付き合うのが嫌いだとしよう。その

医者には、救命措置のために運ばれたそのような髪の人への治療を拒否する権利があるのか。その医者は、いかなる種類の医療問題についても治療を拒否する権利があるのか。

b. 共同体の多数派の人々が、学校や社会での活動でスミスという名の人とは誰であれ交わりたくないという決定をしたとしよう。スミスたちは、大きく、充実した地方の学校に通うことは許されない。しかし、彼らは街から20マイル離れた小さな田舎の学校に送られて「平等な」教育を与えられる。これは平等な扱いといえるだろうか。

Ⅱ． 履行の問題：国内の全ての町が黒人に平等な教育の権利を与えるために、増大する緊張、暴力、そして市民の衝突の時期をくぐり抜けるよう強制されるべきなのか。あるいは、おそらく次第にではあるが、共同体の正常な活動に向けて暴力の脅威や混乱を減らすために、南部自身に問題の解決を委ねるべきか。

A　価値対立：平和と秩序 vs. 平等な教育機会
B　価値対立の背後にある重要な事実的問題
　1. もし私たちが学校での人種差別撤廃を行うとすれば実際に暴力や市民の衝突が起こるのか。
　2. 暴力は、人種差別撤廃それ自体によって引き起こされるのか、あるいは、人種差別撤廃を鬱積した敵意を発散させる機会として利用する、共同体の内の過激で不安定な人々によって引き起こされるのか。
　3. 暴力のより捉えがたい形態（匿名の電話による経済的な報復や威嚇など）は法の執行機関によってコントロールできるのか。
　4. 誰もが「分離すれども平等」を受け入れるより、人種差別撤廃を試みる方が、白人も黒人も傷つくことになるのか。
C　定義的問題

　　私たちは「暴力」という語で実際に何を表しているのか。緊張と脅迫は暴力だろうか。ボイコットや経済的制裁、解雇するという脅迫は暴力だろうか。多くの人は暴力を警戒し、冷やかしているのか。

D 価値対立をより顕著にするアナロジー
  1. 基本的人権の重要性と暴力の正当化を強調するアナロジー
    a. アメリカ独立革命
    b. 第二次世界大戦
    c. ある男が講義をしている。何人かの人が大声を出して彼を野次り倒した。警官は彼らを会場から締め出す権利を持っているのか。
    d. あなたとあなたの友人は公園に入った。何人かの少年があなたに野球場を使わせまいと、あなたを脅した。例え喧嘩が起こっても、あなたは先へ進み球場を使うべきだろうか。
  2. 平和と秩序を強調するアナロジー
    a. 1956年のハンガリー革命。私たちは核戦争の危険を犯してでも、ハンガリーの人々を自由にすべきか。
    b. 中華人民共和国によるチベット占領
    c. ある店の経営者が、店員が缶の入った箱にぶつかりひっくり返したことにひどく腹を立てた。あなたはその店員のせいではないことを知っている。店主があなたにも腹を立てそうなことを分かっていても、議論に加わるべきか。

III. **政府、法、より高次の道徳の問題：人々は、法や規則が高い道徳原理に反していると考えた時、それらを破る権利を持っているのだろうか。南部の人々は、人種差別撤廃に関する最高裁の決定をそれが道徳的に間違っていると真摯に信じているため、開かれたあるいは捉えがたい手段によって、決定を正当に無視したり、免れようとしたりできるのだろうか。**

A 価値対立：法の支配 vs. 良心の自由
B 価値対立の背後にある重要な事実的問題
  1. 南部の学校が人種差別撤廃に失敗した場合、連邦政府はどんな条件のもとであれば、法が破られたと考えるのだろうか。
  2. どれくらいの南部の白人が、連邦裁判所の命令に従うよりも、人種分離を

維持する方が道徳的にもより望ましいことだと感じているだろうか。どれくらいの南部の白人が人種分離は深い道徳的基礎を持っていると感じているのか。

C　定義的問題
1. 道徳と法律の違いは何か。法は不道徳でありうるか。適法である不道徳な行為があるのか。
2. 州法と連邦法の違いは何か。ここではどちらが採用されるのか。

D　価値対立をより顕著にするアナロジー
1. 法を超えた高次の道徳を強調するアナロジー
    a. 独立革命の際、入植者は人権を守るためにイギリス法を破った。
    b. 南北戦争以前、ニューイングランドの人々は、奴隷がカナダへ逃亡するのを助けた。このことは逃亡奴隷法の直接的な違反である。
2. 法の支配を強調するアナロジー
    a. 人間の生贄を要求するアメリカの教団があるとしよう。私たちは、この教団のメンバーが彼らの宗教的良心に従い、宗教を実践させるべきだろうか。
    b. いかなる状況下においても、戦争や殺人の価値を信じない教団があるとしよう。彼らは、軍隊での奉仕を拒むことで罰せられるべきなのか。
    c. 一夫多妻制を信じる教団があるとしよう。彼らは、自己の宗教のこの側面を実践することを許されるべきか。

IV．連邦主義の問題：共同体や州の中で人々が彼ら自身に関連することを自分たちで運営することが、どの程度まで許されるべきなのか。そして、より離れた場所にあり、恐らくはより公正な中央政府が、地方共同体に何ができて何はできないということを、どの程度まで言うべきなのか。連邦政府は、黒人の平等な保護に関する自身の解釈を実行するため、公立学校のシステムを統制する憲法上の権利を持っているのか。

A　価値対立：州の権利 vs. 法の下の平等な保護

B　価値対立の背後にある重要な事実的問題
  1.　黒人たちは、実際に憲法上の権利を否定されているのか。黒人は人種統合がなされた学校に通う権利を持つと述べている、あるいは示唆する憲法上の規定が何かあるのか。
  2.　南部が州の権利を主張する憲法上の根拠は何か。
C　定義的問題
　　憲法修正第14条の平等な保護条項と修正第10条の州権条項の解釈
D　価値対立をより顕著にするアナロジー
  1.　静寂よりも価値対立を引き起こすためのアナロジー
    a.　マサチューセッツ州が、Sで始まる名前を持つものは誰でも分離された学校に通うこと要求する法律を通過させたとしよう。（このような場合に）連邦政府は平等な扱いを保障することが可能であるべきか。
    b.　マサチューセッツ州が、スピード違反者に対し、ボストン出身者でなければ誰でも罰金50ドルを課し、ボストン出身者には二度としないよう警告で済ませるとしよう。（このような場合に）連邦政府は平等な扱いを保障することが可能であるべきか。
    c.　平等な代議制度：ある町や共同体は、均衡が取れるよう他の町よりもより多くの代表を持つべきであろうか。
  2.　平等な保護よりも州の権利を強調するアナロジー
    a.　州が非行少年や精神的に障害のある少年を分離された学校に送ることを決めたとしよう。その時、連邦政府が介入し、法の下の平等な保護が与えられるよう全員が同じ学校に送られるよう要求する。
    b.　連邦政府が、平等な教育を得られるよう男女は体育や学校対抗の競技会で同じスポーツに参加すべきであると決めたとしよう。このような決定をする権利は地方政府から取り上げられるべきなのか。

Ⅴ．多数の支配の問題：共同体にとって最もよい決定を行うのは、州内の多数派と国内の多数派の、どちらの「多数派」だろうか。
A　価値対立：共同体内の人々による共同体の支配 vs. 共同体内の人々と、外部の

共同体を構成する人々による共同体の支配
B 価値対立の背後にある重要な事実的問題
    1. 南部諸州の人民の多数派は、人種統合した学校を望んでいるのか。
    2. 国内の人民の多数派は、人種統合した学校を望んでいるのか。
    3. 黒人自身は、人種統合した学校を望んでいるのか。
    4. 南部諸州の立法機関は、これら州内全ての人民の意志を代表しているのか。
C 定義的問題
    国家は多数派の意志によって支配されるべきだという時、私たちは「多数派」として誰を表しているのか。最高裁の多数派か？連邦政府によって保持されている「権力」としての多数派か？憲法の修正条項を通した権限を持つ人々の多数派？国全体の有権者の多数派？
D 価値対立をより顕著にするアナロジー
    連邦主義の問題のアナロジーを参照。

付録B　リトルロックI

　リトルロックは、アーカンソー州最大の都市であり、その州都である。人口は約12万人でその4分の1が黒人である。そして多くの点で典型的な南部の都市といえるようである。黒人と白人とは、ホテル、レストラン、劇場、プール、ゴルフコースなどを別々に利用してきた。しかしながら、過去20年間に人種差別的待遇は次第に減ってきていた。1956年、バスでの人種分離が終わりを告げた。アーカンソー州の公立大学と医科大学は黒人の入学を認めた。市立病院では、黒人も白人もその建物に入ることができた。

　リトルロックの人々は「自分たちは地上で最も友好的な人間である」と自慢していた。多くの訪問者も同意しただろう。ほとんどの人々が人種差別的待遇の撤廃に反対していたが、遅かれ早かれそうなるであろうと思っていた。リトルロックの人々は、暴力を用いることに対してはほとんどが反対している。それは聖書の教えに反するというのである。

　1955年、リトルロックの教育委員会は学校における人種差別的待遇を徐々

に撤廃していくプランを決定した。白人の高等学校は、1957年には少数の黒人を入学させることになっていた。中学校は1960年に、小学校は1963年に人種差別的待遇を撤廃することになっていた。NAACPはそのプランがあまりにもゆっくりし過ぎているとして、裁判所に訴えを起こした。1956年4月、連邦裁判所はそのプランが「まったく周到なスピードを満たしている」と判断し、そのプランを承認した。このことは、人種差別的待遇の撤廃が学校の始まる9月3日をもって始まることを意味していた。

　8月29日、白人の市民グループが州の地方裁判所へ行き、学校における人種差別的待遇の撤廃を中止するように求めた。証人の一人は、アーカンソー州知事オーバル・フォーバスであった。彼はもし学校に黒人を入れると、暴動や流血騒ぎになるだろうと証言した。判事はこれを認め、市に対して人種差別的待遇を撤廃しないように求めた。

　8月30日、リトルロックの教育委員会は連邦裁判所へ行き、フォーバス知事に対する異議を唱えるとともに、州地方裁判所の決定を覆すよう求めた。判事ロナルド・N・デイヴィスもこれと同じ判断を下した。彼は、リトルロックの市民に人種差別的待遇の撤廃を妨害しないように命じた。今や来るべき3週間の劇的大事件の舞台は整った。

　9月2日、月曜日の夕方、リトルロックのほとんどの人々が、テレビで州知事の演説を聞いた。フォーバス州知事は、ゆっくりと静かにそして真剣に語った。彼は、もし学校が火曜日に人種差別的待遇を撤廃すると、重大なトラブルが起こるであろうと述べた。人種差別的待遇の撤廃を妨害するためではなく、法と秩序を守るために行ったのであると知事は主張した。知事は、アーカンサス州軍の指揮官シャーマン・T・クリンガー陸軍少尉に打った電報を読み上げた。その命令には、次のように書かれていた。「白人生徒の立ち入り禁止地域とされている黒人学校、及び黒人生徒が立ち入り禁止とされている、白人のための古い学校や近年設立された学校の警備に就くことを命じる。この命令は、護衛隊の解体あるいは次の命令が下るまで効力を有する。」

　教育委員会のメンバーは、そのニュースを聞いて呆気にとられた。彼らはテレビ放送の直後に緊急集会を開き、その席上、黒人の子どもたちに当日の

朝セントラルハイスクールに登校しないよう求めることを決定した。

9月3日火曜日、暑い朝であった。セントラルハイスクールの1900名の生徒が学校へやってくると、そこには異様な光景が広がっていた。学校を取り巻いているのは、270名の正装した兵士たちであった。彼らはピカピカのヘルメット、銃剣のついたライフル、棍棒、そしてガスマスクを身につけていた。黒人の生徒は一人も姿をみせず、トラブルもなかった。

その日の遅く、デイヴィス判事の法廷において公聴会が開かれ、そこで彼は教育委員会に兵士のことは忘れて、黒人たちを学校に入れるように命じた。

9月4日水曜日の朝、9人の黒人の生徒たちはセントラルハイスクールに登校しようと決心した。学校の正面には、約400人の群衆がいた。黒人たちが学校に近づくと、誰かが叫んだ。「ニガーだ。奴らがやって来るぞ。こっちへ来るぞ。」

群衆が押し寄せてきて、叫び声や金切り声をあげた。人々は罵り、唾を吐きかけた。黒人の生徒たちは、その静かで真面目な足取りを止めなかった。15歳のエリザベス・エックフォードがまず学校の入り口に着いた。一人の兵士がライフルを持ち上げ、行く手を塞いだ。エリザベスは怖くて震え、今にも泣き出しそうだった。彼女は振り向いて学校から歩み去り始めた。彼女がバスの停留所のところまで戻って来ると、群衆は彼女めがけて大声をあげて罵った。中には殴りかかろうとする者もあった。彼女はやっとのことで停留所のベンチに着くと、そこに腰を下ろした。そして、わっと泣き出した。

その他の黒人の生徒たちも学校へ入ることを禁じられた。兵士たちは秩序を守り、黒人たちは争いもせずに立ち去った。黒人たちが行ってしまうと、群衆は次第に消え去った。

FBIがデイヴィス判事からの通達で、即刻調査を開始した。このためフォーバス州知事は腹を立てた。知事は、アイゼンハワー大統領に長文の電報を打った。その電報によって、州知事はこの「干渉」に抗議した。知事は、法と秩序を守るのは私の義務であると述べた。彼は大統領に理解と協力を求めた。知事はまた、自分の電話が盗聴されていることを非難した。

木曜日、ロードアイランド州ニューポートで休暇を取っていた大統領は、

フォーバス州知事の電報に答えた。アイゼンハワー大統領は、FBIが知事の電話を盗聴していることを否定した。彼はまたこう述べた。「合衆国憲法は、私と私の命令によるあらゆる法的手段によって維持されるであろう」と。

同日、教育委員会は、デイヴィス判事の法廷へ戻った。彼らは判事にあらゆる興奮を理由に人種統合を延期するよう求めたが、判事はこれを拒んだ。判事は、セントラルハイスクールで人種統合を行うよう教育委員会に命じるとともに、リトルロック市長ウッドロウ・ウィルソン・マンは地方警察があらゆるトラブルを処理できると述べていたことを指摘した。

翌週の間中、州兵は依然としてセントラルハイスクールの外で任務についていた。黒人は誰一人として学校に入ろうとしなかった。フォーバス州知事は、もし州兵が解任されれば、重大な暴動が起こるであろうということを立証したと述べた。アイゼンハワー大統領は事件と密接な接触を保っていた。FBIは引き続き調査を行っていた。セントラルハイスクールの人種差別的待遇を強制的に撤廃させるために、連邦軍が送り込まれるという噂が流れた。9月11日、フォーバス州知事はこのことに関して協議を求める電報を大統領に打った。アイゼンハワーはこれに同意し、9月14日に協議を行うこととなった。

9月14日、フォーバス州知事はニューポートへ飛んで、大統領と会談した。会談が終わると、彼らは満足そうにみえた。裁判所の決定は尊重されると彼らは述べたが、同意した点についての詳細はなんら明らかにされなかった。

おそらく州兵が撤退させられることになるのだろうと考えた人々は失望の色を隠せなかった。しかしながら、州兵は依然として任務に就いたままであり、黒人は誰一人としてセントラルハイスクールに入ろうとしなかった。州兵を撤退させる時期について州知事は何もヒントを与えなかった。

9月20日。デイヴィス判事はアーカンソー州の法律家を呼び寄せた。彼は州知事及び州兵の指揮官に対して、黒人がセントラルハイスクールに入るのを妨害しないよう命じた。

その夜、フォーバス州知事はラジオでデイヴィス判事の決定を批判したが、その命令に従うと述べた。彼は州兵に撤退を命じた。州知事は人々に平穏を

保ち、暴力行為を避けるよう求めた。

　9月23日月曜日。州兵は立ち去ったが、セントラルハイスクールは依然として護衛されていた。今度は、市及び州警察の強力な特命部隊によって護衛されていたのである。それに加えて、9人の黒人生徒が学校にやって来た時には、約500人の群衆がいた。

　群衆は異常に興奮し、金切り声をあげている暴徒であった。警察は群衆を抑えることができなかった。人々は一団となって建物に殺到し、大声をあげて罵った。「奴らを全員リンチにしてやれ」と叫ぶ者もいた。「あのニガーたちはどこにいった」と金切り声で叫ぶ者もいた。「絶対に奴らを中に入れないぞ。」

　8時45分。5人の黒人新聞記者のうち4人が学校の正面玄関目指して歩き始めた。それを生徒と見間違えた群衆は大声をあげた。彼らは4人につかみかかり、殴り倒した。一人の報道記者が殴られて飛び上がった。このようなことが続いている間に、9人の黒人生徒は落ち着いて、通用口から学校の中へ滑り込んだ。

　このため群衆は激怒したが、今やその数は1000名に達していた。彼らは異常に興奮し、大声をあげた。中には激しい怒りに身を打ち震わせている者もいた。警察は今や完全に無力であった。

　まもなく白人の生徒が学校を去り始めた。学校の中で激しい争いが繰り広げられたという噂が広がった。群衆はその数を増し、嫌悪な雰囲気になった。一人の警官がバッジを外し、自らその群衆に加わった。一団となって学校の中になだれ込もうとし始めた。

　正午、ついに市長が屈服した。トラブルがさらにひどく危険を理由に、黒人生徒を立ち去らせることを決定した。黒人生徒は裏門から車で無事に連れ去られた。警察署長が群衆に対し、黒人生徒はすでに立ち去ったことを告げた。しかし、暴徒は彼のいうことを信じなかった。2・3人が中へ入って建物をくまなく捜した。彼らは戻ってくると、黒人生徒は1人も見当たらなかったと暴徒に告げた。そうしてやっと群衆は立ち去り始めた。

　その夕方、東部夏時間で6時23分、アイゼンハワー大統領は公式声明を

発表した。大統領は、リトルロックの人々に人種差別的待遇の撤廃に対する妨害をやめるよう命じた。彼は、連邦裁判所の命令を実施するのに必要ならば、いかなる手段をも用いるであろうと述べた。

9月24日。黒人は学校に姿を現さなかった。多数の群衆が居合わせたが、今回はずっと静かであった。10時22分（リトルロック時間）、大統領は人種差別的待遇の撤廃を実施するために、連邦軍兵士にリトルロックに入るよう命じた。5時間後、戦闘訓練を受けた有名な第101空挺部隊の面々がリトルロックに到着し始めた。彼らは機敏かつ効果的に動いて、学校の周囲で戦闘隊勢に着いた。静かで不気味な雰囲気が市に漂っていた。

その朝、連邦軍兵士は状況に対して断固とした指揮を取った。重装備した軍隊は、全ての重要地点に配備されていた。兵士たちはヘルメットを着け、棍棒、銃剣つきのライフルを持っていた。兵士たちはいかなるトラブルが起きようとも直ちに粉砕するよう指令を受けていた。

誰かが叫んだ。「南部が占領された。」

「ライフルを下ろせ。そうすれば相手になってやるぞ」と叫ぶ者もいた。

一人の女性が金切り声をあげた。「彼らはこのことを無理やり認めさせようとしている。」

かなり大勢の群衆が一点に集まり始めた。副隊長が命令した。直ちに一小隊が駆け足で到着し、群衆を押し戻した。一人の男が頑として動こうとしなかった。堅く口を閉じた1人の兵士が、出し抜けにその男に銃剣を突き刺した。その男は、鉄道員C・E・ブレイクであった。ブレイクはなおも動こうとしなかった。彼はライフルを掴むと兵士を押しのけようとした。その時突然、ライフルの台尻が頭に振り下ろされた。ブレイクは頭を血塗れにして倒れた。兵士たちは動き続けた。

学校から100ヤード離れたところでも、別の小さな集団が動くのを拒んでいた。副隊長ウィリアム・ネスはしばらくの間、群衆をみていた。それから彼はこういった。「諸君が動くか、私たちが動かすかだ。」群衆は動いた。

午前9時22分。けたたましいサイレンが鳴り響いた。武装した兵士を乗せたジープに護衛されて、軍の大きなリムジンが通りを疾走していた。その

車は学校の正面で停まった。重装備した連邦軍兵士に護衛された9人の黒人生徒が学校へ入った。学校内でのトラブルを避けるため、一部隊の兵士も学校に入って行った。

学校の外では重大なトラブルは起こらなかった。誰かが何かをし始めるとすぐに連れ去られ、逮捕された。軍は断固としており、情け容赦なかった。学校内でトラブルがいくつかあったということがいわれた。黒人たちは、罵られ、つまずかされ、突き飛ばされたという者もいた。黒人生徒はこれをまったく否定した。

57、58年度を通じて、それ以上重大な暴力行為は発生しなかった。2・3人の白人生徒が黒人生徒と喧嘩を始めたという理由で退学させられた。しかし、学校外では軍がきちんと統制を保った。任務に就いている兵士は、次第に削減された。しなしながら、セントラルハイスクールに黒人がいられるのは、重装備した連邦軍がそこに配備されているからに過ぎないと、ほとんどの人々が一致した見解を持っていた。もし軍が撤退すれば、暴動や騒乱が起こるであろうとほとんどの人々が信じていた。

参考文献
"Another Tragic Sra?" *U.S. News and World Report*, October 4, 1957, pp.33-69.
"Little Rock Arkansas," in "The News of the Week in Review," *New York Times,* Sunday, September 8, 1957, p.1.
"Mixed-School Issue Comes to a Head," *U.S. News and World Report*, September 13, 1957, p.1.
New York Times, September 24, 1957, p.1, 18.

授業計画の例証 ── リトルロックⅠ ──

Ⅰ. 背景に関する問題：事例への方向づけ
　1. 学校の危機が起こったのは何年か。
　2. リトルロックに住む黒人の割合と、私たちが学習した他の都市の黒人の割合を比較しなさい。
　3. その市において実際に行われている人種差別的待遇にはどのような

ものがあるか。
4. 学校における人種差別的待遇の撤廃をフォーバス州知事が望まないのはどのような理由からか。
5. デイヴィス判事はどのような裁判を司っていたか。
6. なぜ連邦軍の兵士がリトルロックに送られたのか。

Ⅱ. 価値：この事例はいくつかの重要な政治の原則を例証している。
1. 事例に関連するいくつかの原則を挙げることができるか。
2. 「平和と秩序の維持 vs. 平等」のジレンマに焦点を当ててみよう。フォーバス州知事が支持しているのはどちらの原則か。黒人たちが支持しているのはどちらの原則か。

Ⅲ. アナロジーを用いて生徒の見解に挑戦する
1. 暴力行為発生の危険を犯しても公正な対処を強調するアナロジー
    a. 私たちは独立戦争を戦うべきだったのか。結局のところ、それはボストン茶会事件のような暴力行為に訴えることを意味するのではないか。
    b. 我が国は1941年にドイツに対し宣戦布告すべきだったのか。ただ単に誰かの自由を保障するということだけのために戦争をする価値があるのか。（現状の）キューバやハンガリーについてはどうか。
    c. 数人の意地悪な子どもがやってきて、ボールゲームをしている君たちの邪魔をした。君たちは自分たちだけにして欲しいと穏やかに告げた。もし彼らが申し出を拒んだ場合、ゲームをする君の権利を守るために彼らと喧嘩する権利が君にはあるのか。
2. 人権を犠牲にしても平和と秩序の重視を強調するアナロジー
    a. 君はすっかり着飾って教会へ行った。大きな少年が小さな少年をいじめているのを目撃した。もし彼と喧嘩をすれば負けるかもしれないし、服が泥だらけになることを君は知っている。そんな時君は小さな少年を守るために大きな少年と喧嘩するだろうか。

b. 中国共産党は、平和的なチベット人の権利に干渉している。チベットは数千マイル離れたところにある小さな国である。チベット上空での水爆戦の危険を犯してでも、中国と戦争を始めるべきだろうか。

Ⅳ．対立の背後にある重要な事実的仮定
　1．学校における人種差別的待遇の撤廃が企てられれば、実際に暴力行為や市民の反発が起こるだろうか。
　2．暴力行為は、ほんの少数に過ぎないラディカルな集団あるいは過激主義者の集団によって引き起こされるというよりもむしろ、人種差別的待遇の撤廃という事実によって引き起こされるのだろうか。リトルロックにおける暴力行為は、フォーバス州知事によって引き起こされたのか、あるいは裁判所の最初の差別撤廃命令によって引き起こされたのか。

Ⅴ．定義的問題
　フォーバス州知事は、もし人種差別的待遇の撤廃がなされれば暴力行為が発生するだろうと述べた。暴力行為とは何か。黒人を脅迫することは暴力行為か。人種間に緊張が増大することは暴力行為か。大勢が集まった過激集団の騒々しい集会は暴力行為か。

Ⅵ．予想の問題
　フォーバス州知事は、もし人種差別的待遇の撤廃がなされれば暴力行為が発生するだろうと述べた。実際に、人種差別的待遇を撤廃するに先立って、君はこの主張をどのように検証するか。

第9章
授業対話の分析

　自動化された教授道具、視聴覚教材、そして大集団での教育は、生徒に多くの情報を今「教えられる」がゆえに、他の非効率な方法に取って代わるようになるかもしれないが、教室での対話は疑いもなく、複雑な学習の成果を達成するための主要な手段のまま変わらないだろう。私たちの中心的目標は、重要な公的論争問題に向き合い知的対話を行うことを生徒に教えることにある。そのため、当然ながらこのことは本書で提示する社会科授業へのアプローチにも間違いなく当てはまる。

教室の相互作用に関する研究

　過去50年間、教育者たちは様々な方法で教室での対話の分析を試みてきた。例えば、デューイは問題解決の構造を描写し、そこで明らかにしてきたことを教室に応用することを提唱した。また別の研究者は、体系的で経験的な研究を通じて学習に関するクラスの相互作用（やりとり）の効果を確定しようと試みてきた。この研究は、公的論争問題の教授に特に関係するわけではないが、先の章で述べたこのようなタイプの社会科プログラムを扱っている教師や研究者には示唆的である。教授行為をどのように概念化するかは、教室での対話において彼が妥当で利用可能とみなす言明（statements）の種類と大いに関係がある。例えば、第一の教師は、教室で表出される個人の感情や個人間の態度の質に多くの関心を寄せるかもしれない。第二の教師は、教科書や教師によって提示される情報や、生徒がリピートする情報の正確さに焦点を当てるかもしれない。第三の教師は、主に特定の論争や問題に関する

生徒の考えを引き出したり分類したりする問題を取り扱うかもしれない。明らかに、これらの教師のそれぞれが、行動のまったく異なる部分領域に敏感になっている。

現時点では、様々なタイプの教授行為の効果を判定する決定的な研究はほとんど存在しないにもかかわらず、大部分の研究論文が、各自でやりとりのあることだとか、情緒的な内容であることといった構成要素が効果的な教室対話を決定する上で主要な役割を果たすという理論的前提に基づいている。もちろんこの前提は、本書でここまでに提示してきた概念的枠組みとは鋭い対照をなすものである。私たちの強調点は、問題状況を明確化や（または）解決に向けて動かしていく時の対話の知的性質に置かれている。この二種類の枠組みは、相互に排他的でもなく、矛盾してもいないということが明らかにされるべきである。しかしながら、それらはまさに相互作用のプロセスにおけるまったく異なる要素を強調するものである。このことはおそらく、「各自でやりとりのあるアプローチ（interpersonal approach）」を例証する三つの代表的研究を簡潔に見直した後、私たち自身による教授対話の分析を詳細に提示することによって、最もよく明らかにできるだろう。

「各自でやりとりのあるアプローチ」が作用する理論的前提の中心となるものがR・C・アンダーソン（R.C.Anderson）によって要約されている。

>　大抵の教授法の教科書で、あなたは、教師中心と学習者中心と呼ばれる二つの基本的教授スタイルについて触れている言及を目にするだろう。（例えば、Brandwein, Watson, and Blackwood, 1958; Burnett, 1957; Burton, 1952; Cronbach, 1954; Grambs, Iverson, and Patterson, 1958 をみよ。）…。リーダーシップは、一般的に広く全体主義的－民主的という仮説的な尺度的構成体の視覚から定義づけられる。これまで多くの指標（ラベル）がこのような尺度的構成体に適用されてきた。おそらくそれは二分法と呼ばれるべきものであり、実際には、威圧的－統合的、雇用者中心－労働者中心、教師中心－学習者中心、セラピスト中心－患者中心、管理的－参加的、指導的－非指導的などの指標で用いられる。しかし、その観念は基本的に同じである[1]。

これらの方針に沿った先駆的研究は、「威圧的－統合的」という理論的構成体を開発したH・アンダーソン（H.H.Anderson）によって行われた[2]。彼は、威圧的行動というものを、変化への抵抗、脅迫や力の利用、他者の考えを受け入れたり利用したりしたがらないことなどによって特徴づけられる、他者への反応様式の一つとして定義づけている。統合的な行動には、変化を厭わないこと、自発的統制の利用、他者の考えを用いることが含まれている。これらの定義を一つの基礎とすることによって、H・アンダーソンは生徒と教師の行動を分類する際に利用される35の主要なカテゴリーの体系を考案した。フランダースはこの理論的枠組みの中で蓄積された発見を次のように要約している。

　　第一に、教師による威圧的接触、そして統合的な接触は教室中に広がる一つの行動パターンを規定する。つまり、教師の行動は、他の誰よりも、教室の雰囲気を規定するのである。どちらか一方の接触の仕方が優勢である時、威圧はさらなる威圧へと駆り立て、統合はさらなる統合を刺激するというのが通例となっている。それが、生徒の間に広がる教師の傾向であり、それはもはや教師が教室からいなくなった場合にも続くのである。さらにある教師が1年間展開してきた行動パターンは、翌年も違う生徒もいる教室内で持続するのである。第二に、教師がより高い割合で統合的な接触をする場合、生徒は、より自然にかつ主体的なボランティアの社会貢献活動や問題解決行動を示すようになる。第三に、教師がより高い割合で威圧的な接触の仕方をする場合、生徒は、簡単に学習から注意をそらすようになり、また教師の威圧を拒否するか、または過度に従順な態度を示すようになる[3]。

　H・アンダーソンは、例えば「自然発生的な行動」といった、全体的な教室での行動間の関係に主たる関心を持っていたが、フランダースは、生徒と教師の対話それ自体を強調した。彼は、人間同士の関係というのを基底とす

る重要な性質は、生徒の行動に影響を与えようとして教師が用いる方法——つまり、教師は、生徒の注意を教師の主張や要求に恣意的に焦点づけていくことによって生徒への直接的な影響を与えようとするのか、それとも、教師は、クラスの中心となる関心事として、生徒を励まし、生徒自身の行動を反省させることによって間接的な影響を与えようとするのか——であると主張する[4]。後者においては、おそらく生徒はより大きな自由を手にしているだろう。なぜなら、生徒が理解できるような仕方で、教室での手順だけでなく、対話の内容を解釈する機会が存在するからである。

　教師の教室での行動の相違を測るため、フランダースは、次の10個のカテゴリーを含んだ観察表（a observational scheme）を開発した。

　(1) 感情を構成的に明確化する。
　(2) 賞賛する、あるいは奨励する。
　(3) 生徒によって示される考えを明確にし、発展させ、利用する。
　(4) 質問をする。
　(5) 講義する。
　(6) 指示する。
　(7) 権威を批判したり正当化したりする。
　(8) 生徒の会話——教師によって始められたもの。
　(9) 生徒によって始まった会話。
　(10) 沈黙あるいは当惑。

　(8) と (9) は生徒の会話を分類するのに利用される。フランダースは、(1)〜(4) は教師の間接的な影響を記述するためのもの、(5) 〜 (7) は教師の直接的な影響を指し示すものと考えた。影響の質に関する一つの指標に、個々の教師を、直接的影響、間接的影響それぞれにカテゴライズしてそれぞれの割合をみるというやり方がある。（間接／直接比）

　フランダースは、数学や社会科における客観テストの情報を用いて、間接／直接比が高いあるいは低いとされる教師の行動の学習への影響を調査した。結果は、間接／直接比の高い教師は、間接／直接比の低い教師よりも、統計的に有意な形でより影響力があることを示していたが、極端な数値の教師だ

けが際立った相違を示した。この結果は非常に興味深い。なぜなら、教授スタイルに関する量的基準が独立した学習測定（independent measure of learning）と統計的に有意な関係にあったとする研究は、幾分例外的なものとされてきたからである。

ここで、教授スタイルと生徒の学習の関係を調査するために設計されたものではないけれども、マリー・ヒューズによってなされた研究に言及すべきであろう[5]。というのも、彼女の研究は、H・アンダーソンやフランダースによって用いられた基本的な構成概念のいくつかの問題点を説明するからである。ヒューズは、「良い」教育と「悪い」教育とを分類する一般的な基準の解明に関心を寄せていた。H・アンダーソンの研究に大きく依拠しながら、彼女は「社会的で統合的」と「威圧的」という尺度的構成体に基づいた観察体系を開発した。観察者は、討議で成し遂げられる「機能」によって、教室での生の行動の記述を七つのカテゴリーに分類した。

1. 統制的な機能：子どもが注意を払うべき物事や、個人や集団がなすべき物事を指し示す教師の活動、適切で受け入れられる方法で物事をなすよう述べたり求めたりする、利益の対立や論争がある場合に誰が正しいかを判断する
2. 教師の押し付け：求められてもいないのに子どもの活動に身を置く教師、子どもにとって決まりきった事務的作業（紙を配るなど）をさせる、求められてもいないのに子どもを助ける、会話において特に妥当性のない（しかし、教師にとっては「必要」と感じられる）情報を与える
3. 促進機能：内容の展開や進行中の活動を促進するニュートラルな機能。これらの活動には、情報を確認することや手順を確認することが含まれる。
4. 内容を発展させる機能：この機能は、子どもが述べたことを繰り返したり、それを違う言葉で言い換えたり、いわれたことを詳しく述べたり、そして子どもに個人的な意見を求めたりするような行動を含む。
5. 個人的な応答の機能：この機能は、子どもによって表現された個人的な問題への対応である。その問題というのは、一枚の紙を求めることかもし

れないし、子どもによって詳細に語られる個人的経験に応答する教師の注意を求めることかもしれない。またこのカテゴリーには教師の過ちの認識も含まれている。
6. 肯定的な感情の機能：これは、支持、鼓舞、切望を含む。
7. 否定的な感情の機能：これは、警告、叱責、非難、脅し、無視のような下位区分を含む。

　カテゴリーの4、5、6に分類される行動は統合的と考えられる一方、1、2、7は威圧的なカテゴリーである。「模範的教師」に関する量的な定義が、129の教室の授業サンプルで得られた教授の実例から引き出された。「模範的教師」を引き出す過程は明確ではないけれども、最終的に概念化されたものが統合的・威圧的モデルに関係していることは明白である。統合的な教育が、より助けになり、思慮深く、自立的な市民となるであろう、柔軟で探究心のある生徒を生み出すと仮定されるのは明らかである。しかしながら、学習成果への威圧的あるいは統合的行動の実際の影響は、体系的に調査されてはいない。ヒューズは、教師の言及において大きな割合を占める「統制」や「押し付け」の機能を果たすような教師の言明や、逆に比較的数の少ない「内容を発展させる」機能を果たす教師の言明について、とても興味深い観察を行っている。
　フランダースとヒューズの研究はいずれも、「論理的」または知的カテゴリーの中に区別されていない性質というものが明らかに存在する。例えば、フランダースの研究が「生徒の考えを明確にする」言明というカテゴリーを持っているのに対し、ヒューズの研究は「内容を進展させる」機能を持つ言明というカテゴリーを持っている。二人とも明らかに、教師がどの程度まで情報は「生徒によって」解釈され提示されるべきものとして捉えて対応しているのか、ということについて言及している。だが私たちの見地からすれば、これは教師の行動の質を判断するための前提条件に過ぎない。さらなる問いかけが必要である。例えば、教師の応答は、子どもの言明の知的内容に対してどういった関わりをしたものだったのか。ヒューズの模範的教師であれば、

「ルーズな」思考、つまり社会的論争問題についての過度の一般化を測ったり自己中心的な構成を増強したりすることによっても、「内容を進展させる機能」で高得点を得るかもしれない。「内容の発展」に関わる諸過程についてより慎重に定義することなくして、このカテゴリーにおける行動の評価をどうすればよいのかについて、人はどうやって知ればよいのだろうか。

H・アンダーソン、フランダース、ヒューズらの取り組みから、いくつかの価値ある研究が生み出されてきたが、クラスでの相互作用（やりとり）に対して「各自でやりとりのあるアプローチ（interpersonal approach）」を支持する人たちは、一般に、彼らの立場を支持する客観的な証拠を見出していない。例えば、R・C・アンダーソンは、「学習者中心」対「教師中心」の視点で実施された学習集団、または集団内の集団や個人の学習成果や生産性についての研究の徹底的な批判的検討の後に、以下のように結論づけている。

> この論文で再検討されている教育学研究を要約すると、11の研究が学習者中心の集団のより大きな学習成果を報告し、13の研究がそれらに何の違いもないことを示し、そして8の研究が教師中心の方法が学習者中心の方法より優れていることを見出した。いくつかの調査が、どちらか一方の方法を支持して、統計的に有意な差異を報告しているとはいえ、これらの差異が実際的に、そして社会的に有意であるかどうかは疑わしいところであるということには注意しておくべきである[6]。

教師―生徒間の対話において交換される情報を過度に単純化されたカテゴリーに分類していることと、それに伴って、そのような情報が調整され正当化されたりする過程を理解できていないことが、教室での相互作用が学習にもたらす影響についての私たちの知識にこうした研究が決定的な影響を与えることのできない主な理由であるというのは、考えられることである。スミスは、教室で行われている知的過程を詳細に記述する初期の体系的な研究の一つについて報告しながら、心理学研究、あるいは人間同士のやりとりのモデルに基づいて実施されている教育学研究に同様の批判を行なっている[7]。例

えば、彼は、心理学における実証的方法の発達が、感覚、イメージ、そしてそれらが結合したメカニズムに対する精神の過程を縮小する方向へ導いたと述べている。またデューイは、彼の論理的思考のモデルによって、教育とは発見と検証の過程を通じて学習者を導くことであると捉える一方、デューイに続くキルパトリックやその他の者たちは、一般に、デューイの思考の論理的側面を無視し、学習者の心理的そして社会的必要を強調した。その結果、スミスが主張するように、根拠の確かな思考（valid thinking）と根拠の確かでない思考（invalid thinking）の区別は教授行為の心理的分析にとって必要でないものとして退けられてきたし、私たちがあらゆる探究の厳正さを判断するのに用いた論理は、教室対話を探究する基礎としては無視されてきたのである。

　スミスは、「指示的な課題」と「警告的な行為」とを区別するような教授に関する「論理的に妥当な課題」を記述するためのカテゴリーの体系を開発した。以下が主なカテゴリーである。

(1) 定義づけ（4類型）
(2) 記述
(3) 指示（5類型）
(4) 口述
(5) 報告
(6) 代替
(7) 評価
(8) 意見
(9) 分類
(10) 比較と対比
(11) 仮定的な推論
(12) 説明（6類型）
(13) クラスの指導と経営

　スミスは、教室の対話を定量化するためにこれらのカテゴリーを用いることで、一つの内容領域でも各教師の間に体系的な差異があること、そして異なる内容分野には異なるパターンの論理的操作があることを見出した。

第9章　授業対話の分析　239

　教室対話の論理的要素を教育研究の中心に戻そうとする試みの中で、スミスとその同僚は、子どもに省察し探究することを鼓舞していく方法だけでなく、子どもに鍛錬された知的な方法で省察することや探究することを教授する方法についても発見する必要があることを強調してきた。私たちはこの立場にかなり同意するものである。だが、二つの留保条件が必要となる。第一に、スミスは明らかに様々なカリキュラム分野にわたる広い領域性を持つ「諸問題」の分析に一般的に役立つと想定されている「論理（logic）」という考え方から物事をスタートしている。おそらく、対応していくには特有の生徒－教師間の対話形態が意図されることになるような、そうした類の問題から始めて、そしてこのタイプの問題を明確にしたり解決したりするのに必要とされる知的枠組み（フレームワーク）を探究していくべきなのかもしれない。そうすればカテゴリーの構成において、その区分の数と特性は、このような明確化を取り出すのに必要と思われるようなものに限定することができるはずだ。私たちは、例えば本書の第1部と第2部で、あるタイプの問題、そしてそうした諸問題が解決される際に用いられた一つの認知枠組み（フレームワーク）について確認した。私たち自身の教室での相互作用の「論理」の分析は、このような基盤から始まっているのである。

　第二に、スミスは、個人間の感情の役割や教室での手続きや統制の問題を無視しており、教室での効果的な教育は、論理的要因と同様に、感情的そして手続き的な要因に基づくかもしれないという可能性を忘れてしまっている。そのような多くの尺度の間の相互関係こそが、成功した授業というものを最もよく予見する。私たちの生徒－教師間の対話の分析においては――私たちは明らかに対話の知的要請に重点を置いているけれども――他の主要な尺度についても考慮してきた。

教授行為の多尺度分析

　教師と生徒間の対話をみとる、より適切な理論的枠組みを概念化しようとする際に、私たちは、『相互作用過程の分析』[8]の中でベイルズによって明

るみにされた、「社会的・感情的な応答」と「課題への応答」とを区別することから始めた。その後、私たちは「課題への応答」の領域を、さらに人々が相互作用するその場その場の状況において彼らが課題を構造化しようとする応答と討議の下で政治的問題を取り扱う応答とに細分化した。私たちは、前者を「手続き的反応」、後者を「認知的課題への反応」と呼んだ。これらの区別は、R. G. アンダーソンが以下のように主張するように、体系的な調査からの実質的な支持を得ている。

　おそらくリーダーシップや集団生活に関しては多くの変数が存在するだろう。ヘムヒル（Hemphill, 1949）は、およそ500の実在する集団を分析して、16の記述的な変数に到達した。カーターやクーチによる因子分析（1953）と同様に、ヘムヒルの変数に関する因子分析（Gekoski, 1952）は、現在の著者が解釈するところの以下の三つの尺度を生み出している。

1. 感情の領域
　　それは、個人間の親密さ、あるいは、よそよそしさ、緊張あるいはリラックス、敵対心あるいは連帯感の程度を含んでいる。友好的で楽しいやりとりと敵意や当惑とを対比する。
2. 手続き的な領域
　　それは、協議事項に関する主張や統制、コミュニケーションの統制、労働の分配を含んでいる。秩序崩壊の程度や構造の緩みに対比した、組織の程度や構造の総計に注目する。
3. 課題分析の領域
　　それは、なされた仕事、生み出された単元、提示された考え、考慮さえた解決法の質と量を含んでいる。達成した解決、解決された問題、維持された高い達成度が、解決策なし、未解決の問題、低い達成度と対比される。生産性対不稔性[9]。

その後、私たちは感情的・手続き的・課題分析的の三分法を分析し、以下

で要約されるような、多くのより具体的な尺度に分けた。

教授対話を記述するための一連の尺度について
■認知的・課題分析的尺度
1. 言明の姿勢（statement posture）[10]

　言明の姿勢は、教師や生徒が肯定的な主張を行っているかどうか、質問を行っているか、または他人の主張に対し質問したり挑戦したりしているか、あるいは自己の主張や主張する能力について自問することによって、自己懐疑を表現しているか、ということに関連する。言明の姿勢は、フランダースの研究においても主要な識別因子とされており、教師のスタイルの重要な差異を記述する明確な意図を持っている。

2. 討議の姿勢（discussion posture）

　私たちは、討論の内容に対する教師のアプローチの二つの側面に関心を持っている。第一の側面として、討論における問題が争点のあるもの（problematic）としてみなされているかどうかということを扱わねばならない。もし内容が、生徒に伝えられるべき確定した答えを持たない不確実なものとみなされているならば、私たちは、そうした討議や、討議の一部を対話的（dialectical）と呼んできた。もし教師が、言明や問いを通じて、自分は確実な真理──つまり、現在の入手可能である確かな知識──を扱っているという想定のもとに、内容を討議するならば、私たちはそのような対話（あるいはもしそれが講義形式なら、独白）を解説的（descriptive）と呼ぶだろう。別の表現をするならば、解説的教授法も対話的教授法もともにクラスの前で一つの問題や疑問を取り扱うことを想定しているかもしれないが、対話的な態度での教授は、ここのことを必然的に生むことになる。対話的教授法においては、生徒が疑問や問題を扱うに当って、ある程度の自律性を持つことが想定されている。「対話的」の純粋な意味においても、討論の成果というものは、教師の貢献の総和ではなく、教師と生徒の貢献の結果であると想定されるのである[11]。

　討議の姿勢の第二の尺度は、対話的な教授の状況にも解説的な教授の

状況にも当てはまるかもしれないが、一般に同意された一連のカテゴリーによって描かれる「実質的な」争点に対して、どの程度まで討議が中心に置かれるのかについてであり、これは問題に対する「分析的」アプローチに対立するものである。分析的アプローチにおいては、内容をより的確に扱えるよう、問題の本質や範囲を調べたり構造化したりする新たな方法を探求する努力がなされる。例えば、あるグループは、合衆国が国連を支持すべきか手を引くべきかについて議論するとしよう。議論では、国連の行動が、合衆国の集団安全保障に関する外交政策を有利に拡大させるものかどうかが焦点となるかもしれない。この時点で、集団安全保障は討議における実質的な争点を構成する。その際、メンバーの一人が、国連の評価はいくつかの文脈――すなわち、(a)「外交政策」の概念に取って代わる国際法の未発達な手段として、(b) 様々な国家に世界の意見を評価させるプロパンガンダ的な安全弁として、(c) 個々の国家の外交政策の道具として――で議論されるべきだと提案するかもしれない。このような主張は討議の文脈を広げ、論争を扱うためのより複雑な枠組みを示すものではあるが、国連が価値ある制度かどうかに関して、判断それ自体をさせるものではない。そのような主張は、論争の下で提案された解決策に焦点を当てるものというよりは、論争が扱われる概念的文脈に焦点を当てるので、私たちはそれらを実質的ではなく、分析なものと呼ぶ。

　要するに、私たちは討議の姿勢に対して二つの尺度を提言するのである。それは、解説的か対話的か、そして実質的か分析的かというものである。

3. 言明の形態（statement type）

　認知的分析のもう一つ別のレベルは、教室の討議でも用いられる言明の内容に関心を持つ。教師は、多くの価値判断を与えたり求めたりするのか、それとも教師は基本的に、現実についての事実的主張を与えたり尋ねたりすることに関心があるのか。教師は、討議でなされたことを繰り返したり要約したりすることに多くの時間を費やすのか。もし教師が

生徒に価値判断を求めるなら、その要求は、一般的な社会価値への関与を引き出すことをねらいとするものか、それともより広い文脈に置かれることなく特定の行為について評価することを求めるものなのか。例えば、私たちは教室での討議の体系的な分析において、以下のように言明の形態を区別した。
・一般的な価値
・個別的な価値
・一般的な法的主張
・個別的な法的主張
・事実の一般化
・個別的な事実的言明
・証拠の情報源（拠り所）
・明瞭化の言明
・反復される言明
・定義
・アナロジーあるいは「事例」

4. 論理的あるいは知的操作

　認知的分析の第四のレベルは、教師や生徒によって行われる、政治的決定を分解したり発展させたりするために行われるような論理的知的操作を扱う。一般的にいえば、これらの操作のいくつかは次のようなものである。すなわち、問題の区別と問題への焦点化（問題が主に倫理的か、事実的か、定義的かを判断すること）、関連性の検証（ある言明は、討論に関連するものなのか、そして考察中の特定の問題に関連するものなのか？）、対話の戦略（より一般的な言明とは矛盾する個別の事例を活用していくこと、及び、矛盾をカバーしていくために言明を制限していくこと）である。例えば、「事実の一般化」など、いくつかの「言明の形態」は当然ながら論理的あるいは知的な操作を伴っている点に留意すべきである。二つの尺度は相互に排他的なものではない。また認知的エピソードの複雑さについても留意すべきである。一つの議論あるいは「簡潔な言明」は、二つの曖昧に関連した主張で構成さ

れているかもしれない（例えば、ロシアは信頼できないので、合衆国は核実験を続けるべきである、など。）し、複雑な、一連の明白に内的に関連した諸前提から成るものかもしれない。

　言明の形態や知的操作の面から教師の（教授）スタイルを定義することは、政治的論争の分析に関する領域では教授状況の有効性と生徒の学習成果とが同じ知的あるいは論理的概念で定義されるかもしれないことから極めて重要である。「教師は討議でなされる言明の妥当性にどの程度まで絶えず注意を払う傾向にあるのか」「教師はどの程度まで主張に根拠を与えたり求めたりするのか」「どの程度まで教師は、単語の活用という問題を、何者かによってなされた正式ではない用語の定義を自由に軽い気持ちで活用する慣習に任せるべき任意的事項として取り扱っていくことを選択するのか。また教師は既存の言葉の意味の活用枠の中で定義的問題を操っていくことにどの程度まで不満を感じているのか」──教師の側からのこれらの種類の決定が、生徒が類似の問題を扱う際のそのやり方に反映されるのはもっともなことであり、従って、それらは生徒の学習に関する重要な説明変数となるかもしれない。実際に、言明の形態と論理的操作はともに、第11章で説明される評価の手順の基礎となるものである。

■社会的─情緒的尺度

　教室の行動におけるもう一つの重要な尺度は、「個人間の感情」、例えば、相互作用の過程で伝達される肯定的または否定的な感情である。その尺度はあまりに明白なので、ほとんど説明を要しない。しかしながら、私たちは少なくとも二つの異なる感情的表現のタイプ、すなわち、支持的か敵対的か、そして緊張か緊張緩和かを区別することが可能であることを指摘すべきである。

　最初の尺度に関する行動の手がかりは、自明のものである。緊張緩和を示す行動の最も明白な事例は笑いである。緊張の証拠を、教室の観察できる範囲での行動から推測するのはより難しい。しかしながら、鉛筆で叩く、教室

を行ったり来たりする、神経質な笑い、といった行動によって操作的に定義することはできる。もちろん、緊張が根底にあり、その緊張が、緊張緩和の表示と取れるような、バカ騒がしい笑いの原因となることも想定される。

■手続き的尺度

手続きは、集団のメンバーの行動を制御するための直接的な試みと関係する。すなわち、討論の方法について方向性を与えたり、作業を割り当てたり、規律の問題を扱ったりすることなどである。私たち自身の研究において、私たちは、課題志向の手続き的行為（task-oriented procedural acts）と、主に生徒の逸脱行為を統制することに関心がある手続き的行為とを区別する。例えば、その時間の初めに生徒に本を持ち出すよう求めることは課題志向（の手続き的行為）であり、隣の生徒と喋らないようにいうことは逸脱行為の統制（の手続き的行為）になるだろう。

上記の明白な区分をもってしても、教師・生徒の対話の体系的な分析は非常に複雑な作業となる。作業的には、私たちは、討議内の個々の言明を観察する際に、以下のことを問うことができる。

1. その行為（または相互作用）は、言明か、疑問か、別の言明への疑問か、あるいは自問の表現なのか。
2. その行為は、認知的なものか、手続き的なものか。もしそれが認知的なものなら、多くのより具体的な問いを尋ねることができる。
   a. その行為は、解釈的か、対話的か。
   b. その行為は、考察中の問題に関して実質的なものか、分析的なものか。
   c. どのような形態の言明がなされているか：価値判断か、事実的主張か、定義的言明か、明瞭化か、など。
   d. どのような知的操作があるか：妥当性の程度に応じて言明を差別化する、個別事例から一般化を引き出す、一般的言明の意味を特定する、矛盾を考慮して一般的言明を修正するなど。
3. もし言明が手続き的なものならば、それは単に課題遂行を促進するため

のものか、グループの一部の構成員の逸脱行動を統制するためのものか。
4. 認知的あるいは手続き的なメッセージには、表現に現れていないが観察可能な感情の含みがあるのか。もしそうした含みがあるのならば、この含みは、敵対し合うものなのか、それとも補完的なものなのか。緊張がみられるのか、緊張緩和がみられるのか。

討議スタイルに関するより広範な見方

　対話が多くの適切な尺度に分けられ、教授行為はこれらの尺度に沿って明確にされるとしても、私たちは、少なくとも直観的になのだが、ある種の言明、もしくは「一般的な」教授スタイルが一貫して群発するといった事実についても観察可能であると認識している。一般的な教授スタイルを記述するという問題に取り組む際に、一つの重要な問題が生じる。すなわち、設定された様々な尺度のうち、定義上どれを中心に考えるべきか、そしてどれを副次的なものと考えるべきかという問題である。例えば、一般的な教授スタイルの学習効果を調べるため、それについて記述しようとする際、用いられる態度、遂行される知的操作、示される感情の量や方向性のどれかにおいて教師たちに類似性があるという事実がより重要なのか、あるいは三つ全ての領域において類似性がみられることが重要なのだろうか、という問題が生じる。実験的にこの問題に答えるには、少なくとも二つの方略がある。一つは、多くのサンプルとなる教師を集め、彼らに同じ教材を提供し、そして彼らに政治的論争問題の分析や明確化に生徒の注意を向けるよう求め、その後、教材に従いつつ学習成果と関係づけていく彼らの行動の範囲と輪郭を観察するというものである。そしてもう一つは、こうした行動の諸尺度のうち特に重要と思えるいくつかのものに沿って、二つあるいはそれ以上の教授スタイルを定義し、それらの教授スタイルを用いるよう教師を訓練し、定義に含まれない教授上の諸尺度がどの程度その異なる教授スタイルによって影響されているのかを観察し、そして再度、生徒の学習に対する行動の諸尺度との関係を確定するというものである。長い目でみれば、二つの方略によって、私たちが教授スタイルを明らかにし区別するための能力は、学習成果について私た

ちが行うことのできる予見の種類によって正当化されるといえるだろう。観察者にとって二つの教授スタイルがどのように違ってみえるとしても、教育的見地からすれば、それらの教授スタイルが異なる学習結果を導く場合にのみ、それらの間には「有意な差異（違い）がある」ことになるのである。

　私たち自身の研究において私たちは、ある概念的尺度に沿って討議のスタイルについて定義をし、この定義に沿って教師を訓練し、そして、もしあるとするならだが、教師の行動にどんな相違が生じるかを観察する方の戦略をこれまで選んできた。このアプローチは、私たちが実験的に調査してきた二つの教授スタイルのモデルを描き出すことによって最もよく説明されるだろう。それが、「復誦型の教授スタイル」と「ソクラテス問答型の教授スタイル」である。

■復誦型の教授スタイル
　おそらく復誦型の教授スタイルの特徴は、知識に向けた教師の態度と、知識の統制にある。割り当てられた書籍――通常は教科書――を読むことと、クラスでの討議において教師が役割を果たしていくことを通じて、教師は生徒が知るべき正しい情報なるものを提供していく。生徒は、教師がクラスで展開したいと願っている順序で情報を満たすように求められるのであり、それに応じることが期待されている。このことは、以前に読んだ資料を再構成したり、新たな状況に応用したりするような、何らかの自立した思考の活用を要求するかもしれないが、主には、教師や教科書がいっていることを個人の経験と関連させたり、リピートさせたり、言い換えさせたりすることと関わってくる。本質的に、学習の証（evidence of learning）というものは、教室の中であれ教科書や他のメディアを通じてであれ、教師によって与えられた情報に関する質問に生徒がどの程度まで回答できるのか次第ということになる。

■ソクラテス問答型の教授スタイル
　私たちが考えているような問答型の教授スタイルは、明らかに相互対抗的なものである。討議の中心が論争的な政治の主題である場合――私たちの

研究にあるように——問答型の教授スタイルは、教師（あるいは課された教材）が提示した視点から論争を説明すること以上のことを生徒に要求する。むしろ教師は、論争について自身の立場をとること、その立場について述べ、それを擁護することを生徒に求める。ここでは、討議の背景として教師によって提供される知識が強調されるだけではなく、最終的に到達する立場に関わらず、考察中の主題について一つの決断に至る過程、別の決定の仕方についての慎重な検討、そして分析的概念や方略の利用が強調される。

■一般的な教授スタイルについて尺度的に記述する

　二つのスタイルに関するこれらの簡潔な記述は、実際のところ、問答型の教授スタイルと復誦型の教授スタイルの違いが何であるかを私たちは「知っている」ということを示すものではあるが、教室の状況に持ち込み始めるや否や、こうした一般的な記述は二つの教授スタイルを教えている状況の間にある微妙な差異について解釈するのには不向きであることが直ちに明らかとなる。私たちを体系的な尺度分析へと導くのは、まさにこうした事実なのである。しかしながら、そのような分析が教授スタイルについての一般的な記述に取って代わるわけではない。理論的には、それは単に、一般的な、そして「自然な」教授スタイルがどのようなものであるかを定義する、より正確で信頼できる方法を提供するに過ぎない。

　体系的な分析が教授スタイルの記述にどのように寄与するかを例証するために、私たちは先に述べたいくつかの尺度の視点から、問答型の教授スタイルと復誦型の教授スタイルの類似点と相違点のいくつかを定義しよう。この記述は、当然のことながら、教師が教室において二つのスタイルを活用する際の対話に観察されると思われる行動に関しての一連の仮説と考えられるものである。

1. 言明の姿勢（statement posture）

　　復誦型の教授スタイルは、「疑問を抱くこと」や「自己疑念を表明すること」についてはほとんど重視することなく、高い頻度で「解説する

こと」と「問いかけること」の行為が表出することによって特徴づけられる。問答型の教授スタイルでは、その相互対抗的な性質でもって、高い頻度で「疑問を抱くこと」という応答がみられる。

2. 討議の姿勢（discussion posture）

　復誦型の教授スタイルは、解説的になる傾向がある。つまり、その状況の真理というものは手に入れることのできるものなのであり、それはただ情報を示したり明らかにしたり、また情報を組織化できるような分析的構造を示したり明らかにしたりさえしてくれればよいと仮定されているのである。個人の価値観が危険に晒されるような個人的な意思決定に向けて生徒を追い込んでいく試みは、このスタイルには不適切なのである。問答法的な教授法は明らかに対話的である。それは、問題というものは、様々な見方が提示され擁護されるような敵対的な文脈においてのみ明確にされうると仮定している。

　復誦型の教授スタイルも問答型の教授スタイルも実質的な応答と分析的な応答のどちらも強調しているのかもしれない。しかしながら、復誦型の教授スタイルをとる教師は、正しい立場というものを明らかにして提示していくことに関心がある限りにおいて、論争の実質に関心を寄せるのである。明確化の過程において、教師は当然のことながら生徒に、例えば「この問題を調べる可能な方法は何か」を説明するように問いかけることで、分析的にふるまう。生徒が分析に適用する概念は、教師によって正しいものとして生徒に与えられた概念となろう。復誦型の教授スタイルをとる教師は、実質的な論争に一つの答えを与えることをしばしば避けようとする。一方で、問答型の教授スタイルを用いる教師は、実質的な論争とそれへの可能な解答に直接的に焦点を当てる。しかしながら、時折、問題の概念化を促進するために、対話的な姿勢から離れ、問題を分析的に扱うようになるかもしれない。そのような分析のために用いられる構造は、解説的な方法で教えられてきたものかもしれないし、もし教師が「純粋な」スタイルを徹底して維持するならば、おそらくは政治的な論争問題を考えるための妥当な枠組みについての対話的な討議

から生成されるであろう。

3. 言明の形態

　復誦型の教授スタイルは、主に事実的主張と関わってくる。教師は、現実がどうあるべきなのかということよりも、むしろ現実の記述の方を取り扱う傾向にある。復誦型の教授スタイルをとる教師は授業での順序を維持する際に――それがうまく計画されていればいるほど――多くの要約、繰り返し、言明の焦点化を用いながら段階的に、うまく関係づけられたステップを踏みながら進んでいく傾向にある。一方、問答型を採用する教師は、政治的論争を扱う際に、生徒に価値判断や意思決定を求め、彼らに挑戦していく傾向にある。事実的主張は、主に、問題の背景として、そして価値的主張の根拠として機能する。問答型の教授スタイルに関わって、結果として起こるもう一つの要素がある。それはおそらく、議論が軌道に乗り、その後生じてくる価値的問題を重視することになるにつれて、事実的言明や事実についての疑問についても重点化が伴ってくるだろうということである。復誦型の教授スタイルは、そのような明快な連続して起こるパターンを反映するものではなさそうである。

4. 知的操作

　問答型を用いる教師は、敵対する役割に従事するため、当然ながら復唱型の教師よりも頻繁に論理的操作を用いる。生徒と教師は、論争についてお喋りするというよりは論争に従事するので、知的挿話（エピソード）は、復誦型の授業よりも、より長く複雑なものとなることもまたありうることと思われる。

5. 手続き的尺度

　手続き的には、私たちは、教師が問答型と復誦型の二つの教授スタイルのいずれを用いているかとは関係なく、教師自身と生徒の対話の焦点となるのは教師だと考えてきた。このような文脈においては、この手続き的尺度において復誦型の教師と問答型の教師との間に体系的な相違があることを期待できるいかなる理由もない。

6. 情緒的尺度

問答型の教師と復誦型の教師のどちらも生徒による支持が必要となる。一方で、認知レベルでの開かれた論争は感情的領域にまで「広がっていく」ためには、問答型による討議は否定的な感情で満たされる傾向にある。

教室対話の尺度分析の有効性

教室対話の尺度分析は、多くの点で有益なものとなる。第一に、教室対話の尺度分析は研究者が教室での行動を正確に描写できるようにしてくれる（し、そうするように研究者に要求してくる）。例えば、生徒中心－教師中心、あるいは民主的－独裁的といった対極的な構成体で始めたり、両極を区別するカテゴリーを開発したりするのではなく、私たちは教授（教えること）に関する数多くの尺度をこれまで定義し、そして、いわば「生徒中心の」「民主的な」「真理探究的な」「問答型の」と判断されるような教師の諸特徴を明らかにしてきた。従って私たちは、いくつかのタイプの教授スタイルだけにしか機能しないような教師の行動についての概念化によって制約されてしまうようなことはほとんどなかった。

第二に、尺度的なアプローチは、学習成果にかなりの影響を及ぼすものも、そうではないものも含め、教授スタイルに様々な変種があることの描写を可能にする。単純な二分法の点から教授スタイルを設定したり、「よい」「悪い」のカテゴリーで操作的に定義づけたりするのではなく、私たちは、共通に観察される教授スタイルを明らかにしたり、スタイルが変化する時に、どの要素が学習成果に影響するのか（またはしないのか）を確定しようと試みることができる。このようにして私たちは、教室対話を評価するための実証的なアプローチを開発することができる。例えば、問答型の教授スタイルにおいて、生徒が教師の考えに対して個人的な脅威を感じる場合に生じる感情のオーバーフロー（過剰な感情）は問答型には避けられない部分なのかどうか、そして感情への影響の少ない問答型のスタイルは可能なのか、そしてそれは同じくらいの学習効果をもたらすのか、と問いかけることができる。言い換えれば、問答型の教授スタイルは多かれ少なかれ学習を（もしそうであるなら）効果的にしてくれるような教師の論理的パフォーマンスなのか、あるいは対

話の中に入り込んでくる感情的な負荷を増すような論理的パフォーマンスなのか。

研究の見地からすると、このアプローチは私たちに多くの興味深い問題を調査させるものである。

1. 個々の教師は自分の行動を操作して、複数の教授スタイルを用いることができるのか。あるいは、私たちが調査したり比較したりしたいと望む教授スタイルを自然に持つ教師を見分けなければならないのか。
2. もし教師が自己のスタイルを操作して、複数のスタイルを用いることができるとするのなら、一つのスタイルの中でどのような変化が起こるのか。そして、一つのスタイルを別のスタイルと区別できないような重なり合う領域が存在するのか。
3. 生徒が、ある一定期間以上継続的にかつ体系的に二つのまったく異なる教授スタイルで教育を受けるとしたら、学習にはどんな異なる影響が生じるだろうか。
4. 対話のスタイル、生徒の知的特性やその他のパーソナリティ（人格的特性）、そして個々の教師というものが、学習成果に影響するに当って教授スタイルやその変種と相互作用する時、それらの中で相対的に重要なものとはどのようなものだろうか。
5. 教師の一般的な教授スタイルの特徴を記述するための観察手段で、「知的操作」や「言明の形態」という尺度において生徒の学習を評価するのに活用するのに十分なだけの複雑さを有すると思われるものを開発することは可能なのか。
6. 特定の教授スタイルを首尾一貫して使うことができるよう教師を訓練することは、どんなに困難なことなのか。また教師にいくつかの教授スタイルを学ぶことができないようにさせているパーソナリティの因子というものがあるのだろうか。

これらの疑問について調べた調査データと、疑問を実験的に調査する一つの量的研究の方法論が、巻末補論の第4節における主題となっている。

註

1 Anderson, Richard C. Learning in Discussions: A Resume of the Authoritarian Democratic Studies, *Harvard Educational Review* (1959), vol.29, p.201.
2 例えば次の著書、論文を参照のこと。Anderson, H. H. The Measurement of Domination and of Socially Integrative Behavior in Teachers Contacts with Children, *Child Development* (1939), vol.10, pp.73-89; Anderson, H. H. The Variability of Teachers' Behavior Toward Kindergarten Children, in Anderson, H. H. and Brewer, H. M. Studies or Teachers' Classroom Personalities. I: Dominative and Socially Integrative Behavior of Kindergarten Teachers, *Applied Psychological Monographs*, no. 6, chap.2, pp. 43-108; Anderson, H. H. A Revised Method for Recording Teachers' Dominative and Socially Integrative Behavior in the Schoolroom, in Anderson, H. H. and Brewer, H. M. Studies of Teachers' Classroom Personalities, II: Elects of Teacher Dominative and Integrative Contacts on Children's Behavior: *Applied Psychological Monographs*, no. 8, chap. 1, pp. 15-32; Anderson, H. H. Dominative and Socially Integrative Behavior at the Fourth and Sixth Grade Levels, *Applied Psychological Monographs*, no. 8, chap. 3, pp. 38-122.
3 Flanders, Ned A. Teacher Influence, Pupil Attitudes, and Achievement, prepared at the University of Minnesota, Minneapolis, under Cooperative Research Project No. 397 of the U.S. Office of Education. 1960. pp. 7-8. (複写版)
4 Ibid.
5 Hughes, Marie M., and others, *A Research Report: Development of the Means for the Assessment of the Quality of Teaching in Elementary Schools* (Salt Lake City: University of Utah, 1959).
6 Anderson, Richard C. *op cit.*, p.209.
7 Smith, B. Othanel, and others, A Study of the Logic of Teaching: The Logical Structure of Teaching and the Development of Critical Thinking, a Report on the First Phase of a Five Year Project, prepared at the University of Illinois, Urbana, under Cooperative Research Project No.258 (7257) of the U.S. Office of Education, 1959, pp.7-8. (複写版)
8 Bales, Robert B. *Interaction Process Analysis* (Reading, Mass: Addison-Wesley Publishing Company, Inc., 1951)
9 Anderson, Richard C., *op. cit.*, pp.209-210.
10 読者は、これらが尺度を示すために用いられた、任意に取り決めた定義であることを理解しておくべきであろう。
11 私たちは、この分析が、数学、理科、文学などの教育を分析するために開発されたものではなく、専ら政治的論争の一般領域を扱うためのものであることを再び強調しておく。しかし、これらの教科においてもこの分析は同様に適切であるのかもしれない。

第10章
生徒の資質能力を評価すること
——先行研究の概観と筆記試験

　カリキュラムを評価するに当たって用いられる測定法は、今日の教育学研究において最も深刻な問題の一つを形成している[1]。しばしば研究者は、ある測定法を、それが利用可能だからといった理由から、それが実験プログラムの授業の諸目標と密接な論理的関係を築いているかどうかとは関わりなく用いてしまう。評価手段は、教師の用いる教材や教育方法と同じく教育目標からも導かれるべきである[2]。本章と次章で私たちは、公的論争問題の分析能力を評価していくのに用いられてきた従来の測定法をいくらかだが見直し、またこの領域におけるより有効な測定法に向けての指針を示したいと考えている。

　私たちの理論モデルによって示されたカリキュラムの目的といくらかだが関わりのある測定法が存在する。ワトソン・グレイザー式批判的思考評価[3]（これは頻繁に用いられるテストである）もその一つである。進歩主義教育協会の実施した8年研究で開発されたいくつかの測定法[4]も、「論理的推論」「データの解釈」「証拠の性質」「事実や説明的一般原理の社会問題への応用」[5]といった「批判的思考」についてのいくつかの側面を直接ねらいとしていた。また、アメリカ教育会議が支援している「一般教育における評価に関する共同研究」でも、20の単科大学・総合大学における一般教育プログラムの評価を試みる中で、「批判的思考」の測定法が開発された[6]。「社会科学における批判的思考テスト」[7]と「批判的思考テスト」[8]は、この比較評価研究の二つの委員会が開発したものである。アイオワ教育開発テスト（ITED）No.5「解釈——社会科」も実際に販売されている「批判的思考」に関するテストである[9]。この他、関連する非標準化テストには、イリノイ州批判的思考プロジェ

クトの批判的思考テスト[10]やコーネル式批判的思考テスト[11]が含まれる。

　しかしこれらの測定には多くの欠陥があり、その結果の全てが妥当性という概念と関係した[12]。第一の困難は、テストを組織する基盤として用いられる「批判的思考」の概念モデルの適性と妥当性と関連する。ワトソン・グレイザー式批判的思考評価、8年研究のいくつかの測定、アメリカ教育会議のテストいずれの設計者も批判的思考をよき市民の一要素として関係を持っているにもかかわらず、公的論争問題の意思決定過程全体の構成要素についてはほとんど配慮していないのである。本書の前半部では、西洋的な政治的価値の文脈で公的論争問題を取り扱っていくための分析枠組みの開発についての私たちの取り組みを扱った。ここには、重要な分析プロセス及び操作についての説明だけでなく、問題が議論されることになる社会的文脈にこの分析枠組みの操作を関係づけていこうとする試み、そして「現実社会」の状況の中でそれらがどのように用いられうるのかを解明しようとする試みも含まれている。この種のモデル設計には、前述のテストでは対応できない。

　いずれのテストの知的枠組みも、テスト構成の基盤として用いられる程度に「科学的な方法」についての枠組みであった。私たちは本書において、「科学的な方法」とは何かについて定義しようとも、どの程度「批判的思考」テストが批判的思考の本質的特徴を測定しているのか評価しようとも思っていない。しかしながら、アメリカ民主主義における意思決定についての私たちの分析は、価値の立場を決めることを中核とすることや、公的論争問題における諸価値の対立といったことを重視しており、こうした私たちの価値を重視するという姿勢が正しいとするならば、意思決定のモデルには価値対立の問題に対処するための何らかの戦略が伴わざるを得ない。科学的方法というのはこうした要望にとって適切に応えるものであるのか。社会科学について詳しい論文を残しているチャールズ・ビアードは、全ての科学との関わりという文脈からこの問いに対して直接的に答えている。

　今や私たちは社会の緊張と変化によって引き起こされる第二の疑問に進むことになる。すなわち、偶発的に選択というものは下されるべきな

のか、という疑問である。ここにおいて現実を存在させ成り立たせる役割を果たしている記述科学としての社会諸科学は、価値についての諸観念や選択にはっきりと対峙するのであり、それはまさに、社会秩序のある理想的な変化という考え方を基盤とする社会哲学の討議システムなのである。この時、実証主義は完全に崩壊する。変化Aと変化B、どちらが理想的なのかといったことは事実発見の操作によって見つけ出すことは不可能である。実証主義は、提案された改革案が実行可能であるのか、またそれはどの程度変革できるのか、その結果を条件づける現実にはどのようなものがあるのか、といったことに限り明らかにすることができる。だが可能性の有無や可能性の程度を考慮したとしても、価値を先に定めたり価値の枠組みを設定したりしないのでは、上の問題に対して実証主義は評価する術がない[13]。

ビアードだけがこうした立場にあるのではない。C・I・スチーブンソン、ジョン・ホスパース、E・C・エウィン、バートランド・ラッセルは、倫理的決定に達するためにとるべき具体的なプロセスについては合意していないが、一般に科学的方法が、ある程度倫理的判断の過程において役立つとしても（この立場はビアードも同意する）、それだけでは不十分であるとした点で合意している[14]。

第二に、有効性についての重要な疑問が、批判的思考技能が測定されるテストのシチュエーションから生じてくる。一般に高度に構造化されたテスト項目は「科学的プロセス」の断片を評価するのに用いられる。試験として広く用いられる手段は、短文の多肢選択式テストで、個々バラバラの分析操作をそれぞれ測定するいくつかの部分テストに細かく分化されて編成される。例えば、生徒は前提となっている仮説について認識できるのかを判断するために、テストで一段落分の文章が与えられ、リストに挙げられた選択肢の中から考えうる仮説を選ぶように要求される。当然のことながら、実際の社会問題についての議論においては、批判的思考の様々な側面が相互に関係し合う。議論主体は当面の間、仮説については取り扱わず、例えば有効な推論を

第10章 生徒の資質能力を評価すること —先行研究の概観と筆記試験

めぐる問題に話題が移ったりする。また何人たりともいつがその仮説に疑問を投げかけるのに適切な時宜なのか明言することはないのが普通である。同じような理由から、構造化された多肢選択式テストの性質もまたリアルではない。議論の場でも静かに省察している場でも、人は単に多くの選択肢の中から選択するだけでは済まされない。彼らは自らの回答を組み立てなければならないのだ。

　批判的思考テストは一般的に、教師が生徒に各分析スキルを実際に適用して欲しいと望む状況や場面のいろいろな側面について侵害してしまっている。まず批判的思考テストは全てが筆記テストである。教室の外の「現実の生活」において私たちは、まず政治的なやりとりを机に座ってチェックしたり書いたりすることはないのであり、むしろ政治的プロセスの一部として他者との対話の中に実際に参加することが普通である。しかも、評価項目のいずれの主題も、しばしば防風用補助窓の広告だとか、部屋に適した色彩の選択だとかいった些細な事柄と関係づけられてしまい、重要な公的政治的な問いと関係づけられていないといったことも多々生じている。

　端的にいってこうしたテストは、公的問題を明確化したり判断したりするのに必要となってくる概念枠組みを実際に活用することになると思われるような文脈とは似ても似つかない文脈で行われてしまう傾向にある。次の、学校での人種隔離の問題について8学年の生徒グループが実際に交わした議論から抜き出した一場面を読むことで、よりはっきりと異議が申し立てられることになるかもしれない。

ドリス：最高裁は学校を統合するということを私たちに求めてくる資格はないと主張する人に対して、私はいいたい。あなた方が黒人に憲法の保障する権利を付与しようとしていないのは事実である。これが、黒人があなた方に学校統合を進めるべきだと主張する理由である。彼らはあなた方の学校制度を妨害しようとしているのではない。しかし、黒人は憲法の保障する権利、自然権を獲得していない。最高裁の決定はこうしたことを根拠にしているのだ。

ジェーン：最高裁には、何をすべきかをいちいち私たちにいってくるような権利はない。それは州の権利である。そして私は、学校は正しく運営されていると信じている。

ドリス：しかし憲法の保障する権利、黒人の自然権についてはどう考えるのか。彼らは等しく学校に通うという権利を有していない。

ジェーン：彼らには同じ学校がある。彼らはきちんとした学校を有している。

ドリス　：彼らはきちんとした学校なんて有していない。

ビル　：彼らに劣等感を感じさせているので、人種隔離は黒人にとって害であるというのは正しい。それぞれの学校が平等かどうかはここでは重要ではない。隔離というものは、いつも子どもに劣等感を感じさせるものなのだから。

ジェーン：最高裁はそうした決定をしたり、こうした一般化を行ったりする権利は有していないと思う。私たちの国の黒人にとっての学校は、白人にとっての学校よりもよいものである。あなたは考えを改めて、黒人はよりよい学校を持っているから、白人に対して優越感を抱いていると主張することだってできる。

　ドリスは三度、会話の中で先に主張したことへのエビデンス（証拠）に疑義を投げかける機会を示したのに、いずれにおいてもそうした証拠がジェーンから示されることがなかったことに注目してみよう。彼女はエビデンスをどのように扱ったらよいのかについては知っているが、いつそうした行動をとればよいのかについては分かっていないのかもしれない。またその結果ビルは、黒人の学校がどのくらいよい状態なのかという問題はここでは議論する妥当性がないことを主張したのに、ジェーンがビルの主旨を理解していないところにも注目してみよう。彼女は「問題を認識」する能力はあるのだが、それをこの場面で行っていく機会を逸していることに気づけていないのかもしれない。

　要点は次の二つである。

第10章　生徒の資質能力を評価すること ―先行研究の概観と筆記試験　259

(1) 評価手段の中には、批判的思考過程の様々な断片を評価しようと試みるものがあるが、そのいずれもが、弁論的枠組み（dialectical framework）の中での操作——例えば、二人の個人が①一般原理を述べ、②矛盾した事例を考慮しつつ一般原理に留保条件をつけ、③（権威者による信頼証明を含む）より信用のある証拠を持って留保条件のついた一般原理を擁護していく、というプロセスにみられる順序——に従っていける子どもの能力について評価をしていない。

(2) 生徒は筆記テストで優秀な成績を収めるかもしれないが、現実の場面で同じ操作を行う技量はないかもしれない。

　これら有効性をめぐる問題は、いくつかのテストが生徒にテストにおいて必要とされる操作方法を生徒に教授するために、テスト用の特別指導をわざわざ用いる傾向にあることによっても生じてくる[15]。テストをする場面以外のところでのパフォーマンスを予見するに当たって、そうしたテストの有効性を証明するものはほとんど明らかになっていないことも、この問題をより複雑なものにしている。

　有効性について最後に一つコメントしておこう。ヴェルマ・ラストと彼の共同研究者[16]によって実施されたある因子分析は、少なくとも二つの批判的思考テスト——ないしはこれらのテストと類似するテストのほとんど全て——がIQと同じくらい安定性のある一般的推論の因子に高度に負荷を与え合っていることを明らかにしている[17]。この研究報告書の補助資料の中で示された調査結果は、この研究資料を裏づける傾向にある。これらのテストは学習成果を測るテストとしてよりも、生徒たちの概念的分析のプロセスを学ぶための潜在能力を示そうとするものとして捉えた方がよいのかもしれない。

　ここまで私たちが挙げてきた批判は、かなりの程度、これまで教師や研究者が学習到達度テストの有効性について挙げてきた不満を繰り返したものとなっている。公的論争問題の分析についての生徒の達成度を測定するためのより有効な方法を開発するに当たって、私たちはテスト作成の改良に向けてのいくつかの指針を作った。以下にそれを示そう。

批判的思考テストの改良に向けての指針

> A：生徒に分析されることになる問題の性質は、通常での問題事例よりも狭く解釈されなければならない。

広く多様な問題を分析するための基盤としての「批判的思考」の一般モデルを開発しようとすることは、野心的過ぎる。最低でも本質的に倫理的問題、科学的問題、審美的問題と、問題を大きく区分することについては考慮されるべきである。私たちの研究は、公的論争問題の倫理的意思決定の分析に焦点化しているが、またこれと対照的に、政治的プロセスの実証的分析にも焦点を当てている。

> B：分析技能を測定するに当たっての文脈はもっと注意を払って描かれるべきであるし、テストのシチュエーションは単純な多肢選択式の筆記テスト以上のものに広げられていくべきである。

テストのシチュエーションを思い描くに当たっては、以下の要素を考慮するべきである。なおこれらは熟考されねばならない代替案を十分に吟味したものではない。

(1) 生徒に対処が求められるメッセージの形式
　　一方方向の説得的伝達　vs.　双方向的対話
(2) 分析対象となるメッセージの内容
　　科学的決定　vs.　公的政治的決定　vs.　審美的決定
(3) 分析的抽象化のレベル
　　反論を組み立て評価していくために分析的概念の活用が求められる
　　　　　vs.
　　既存のメッセージを分析的概念の観点から分析することだけを求められる
(4) 構造化のレベル
　　回答を構造化することに反対する（生徒が答えを創造する）

第 10 章　生徒の資質能力を評価すること —先行研究の概観と筆記試験

　　　　　vs.
　選択肢をあらかじめ決定してしまう（生徒が事前に決められた回答から選択する）
(5) 対人関係の文脈（どこまで口頭でのやりとりを評価の状況の一要素とするのか）
　論争に参加するのではなく、論争の観察者として生徒は論争に対処する
　　　　　vs.
　生きた論争的状況の中で生徒は活動する（例えば口頭試問）

　この分析は、テスト作成上の選択肢をより合理的なものにしていくことを可能とする。私たちのテスト開発の試みにおいては、次のような決定をした。

(1) 対話をメッセージの基本形式とする。
(2) メッセージの内容は、公的政治的決定を扱ったものとする。
(3) 生徒に自分自身の直観に基づいて適切な反論を選んだり作らせたりすることや、論争的な対話を抽象的に分析することを求める測定法を開発する。
(4) 前もって構造化されたテスト、オープンエンドのテスト、非構造化のテストの三つを開発する。
(5) いくつかの測定では、生徒を双方向のやりとりに参加させ、その中で彼らの学びを解釈していくものとなった。

> C：評価されることになる分析操作は体系的に説明されなければならない。生徒はいつならその操作が首尾よく実行されることになるのかといったことだけでなく、いつその操作は問題という文脈に関係づけられたり適用されたりするのかについても認識するように求められなければならない。

「批判的思考」の構成要素を記述していこうという体系的な努力は、スミス、エニス、ドレッセル、メイヒュウ、そして 8 年研究の研究者を含む幾人かの研究者たちによって試みられてきた[18]。こうした試み、特に後者の二つの試みに関わる大きな問題は、具体的な分析操作と考察対象となる問題全体との不確かな関係にある。どのようにしてそれぞれの分析的断面を一つの一般的概念モデルへと結びつけていくのか。
　私たちは概念モデルの開発から始めたこともあり、そのアプローチはいく

らかだが前述した諸研究よりも「ホリスティック（全体論的）」であり、相互補完し合っている。本書の第2部で論じた公的論争問題を明確化する枠組み全体に基づいたテストを作成するという目標に向けて、私たちは分析領域を次の五つに集約した。

1. 問題の認識と識別

　論争的状況の中に多重に層をなす諸問題を識別する能力は、分析に向けての準備段階で必要となる重要な能力である。公的論争問題に向けた私たちのアプローチは、実証的もしくは事実的問題、価値的問題、定義的問題を区別するものである。こうした区別をする生徒の能力を推量するためのエビデンスは、少なくとも次の二つの行動形態を観察することによって獲得することができる。

(a) 生徒が正しく問題の性質にラベルをつけたり説明したりする。
(b) 生徒は論争問題の対処に正しい戦略を用いる。

　例えば、生徒がある特定の発言が単語の意味をめぐる問題を生んでいるだとか、対立する二つの事実主張のいずれが正しいのかについての問題を生じているというかもしれない。もしくは生徒が、この種の問題にはこの文脈においてその単語は一般的にどのように用いられているのかを明らかにすることで対処していくだとか、事件の報告書にみられる一貫性や矛盾を見つけ出すことや、信頼のおける観察者に聞き出すことなどで問題に対処していくというかもしれない。
　誤った戦略の活用については、次の事例を紹介しよう。

　　　二人の男が二階建てのビルに火災時の避難装置がないことが公衆衛生にとって脅威となるかどうかについて議論している。一方はそれが脅威であるといい、もう一方は脅威ではないという。そうした火災避難装置の欠如が原因の死亡事例に関する統計は利用できるのだが、この討論に

おいては利用されていない。

　こうした状況において、生徒は一般的に、論争を解決する方法は火災避難装置のないビルに出かけて実際を観察するか、統計をみてそういったビルが脅威であるかどうかを理解することである、と主張する。私たちの見解からすれば、人は、統計資料やビルをみるだけでなく、脅威という言葉がどのように使われているのかを確かめなければならないということになる。

2.「交差問題」の前提（仮説）を明確にする

　ある個別の問題を定義的、事実的、倫理的とカテゴリーづけするということは、複雑なプロセスへの最初のステップに過ぎない。識別される問題の全てに対して、人は同じ問題の中にある他の関連する諸課題について同意があるという（または同意があるかどうか疑問視されているという）無数の前提（仮定）を設定しなければならない。ある人が「連邦取引委員会は必要以上のテレビ広告を検閲している」といっていると想定してみよう。これに反論する人は、「そんなことはない」という。もしこの議論が続くならば、それは定義認識の食い違い（おそらくは「検閲」という言葉をめぐる）、事実認識の食い違い（こうした検閲が実際にあったのかをめぐる）、または価値認識の食い違い（政府は電波網上の情報の自由な報道に干渉するべきかどうかをめぐって）という形を取りうるだろう。しかしいずれの見解の不一致も、他の領域については同意がある（実際は疑問が投げかけられているかもしれないが）と仮定する傾向にある。この事例における価値認識の食い違いは、検閲は実現可能で実際に生じている――つまり一つの事実として――と前提（仮定）しているかもしれない。事実認識の食い違いは、一般的に、議論主題が「情報の自由な報道」と「共同体の福祉という利害関心からの政府の規制」という二つの価値の両方に関しての共通価値を有していると想定している。さもなければこれらは議論する価値を失う。定義的主張も、検閲は現在切迫した問題だとか、今行われているだとか、悪いことだと想定（仮定）しているかもしれない。

　実証的・定義的「交差」問題の重要な前提（仮説）を分析していくことは、

議論過程において特に重要である。なぜなら所与の論争的状況に関わる人の価値のコミットメントを抑圧する巧妙なやりとりの一つには、状況を説明する情報を歪めたり誇張したりすること、ないしは曖昧かつ誘導的な言葉を選んでそれを説明することにあるからである。

3. 異なる型の問題に合った戦略を認識して用いること

　ここまで説明してきた分析過程は、いずれも問題認識と識別に関わるものである。多くの議論を観察する中で私たちは、議論主体はしばしば一つの主張の多様な側面について体系的に扱うことを避け、「堂々めぐりの」議論をする傾向にあることに気づいた。以下はよくみられる推論の形態を例証したものである。

　　　南部の学校を隔離するべきではない。なぜなら、
　　　　人種隔離政策は悪いからである。さらに
　　　　南部の黒人は差別的な状況下で不当な扱いを受けている
　　　　よって、南部の学校を隔離するべきではない。

　分析的にみると、この推論の筋道は次のように記述できよう。

・政策決定は個別的な価値判断によって擁護される。(現実、ほとんど新しい情報が加わらない)
・これらの言明はどちらも支持されていない異論のある一般原理に従っている。
・この事例は最初の政策決定を繰り返すことで終結としている。

　このような思考形態は通常、問題にアプローチするには非効率な方法である。ある決定についての見解の不一致は、例えば、①文化についての一般的諸価値の観点からその決定を解釈し、②同じ価値が対立している類似した状況（アナロジー）を見つけ出すことで、個人がその問題についてより広い文

脈から理解できるようにし、③状況Aでの決断を状況Bで変えたとして、決断変更の原因となった類似した状況A・Bにみられる差異を認識し、④想定された差異が実際に注意深い吟味に耐えられるかどうか検証することの方が、よりよく明確化されるかもしれない。もしこの差異が注意深い吟味に耐えられないなら、個人は自身の決断を変えることもできるし、単に自身の主張の一貫性のなさを受け止めることもできる。定義についての食い違いは、その言葉が一般的にどのように用いられてきたのかを実証的に判断することによって、また単語についてのある特定の活用が曖昧さや混乱を避けることになるかどうか実用的に検証することによって、そして個々の文脈におけるその単語の活用についての規定同意（stipulative agreement）を探ることによって、アプローチすることができる。もしくは、その用語は目的事項、出来事、人間に適用されるべきかという問題に関わってくるなら、カテゴリーを用いた推論のプロセス（例えば、目的事項、出来事、人間が、用語の定義にとって必要不可欠と考えられている基準に合っているのか、またそれゆえにそのカテゴリーに置き換えられるべきなのか判断すること）によって、定義についての食い違いにアプローチできる。

　ここで示された戦略は、それが完全だということを意味するものではない。要点は、ある種の問題にはある種の戦略が適切であり、別の戦略では駄目である、ということである。そしてもっと重要なことは、問題解決の戦略を明確にしていくことの方が、議論主体が単に決断を正当化してこうとする中で無頓着に、そしておそらくは何ら無関係な発言をする場合よりもずっと討論主体を焦点化と体系的分析とに導いていく傾向にある、ということである。

4. 共通の弁論的操作の認識と活用

　公的論争問題の分析過程において、私たちは主に三つの見解の食い違いに対処していくための戦略に共通する思考形態を確認してきた。その思考形態にみられる本質的操作は次のように説明されるのかもしれない。

(a) 一般化

　何が善か、正しいか、有益か、ということについての一般的言明を、善、

正しい、有益と思える具体的事例から導き出すこと。
(b) 具体化
　一般的言明が善、正しい、有益だとして保持される（または保持されない）事例を指摘することで、一般的言明を擁護、詳細説明（または矛盾の指摘）をすること。
(c) 留保条件をつける
　一般化における例外事例、つまりその一般的言明と関わりがあるのに、事実、価値、定義のいずれかに矛盾がみられるものについて考慮していくこと。次がその一例である。

発言A：「人種隔離撤廃は南部の黒人の教育を改善するだろう」
　（発言した個人は、この一般的言明は真実として保持されると彼に思わせるだけの具体的な事例について知っている、ないしはどこかで権威のある情報元からこうした発言を耳にしたと想定されるのであり、それゆえにこの発言は一般的に正しいと信じている。これは一般化の一例である）
発言B：「確か、黒人への教育といったものは、リトルロック中央高校が学校統合した１年目に改善されたのでは。」
　（この発言は、発言Aの一般的言明が事実として保持しえないと想定されるような状況についての事例を示すものである。それは「具体化－矛盾」というプロセスの一例である。）
発言C：「共同体の教育について注意深い計画が実行されてきた場合、また共同体がそうした計画への備えがなされている場合、統合された学校は黒人にも白人と同じようにより良質の教育をもたらす。」
　（この発言は、一般的言明に留保条件を加えることで発言Aを修正し、そのことで発言Bの中に具体化されている矛盾した事例に考慮しようとしている。）

　これらの、具体から一般を引き出すこと（一般化）、次に一般的言明についての具体的な検証事例に再び戻ること（具体化）、そして矛盾や例外事例を考慮した一般的言明を再表明すること（留保条件をつける）、このプロセスは三

つのタイプの問題（価値的問題、事実的問題、定義的問題）の全てに適用される。そしてこれらの諸概念は、問題の形式を超えた弁論の一つの戦略モデルを提供する。留保条件づけされた一般原理へと達するこのプロセスは、反省的思考についての私たちの定義の一つの重要な側面となる。

5. 妥当性の問題についての認識

　妥当性の問題は、次の二つの視点から吟味することができる。

・議論全体としては妥当なのはどの発言か。
・議論の特定のポイントで妥当なのはどの発言か。

　議論全体も議論の特定のポイントも、トピックによって主に設定された一つの文脈を有している。適切な政治的・倫理的枠内にあるにもかかわらず、誤ったトピックに基づいているなら、その発言は明らかに妥当ではない。議論それ自体の中で、その議論一般とは関わりがあるかもしれないが、前の発言とは何ら無関係な発言といったものがある。例えば議論の中心問題はその時、黒人と白人との間には実際にどういった行動の違いが存在するのかといったところに傾いていたとしよう。この問題があらゆる意味で解決するよりも前に、何者かがそうした行動の違いは文化的に条件づけられたものなのか、それとも生来のものなのかという疑問に話題を移そうとするかもしれない。この問いは議論全体としては妥当なものなのかもしれないが、議論のこの場面では適切とはいえないかもしれない。というのも、それは問題の分析を直接的かつ即時的に妨害しているからである。

実験版の測定法

　公的論争問題を分析する生徒の資質能力（コンピテンス）を評価しようという試みの中で、私は四つの実験的な測定法を開発した。それらはいずれも同じタイプの資質能力を評価するものであるが、それぞれテストのシチュエー

ションが異なる。四つのテストは全て「社会問題分析テスト（Social Issues Analysis Test: SIAT）」と名づけられ、その複雑さの順番で番号が振られた。SIAT No.1 と No.2 は筆記テストであり、本章で議論されることになる。SIAT No.3 と No.4 は口述による議論の内容分析を含むもので、次章（第 11 章）で議論されることになる。

SIAT No.1：議論分析テスト

　SIAT No.1 はあらかじめ構造化された多肢選択式の筆記テスト群からなるテストである。SIAT No.1 の目的は、議論において生じているいくつかの知的操作を選び出し、それについて生徒がどこまで認識しているのかを評価することにある。テストのサンプルを**表 2** にて示すが、これは本テストの形式と性質をよく表している。このテストは、このテストが基盤としている概念的枠組みが狭すぎたり、専門的用語で表現されてしまったりすることで、知性のある十分に教育を受けた人たちですら理解する見込みのないものになってしまわないか判別するために、ハーバード大学で社会科教育の学術修士課程（Master of Arts Teaching）に所属している大学院生を対象にプレテストが行われた。**表 3** は第一回目の試行の際の結果をまとめたものである。私たちは、このテストの用語は特に専門的過ぎるということはなく、概念的枠組みもそこまで特異なものにはなっていないことは明らかなように思っている。成績の芳しくなかった質問項目に見られた表現の曖昧さの原因はすぐに確認され修正された。大人の判断でほぼ完ぺきな合意を得るところまで特定の質問項目を修正するのには、1、2 回の修正で十分だった。

　109 人の 8 年生の生徒をサンプルに SIAT No.1 の信頼度を見積もったところ、.81 だった。これはシルバーマン・ブラウン公式によって修正された折半法の見積もり値である。このテストは補論において示されている実験カリキュラムをひと通り受講した後の生徒に実施されたものであることには注意するべきである。テストはわずか 20 個の質問項目しか含んでいないが、これは読解時間が必要になったからである。とはいえ、実質的に質問項目を増やすことは実際的といえ、その方が個人の得点についても意味のある解釈ができるところまで信頼度も高まるだろう。

表2 SIAT No.1の質問項目のサンプル

労働組合についての議論
ジョー：労働組合は結成当時はよかったが、今や堕落し、不公正だ。組合は禁ずるべきだ。 マイク：君は、組合は堕落し不公正だと、どうして思うのか。 (i) ジョー：トラック運転者組合で何が起こっているのかみてみよ。ここ２、３年で最も大物指導者二人が組合の金を盗んで有罪になったじゃないか。 (j) マイク：銀行員が銀行の金を横領して捕まることがよくあるが、そのような不正直な行員を取り締まるために、銀行を廃止しろとは、誰もいわない。 【ここで問10に答えよ。】 ジョー：それは別だ。銀行は欠かすことができない仕事をしており、銀行なしではわれわれはやってゆけない。 (k) マイク：多くの労働者たちは、労働組合は自分たちの福祉に欠かせないと感じている。その証拠に、無責任な雇用者による働かせすぎや低賃金労働というものがない。 【ここで問11に答えよ。】 (l) ジョー：しかし、一旦労働組合が組織されると、組合は工場経営全体に要求を出そうとする。例えば労働者にいくら払うか、いつ休日を与えるか、労働時間をどれだけにするか、不景気のときに誰を最初に解雇するか、といったように。労働組合は自由企業の考え方全体に、そして資本家が労働者と契約を結ぼうとする権利に反するものだ。 【ここで問12に答えよ。】

上の討論に基づいて、以下の問いに答えよ。
問9. (i)のジョーの発言は、討論の中でどのような役割をなしているか。
　a. 事実や主張を支持する事例を挙げている。
　b. 定義が不十分であることを示す事例を挙げている。
　c. 論争におけるマイクの立場をはっきりさせる必要を示している。
　d. 定義を指示した入り、例示したりする事例を挙げている。
　e. 論争における用語や文を明確にしている。
問10. (j)のマイクの発言は、討論の中でどのような役割をなしているか。
　a. 自分の考えを支持する価値を述べている。
　b. この議論における自分の考えを明確にし、限定している。
　c. 論争におけるジョーの立場をはっきりさせる必要を示している。
　d. 証拠が信頼できないことを示している。
　e. ジョーのこの直前の陳述にはもっと証拠がいることを示している。
問11. (k)のマイクの発言は、討論の中でどのような役割をなしているか。
　a. ジョーの主張には証拠が必要であり、またテストすることが必要であるということを示している。
　b. ジョーの陳述は真実ではないということを示している。
　c. すでに成された条件づけが十分ではないということを示している。
　d. 事実や主張を明確にしたり限定したりしている。
　e. 討論の中で、より一般的な考えをとっている。
問12. (l)のジョーの発言は、討論の中でどのような役割をなしているか。
　a. 重要な価値が侵害されていることを述べている。
　b. 論争の中の言葉やフレーズを明確にしている。
　c. 事実や主張の信頼性を支持する情報源を与えている。
　d. マイクが矛盾する二つの価値観を持っているということを示している。
　e. 論争におけるジョーの考えを明確にしている。

※　正解は、問9＝a、問10＝c、問11＝c、問12＝a

表3 SIAT No.1実験版を社会科教育専修の大学院生(1年生)が回答した結果

議論の主題	質問項目・選択肢・回答数			
宇宙開発競争	1. a. b. c. 24 ※ d. e.	2. a. b. 23 ※ c. d. e.	3. a. 13 ※ b. c. 2 d. 2 e. 6	4. a. b. 4 c. 1 d. 17 ※ e. 2
労働問題	1. a. 23 ※ b. c. d. 1 e.	2. a. b. c. 17 ※ d. 1 e. 6	3. a. 5 b. 5 c. 14 ※ d. e.	4. a. 21 ※ b. c. 1 d. 1 e. 1
アメリカの共産主義者	1. a. 2 b. 2 c. 20 ※ d. e.	2. a. b. c. 1 d. 23 ※ e.	3. a. 3 b. 1 c. d. e. 20 ※	4. a. b. c. 2 d. 22 ※ e.
政府のドラッグ規制	1. a. 2 b. c. d. 1 e. 21 ※	2. a. 1 b. 14 ※ c. 5 d. 1 e. 3	3. a. 1 b. 20 ※ c. 3 d. e.	4. a. 24 ※ b. c. d. e.
アレグリア・リベルス	1. a. 1 b. 23 ※ c. d. e.	2. a. 20 ※ b. c. d. e. 4	3. a. b. c. d. e. 24 ※	4. a. b. 1 c. 21 ※ d. 2 e.

※＝筆者が正解と考える回答

SIAT No.2：議論の記述と反論テスト

　SIAT No.2 もあらかじめ構造化された多肢選択式の筆記テストである。その目的は、議論の中身を（そこで生じている知的操作と対比させて）どこまで生徒が認識できているのか、そしてその対話内の発言に対抗していくために用いられる最善の反論を選ぶ生徒の能力、この二つを評価することにある。SIAT No.2 の一つである「労働」を扱ったテスト（**表4**）は、このテストの一般的形式を例証するものである。パートAは主張や議論を上手くまとめた言

明を生徒に選ばせるものである。この目的はどの程度生徒が議論中の主要問題に目が向いているのかを見極めることにある。パートBは生徒に対立した形で表現された議論の要約について評価することを求めている。ここでの言明の中には、一般的価値レベルでの議論が取り上げられており、また二つの価値が相互に対立している。再度生徒は、どの価値がその議論と関わりがあるのか、そして議論を解釈するのに用いられるのに最適な価値はどれかを判断するように求められる。パートCはより具体的なレベルでの議論を把握する生徒の能力を測定することを意図したものである。パートDもパートCと似ているが、生徒は新しい情報が議論中のどちらのサイドに関わりのあるものなのか（もしくは両方に関係しないのか）判断せねばならない点が異なる。

　パートEは最も重要なセクションであり、SIAT No.2 の約半分を占めている。この部分についてより詳しく説明するに当たって、質問項目13に注目してみよう。複数の選択肢を評価するに当たって、生徒は二つの問いかけをすることで分析することができる——「議論におけるこの場面はどんな問題に論点が集中しているのか」「ここでの意見の食い違いを明らかにし、解消するのに最も適切な戦略はどれか」。分析は次のように進んでいく。選択肢aは一般原理を擁護する具体的な証拠、または過度な一般化をおそらく図ってしまったと思われる部分に留保条件をつけることを求めている。私たちの見解では、この選択肢の発言内容は、疑問を投げかけられている一般原理がここでの議論の重要な構成要素であるという理由から、妥当であると考えられる。選択肢bの発言内容は議論相手がとるはずのない立場を根拠に議論相手を非難している。加えてジョンが拠って立っているとされて非難されているその立場は、曖昧かつ偏見を帯びた言葉で語られている。選択肢cの発言内容は、議論一般において重要な知的操作であるが、ここでの主張としては不適切である。「財布」の定義をめぐっての論争は明らかに存在していない。選択肢dの発言内容も重要な知的操作ではあるが、選択肢cと同じく、議論のこの場面では妥当ではない。誰も会社の利益によって労働者の財布がどの程度影響を受けるのかといったことについて議論などしていない。選択肢eの発言内容は「ギャング」という言葉の定義を明らかにすることを求めてお

り、ディックは自らの主張においてこの言葉をいい加減に用いている。この発言内容は議論のこの場面において重要となる疑問を投げかけることになり、この内容は妥当である。このように、最も道理にかなった回答は、a と e である。

SIAT No.2 の全体にみられる特徴が、その解釈を困難にしてしまう傾向にある。なぜなら、得点でしか評価できないからである。（17個の質問項目のうち）七つの質問項目は主に読解理解に基づくものである。五つの質問項目は多様な事実的言明と議論内の二つの立場との関連性を認識する能力に基づいている。残り五つの質問項目は先の段落で紹介されているものであり、議論を直観的かつ明瞭に分析する能力や、反論の発言内容が意見の食い違いに対して直接的かつ即時的に妥当であるのか判断する能力をみようとするものである。このテスト全体で求められている三つのタイプの能力は、段々と難解さや複雑さのレベルが上がってきており、高得点は生徒がこの三つのレベル全てで満足な能力がないと達成されえない、というのが私たちの当初の仮説であった。私たちの現在の判断は、SIAT No.2 は総得点の産出も特定の能力に基礎を置いた部分点の産出も、「もっと鋭敏な」評価手段を開発することの方がより健全な実践となるというものである。例えば SIAT No.1 の方が SIAT No.2 よりずっと鋭敏な焦点を有している。

表4　SIAT No.2　労働者のリーダー（L）

次の会話を注意深く読んで、それに基づいて質問に答えなさい。解答に際して、必要ならいつでも会話文を見直してもよい。

ジョン：　最近の労働者について、何か読んだかい。労働者は、労働組合に何百万ドルも取られただけで、その見返りは頭痛とストだけだとさ。
ディック：だから君は労働者の敵なんだ。労働組合は労働者に適切な休息を与える方法を見出したから、君たちは労働組合が嫌いなんだな。
ジョン：　私は労働者の敵ではない。労働者の長い間の苦労も知っているし、労働組合がかつては労働者を助けるために努力したことも知っている。でもそれは昔のことで、今や労働者の財布を追い求める連中に牛耳られている。
ディック：労働組合が弱体化すれば、資本家は労働者の権利を奪うだろうと専門家はいっているよ。

ジョン： よく考えてみよう。労働者の生活は昔よりよくなっている。もう25年も前には敵は消滅しているんだから、いつまでも銃を振りかざして敵に向かうための組合指導者など必要ないだろう。今、必要なのは労働者を搾取する組合指導者をなくす法律だろう。
ディック：それで分かった。君は業務をうまく進めうる組合まで議会に禁止させたいんだ。君のような連中は、何かあるとすぐに政府を頼るんだ。私たちは皆、労働者が適切な休息を得るのにどれほど苦労したか、そして組合こそがその唯一の途だったことを知っている。
ジョン： 政府の援助ということについて話そうじゃないか。君は賃上げや時短などの法案には反対していない。私は、組合がおかしな連中に占拠されたなら、議会が乗り出すべきだといっているんだ。
ディック：君のいうことが当てはまる組合も、二、三あるかもしれないが、君は、禁止するべき本当に重要な組合の名を挙げられるか。
ジョン： もちろんだ。トラック運転者組合、港湾労働者組合、製鉄労働組合などなど。大きな都市の新聞をみれば、このように堕落した組合のことは、どこでもみつかる。
ディック：いずれ君がトラック運転者組合のことを持ち出すだろうと思っていたよ。君は、昨年彼らと論争して以来ずっとそう思っていたんだろ。誰もが公正と考える組合についてはどうだい。
ジョン： 公正な組合をみつけるというのは、野球で人目につかないところをみつけるようなものさ。
ディック：ゴム工場労働者、自動車工場労働者など、ほかにもたくさんあるだろ。
ジョン： 他の組合よりも不正をうまく隠している組合もある。もはやわれわれは、このような金を搾り取る連中に我慢はできない。不正な組合指導者が常に正直でなかったからといって、何百万人の労働者が組合を組織し、加盟する権利を奪ってよいということにはならないだろ。
ディック：本当に組合を組織したいと思っているのは、うまい汁を手放したくない利己的な組合指導者じゃないのかね。君は、私が労働者の権利を奪いたがっているといったが、そこがおかしいんだ。私は、何百万という労働者の権利を奪うのではなく、取り返したいんだ。
ジョン： そうか。君は労働者が自由に加盟し、支持してきた労働組合を法律で禁止することによって、彼らに権利を返そうというのだね。

パートA：論争は次のどの疑問に関してなされているか。

問１．a. 現代の労働組合は、事業、産業、大衆にとって有益か。
　　　b. 多額の費用がかかり、堕落した指導者がいる現代の労働組合は、労働者にとって本当に有害なのか。
　　　c. 労働組合やその指導者に対して労働者が反抗する正当な理由はあるか。
　　　d. 労働組合自体を解体せずに、不正直な指導者を労働運動から排除することはできるか。
　　　e. 政府が立ち入って労働者を保護しなければならないほど、現代の労働組合は労働者に害を与えているのか。

パートB：ジョンとディックは正しいことと正しくないことについての大切な考え方において意見が一致しない。二人の考えの不一致を最もよく描いているのは、次のどの陳述か。

問2．a．労働者の利益のために政府は組合に介入し統制すべきか、あるいは組合に不正が起こる危険があったとしても組合の自由を許すべきか。
　　　b．労働組合が労働者のためになることをしうるのであれば、少々の暴虐や不正を許して組合を存続させるべきか、あるいは、労働者にはあまり恩恵が無くても民主的な組合にするべきなのか。
　　　c．組合員のために成しうること全てをしていないとしても、その労働組合をそのままにしておく方が、変革しようとして解体の危機にさらすよりはよいのか。
　　　d．労働組合の不正直な指導者には、将来のまともな運営を期待するよりも、現在、組合に何らかの利益をもたらさせる方が良いのか。
　　　e．組合は、組合員の賃金引き上げに強力でかつ独裁的であるべきなのか、あるいは政府の干渉と統制を回避するために公正であるべきなのか。

パートC：問3から問7は、論争の中でジョンがいったこと、ディックがいったこと、どちらもいったこと、どちらもいわなかったことである。ディックの発言ならD、ジョンならJ、どちらもいったか、もしくはどちらもいわないかなら「答えられない」と書きなさい。

問3．労働者は労働組合に属することによって得る利益よりも被る問題の方が多い。
問4．労働組合がなければ、労働者はより低い賃金、より悪い労働条件になる恐れがある。
問5．結成当初の労働組合の目的は、労働者と資本家の双方から可能な限り多くのものを獲得することであった。
問6．政府は労働者を援助するべきである。
問7．労働組合はもっと厳しく統制されるべきである。

パートD：問8から問12は、真実と考えられることである。これらの陳述が論争の中でなされるとしたらどちらの立場を支持するか。ディックならD、ジョンならJ、どちらの立場も支持しないなら「答えられない」と書きなさい。

問8．強力な労働組合に属する労働者の方が、組合に属していない労働者より、一般的に賃金が高い。
問9．1958年から1959年の間、マクレアン上院議員の指導のもと、上院非合法活動委員会は、いくつかの大きな組合が犯罪歴のある者をたくさん組合役員としていると公表した。
問10．多くの製鉄所労働者は、2、3年ごとにストライキを行うことによる損失よりも、会社と協約を結ぶ組合から得る利益の方が大きいと感じている。
問11．ニューイングランドの多くの繊維会社が南部に移転したのは、組合員を雇用したくなかったからである。

第10章　生徒の資質能力を評価すること —先行研究の概観と筆記試験　275

問12. 1974年、ストライキが国家の繁栄と安全を脅かすならば、大統領は8日間ストライキの中止を命じることができるというタフト・ハートレー法を議会は制定した。

パートE：問13から問17は、議論の中で二人が述べたことである。もしあなたが議論に参加していたならば、なすであろう最適な発言をふたつ選びなさい。最良の発言とは、不同意を明確にするか、何らかの合意に向けて議論を動かすものである。

問13. 今や、労働組合は労働者の財布を追い求める連中に牛耳られている。
   a. 君は、すべての組合が不正直な指導者の下にあると思うのか、それとも何らかの特定の組合のことを考えているのか。
   b. 君は、ギャングを弱き者に公正な機会を与えようとしているものと定義している。
   c. 労働者の財布ということによって君がいわんとしていることを正確に説明してくれ。
   d. 君は、労働者の財布が会社の利益に左右されるという、どのような証拠を持っているのか。
   e. 君は、組合の指導者たちが実際に法律に違反しているというのか。
問14. もし労働組合が弱体化したらなら、資本家は労働者の権利を踏み躙るだろうと、労働問題の専門家は誰でも言う。
   a. それは労働組合について語る時にどういう考えを持っているか次第だ。
   b. 労働者が属している組合が微弱か強力か調べてみよう。
   c. 資本家たちは十分に道理をわきまえており、他人を踏み躙るなんてありえないということが証拠で分かる。
   d. 微弱な組合に属する労働者が、強力な組合に属する労働者より、低賃金で劣悪な労働条件であることを調べてみよう。
   e. そのようなことをいう労働問題の専門家とは誰か。
問15. もう25年も前には敵は消滅しているんだから、いつまでも銃を振りかざして敵に向かうための組合指導者等必要ないだろう。
   a. 組合は、弾の入った銃のような強力な武器は持っていない。
   b. 君の表現でいえば、会社の所有者や経営者は「敵」かもしれないが、彼らはどのようにして「消滅」するのか。
   c. 組合指導者たちは、犯罪者のように扱われたので銃を使わねばならなかった。そしていまだにそのように扱われている。
   d. 君が、組合指導者を弾の入った銃を持つ者のようにいうのは、不公正な例えだ。
   e. 組合指導者たちの名前を調べても何にもならない。
問16. 大きな都市の新聞を見れば、このような堕落した組合のことはどこでも見つかる。
   a. 私は、間違った新聞を読んでいるんだろう。
   b. これらの新聞でそのような記事を探してみようじゃないか。

c. これらの大新聞は販売数増加だけをねらっており、それが組合に対するこのような攻撃の理由になっているという証拠はないか。
　　d. これらの新聞はどのように報じているのか。
　　e. 大新聞とそうではない新聞の区別をはっきりさせよう。
問17. 何人かの組合指導者が常に正直でなかったからといって、何百万人の労働者が組合を組織し、加盟する権利を奪ってよいということにはならないだろ。
　　a. 私たちが現在の労働組合について知っていること全てを考えればこれ以外の結論は考えられない。
　　b.「何人かの」という言葉の解釈が、君と私では違う。
　　c. 労働者がもはや自身の権利を守れないなら、政府が介入して守るしかない。
　　d. 労働組合指導者たちが常に正直というわけではないと発言すること自体、君が組合は規制すべきものと認めていることを示している。
　　e. 政府が介入すれば労働者の権利が侵されるというなら、君はそれを私に証明せねばならない。

※ 正答は問1=e、問2=a、問3=ジョン、問4=ディック、問5=ジョン、問6=答えられない、問7=ジョン、問8=ディック、問9=ジョン、問10=ジョン、問11=ジョン、問12=答えられない、問13=a, e、問14=d, e、問15=b, e、問16=b, d、問17=b, e

　SIAT No.2 においては四つの形式のテストが開発されてきた。それぞれが異なるトピックを扱っている——「労働者のリーダー（L）」「人種統合（I）」「核の放棄（F）」「教育（E）」。SIAT No.1 と同様にこのテストもハーバード大学の大学院の学生を対象にプレテストをした。そして補論で調査結果の一部を報告しているように、実験カリキュラムを学ぶ前の109人の7年生に対して1959年秋に四つの形式全てが実施され、また実験カリキュラムを2年間実施した後の1961年の春にも再度実施した。各形式のテストの得点間の相関はテスト実施の都度データとして算出され、また各実施時における同じ形式のテストの得点間の相関も算出された。相関係数もまた、二つ以上の形式のテストの得点を複合した得点で算出された。

　表5はこれらの相関を示したものである。一般的に信頼度の見積もりとしてみた時の相関係数は相対的に低い。例えば1959年秋に実施された「労働者のリーダー（L）」テストは、同じ時に実施された残り三つのテストとの相関が、わずか.26、.35、.45にとどまる。これらの係数がスピアマン・ブラウン公式で修正されるにしても（テストの景色のペアとしての得点が実験

第10章 生徒の資質能力を評価すること —先行研究の概観と筆記試験 277

表5 SIAT No.2の1959年9月実施の結果と1961年6月実施の結果との主題別の相関(109人の中学生を対象)

		1	2	3	4	5	6	7	8	9	10	11	12	13
1. L	'59													
2. I	'59	.26												
3. L&I	'59	.75	.78											
4. L	'61	.52	.23	.43										
5. I	'61	.43	.14	.28	.47									
6. L&I	'61	.52	.21	.39	.85	.79								
7. F	'59	.35	.32	.36	.49	.34	.44							
8. E	'59	.44	.33	.47	.47	.35	.41	.52						
9. F&E	'59	.45	.41	.53	.53	.39	.47	.88	.83					
10. F	'61	.47	.24	.41	.48	.49	.50	.43	.44	.45				
11. E	'61	.23	.07	.16	.37	.25	.33	.27	.23	.25	.35			
12. F&E	'61	.44	.20	.35	.53	.47	.52	.44	.42	.43	.86	.78		
13. 全部	'59	.71	.59	.83	.53	.39	.48	.67	.73	.82	.57	.28	.53	
14. 全部	'61	.58	.25	.45	.78	.73	.85	.51	.48	.53	.78	.63	.87	.60

(注:L=労働、I=人種統合、F=核の放棄、E=教育)

変数として用いられるのであれば、それは適切であるのだろうが)、まだ議論の余地がある。テストを行う期間を長く空けると、実質的に信頼度が増す。LとIの複合形式(1959年秋実施)は同時期に行われたFとEの複合形式と、.53の相関であり、また1961年春に行われたFとEの複合形式とでは、.52である。もしこの二つの複合形式が結びつけられて一つの実験変数を生み出すのなら、これは本質的に信頼度についての折半法による見積もりとなる。スピアマン・ブラウン公式による修正後、これらの見積もりは.69と.68にまで増え、いずれも調査目的の適性に近くなる。実際、四つの形式が結びつけられて一つの得点となり、この1959年実施分と1961年実施分との相関を算出してみると、係数は.60となる。二つの実施の第に2年間という時間が過ぎていることを考慮するなら、その

関係性は非常に高い。

結論

　従来の批判的思考テストへの私たちの批判点を踏まえるに、SIAT No.1 と No.2 は、本章の前半で簡潔に概観したいずれのテストよりも著しく改良したものとなっている。これらは全ての問題に適用できるという前提にある「一般的な」推論モデルに基礎づけられたものではなく、政治的論争問題の分析という観点から整理され、注意深く道理づけられ明確化された反省的思考モデルに基礎づけられたものである。いずれの質問項目も、価値的、事実的、定義的議論に対処する際の資質能力に関与したものである。いずれも公共政策に関する対話の文脈の中で設定されており、生徒は適切な反論となる言明を選ぶことだとか、論争的対話に対して抽象的分析を行うことだとかが求められる。加えて、いずれのテストも知的操作が孤立したもの（例えば一連の質問項目が「推論」というラベルづけをされて、専らその概念だけ取り扱う時のように）にはなっていない。つまり生徒たちは同時に複数の知的操作を考慮することが求められているのである。中身のある主張や反論となるような発言を示すことで、SIAT No.2 は対話についての上手い分析が拠り所にしているかもしれない諸概念を生徒に語らずに済むという追加の利点もある。

　だがどちらの測定も前もって構造化された選択肢を用いており、また生徒は対話に対して間接的にしか関与できない。これらの課題に対処していこうと試みる時、私たちはテストのシチュエーションとしてオープンエンドな会話という方向に向かうことになり、生徒の回答を定量化するための体系的な内容分析を活用することになる。次章は、多少なりとも新しいタイプの評価（の開発）に向けての私たちの追究について取り上げることにする。

註

1　次の論文を参照のこと。McKeachie, W. I. Problems and Perils in Controlled Research in Teaching, in Steinberg, Erwin T. (ed.), *Needed Research in the Teaching at English,* Cooperative Research Monograph No. 11, US. Department of Health, Education and Welfare, 1962, pp. 66-

第10章 生徒の資質能力を評価すること —先行研究の概観と筆記試験

67.

2 研究で出くわすこうした諸問題については、例えばマシャラスの次の研究を参照のこと。Massialas, Byron G. (ed.) *The Indiana Experiments in Inquiry: Social Studies* (Bloomington: Bulletin of the School of Education. Indiana University, 1963), vol. 39, No.3.

3 グレイザーらの次の報告書の中の古典的な実験に用いられている。Glaser, Edward M. *An Experiment in the Development of Critical Thinking* (New York: Teachers College, Columbia University, 1941; test published by World Book Company).

4 Smith, Eugene R., and Tyler, Ralph W. Appraising and Recording Students Progress, Vol. III, *Adventure in American Education* (New York: Harper & Row. Publishers, 1942), p. 19.

5 論理的推論テストとデータ解釈テストはいずれも、次の会社が出版している。The Educational Testing Service, Princeton, N.J., Cooperative Test Division, 1950.

6 Dressel, P. L., and Mayhew, I. B. *General Education: Explorations in Evaluation* (Washington: American Council on Education, 1954).

7 American Council on Education, Cooperative Study of Evaluation in General Education, *A Test of Critical Thinking in Social Sciences* (Washington: American Council on Education, 1951).

8 American Council on Education, Cooperative Study of Evaluation in General Education, *A Test of Critical Thinking, Form G* (Washington: American Council on Education, 1952).

9 Chicago: Science Research Associates.

10 Smith, D. O., and others, *Teaching Critical Thinking*. Urbana: University of Illinois Press, in press.

11 Ennis, R. H., and Milman, J. Cornell, Critical Thinking Test（謄写版）

12 このレビューを主に担当したのはハロルド・バーラックであり、ここで示されているテストの議論の多くは彼の評価に基づくものである。これらの測定法のレビューの完全版は次の著書を参照されたい。Oliver, D. W., and Shaver, J. P. *The Analysis of Public Controversy*, chap. 10.

13 Beard, Charles A. *The Nature of the Social Sciences* (New York: Charles Scribner's Sons, 1934), pp. 171-172.

14 Hospers, John (eds.), Readings in Ethical Theory in Sellar, W. E. and Hospers, John. (eds.), *Readings in Ethical Theory* (New York: Appleton-Century. Crofts, Inc., 1952), p. 120; Hospers, John. *An Introduction to Philosophical Analysis* (New York: Prentice-Hall, Inc., 1953), p. 494; Russell, Bertrand. The Elements of Ethics, in Sellers, W. E., and Hospers, John. *Readings in Ethical Theory* (New York: Appleton-Century-Crofts, Inc., 1952), p. 8; Stevenson, Charles L. *Ethics and Language* (New Haven, Conn.: Yale University Press, 1944), pp. 113-114.

15 ワトソン・グレイザー式批判的思考評価は特にこの傾向がある。

16 Rust, Velma I., Jones, R. Stewart, and Kaiser, Henry F. A Factor-Analatic Study of Critical Thinking, *Journal of Educational Research* (1962), vol. 55, p.258.

17 この二つのテストとは、ワトソン・グレイザー式批判的思考評価とアメリカ教育会議の批判的思考テスト（形式G）である。

18 Smith, B. O., and others, op. cit. Ennis, Robert. A Concept of Critical Thinking, *Harvard Educational Review* (1962), vol.32, pp.81-111; Dressel and Mayhew, *op cit.*; Smith and Tyler, *op cit.*

第11章
生徒の資質能力を評価すること
——議論の内容分析

　前章で解説した二つの測定（SIAT No.1 と No.2）には共通点がある。というのもいずれも一つの議論を読み込んで分析することを生徒に要求しているのである。SIAT No.1 は討論形式で具体的な発言を示し、その後生徒に提供された選択肢の中から特定の発言にみられる分析的操作が何であるのかだとか、その応答によって論争相手に求められる分析的操作が何であるかを選ぶことが求められる。また SIAT No.2 は、その大部分において、議論になっている対話における発言に反論する応答について選択肢から評価することが生徒に求められる。SIAT No.1 と No.2 はいくつかの違いはあるが、次にあるような「批判的思考」の標準テストにみられる多くの難点を共有している。

(1) おそらく不自然でわざとらしく、人工的にすら思える断片化された会話に生徒は応じている。
(2) 対話の連続的な流れが単位（ユニット）に分割されて生徒に示されることになり、生徒の注意は、分析対象となるその特定の発言内容に方向づけられてしまう。
(3) いきなり生徒に妥当性について判断することを求められることのないように、重要な発言が分析のために取り上げられるだけでなく、さらに選ぶべき回答が与えられ、直ちに受け入れることのできる回答の範囲がその生徒に向けてあらかじめ定められてしまっている。

　端的にいって、客観的筆記テストのフォーマットは、省察的で体系的な方法で諸問題に接近していくための型や構造を与えている。すなわちこうした

テストは、おそらく生徒たちがすでに（誰かによって）認識された問題に対処するのに適切な分析的操作を知っているのかどうかといったことだけ判定するだろう。つまりこれらのテストは、おそらく生徒が関係のある、しかし構造化されていない場面でそうした操作を活用するのがどうかといったことを示すものではない。第10章で議論してきたSIATの二つの筆記テストは、通常の標準化された筆記テストと比して多くの要素でずっと現実的な状況の中での働きをすることを生徒に求めるものである。しかし1ページに収まるように設定された対話を基盤に、前もって構造化された複数の選択肢から選択するというやり方は、口述でのやりとりの中の一つの議論を分析することだとか、被験者が持つ分析的構造だけを頼りに議論の分析に参加することだとかいったこととは大きく違うという事実は残されている。

そのため、前もって構造化された筆記テストの諸課題に対処していくための一つの試みとして、生徒たちの回答を量化して分析するための一つの手段としての組織化された内容分析に頼りながらも、あまり構造化されていない場面での評価も試みることにした。分析対象となる行動として、口述による回答を扱うか、筆記での回答を扱うか、どちらかに決めなければならなかった。私たちは口述での回答を選択した。それには次の二つの理由がある。

(1) 実験用カリキュラム（補論の中で言及しているものである）は主に口頭でのやりとりにおける回答に影響を与えるように方向づけられたものであったこと。
(2) 表現の一つの手段として、書くという行為はおそらく生徒の自発的コミュニケーションを萎えさせてしまい、コミュニケーションの問題を増大させる。もちろん顔を向き合ってのコミュニケーションだって表現を制約してしまう側面はいくつも存在しているが、しかしこれは少なくとも幼児の時からすぐに実践してきた「最初に身につけた」技能である。

SIAT No.3 ── 記載された対話の分析

テストをする状況と「脱構造化」していこうという私たちの試みは結果として SIAT No.3 と No.4 の開発へと結びついた。SIAT No.3 は No.1 と同じく生徒には様々な形の見解の不一致を認識したり識別したりすること、そしてこうした不一致を異なる分析戦略を通じてどこまで最良の解明がなされ、また問題解決されるのかを示唆することが求められる。SIAT No.3 は個々の生徒に面接を行う。実際には次のような流れで実行された。最初に面接者は方針について読み聞かせをする。

　　私たちはこれから仮想の二人の人物ボブとドンの会話について読み聞かせをします。その後私はこの二人の意見の一致していない要点について説明するように求めます。またこの食い違いを明らかにしたり対処したりするのにはどうしたらよいのかを尋ねます。こうした食い違いの要点を分析するに当たっては、論争問題の分析の中であなたが学んだあらゆる批判的思考技能や知識を用いて挑戦してください。

この後面接者は一つの対話場面について読み聞かせていくが、この間生徒はコピーが手渡され、それを読み進めていく。聞き取りにおいて生徒はいつでも配布資料に目を通すことが認められている。**表6**は私たちの調査プログラムの中で用いられたテストのうちの一つのバージョンにおけるボブとドンとのやりとりを示したものである。この対話は、私たちの政治的論争モデルにおける三つの型（定義的問題、事実的問題、価値的問題）が含まれるように構成されたものである。表6の対話では、発言（3）と（4）に「団体交渉」という用語をめぐる実践上の対立が含まれている。また発言（5）～（9）はスピンドル氏がどのくらい定期的に被雇用者の団体交渉に応じているのかをめぐる事実に関しての見解の不一致があることを示している。これらの発言にみられる論争点はまた、「定期的」という用語の活用についての見解の不一致としても解釈されうるかもしれない。発言（10）と（11）は、賃金や労働

環境の決定において労働者たちはスピンドル氏のこうした決定をコントロールする権利や、所有権に対してどこまで代表者としての権利を有するのかをめぐる価値対立が含まれている。

「スピンドル氏のために働くこと」に向けての聞き取りのスケジュールは**表7**のように再生産されることになった。まずボブとドンの二人の対話の読み聞かせが行われた後、面接者は生徒に二部に分かれた質問群を投げかける。第一部の質問群は一般的な内容で、オープンエンド方式をとる。生徒は問題の形態について、ヒントだとか問題解決のための適切な戦略だとかいったものを与えられることなく対話を分析するように求められる。第2部の質問群はそうした対話の中でも具体的な見解の不一致がみられる場面に焦点を絞る。こうした構造化が図られる中で、生徒は対話上の各段落でどのようなタイプの不一致がみられるのか、そしてこうした論争の論点を明らかにしてその解決を図るにはどのように対処するべきなのかと尋ねられることになる。もしその生徒は発言群の中に含まれている論争の形態を識別できないでいるなら、その生徒には答えが示され、その後に再びその論争への適切な対応について尋ねられることになる。生徒にはヒントを与える必要がある時には、追加情報を与える。

表6　SIAT No.3「討論」場面

(1) ドン：私たちの工場の経営者であるスピンドル氏は、賃金や労働条件について私たち労働者と話し合おうとしないので問題だ。彼は団体交渉というものを信用していない。

(2) ボブ：いや、そんなことはない。彼はいつも木曜日の午後、2、3人の労働者を呼んで工場の状況について話し合っている。

(3) ドン：それは団体交渉ではない。団体交渉というのは、経営者が全労働者の正式の代表とする話し合いのことであり、ほんの2、3人の労働者との話し合いのことではない。

(4) ボブ：経営者が労働者グループと、その労働条件について話し合えば、それが団体交渉だ。これは、その最も単純な形だ。

(5) ドン：君がどのようなものを団体交渉と呼ぶのかを問題にしているのではない。問題は、スピンドルという老人は、普段は他人に会うことを嫌がっているわけではないということだ。

(6) ボブ：彼は先週の木曜日に労働者たちと面会している。

(7) ドン：彼が先月に労働者たちと面会したのは、その時が初めてだろ。

(8) ボブ：馬鹿な。彼は毎週定期的に労働者と面会していることを私は知って

いるんだ。
(9) ドン：どうして君はそんなことをいえるんだ。私は金曜日に四人の労働者と話をした。彼らは木曜日に面会したが、それはここひと月以上なかったことだといっていたよ。
(10) ボブ：スピンドル氏が定期的に労働者と面会しているかどうかがどうだっていうんだい。彼は工場の経営者なんだ。彼は、彼のために働いている連中と、彼の計画について何もかも話し合う必要などない。労働者は気に入らなければ辞めることだってできるんだ。
(11) ドン：労働者は、労働条件が悪いとか賃金が安すぎるとかいったことについて、どんな機会にスピンドル氏と交渉すればよいのか。労働者たちは自分たちの労働条件について、絶対、物申すべきだよ。

表7　SIAT No.3の聞き取りの計画

第1部
I　一般的質問 　A. ボブとドンの意見の食い違いはどこにあるのか。あなたならこれをどう解決するか。 　B. 他に二人の間に意見の食い違いはあるか。あなたはそれらを解決するために何か他に言いたいことがあるか。(面接者は生徒が他に付け加えることがなくなるまで、この質問について繰り返しなさい) 　C. この論争におけるいくつかの具体的な点について、もっと全面的な議論をしていきましょう。 「あなたは、すでにこうした具体的な点についての質問の回答として私に答えてくれたいくつかの事柄について、またこの後繰り返す必要が出てくるかもしれない。私がこれまで尋ねてきた質問に対してあなたは正しい回答をしていると感じているのであれば、すでに口にしたその事を再度繰り返し話すことをためらってはならない。」
第2部
II　定義的問題 　A. 問題文の発言(3)と(4)の中にみられる主な食い違いは何か。 　(もし正解したら、つまり生徒が「団体交渉」の意味や定義をめぐっての食い違いがあると指摘したら、Bに進むこと) 　(もし生徒が、何か言葉の意味をめぐって食い違いがあると答えたのであれば、次の質問をすること) 　・どのような言葉で見解の食い違いがみられるのか。 　(もし「団体交渉について合意ができていない」または「本当に団体交渉があったのかどうかについて合意ができていない」と答えたなら生徒に次の質問をすること) 　・彼らはどのような点で「団体交渉」について合意できていないのか。 　(もし正解できたらBに進むこと。正解できなければ、次の質問をすること) 　・こうした発言の食い違いについて、何か別の形で表現できないか。 　(もし正解できたらBに進むこと。部分的な正解であれば、質問を繰り返すこと。もし正解できなければ、次の質問をすること) 　・この二人の間にみられる食い違いは、定義または言葉の意味をめぐるものである。その言葉とは何か。 　(もし正解したらBに進むこと。正解できない場合は次の指摘をすること)

・その言葉は「団体交渉」である。
  B. 「団体交渉」という言葉の意味について、二人の間に食い違いがあるが、二人は各々この言葉をどのように定義しているか。(Aの回答の際に、この点を生徒がすでに指摘している場合は、Bの質問は省くこと)
  (もしボブまたはドン片方の定義だけ回答した場合は、次のようにいうこと)
  ・そう、それはボブの定義である。ドンの定義は何か。(またはその逆)
  C. はい。ボブは団体交渉を、そのグループが正式に労働者たちを代表しているのかどうかとは関係なく、そうしたグループの人たちと社長や経営者が賃金や労働条件について話をすることだと考えている。またドンは団体交渉を、社長や経営者が労働者全員を代表する集団と交渉する場合にのみ生じるものであると考えている。「団体交渉」という言葉の意味あるいは定義についてのこの食い違いを、あなたならどう解決するか。

III 事実的問題
  A. 問題文中の発言(5)～(9)の中にみられる主な食い違いは何か。
  (もし生徒が正解したらBに進むこと。もし疑わしい場合は次のようにいうこと)
  ・あなたのいっていることがよく分からない。
  (もし生徒が間違っている場合は、次のようにいうこと)
  ・食い違いは事実についてのようである。二人が各々事実だと主張していることは何か。またそれはどのように食い違っているか。
  (この男たちはスピンドル氏がこの工場の小集団とすら定期的に会合を持っていたのかについて見解が分かれている。一方は毎週木曜日に定期的に会合があったといい、また別の男はここしばらくの間でたった1度だけ会合があっただけだと述べている。)
  (もし生徒が正解したらBに進むこと。間違っていたら次のようにいうこと)
  ・この男たちはスピンドル氏が本当に定期的に被雇用者のグループと会合を持っていたのかについて見解の食い違いがある。ドンはここしばらくの内で会合があったのはたった一度であったと述べている。ボブは定期的に会合があったと述べている。彼らはどの主張が正しいのかの見解について食い違いがある。
  B. ここまででこの論争には事実に関して二人の間に意見の食い違いがあることが分かった。あなたはこのような食い違いを解決するためにどのようなことをするか。つまり、この個別の事例において食い違いを解決するために何をするのか。
  C. この論争を解決するために、あなたは他に知りたい情報があるか。
  D. あなたは自分が入手した情報が真実であるとか、信頼できるとかいうことをどのように確認するか。
  E. あなたの情報が十分信頼できるかどうか判断するために、(これ以外に)考慮することは何か。
  F. あなたが必要とする証拠を集めるに当たって、あなたが直面するかもしれない問題として他にどのような特別な問題を思いつくことができるか。

IV 価値的問題
  A. 問題文中の発言(10)と(11)にみられる主な食い違いは何か。
    1. もし価値についての食い違いに関して個別的言明をした場合は、次のように尋ねること。

・二人の食い違いには、自らの立場を擁護するような何らかの価値や権利(つまり、善や権利についての観念)があるか。
2. もし価値についての食い違いに関して一般的言明をした場合は、次のように尋ねること。
・どうやってあなたはどのような原理が含まれているのかを見つけ出すことができたのか。またこの食い違いにその原理はどのような形で関わっているのか(もしあるなら、第二の価値についても述べる)。
B. (Aで生徒は正解を答えようと答えていなかろうと、次のように正解について要約して伝えること)

「はい。このやりとりでのこの点においては、一つの価値的な疑問があることを見ることができます。この疑問とは、スピンドル氏は自らの工場を所有し経営している時、彼は彼の工場の労働者たちと団体交渉をするべきなのか、スピンドル氏は平等な交渉の権力を労働者に与えるべきなのか、といったものです。ここに含まれる重要な二つの価値は、自らが所有する財産を制御し適切と考える時に活用する権利(スピンドル氏は工場を所有しているので)と、労働者が賃金や労働条件の決定について等しく口を出す権利(労働者たちは生活するために彼らの職業を拠り所にしているので)です。ここにおいて、価値をめぐるこうした食い違いを解決するために私たちはどうすればよいのでしょうか。」

C. 解決ために他に何ができるのか。

採点

SIAT No.3 は聞き取りについての音声テープでの録音を聞いて、生徒の発言内容を分析することによって採点がなされる。採点に当たっては、次の三つの異なる応答(回答)の形式がその基盤として有効活用される。

(1) 対話が示す様々な形態の見解の不一致を識別すること

生徒の回答を評価するに当たって、彼がどの程度見解の不一致について識別できているのか、その明瞭さの程度について考慮に入れた。例えば生徒が発言(3)と(4)は「団体交渉」という言葉の意味をめぐっての定義上の主張がなされていると指摘したとするなら、彼には満点が与えられた。もし生徒が、ここは「団体交渉」とは何であるのかについての主張をしているところだと答えたなら、私たちは部分点を与えた(というのもこれは「〜の意味」「〜の定義」という表現に比べると、明瞭さに欠けると私たちは考えたからである)。また私たちは、生徒が単に具体的な状況について陳述するだけにとどまるなら——例えば生徒が発言(5)〜(9)はスピンドル氏が定期的に彼の会社の被雇用者たちと面会を設けていたのかどうかについて言い争っているのだと指摘し

た場合——彼の得点はより低いものとなった。発言(10)と(11)にみられる価値をめぐる対立の識別において、生徒がその形態を識別するにとどまらず、その含まれている価値についても具体的に述べた場合には加点がなされた。生徒の示す論争の基盤にある価値については、説得力のあるものでなければならない。つまり論争と関係がないと思われる価値を挙げても得点は与えられないのであるが、生徒自身がその価値が論争と何らかの関係があることを説明できれば、それは加点の対象となった。

(2) 論争の対処に向けての戦略

各論争に関して建設的な形で対処することのできる生徒の能力については、彼が「道理のある」戦略について提案したその数を数えることによって評定した。ほとんどの生徒の回答については前もって想定していたものだったが、時折生徒は私たちの予期しなかった道理のある代替案を思いつくことがあり、その採点に当たっては「後づけ」でカテゴリーを加える必要があると判断した。

(3) 分析概念

論争に対処していく上で特に重要だとして多くの分析概念が選ばれた。生徒がこうした概念について明瞭に活用しようと暗に活用していようと、私たちは加点した。つまり第1部のオープンエンド形式の質問や段階が終わった時までにそうした発言があった場合の方が、対話が三つのパートに分けられた第2部で答える場合よりも高得点となった。加えて聞き取りの第2部では、価値のある回答が引き出されるまでにより多くのヒントを必要とした場合、減点された。例えば事実的問題を扱う聞き取りのパートでは、面接者は最初の質問を投げかけてから、四つまでヒントを出すことが認められた。最初のヒントで価値のある応答をした者の方が、二番目のヒントで回答した者よりも高得点となった。

採点者は面接での記録を聞きながら採点表を埋めていくのだが、必要があれば何度でも聞きすことができた。**表8**の上位部は第1部の一般的オープンエンド形式の質問を採点するためのシートである。下位部は正しい回答を引き出すために必要としたヒントの数に応じて採点をどのように調整するのかについて示したものである。

表8 SIAT No.3用得点表

名前　　　　　　　　　　　　　　　　学校
○オープンエンド　　　　　　　　　　○一般概念
主な食い違いの箇所　　　　　　　　明確に　　暗に　　具体的な状況
定義:「団体交渉」または「定期的」　　＿＿＿　＿＿＿　＿＿＿
事実:スピンドル氏は定期的に被雇用者と　＿＿＿　＿＿＿　＿＿＿
会合を持っているのか
価値:スピンドル氏は定期的に被雇用者と　＿＿＿　＿＿＿　＿＿＿
会合を持つべきか
価値の識別:　例　一般福祉＿＿＿＿平等＿＿＿＿財産／契約＿＿＿＿
　　　　　　　その他(具体的に)＿＿＿＿＿＿＿

戦略　　　　　　　　　　　　　　　　　概念
　定義　　　　　　　　　　　　　　　　　定義
　＿＿団体交渉の意味を明らかにする　　　＿＿基準、または基準的定義
　＿＿食い違いの点を確認する　　　　　　＿＿ラベルづけ、定義の指摘
　＿＿それぞれ定義を念入りに調べる　　　＿＿感情的な意味合いの強い定義
　＿＿他者は単語をどのように用いているのか　＿＿分類
　　　確認する
　＿＿権威からのお墨付き　　　　　　　　事実
　＿＿辞書　　　　　　　　　　　　　　　＿＿主張
　＿＿契約　　　　　　　　　　　　　　　＿＿個別的事実主張
　＿＿法　　　　　　　　　　　　　　　　＿＿一般的事実主張
　＿＿「専門家」　　　　　　　　　　　　＿＿一般原理
　＿＿他の工場についてもみてみる　　　　＿＿仮定的主張(推測の段階)
　＿＿人々を一つの意味に合意させる　　　＿＿仮説
　＿＿定義は意見についての問題　　　　　＿＿憶測
　＿＿人を選出するか、意味について投票する　＿＿主張の検証
　＿＿自分の立場から問題を理解する　　　＿＿サンプリング
　＿＿手続き的なもの　　　　　　　　　　＿＿代表事例のサンプリング
　　　　　　　　　　　　　　　　　　　　＿＿矛盾と一貫性
　事実　　　　　　　　　　　　　　　　　＿＿説明
　＿＿事例の証拠を指摘する　　　　　　　＿＿証拠
　＿＿質問する　　　　　　　　　　　　　＿＿直感
　＿＿スピンドル氏に質問する　　　　　　＿＿権威
　＿＿事例の証拠に疑問を投げかける　　　＿＿観察
　＿＿もっと多くの証拠を得るように示唆
　＿＿記録をチェックする　　　　　　　　価値
　＿＿謎を解く　　　　　　　　　　　　　＿＿価値判断
　＿＿手続き的なもの　　　　　　　　　　＿＿価値のラベル
　　　　　　　　　　　　　　　　　　　　一般の福祉＿＿
　価値　　　　　　　　　　　　　　　　　財産／契約＿＿
　＿＿ある価値の有効性を証明する　　　　平等＿＿
　＿＿事実的仮説を検証する　　　　　　　その他(具体的に)＿＿

――妥協に向けて働きかける ――アナロジー
――どちらがより重要な価値であるのか判断 ――ジレンマ
　する
――感情的な意味合いの価値、価値を誇張す
　る
――各価値のもたらす結果について検証する
――政策的決定という観点から価値について
　より具体的に定義する
――手続き的なもの

（註：道理があると思われる時は、他の反応についても記録すること）

信頼性

　SIAT No.3 の採点者の信頼性を確保するのに大きなトラブルに出くわすことはほとんどなかった。二人のペアで採点、各個人の総合得点は全体の85％まで一致するほどに採点者はすでに訓練されていた。
　そうなると採点の信頼性を確保すること――例えば様々な面接の場面で答えている生徒の回答の一貫性、別の人による聞き取りの場合でも同様の回答をどこまでするのか、その程度の問題――の方が大きな問題となってくる。SIAT No.3 で用いることのできる種の唯一の信頼性測定は、1960年秋にこのパイロット版のテストで実行した時の結果と今回の修正版のテスト（1961年春実施）との相関をとることである。相関係数は.35を下回った。だがこのプレテストはこの測定を用いることが実行可能であるのかを検証するために実施されたものであり、その際に私たちが発見したこのテストの難点の一つに、実施における標準化が欠落していたことがあった。係数が低いものとなった要因は主にパイロット版の信頼性の欠如にあるのであって、最終の修正版にあるのではないという仮説は、SIAT No.3 のパイロット版、最終版、そしてSIAT No.1 との相関性によっても支持されるところである。これら三つの相関係数については**表9**に示した。SIAT No.1 と No.3 の相関性は.60であるが、これに対して SIAT No.1 と SIAT No.3 の実験用プレテストとの相関係数は.25しかない。このパイロット版と一般的推論能力を要求するその他の測定との間との相関係数の数値は常に低いものとなったが、一方で最終版とその他の測定との間の相関係数は一貫して.50台と安定していた。そのため、現在の

表9　SIATの3つの形式間の相関係数

形式		1	2
1	SIAT No.1（筆記法）		
2	SIAT No.3（面接法）	.60	
3	実験用プレテストのSIAT No.3	.25	.35

形ではやや粗い測定結果であることは認めざるを得ないが、SIAT No.3 は信頼性をより満たす潜在力を持っていると考えるだけの理論的根拠があるのである。

表9でこの相関係数に関する別のポイントについても述べておこう。私たちが入手できた限りの「批判的思考」についての標準化されたテストに対しての第10章での私たちの批判は、テストの高得点取得者が同じ知的操作を他の場面、特に構造化されていない状況で実際に適応することができることを示す何らの有効なデータもそれらのテストは提供していないというものであった。SIAT No.1 と No.3 の間の相関係数が .60 というのは、標準測定（criterion measure）として SIAT No.3 も同じ程度の有効性にあるに過ぎないと考えることができるのである。

SIAT No.4 －「自由」議論を分析するためのシステム－

SIAT No.3 は従来の筆記測定法に比べてより構造的ではない、訓練手順が内在していないものであったのだが、それでもまだ本質的に限界があった。というのも SIAT No.3 は論争問題について分析的レベルで取り扱うように要求するにとどまっているのだ。生徒は自分自身の立場を決めたり、あるいは自分の立場に対する他の立場からの反論に対して自己の論を弁明したり、また相手に再反論したり、また逆に別の立場を支持したりするように求められるわけではない。おそらく「現実の生活」において論争で用いられる技能や

資質能力（コンピテンシー）を評価するのに最適な状況を設定するには、教師または面接者の手助けによって非構造化した生の討論を行い、そこでのやりとりに参加させるというやり方になる。このような場面でのやりとりについては、生徒の行動についての総合評定によって、または相互作用の過程を体系的に内容分析していくことで評価ができる。

　総合評定にはその方法論的な問題がつきまとう。つまり最終的な評価に至るまでに考慮されることになる行動の諸要素を明確にすることの難しさがあるのである。そして例えこれらの諸要素が評価者によって（または評価者のために）明確にされた時でさえも、どのような外的要素（例えば評価者のバイアス）といったものが評価の中に入り込んできたのかを判断することは難しいのである。

　体系的内容分析は、観察者間での信頼性を確保するために行動についてのより明確なカテゴリーを定義しておかなくてはならないという理由から、研究者により大きな専門性（specificity）を強いる傾向にある。体系的内容分析もまた、量的構成の採点（評価）を生み出す。しかしながらカテゴライズされる行動が複雑なものになるにつれて、体系的内容分析はそのカテゴリーの間の微妙な区別をする際に評価者のバイアスといった評価時の主観性についてのいくつかの課題に直面することになる。加えて量的評価の合計は度々全体的な資質能力（コンピテンシー）の満足のいく指標になりえていない。このような困難があるにもかかわらず、全体的な資質能力に寄与する多様な構成要素の量的な見積もりを確保したいという切望感は、政治的議論や分析における資質能力を評定していこうとする私たちの試みにおいて実のある結果に導いていくことになると考えられる一つの技術（テクニック）として、「自由」議論についての体系的内容分析を追究していく方向に私たちを誘うことになった。

議論環境の設定

　私たちの最初の「自由議論」の環境設定は、約12人の生徒が円状または楕円状に座るというものだった。各生徒には一つの論争事例のコピーが与え

られ、その事例は教師または実験者によって音読され、またこの事例の問題に対処する政策について合意形成することがここでの課題であることが伝えられた。この「問題」については特定されていなかった。25分の時間制限が設定され、教師や実験者は（自由議論の間は）部屋から離れて、そしてこの時間の最後に集団の決定を聞くために再び戻ってきた。

　この特定のテスト状況については2点指摘しておくべきだろう。第一に生徒に満場一致の決定を求めるというやり方は、ロバート・F・ベイルズが5人の集団を相手に行った研究から採用されたものだが、これはこの実験課題の重要な要素である。こうしたことは普段なかなか求められることはなく、生徒はすぐに投票だとか多数決を採用することで問題を「解決」してきた。合意形成を求めることは、論争問題について議論せざるを得なくさせていく。第二に、生徒だけが議論を目にするため、何かきっかけとなるものを大人の観察者の側が意図せず取り除いてしまうという課題を避けることができた。このような環境設定において生徒たちが監督者がいなくて課題に向き合うかどうかは、その課題が彼らにどの程度重要なものであるとみなされるのか次第である。

　しかしこうした生徒主導の議論集団には以下のいくつかの難題が生じた。

(1) 子どもによって課題への関心の程度はまちまちで、彼らには問題に取り組むに当っての熱意に温度差があり、そして明らかにそのことは彼らの成績のレベルにまで影響を与えるという、手続き上の問題を経験することになった。
(2) もし集団を分析単位とするならば、誰が、そして集団内の何人が議論の中で問題の明確化や解決に寄与したのか（またはこれらを妨害したのか）についての情報を得られない。
(3) もし集団内の個々人の応答が分析できるとしても、（知的洗練度の）高い者と低い者を等しく取り扱うべきなのか、そもそも全ての生徒が議論に参加することをどう保証するのか、といった問題に直面することになるに違いない。

こうした難題は、一人の大人が個々の生徒と論争事例について共に議論をするという場面設定をすることによって、かなりの程度まで克服することができる。これは本質的に二人一組のグループとなるので、これから評価を「受ける」個人の知的洗練度のレベルについてもコントロールされることになる。私たちがこのような状況を活用してきたように、面接者は事例を生徒に読み聞かせ、生徒自身に意見を求め、生徒の取り上げるいかなる問題でも自由に追求する。しかしながら各々の面接者には、各問題が議論される過程で生徒に直面させていく必要のあるアナロジーや主張、そして議論の際に提起されがちな主だった論点についての「簡潔な」説明書きがあらかじめ与えられている。

政治的議論を評価するためのある内容分析体系

私たちは生徒主導の議論と面接者による聞き取りの場面の両方における省察的な資質能力（コンピテンス）を評定するために、SIAT No.4 を活用した。両方の状況の中で得られた議論を分析するに当たって、採点者、もしくは観察者はやりとりを単位に分解し、その各単位について識別しておかねばならない。そのためこれまでの各章ですでに論じてきた主だった分析操作や分析概念に基づいた数多くのカテゴリーに沿って採点者はこれらを分類することになる。相互作用についての分析体系を開発するに当たって考慮するべきことは、次の三つとなる。

(1) 相互作用の全体的連続性を断ち切る単位の大きさ
(2) 単位化やカテゴリー化を実行していくその人の準拠枠
(3) 単位が分析されていく際に用いられるカテゴリーの性質

SIAT No.4 のこうした事柄を考察していくに当たっての私たちの判断については以下にレビューしたが、これは SIAT No.4 の体系を作り上げるに当たって考慮に入れておかねばならなかったこととして、多くの技術的配慮に加

て、この評価手段の活用の背後にあった数多くの仮説の存在を示すものである。

単位

理論的には、一つの議論が分解されるに当たってその単位は、面談全体、議論全体からその最小の断片まで広く大きさを設定することが可能である[1]。もしこの単位を最小単位である議論の一断片とするならば、時間[2]、一つの完結した言葉でのやりとり[3]、一人の一回の会話参加[4]といったような観点で定義されるかもしれない。またそれは任意の言語的慣習に基づいたものになるのかもしれない[5]。ちなみに最後のタイプがSIAT No.4では用いられた。これは以下のベイルズが言及するところと似ている。

　　採点されることになる単位は、適切な訓練を受ければ現在の一連のカテゴリーを用いることで観察者が継続的連続的に採点をしていくという条件下でも分類することのできる、そうした識別可能な最小の言語的行為の断片となる。この単位は一つの行動、もっと適切な表現をするならば、一つのやりとり（相互作用）と呼ばれるものかもしれない。なぜならば、現在の構想では全ての行動がやりとり（相互作用）とみなされるからである。（…）しばしばこの単位は、シンプルな考えを完全に伝えたり表現したりしている単一の文章となるだろう[6]。

このようにSIAT No.4は思考を「項目（item）」に分類することを求める。完結された単位の事例としては次のものがある。

・「南部出身者はすぐには学校統合を受け入れないと確信している」
・「この状況に対して彼らは何かをすべき人たちだ」

一般に重文は二つの単位として記録され、複文は一つの単位として記録される。いくつかの事例では、複数の文章が単一の事例の状況だとかアナロジー

を表現する中で、一つの思考単位を構成しているようなこともあるかもしれない。

■準拠枠

採点者の信頼性と、またある程度の調査手段それ自体の妥当性といったものは、観察者もしくは採点者が議論をみる際に用いる準拠枠についての注意深い定義づけができるかどうかにかかっている。いくつかの質問は調査者の目的（私たちにとってのそれは議論の場での省察的な資質能力の評定である）という観点から引き出され、また答えられていくに違いない。例えば観察者が観察対象となる集団に投げかける視点とはいかなるものになるのだろうか。観察者は自身について次のように捉えるように求められるかもしれない。

> （…）一つの一般化されたグループのメンバーとして、あるいはできる限りにおいて行為主体が話しかける特定の他者として、あるいは行為主体の行動が向けられている先の特定の他者として、あるいは行為主体の動きを認知する特定の他者として自身を捉えるように求められる。そうすれば観察者は行為主体の動きについて、それが他のグループの構成員に与えた手段的、もしくは表現的な意味に沿って分類しようと努力をしていく[7]。

これとはまた別の、観察者が採用するかもしれない視点としては、スティンゾールの説明するものがある[8]。つまり観察者は、行為主体の意図を判断するのが仕事であり、そのため自身も行為主体のその場に身を置こうとしていかねばならない、というものである。また逆に、観察者はグループの思考過程から距離をとり、行為主体の背後にある意図、そしてそれが集団や個人に与える影響に関心を持たないように指示されることもあるかもしれない。例えばヘインズが用いている観察枠組みによると、「観察者はプロセスの外にいて、問題解決の機能（働き）としての理論的特性といった観点から各自の貢献をみる存在である」[9]とある。カーターと彼の研究仲間もまた、観察

者が一つの行動の意図や影響といったことではなく、議論をしている状況下においてのその行動の機能的な意味（重要性）について、外部者の視点で関心が持てるような枠組みを用いている[10]。

　SIAT No.4 にとって採点者の仕事は、行為者が実際に議論の場で思考（についての）カテゴリーにあるような行為をそれぞれ用いているのかどうか明らかにする手がかりを探ることである。そのためここでの採点者の視点は、ヘインズの思考枠組みが要求するもの、つまり観察者は外部に定義された基準を行為者の発言に適用する一人の専門家として奉仕するというものに近い。観察者は「プロセスの外にいる」専門家である。なぜなら、そこでの今そこの議論の文脈を理解することが、その基準を適用するのに不可欠だからである。例えば生徒が価値判断について口にしたのかどうか、そして関係のある質問をしたのかどうかを判断するに当たって、観察者は他の生徒がどう解釈したのかではなく、その生徒の発言内容を参照にする。しかし私たちの経験は、（行為主体の）行動の大半を採点するに当たって観察者の視点は観察者間の信頼性の確保において特に重要ではない、というベイルズの報告を確かめるものとなることついては、指摘しておくべきだろう。

　観察の手段を考察するに当たって考慮されるべき準拠枠の第二の側面は、観察者が集団ないしは集団内の個人に関して前もって持ち合わせているあらゆる知識について、どの程度までそれを考慮にいれるべきなのかという問題である。SIAT No.4 において私たちは観察者に被験者とのこれまでの経験を全て忘れるように指示した。一連の発言内容を採点するに当たって、ある被験者が以前にした一つの発言が観察者の中に予断を生じさせてしまうなら、その観察者はそれを制御せねばならない。これに際しては、「もしこの人物が以前に発した言葉をあなたが聞いていなかったとするならば、こうした行動にどのような評価を下す（得点をつける）のだろうか」と問う必要がある。

　観察者の準拠枠を定義するに当たっての第三に考えることは、各発言がカテゴリー分けされるその文脈と関わってくる。つまり個々の行動を分類していくに当たり、個々の議論の文脈についてどのくらいまで観察者は考慮するべきなのか、ということである。各発言はそれぞれ独立した一つの行動とし

て評価されるべきなのか、それとも以前の行動とだけだが関係づけられて評価されるべきなのか、それとも議論全体の文脈の中で評価されるべきなのか。例えば、「私はジョンに同意する」という発言は、ジョンがまさに話しているその議論の中でのジョンの敵対者による発言との関わりから評価されるならば、「不同意」と評価されるだろうし、逆に孤立した行動として、または議論全体の文脈の中で評価されるとすれば、「同意」と評定されるだろう。

■カテゴリー

　SIAT No.4 は二つの採点体系を相互に重ね合わせる方法を用いるので（例えば、一つの行動はそれぞれの採点体系内のカテゴリーを用いて採点されるのかもしれない）、観察者は二つの文脈を用いなければならない。その内の一つは私たちが「静態的カテゴリー」と呼ぶものであり、もう一つは私たちが「動態的カテゴリー」と呼ぶものである。動態的体系（**表10 参照**）は発言の比較と総括を要求する知的操作用にデザインされたものである。そのためこの体系は、ある人が他者に言及するに当たっての関係性という文脈の中で採点者が考察するように明確に要求するようなカテゴリーから構成される。この文脈は一つ、あるいは数個の先行する発言と関わりを持つものとなる。静態的カテゴリー（**表11 参照**）は理論上、採点する対象となる単位の外部にあるあらゆる文脈について考慮に入れることなく評価することが可能である。行動の全ての単位は静態的カテゴリーを用いて採点されるのに対して、動態的操作は、それが生じた場で、かつそれが識別された時にのみ用いられる。そのため動態的操作が評定される時は、私たちはその単位については二重のカテゴリー化を行うことになる[11]。

　動態的カテゴリーと静態的カテゴリーとの区別に対する一つの例外が、カテゴリー「妥当性（関連性）」で生じる。基本的にこれは動態的カテゴリーであるが、妥当性（関連性）についての主張や疑問は通常、発言それ自体の中に明らかなる手がかりを含んでいるという理由から、またそれを用いれば適切に採点できるといったような静態的カテゴリーは存在しないことが度々あるという理由から、それは静態的行為として採点される。

おそらくこの体系は**表12**のサンプル得点シートを観察すれば、よりよく理解することができる。表の左端に挙げられたカテゴリーに対応した四角の中に印をつけることによって静態的カテゴリーは採点される。全ての単位が静態的カテゴリーによって採点され、採点者は議論が進行するにつれて、各縦列でたった一つの行動だけを採点しながらどんどん左から右へと採点シートを移動していく。個々のサンプルシートは左から右へと10個の相互作用の単位まで採点される。実際に採点するに当たっては、観察者は採点を始めるよりも前に順番に番号が振られた採点シートを持って次から次へとシートを移動していく。もし採点者がある行為を動態的カテゴリーで採点するべきだと判断するなら、彼は静態的カテゴリーの採点用の四角の中にある英文字のうち適切なものに印をつける（cは一貫性－矛盾、gは一般化－特殊化、qは留保条件の明確化）。

SIAT No.4を用いて行動を採点するための完全な指導には詳細なマニュアルを必要とするが、私たちがこれまで用いてきた体系の中でなされる二つの異なる型の識別については言及しておくべきだろう。第一に、観察者は行動の一単位が一つの発言を作り出すのかどうか、一つの問いかけをしているのかどうか、複数の問いかけをしているのかどうか、先行する発言について（しばしば叙述的形式または疑問文の形式で、論争しようという意図を仄めかしながら）疑いを表明しているのかどうか、話し手のこれまでしてきた主張（またはこれからすると思われる主張）の有効性について確信が持てないだとか自己懐疑だとかを表明しているのかどうか、判断することが要求される。私たちはこれを話し手の「姿勢」についての判断と呼んできた。姿勢については適切な静態的カテゴリー用の四角の中に数値的シンボルを用いて採点される。

第二に、議論において自身の実質的立場は正しいと他のグループを話し手が説得しようとしているのかどうか、また彼は議論の「外部に立ち」この事例にみられる問題をどうすれば最良に解釈することになるのかを分析しようと試みているのかどうかについて、二元論的な区別がなされている。例えば「この場合その人間は話すことを認められるべきではない。なぜなら暴動を避けることは言論の自由よりも重要なことである」は、説得的な発言と評価

表10 動態的カテゴリー

1 一貫性－矛盾

話し手が自分自身の中または話し相手の立場に、一貫性または矛盾を、リアルにまたはこれから生じうるものとして認識していることを、明らかにまたは暗黙に指し示す発言のこと。矛盾とは二つの価値、二つの事実、二つの定義の間に生じるかもしれない。

2 具体化－一般化

「具体化」は話し手がより一般的な言明を例証するあるいは擁護するために具体的な言明をする時に生じる。「一般化」は話し手が所与の一つあるいは複数の言明からより一般的な結論を引き出す時に生じる。

○「具体化」の事例：「人種差別廃止はうまくいかないだろう。隔離政策が非合法とされてから7年が経っても南部ではわずか7％の黒人の子供たちしか統合された学校に通うことができていないのだから。」

この文章の後半部は静態的操作「個別的事実主張」としても、そして動態的操作「具体化」としても採点されることになる。

○「一般化」の事例：「第二次世界大戦後、ロシアが東欧の国々を『占拠し』、中国が共産主義国となるのを支援し、そしてギリシャとトルコをも仲間に連れ込もうと最善の策を練っている。ロシアはこれまで世界が知りうる中でも最大の帝国主義国家である。」

この文章の後半部は静態的操作「一般的主張」としても、そして動態的操作「一般化」としても採点されることになる。

3 留保条件の明確化

ある一般原理に対して例外が認められる、もしくは認められうると考えられる一般的状況について指摘することによって、明確なるもしくは暗黙なる矛盾に対処する一つの言明のことを、私たちは「留保条件を明らかにする」行為と呼んでいる。

例：
A氏「私たち市民の自由は最も大切な財産である。他の市民の自由を制限しようとする者はアメリカ人ではない。」
B氏「もしあなたが1930年代のドイツにいたとして、ヒトラーが大衆のヘイト・ミーティングを催しているのをみて、あなたは彼が与えたこうした市民の権利をいくらかだかも制限しないというのですか？」
A氏「当然、制限する。しかし私はいうだろう。市民を守ると誓った政府が、非民主的で全ての市民の自由を破壊しようとする野蛮な力によって現実的に危機にある時に限り、そうした市民の自由は制限されるべきだ、と。」

A氏の立場の修正は、静態的操作「一般的価値判断」として、また動態的操作「留保条件の明確化」として採点されることになる。

表11　静態的カテゴリー

一般的価値判断(GVJ)
　話し手が一般的な社会的または法的価値(例えばプライバシー、財産権、契約の自由、言論の自由、信教の自由、集団の一般福祉、平等権、正義、適正手続、集会結社の自由、同意と代議士を出す権利など)の観点から見て、ある人物、目的事項、立場をより好んでいることを主張の中で表現する発言。
「コーラー氏は自分が適当だと考えるやり方で自らの財産を活用する権利を有するべきであり、労働組合の干渉なしに自らの雇用した労働者と契約する権利があることは間違いない。」

個別的価値判断(SVJ)
　議論となっている個別的な事例からみて、ある人物、目的事項、立場をより好んでいることを主張の中で表現する発言。
「私はコーラー氏が自動車工組合の要求に応じるべきだったと考えている。」

一般的法的主張(GLC)
　話し手が誰かには何らかの法的権利があると主張する発言で、そのうち「法の支配」「適正手続」「法の下でも平等な保護」などの一般的な法原理の観点から表現しているもののこと。
「私は合衆国憲法の下で公正な裁判を受ける権利を有している」

個別的法的主張(SLC)
　話し手が誰かには何らかの法的権利があると主張する発言で、そのうち権利の基盤として一般的な法原理を与えていないもののこと。
「コーラー氏は彼の欲するままに、どんな労働者もクビにする権利がある」

一般的事実主張(GFC)
　因果的、記述的、もしくは予測的一般化。
「黒人は白人とまったく同じ知的レベルにある」

個別的事実主張(SFC)
　時間・場所の表現を伴った個別具体の出来事を陳述した発言。
「リトルロックでの学校統合の最初の試みは、1957年9月4日だった」

根拠・出所(source)
　ある主張、定義、価値判断が拠り所とする根拠・出所についての発言のこと。
「緊急とはウェブスター『新国際事典』では次のように定義されている」

定義的主張(Def.)
　ある単語またはフレーズがどのように定義されているか、または定義されてきたのかについて述べた発言のこと。

「緊急というのは1人、あるいは複数の人か怪我をしたり、自らの生命や財産を失ったり危険に晒されたりしている時ということだ」

繰り返し(Repeat)
　話し手が自分の言ったことを繰り返す、または議論を焦点化するためにすでに述べたことを再度伝えること。

事例(紹介)(case)
議論においてある事柄と類似した具体的でかつ現実的ないしは仮説的な状況について述べた一まとまりの発言のこと。
「仮に白人と黒人が同じ質の学校、教科書、教育施設を与えられたとする。それでも白人の学校よりも劣っているということになるのか？」

妥当性(関連性)(relevance)
主張全体または議論でのある特定のポイントと関連する側面に明らかに触れている一発言、または発言のひとまとまりのことである。
「この発言がここでの議論と関係があるとは思わない」

討論の戦略
人身攻撃、またはその他の議論をする者が用いている戦略について明確に議論をしている発言。
「あなたは私を混乱させようとしているようだ」

課題——手続き上の
　今ここでのやりとりの行われている環境をコントロールしようと直接指示した言明のうち、議論の中にいる全ての人間が良識的な仕事をしていくように促す発言。
「さあ、投票しよう」「みんなに議論をする機会を与えよう」

逸脱の制御——手続き上の
　今ここでのやりとりの行われている環境をコントロールしようと直接指示した言明のうち、一人ないしは複数の人間が集団の秩序を侵害していることを主張している発言。
「元の席に座りなさい」「叫ぶんじゃない」

表12　SIAT No.4 得点表（サンプル）

1. GVJ	g c q / d a	g c q / d a	g c q / d a	g c q / d a	g c q / d a	g c q / d a	g c q / d a	g c q / d a	g c q / d a	g c q / d a	g c q / d a	g c q / d a
2. SVJ	g c q / d a	g c q / d a	g c q / d a	g c q / d a	g c q / d a	g c q / d a	g c q / d a	g c q / d a	g c q / d a	g c q / d a	g c q / d a	g c q / d a
3. GLC	g c q / d a	g c q / d a	g c q / d a	g c q / d a	g c q / d a	g c q / d a	g c q / d a	g c q / d a	g c q / d a	g c q / d a	g c q / d a	g c q / d a
4. SLC	g c q / d a	g c q / d a	g c q / d a	g c q / d a	g c q / d a	g c q / d a	g c q / d a	g c q / d a	g c q / d a	g c q / d a	g c q / d a	g c q / d a
5. GFC	g c q / d a	g c q / d a	g c q / d a	g c q / d a	g c q / d a	g c q / d a	g c q / d a	g c q / d a	g c q / d a	g c q / d a	g c q / d a	g c q / d a
6. SFC	g c q / d a	g c q / d a	g c q / d a	g c q / d a	g c q / d a	g c q / d a	g c q / d a	g c q / d a	g c q / d a	g c q / d a	g c q / d a	g c q / d a
7. Source	g c q / d a	g c q / d a	g c q / d a	g c q / d a	g c q / d a	g c q / d a	g c q / d a	g c q / d a	g c q / d a	g c q / d a	g c q / d a	g c q / d a
8. Def.	g c q / d a	g c q / d a	g c q / d a	g c q / d a	g c q / d a	g c q / d a	g c q / d a	g c q / d a	g c q / d a	g c q / d a	g c q / d a	g c q / d a
9. Repeat	g c q / d a	g c q / d a	g c q / d a	g c q / d a	g c q / d a	g c q / d a	g c q / d a	g c q / d a	g c q / d a	g c q / d a	g c q / d a	g c q / d a
10. Clarif.	g c q / d a	g c q / d a	g c q / d a	g c q / d a	g c q / d a	g c q / d a	g c q / d a	g c q / d a	g c q / d a	g c q / d a	g c q / d a	g c q / d a
11. Case	g c q / d a	g c q / d a	g c q / d a	g c q / d a	g c q / d a	g c q / d a	g c q / d a	g c q / d a	g c q / d a	g c q / d a	g c q / d a	g c q / d a
12. Relev.	g c q / d a	g c q / d a	g c q / d a	g c q / d a	g c q / d a	g c q / d a	g c q / d a	g c q / d a	g c q / d a	g c q / d a	g c q / d a	g c q / d a

されるだろう。一方「ここでの問題は言論の自由と、『平和と秩序』、この二つの原理と関わってくるものである。またどちらの価値がこの事例においてより重要性が与えられるべきか、私たちは決定しなくてはならない」は分析的発言として評価されるだろう。もし観察者がその発言を分析的と捉えるなら、適切な静態的カテゴリーの四角の場所の中の「a」に印をつけることになる。逆に発言が説得的なものだと思えば、「d」に印をつけることになる。

有効性

当然のことながら、議論内の発言をカテゴリー化するこのような体系を最初からいきなり用いていくことは、議論について抽象的な認知的記述（cognitive description）をすることでとどまってしまうことになる。こうした認知的記述は、私たちの研究目的からみて最も価値があると思われるカテゴリーが何であるのかを決めた後、これらのカテゴリーの中で発言単位が採点される頻度を数えることで量的得点へと翻訳されねばならない。「価値づけられる行動 (valued acts)」をセレクトするという問題は、内容の有効性をめぐる問題である。私たちの研究目的については補論において報告される。以下に挙げたカテゴリーは、政治的論争を伴う議論に向けて当てがわれることになった価値である。

■静態的カテゴリー
　次の静態的カテゴリーが価値づけられてきた。
(1) 一般的な価値判断と一般的な法的主張
　これらは、生徒が事例についてより抽象的かつ一般的な次元で扱っていくことを指し示すという理由から価値づけられる。
(2) 具体的な事実主張と根拠・出所
　これらは、より一般的な主張を擁護するのに適した方法であるという理由から価値づけられる。これらは実証的証明過程において重要な役割を果たす。
(3) 定義的主張
　これは、主張での様々な立ち位置により正確さをもたらしたり、正確さを要求したりする傾向にあるという理由から価値づけられる。「繰り返し」は価値づけられることがない。というのも、それは誰かがすでにいった発言を主に含むものだからである。なお生徒は議論での立場や用語についてもっとよい区分を引き出すことで明確化を図るような発言をしたとして、それは「定義的主張」として評価される。
(4) 事例
　これは定義上、たくさんの類似した事例を踏まえ、個人が自らの立場に反した判断を下す時点について明るみに出そうとする一つの試みであるという理由から価値づけられる。これは本質的には定義的操作である。
(5) 妥当性（関連性）

これは、生徒が個別の発言と主張全体を構成するより大きな断面のいくつかとの関係性について取り扱っていこうとしていることを指し示すという理由から価値づけられる。

■動態的カテゴリー

明白なる理由から、（表10にある）動態的操作は三つ全てが価値づけられる。これらは、私たちがそれらを重要であると考えたという理由から、正確な採点のために選び出されてきたものである。

■議論への方向づけ

議論に向けての「分析的な方向づけ」については、生徒が議論において即時的に説得力を持つ諸相からは距離を置き、論争に対処するのにより偏見のない（中立の）分析枠組みを使っていこうとしていることを指し示すという理由から価値づけられる。問いを持つ姿勢——例えば先行の発言について疑念を表明したり疑問を投げかけたりすること——については、それが議論をする者たちに自らの立場を明らかにしたり擁護したりすることを要求する傾向にあるとの理由から、特にあまり知的に洗練されていない集団内においては価値づけられることになる。

価値づけられた行動（valued act）についての選択は、単に前もって推し量ったことの結果ではないということについては述べておくべきだろう。この選出に至るに当たって私たちは多くの議論を聞き取り、また多くの「切断と調整」をしていきながら、論争的状況の明確化に実際に重要になると思われる行動が何であるのかについての直観的な判断とも一致する量的採点の手順（quantitative scoring procedure）を作り上げた。

■有効性についてのその他の推定指標

論争的な政治的議論における分析能力についてはすでにこれまでの章でも説明してきたところだが、これについては補論でも報告されているように、カリキュラム研究に向けての授業の諸目標の基盤として役立つことになった。

SIAT No.4 も同じ概念枠組みに基づくものであるので、もし授業での指導がまったく効果的で、そしてこのテストを有効なものと仮定するならば、この測定に基づいて得られる得点については、統制群と実験群とを設けて別々に整理されるべきである。実際 SIAT No.4 ではこうした弁別をしているので（巻末の補論を参照のこと）、SIAT No.4 は構成概念妥当性（construct validity）があると考えうる[12]。

　第9章で概説したように標準化された筆記テストへの一つの批判として、そのテストの得点は他の型の行動基準や判断とどのような関係があるのかを示すような有効なデータが欠落している、というものがある。SIAT No.4 の有効性をより判断していこうという試みにおいてバーラックは二方向の調査研究を実施した[13]。彼は大学生から成る2人組のグループ26組を活用した。この学生のペアは、「政府の資金は地方の学校を支援するために用いられるべきか」というトピックについて15分議論させる中でみえてきた見解の対立する学生同士を選び出して組ませたものであった。後で聞きなおしをするため、議論はテープに録音され、SIAT No.4 を用いて採点された。得られたデータは因子分析にかけられ、加えて採点結果は2人の哲学の教授と4人の法学の教授たちによって行われた26組中10組に対する採点結果と比較された。この結果はあまりはっきりとしたものにならなかったが、一般的にSIAT No.4 の評価手段の妥当性を支持するものとなった。SIAT No.4 が開発されるに当たって参考にした概念モデルと関わりのあるパターンで SIAT No.4 の様々なカテゴリーの得点が群れに分かれるのかどうか判定するために、因子分析が実施された。バーラックは因子分析についてコメントをする中で次の結論を導き出している。

　　　全体のサンプルの大きさを考えるに、この回転（rotation）は（政治的論争における批判的思考の）モデルの諸相を強く擁護している。最も基本的な卓越した特徴がいくらかはっきりと浮かび上がる[14]。

しかし彼は次のようにも述べる。

いくつかの因子には解釈できないカテゴリーが存在し、またこうした因子について動態的カテゴリーの大半が欠如していることは、今後より研究を進めていくことで答えていかねばならない疑問を生み出している[15]。

議論についての評価を比較するに当たってバーラックは自ら「価値づけられたカテゴリーの得点（VSC: Valued Category Score）──有意さなどを反映した調整がなされていない『価値づけられたカテゴリー』についての搬出頻度の総計」[16]とラベルづけしたものを活用した。後で報告された研究成果によると、これは SIAT No.4 の中で価値づけられたユニット（単位）から引き出された得点であり、そのため総得点の比較は有効性を推し量るのに大変重要なものとなる。バーラックは次のような結論を下すことができた。

　理論的に有意であるはずの VCS の得点と（SIAT No.4 の）評価者による得点とを比較してみると、両者に強い正の相関があることを示している。この相関係数や VCS の基準を用いた評価尺度の回帰分析の結果は一般的に一貫して高く有意である[17]。

　（SIAT No.4 は）現在の形式においては VCS を用いただけであるが、政治的論争と関わりのある批判的思考のような資質能力（コンピテンス）の量的推定値を得るのに活用するのには有効であるようだ[18]。

SIAT No.4 の有効性についての追加研究が現在進行中であるが、その他の省察的思考についての測定でまだほとんど試していないことを考えると、バーラックの研究は重要な一歩を踏み出したものといえる。先の章で議論してきたような分析的能力についての枠組みとこの測定との関係と、さらに SIAT No.4 によって獲得された実験群と統制群を識別する能力とを合わせて考えると、この有効性についての研究は、私たちにこの測定についてのいくらかの信頼性を与えてくれるものである。

表13　SIAT No.4を活用する4人の観察者の信頼性の推定値

	A	B	C	D
A				
B	.55			
C	.82	.93		
D	.87	.69	.68	

信頼性

　本章ですでに述べたように、信頼性は内容分析または体系的観察において二つの意味を持つ。それは観察対象の行動の一貫性という意味も、またその行動を観察し採点する側の一貫性という意味もありえるのだ。私たちがここで関心を抱いているのは後者の意味での信頼性、つまり観察者間の合意という意味である。

　初めに四人の教育学専攻の大学院生がSIAT No.4を使う訓練を受けた。一人の生徒と一人の大人の面接者とのやりとりがテープで記録され、そこでの議論が採点された。ここでの議論において生徒は前述のように、論争事例について自らの立場を示したり擁護したりすることに挑まされていた（ソクラテス式問答型の聞き取り）。訓練の第一段階で、採点の知覚を鋭くするために、採点者の注意は個々のカテゴリーに向けられた。そして観察者間の合意は図示法（graphic method）、つまり観察者がすぐに目にみえる形でフィードバックできるようにしてくれる二項確率紙[19]によってチェックされた。いったん個々のカテゴリーの活用に関して高次のレベルでの合意に至れば、信頼性は積率相関を用いて、生徒別にカテゴリー分けされた「価値づけられた行動」（バーラックのVCS）の総数をみることで見積られることになる。信頼性に関するこうしたチェックをしていくに当たって、採点者は他の三人の採点者一人ひとりとペアになる。採点者同士の協力によって採点された議論の数は、それぞれ10～18個に及んだ。その結果の相関係数を示したのが**表13**である。受け入れるに値する満足に足る相関係数といった意味でこれまで広く受

表14　32個の議論の採点における2人のSIATNo.4の観察者の信頼性係数

価値づけられた行動 r	相関係数(r)
一般的価値判断	.76
一般的法的主張	.79
個別的事実主張	.71
根拠・出所	.77
一般的定義	.86
個別的定義	.86
事例またはアナロジー	.73
妥当性(関係性)	.51
姿勢に対する疑問	.60
分析	.42
価値づけられた行動全体	.89

け入れられてきた基準は存在しない。例えばヘインズやサンダーが指摘しているように、.70や.90が求められるかどうかは、観察評価の活用目的をどこに置くのか次第なのである[20]。SIAT No.4はある特定の調査プログラムの内部で報告され続けてきたこともあり、一つの例外を除いて全てが少なくとも.70以上、その内二つが.80以上、さらに.90以上も一事例あると指摘でき、十分満足できる結果であると思われる。逆にいえば相対的に高度な合意が4人の観察者の間には存在するということである。

　第二の信頼性に関する研究──個々の「価値づけられたカテゴリー」の出現頻度に基づいた研究──は膨大な議論サンプルをベースに実施された。この事例では採点は二人の観察者が行い、うち一人は学部生で、もう一人は教育学の大学院生だった。二人の採点者は採点体系の目的についても、「価値づけられた行動」とそうではない行動との違いについても知らなかった。採点された議論は論争事例についての生徒主導の議論で、こちらについては

テープに録音され「なかった」。相関係数は**表14**に示されている。ある項目での係数はわずか.42や.51しかないものもあった。だが、一般論として結果は受容可能なものである。

　動態的カテゴリーの三つについては、表14には含まれていないが、これは採点されたやりとりの中でそれらの出現頻度が少なかったからである。採点対象となった議論の3分の1から3分の2で、いずれの動態的カテゴリーの出現頻度も3回を下回った。動態的カテゴリーの信頼性について、いずれの議論においても二項検定が用いられてチェックがなされた。32個の議論に対して観察者の採点は採点可能な96回のうちの8回、受容可能な合意の限度外に陥った。またここでは、こうした信頼性を見積もるための基礎として行われた採点は、採点者である学生が最初に訓練を受けてからすぐ後に行われたものであることを述べておくべきだろう。おそらくカテゴリーが抽象的な性質であったという理由もあって、採点者間の合意は、各自別々に採点を開始してから比較的短い間に低下してしまう傾向にあったようである。

　観察者がSIAT No.4のカテゴリー体系を適用するに当たっての信頼性についてここまで取り扱ってきた。信頼性のその他の側面、例えば観察者の信頼性に限界がある中で、この採点手順は時間を超えて一貫性のある行動の見積もりを生み出すのか、といったことについてもまた考慮されるべきである。当然のことながら、カテゴリー分けされた行動サンプルは、個人であれ集団であれ、彼らの将来の行動を予期するための一つの基盤として活用できるだけの十分な量があるのかといったことがここでの一つの因子となる。記述式測定を用いることで、こうした信頼性は一般に、二つの形式のテストの実施だとか、テストの偶数番号の質問項目・奇数番号の質問項目の比較だとか、後日同じテストを実施するだとかして、引き出された個々人の採点の相関を求めることによって見積もられる。奇数・偶数比較と似たSIAT No.4の内在的信頼性を見積もる方法が、ソクラテス式問答型の面接の場での生徒に向けて用いられた。10の行動に対する空白を含んだ各採点シートには、連続番号が振られ、聞き取りを採点する順番に用いられた。奇数の採点シートのそれぞれの「価値づけられたカテゴリー」の得点は個人単位で合計され、また

偶数番号のシートから得られた得点の総計と相関係数が計算された。100人をやや上回る生徒から得られた結果の相関係数は .67 であった（スピアマン・ブラウン公式によって修正後）。

結論

　社会科カリキュラムの評価をするのにより適した評価手法を開発していこうという私たちの試みは、私たちをいくつかの結論へと導くことになった。第一に、政治的分析の資質能力（コンピテンス）の基準は、多肢選択式筆記テストではできないレベルで非構造化された、よりリアルな場面設定をしたものの中で立証されなければならない。カリキュラムを研究する中で得られた証拠（エビデンス）は、後でも補論で報告するが、公共で自らの視点を弁護していく能力（コンピテンス）と現在活用できる範囲の「批判的思考」テストで好成績を修める資質能力（コンピテンス）との間には、ほとんど、いやまったく関係性がないかもしれないという事実を示している。例えばワトソン・グレイザー式批判的思考評価テストやミシガン州問題解決テストの質問項目から作成されたテストと、アイオワ教育開発テスト（No.5:解釈（社会科））、そして SIAT No.4 を用いてソクラテス式問答型の面接を採点した結果との相関係数を計算してみると、相関係数は .11 から .23 の範囲であった。100人を少し超えたサンプルにおいて何人かは統計的有意に近い数値が出たものもみられたが、教育的な意義はほとんどない。

　第二に、政治的または倫理的法的モデルを、この章で説明されているような内容分析の体系を用いて測定できるような具体的な学習成果として言い換えることは、カリキュラムの評価に特に実のあるアプローチをもたらすと私たちは考えている。筆記テストと比較して、要求されている概念や知的操作が後に適応されることになると思われる状況により近い議論環境の中での方が、より学習成果を測定することができる。SIAT No.4 のために示された信頼性のデータは、実験に際しても、そして程度は抑えられるが教室での授業においても、この評価アプローチの実行可能性を示すものである。

しかし、平均的な教室で日々測定するという必要に応えることのできる注意深く複雑な内容分析など実行不可能であることは否定できない。一般に教師は、調査研究の能力も、そしてこのような複雑な評価体系も学ぶ時間も活用する時間も持ち合わせていない。だがしかし、教師はいかなる時においても SIAT No.4 のカテゴリー群の中に含まれているうちのただ 1 つの概念、または 2、3 の概念だけでも教えようとするかもしれないのとまったく同じように、採点を単純化するために彼らはより少ないカテゴリーから成立するようにカテゴリー群を修正するかもしれない。加えて SIAT No.4 のような複雑な評価方法は、よりシンプルなカテゴリー体系、さらには筆記テストの有効性までも確立していくのにも役立てられるかもしれない[21]。

最後に、カリキュラムの評価者は、このような議論についての内容分析はおそらく議論過程についてのより有効な輪郭を提供するだろうが、どのようなタイプの発言や発言の順序が価値づけられるべきであるのか、といったことについてまでは評価者に何も教えてはくれないことを記憶にとどめておかなくてはならない。この種の価値判断は民主主義社会における合理的正当化の性質をめぐる哲学的考察を通して達成されなければならない。

註

1 例えば次の論文を参照のこと。Fouriezos, N., Hunt, M., and Quetzkow, H. Measurement of Self-Oriented Needs in Discussion Groups, *Journal of Abnormal and Social Psychology* (1950), vol.45, pp.685-690; Zander, A. F. The AP Club: An Objective Study of a Group, *Human Relations* (1948), vol.1, pp.321-332.
2 次の論文を参照のこと。Olson, W. C. and Cunningham, E. M. Time-Sampling Techniques, *Child Development* (1934), vol.3, pp.41-58.
3 次の論文を参照のこと。Smith, B. Othanel, and others, A Study of the Logic of Teaching: The Logical Structure of Teaching and the Development of Critical Thinking, a Report on the First Phase of a Five Year Project, prepared at the University of Illinois, Urbana, under Cooperative Research Project No. 258 (7257) of the U.S. Office of Education, 1959. (謄写版)
4 次の論文を参照のこと。Steinzor, B. The Development and Evaluation of a Measure of Social Interaction, *Human Relations* (1949), vol.2, pp.103-122.

5　次の論文を参照のこと。Bales, Robert F. *Interaction Process Analysis*（Reading. Mass.: Addison-Wesley Publishing Company, Inc., 1951）.
6　*Ibid.*, p.37. 口述対話の内容分析に向けての私たちの方向性は、一般的にいって、かなりの程度ベイルズの研究に影響を受けているといえる。
7　*Ibid.*, p.39.
8　Steinzor, *op cit.*
9　Heyns, R. W., and Lippitt, R. Systematic Observation Techniques, Vol. 1 of *Handbook of Social Psychology,* edited by Lindsay Gardner（Reading, Mass.: Addison-Wesley Publishing Company. Inc., 1954）.
10　Carter, L. F., Haythorn, W., Meirowitz, B. and Lanzetta, J. The Behavior of Leaders and Other Group Members, *Journal of Abnormal and Social Psychology*（1951）, vol.46, pp.589-595.
11　この点について、ここで議論されてきた相互作用システムと、私たちが教授スタイルを説明するために用いたそれの、少なくともこの二つの相互作用システムから各行為を同時に採点することは、ベイルズが用いた手順とは大きく異なったものであることに注意をすべきであろう。多角的採点はテープを用いた採点によって採点率をコントロールできるようになったからこそ可能となった。生の状況で多角的採点が要求されるシステムであれば、採点はより難しいものとなっていただろう。統計的分析という目的に向けては、どのような具体的な行為が観察者によって多角的採点を受けてきたのかを研究者が判定できるようにしてくれる「観察者用採点シート」を用いることがとても重要となる。そのことによって研究者は、行動の全ての単位と、カテゴリー化された数とを区別することができるようになる。
12　*Technical Recommendations for Achievement Tests*（Washington: American Educational Research Association, 1955）, pp. 166-19.
13　Berlak, Harold. *The Construct Validity of a Content Analysis System for the Evaluation of Critical Thinking in Political Competence.* Harvard Graduate School of Education, 1964.（博士論文）
14　Berlak, Harold. The Construct Validity of a Content Analysis System for the Evaluation of Critical Thinking in Political Controversy, p.16.（アメリカ教育学会（the American Educational Research Association）1964年2月の全国大会（シカゴ）での発表原稿より複写した。）
15　*Ibid.*
16　*Ibid.*
17　*Ibid.*, pp.18-19.
18　*Ibid.*, p.19.
19　Mosteller, Frederick and Tuckey, I. W. The Uses and Usefulness of Binomial Probability Paper, *American Statistical Association Journal,*（1949）, vol.44, pp.174-212. 体系的な参与観察への応用を説明したものとしては、次の著書を参照のこと。Bales, *op cit.*, pp. 111-112.
20　Heyns, W. and Zander, A. F. Observation of Group Behavior, in Festenger, L. and Katz, D. (eds.), *Research Methods in the Behavioral Sciences*（New York: Dryden Press, 1953）, p. 411.
21　私たちが開発した筆記テストSIAT No.1とNo.2との相関については、補論を参照のこと。

第12章
法理学的アプローチと社会科に対する期待

　本書全体を通しての私たちの主な試みは、社会科授業の数々の重要な諸側面を関係づけていくような一つの立場を解明し展開していくことにあった。ここまで私たちは、アメリカの民主主義的共同体の持つ多元主義的性質を考慮し、このような文脈におけるカリキュラム上の目標を組み立ててきた。そして私たちは、この公式に基づいた一つのカリキュラムに向けた内容の具体的な形態についての基礎的概略や討議の性質、そして学力測定の方法をここまで示してきた。また最後の「補論」の部分では、こうしたカリキュラムの試行実験の結果について報告している。本章では、以下の三点を試みるつもりである。

・従来型の歴史志向のカリキュラムと法理学的アプローチへの社会科学の学問規範（ディシプリン）からの挑戦を取り扱う。
・法理学的アプローチに向けられたよくある三つの批判について論じる。
・法理学的アプローチの未来について簡単に議論する。

社会諸科学の学問規範（ディシプリン）の挑戦

　長年の間、「従来型の」社会科プログラムの最も顕著な特徴は、歴史、特にヨーロッパ史とアメリカ史が支配する実態にあった。だがこうした従来型のカリキュラムは、スプートニクショック以降、おそらくは社会科学の学問規範の「構造」に基づいていると思われる新しいアプローチの挑戦を受けることになった。（歴史から）社会諸科学への転換には、多額のお金が拠出さ

れ、また物理、数学、その他基礎科学で広く展開したカリキュラムの刷新によって大きく刺激を受けて展開してきたことは間違いがない。これらの分野では、大学の研究者と選ばれし学校教師がジョイントして、研究者が自らの学問分野において重要であると考えた一般原理、カテゴリー、そして学問分野での研究方法（論）——これらはやがて「学問の構造」と呼ばれるようになる——を伝えるために教材や学びの手はずとをデザインして準備してきた。こうした構造という考え方の背後になる仮説（前提）は、ブルーナーの述べるように非常にシンプルなものである[1]。つまり、もしある学問分野の「基本概念」が慎重に定義され、それらの一連の関係が分析されたならば、これらのものはカリキュラム設計及び制作のための最も効果的な基盤を提供するであろう——それは生徒たちがより迅速に、そしてより容易に「教科（学科）」を理解するという意味において効果的だ、というものである。「概念の流れ」を明瞭にするために、こうした概念システムと諸課題とを関係づけていくことが主張されており、教師はこうした関係を用いることで、システムの中である概念から別の概念に移る際に意味の展開（広がり）が生じるように、生徒たちがよりはっきりと自覚できるように学問規範を伝えていこうと模索している。加えて構造の諸要素について注意深く明らかにしていくプロセスは、こうした学問規範についての諸課題に意味を与えてくれ、そして生徒に力強い動機面での効果をもたらすと想定されている（この点についてのエビデンスとしては、研究者自身が何か最初に発見した時に彼らに生じる興奮といったものを投影したものとなることは間違いない）。そのためブルーナーの「構造」をめぐる議論と、これと関わってくる学習理論（例えばレディネス、動機づけ、転移の条件）における諸問題についての彼の見識は、カリキュラム開発において少なくとも次の二つの初歩的なステップを含むべきだと示唆していくことになる。

(1) その学問分野の研究者による学問の基本的構造の定義と記述
(2) この構造の発見（おそらくは「再発見」がより適切な言葉であろう）と活用へと生徒を誘う挑戦課題の定式化[2]

このような構造という考えが、社会科教育者たちに与えた最近のインパクトについては、過大評価することは難しいだろう[3]。というのも、導火線上にいるはずの教師たちの行動に、観察されうるような大きな変化はほとんどみつけることができないからである。カリキュラム開発プログラムによって唱導された実践と、教室での実践家たちの実践との間の隔たりが続く傾向にあるというのは、ある程度、社会諸科学という銀河における歴史（学）の曖昧な立ち位置の結果であるように思われる。そもそも歴史（学）は社会科学であるのか。歴史（学）は例えば古典派経済学と同じ意味での「構造」を有しているのだろうか。

歴史（学）は社会諸科学によって帳消しできるようなものではない。歴史（学）は、歴史（学）よりもずっと構造化されたその他の諸科学の学問規範（ディシプリン）が形成される際に素材となるものと含んでおり、この素材によってその他の諸科学が検証されたりしている。しかし、社会科学者も歴史家も、歴史家の学問的及び教育的働きに対して確信を持っていないであろうことは明らかである。歴史家の研究の目的は、その文化においてより大切にされてきた価値や実践を表現するために、事実、神話、伝説の組み合わせを生み出していくことにあるのだろうか。こうした一つの例として、レキシントンの戦いやポール・リヴァライド（の悩み）がある。これらはいずれも、勇気と自律・独立の精神を例証しているという理由から語られ続けているが、どちらの物語もかなりの程度、ホメロス風の散文詩といったところのものとなっていることはよく知られている。

歴史（学）はまた、一つの「個別具体のドラマチックな物語」、つまり一つの出来事、または一連の出来事についてほどよく正確に説明することであり、歴史家自身の選択的バイアスの線に沿って証拠を獲得し組み立てていく問題すら認めるものとして考えられることもある。このタイプの物語は、トゥキディデスからカットン[4]、シャイラー[5]に至るまで、長く顕著な記録が残されてきた。それとも歴史（学）は、長い年月にわたる社会や文明を特徴づけるような主だった展開や「時代」についての「概略的な物語」なのだろうか。ほとんどの教科書など、この後者のカテゴリーに当てはまるが、このカテゴ

リーに当てはまる著名な歴史学者の作品としては、モリソン[6]、トインビー[7]、マクニール[8]がある。

　歴史（学）を社会科学、すなわち諸事を秩序づけて関係づけていくことを可能とする（また別のいい方をすれば、系統的体系的に仮説を発展させ検証していくことを可能とする）概念システムの明らかなる成長を主な目的とする二次元的な行動科学と捉える者たちもいる[9]。この最後に挙げた歴史（学）観は、それを前提として初めて私たちは歴史（学）の「構造」を社会学や経済学の「構造」と同じ理解で議論することができるのである。

　社会諸科学の構造に基礎づけられたカリキュラムの中で歴史に与えられる立場は、人が採用する歴史(学)観に左右される。そして「諸科学の学問の構造」アプローチの支持者が、一般に歴史（学）を社会科学とみる視点のない社会科教師たちを相手に、自分たちが歴史を教えるに当たっての適切な目標や歴史の教育上のポジションを見つけ出したと説得しえるのかどうかは、大変に疑わしいところである。事実、この論点がこれまで多くの人々の注目を浴びたという証拠はほとんどないのである。

　社会諸科学をカリキュラム開発の基盤とすることを強調する最近の主張は、歴史家や歴史教師たちの「アイデンティティをめぐる問題」を引き起こしただけでなく、「市民性教育」についてもいくつか重大な問題を生じさせることになった。市民がどの程度社会科学者の概念を公的論争の問題解決のための対話の中に変換できるのか、これらはまだ答えのない問題である。例えば、経済学者の専門用語は公的な議論において大切な役割を担っていることは確かである。だが社会科学者の公的論争についての知見はおそらく、彼自身の概念スキーム（枠組み）の厳格さによって支えられているのと同じ位に、しばしばそれによって妨害されてもいる。

　「構造」の支持者が、教育の主な目的を学問界で正式に研究されて発見されてきた高度に専門化された思考枠組みを用いての知識の探究・追究にあると想定すればするほど、こうしたアプローチの社会科における一般教育としての価値は疑わしいものとなる。さらには、こうしたスタンスは、若者たち――そして彼らの教師たち――は学者がより好む慣習やスタイルに沿って問

いを投げかけ答えていくべきであると想定することによって、いくらか狭量な見方を反映することになる。社会科学者はこれまで主だった社会問題の明瞭化と解決に華々しい貢献をしてきたのであり、彼らのこうした思考形態はまさに従うべき、また教授されるべきモデルとなる、とは必ずしもいえない。多くの学術研究が指し示してきたように、平均的な学問従事者の方向性のいくらかだが狭量な性質[10]は、社会科カリキュラムの基礎に対して二つの大きな制約を私たちにもたらす。第一は、社会科の目標と明らかに関わりがあるにもかかわらず、社会科学者たちの研究の中で彼らにまったく無視されてしまっている省察や行動のモデルが複数放置されてしまうことである。第二に、社会科学者は、自身の構造が社会的世界を意味のあるものにし、また彼自身を魅了するという事実から、同構造は当然のことながら全ての招待者、特に落ち着きのない子どもたちや青年にとって意味があり、興味深いものとなるだろうとする命題を一般化する傾向が特に強いことである。

代替モデル

　社会諸科学から抜け落ちている、そして明らかに社会科にとって重要と思われる四つの重要なモデルがある。それは、詩人・賢人としての歴史家（例えばモリソン）、広領域をカバーするソクラテス的な先見のある哲学者（例えばティリッチ）、政治運動家、または法律家や政治家（例えばマーティン・ルーサー・キング）、そしてジャーナリスト（例えばリップマン）である。

　詩人・賢人としての歴史家は、文化に新しい意味や洞察に知識が貢献するようなやり方で、そうした「知識」を構築する。彼らの研究は、生徒たちの粗野な衝動やふるまいを文明化された英雄伝へと転換することを可能とする。私たちの文明を示す標石——ユダヤ的キリスト教的倫理、アングロ・アメリカの憲法的伝統、力よりも理性に献身する姿勢——は連続している各時代の偉大な賢人としての歴史家によって形作られ、また作り直されてきた劇や詩文の中で豊かな意味を与えられている。確かにこれは市民性教育の重要な側面の一つとなる。

　哲学者は常に知的な真理の創造と関係する基本的な問いを投げかけ、学問

世界だけでなく社会全般によってしばしば想定されたり維持されたりしている善や正しさについての確立した基準を精査する。先見のある哲学者はしばしば古い構造を壊そうと努め、また新しい光を投げかけて社会を理解しようとする。このことが、私たちが哲学者の貢献を評価する理由である。加えて、社会科学者を含む科学者の役目には、知識を体系的に整理していこうとするような哲学者的要素が含まれているとはいえ、自らの研究の哲学的な諸側面をフォーマルに組織建てしていこうとすることはまずない（例外は、それが「方法論」に支障をきたす場合である）。また科学者が一人の研究者として、価値的哲学的問いに関与しようとすることもまずない。

　活動家、すなわち社会が直面する喫緊の課題に関与する法律家や政治家とはどのようなことをする人たちなのか。彼らの役割は不正を取り除くことを求めて怒る若き自発的な市民のそれかもしれないし、政府の役人的な役割かもしれない。私たちが活動家を必要としていると仮定して、私たちはどのようにして彼らを育成していくのか。社会科プログラムは問答の伝統においてわざと意見の不一致の種を植えつけるべきなのか。社会科プログラムは理性と省察によって、極端な意見の不一致を緩和していくように働きかけていくべきなのか。社会科学者が学問の「構造」を教えることを話題にする時、こうした疑問は、たとえ投げかけられることがあったとしても、暗黙裡に処理されてしまうだけである。

　最後に出来事について客観的な姿勢で報道することが義務づけられてきた、そして常々歴史的倫理的視座の中にこうした出来事を位置づけてこようと探っている知的なジャーナリストとはどのような人なのか。彼は社会科にとって有益となるモデルを提供するのか。彼のやり口の中に知識の構造として明確にできるものがあるのだろうか。

　あらゆる社会科プログラムの目標には、知的側面だけではなく、態度や情緒の側面——社会の政治的プロセスに参加したいという意志や関与しようとする姿勢、古い概念を修正するために新しい知識や概念の力を活用していこうとする性向、公平及びバランスのとれた見方——も貫かれていることは明らかである。こうした諸目標を有する潜在力のある社会科プログラムを想定

する時、知的市民のモデルとして社会科学者たちを焦点化することは不適切なように思える。

生徒と構造

　全ての社会科プログラムは、子どもたちがすでに頭の中に何らかの「社会理論」をもって教室にやってくるという事実を直視せねばならない。こうした「社会理論」は彼がとてもよい感じで働きができるようにしてくれるものである。彼は授業の場に、政治的社会的な諸事に対しての知的感情的両面の反応の在り方に大きな影響を与える、とても安定感のあるひとまとまりの個人的な構築物（相互のやりとりの中で形作られてきた）を持ち込む[11]。それ故、授業というものは単なる学問の知的ツールを提供すること以上の挑戦的な仕事として捉えられなければならない。むしろ授業とは、すでに存在している知性的、感情的性質の形成・変革・展開をしていく仕事なのである。この点において社会諸科学は間違いなく数学や物理学とは異なっている。生徒は後者の分野において高度に展開した構築物を所有することを期待されていない。というのは、それらの研究領域は一般的な場での公的な議論の中のほんのわずかな部分しか構成しないからである。ただこうした区分は、必ずしも明確なものではない。進化論を教えることをめぐるアメリカでの論争は、ガリレオが物理世界についての思想の方向転換を試みる中で経験した問題と並んで、物理学や天文学の解釈が共同体の伝統的な知恵と矛盾することがあるという事実を例証している。また、教えることは構造の発見以上のものを伴うことがある。実際のところ社会科学の理論や知恵を特に面白いものにさせるのは、生徒がすでに持つ社会的現実についての個人的理論を取り込んだり、広げたり、矛盾したりする、そうした知識や理論が持つ潜在力にある。

　カリキュラム開発者はこうした状況を何通りもの方法で取り扱うことができる。例えばカリキュラム開発者は、教材が生徒に関わりのあるものとしてみてもらえるように問題を組織し情報を提供することによって、その教材と生徒が元々持っている「社会理論」とを活用し関係付けしていこうと試みることができる。また彼は、生徒たちの学びが彼らの個人的に築き上げてきた

世界についての概念によって「汚染」されることがないように、できるだけ抽象的で関係づけられていない教材を恣意的に選択することもできる。さもなければ彼は、教材と生徒の持つ「社会理論」の二つの現実を交差させることを単に可能な限り回避してしまうといったこともできる。二番目に挙げた選択肢は明らかに効果がないと思われる。三番目に挙げた選択肢もあまり魅了するところはないが、しかし社会科学者のカリキュラム作成者によって選択されてきた選択肢といえるだろう。というのも社会科学者のカリキュラム開発者は、生徒たちの実態を何も参考にすることなく、自身の学問規範を教えようとするからである[12]。この選択肢の不適切さは、多くの大学で、いずれの社会諸科学の概論コースも履修者が少ないという事実によって簡単に証明される。

　生徒にとっての特別な意味だとか、彼らにとっての関わり（レリバンス）といったことで肝要なのは、一般的に個人的問題や共同体の問題、さもなければ社会的行動に明らかな影響を及ぼすことである。科学者としての立場において社会科学者は自らの学問と社会的問題との関係性について関心を持ってもよいし、持たなくてもよい。だが社会科教育者として彼らは、こうした考慮をしなければならない。学者たちは真摯に教育者としてふるまっていこうとすればするほど、彼のカリキュラムについての判断・決定の基礎となる社会正義や個人の美徳についての様々な基準について詳細に説明をし、そしてその正当化をしていく義務が生じる。このことは、社会科学者自身の学問規範を超越した視座を用いていくことを必要とする。学際的な寛容さといったこと以上のことが求められるのである。社会科学者は自身が持っている有利な点から歴史家のできる貢献についても真剣に考えていかねばならない。そして逆に歴史家の方も、人間や共同体の行為・行動の理解と予見に貢献する社会科学者たちに対して配慮していかなくてはならない。近代民主主義国家の法的・憲法的基盤というものは、一般的に反省的思考技能として語られている公的議論での論理学的修辞学的要素と同様に考慮されねばならないものである。また社会的な諸課題といったものは、歴史学や社会科学の学問的問題以上のものであることを理解せねばならない。つまりそれらは個々人に

とっての倫理的法的ジレンマを含む問題として理解されねばならない。広範にわたる視座を構成するこれらの諸要素は、民主主義的共同体への参加についてのとても大切な、しかし別々の側面を強調するものである。

　このことは、社会科におけるカリキュラム開発や授業にとって大変に重要となってくるより一般的な問いを浮かび上がらせる。すなわち、大学の諸学問全体よりも広範にわたる基盤からなる構造——その構造はおそらく公的論争問題の分析という文脈で、ここまで私たちが主張してきたような多種多様な要素を組み合わせていくことができるように私たちを支えてくれることになる——を私たちは見つけ出す、ないしは創造することができるのか、という問いである。本書の第2部では、手始めに「民主主義的立憲主義」という概念で表現される考え方に沿って、いくつかの従来の学問の諸要素を統合していこうとする試みを示した。このような「メタ構造」を開発していくことは、大学の図書館や実験室を創造するのではなく、民主主義共同体への参加ができるように市民を準備していくことを教育の大目標（ゴール）として焦点化することのできる、これまでにない形態の学者たちの協働の試みを必要とするのである。

歴史はどれだけ教育の理論基盤になるのか？

　社会科学の構造の拠り所や基盤と法理学的教授法のそれらとの間にいくら違いがあろうとも、この二つのアプローチには根本的なところで共通するところがある。いずれのアプローチもデータに意味を与えるために分析的概念を用いたり発見したりするプロセスを重視しており、また分析的構造を明らかにしたり検証したりしていくためにデータを探し求める相補的なプロセスも併せて重視している。またいずれのアプローチも、授業は知識を生徒に注ぎ込み、そして知識を蓄積させ、そしておそらく将来用いることになるその日まで知識を「降り注いで」いくべきである、とした考え方を否定している。

　両者とも共通して内容が構造の発見、解明、検証と結びつくように内容選択を慎重かつ節制して行っていくことを強調しており、社会科カリキュラム

の現状に根源的な変化を求めている。なぜなら歴史志向のカリキュラムの中で仕事をする歴史志向の教師は、しばしば歴史の諸事実それ自体を教育の目的として、また少なくとも「歴史の見方・考え方」または「歴史の意味に対する正しい評価」といった何らかの曖昧な知的能力に導いていくものとして捉えているからである。七人委員会は次のようにいう。

　　　現在に関する知識と過去の社会的政治的組織の中で権力がいかに機能してきたのかについての知識、この両方なくしては、意識的な進歩も価値ある改革も保証されえない。もしこれが現実となっているなら、教室の少年少女には現在を生み出してきた過去に触れさせていくべきであるという主張——つまり歴史的な心構え（historical mindedness）が彼らの間に少しでも培われていくべきであるという主張、そして何が今生じているのか、またどうなっていくべきなのかを議論する際には、これまでどうであったのかを考慮する習慣、またはそうした習慣の初歩のものを与えられるべきであるという主張——を真剣に行っていく必要があるのだろうか[13]。

　一般的に広範な視野で歴史を捉えていくことは、現在についての適切な視座を持つのに不可欠であるといわれている。このような広い歴史への視野がないなら（これは一般に広く教育課程をカバーしていなければという意味に解釈される）、人はおそらく現代社会の現実について歪んだ絵を描くだろう。
　私たちはここに至るまでにも、法理学を基盤とするカリキュラムにおいての歴史の持つ性向に向けられた疑問について、すでにかなり取り扱ってきた。現代の問題は、それを適切に理解するためには、歴史的な場面の中で吟味されていかねばならない。ある問題についての歴史的背景といったものは、間違いなく「主題−問題アプローチ」または「歴史的危機アプローチ」のいずれかを用いることで導かれうるものなのである。歴史的情報を組織するためのあらゆる個別の基盤に対して影響を与えたり排除したりする何かが、法理学のポジションそれ自体の中にあるわけではない。だが、このカリキュラム

が、生徒に歴史的情報とそれが社会問題の分析の中で役立てられうる場面との関係を明らかにしていくことは確実である。

　歴史を勉強することが人に広い見方や考え方をもたらすという考え方の不適切さについては、簡単にコメントしておく必要があるだろう。当然のことながら歴史学習は人に偏狭で歪んだ過去への見識をもたらし、同様のバイアスのかかったやり方で現在をみるように仕向けていくことだってありうる（事実、多くの合衆国史の教育課程は、こうした結果をもたらしてきた）。また歴史家の過去についての知識や解釈に影響を与える諸因子については、これまで多くのことが書かれてきた[14]。だが歴史家は、過去の全体像を表象することができないことを指摘しておくだけで、ここでは事足りるだろう。むしろここでいっておくべきは、歴史家の仕事は限られた数の過去への糸口から自らの考えを表象しているという事実である。その上歴史家は、一般的に量的データに頼ることを拒否し、こうしたデータを蓄積したり分析したりする技術を否定していくことで[15]、分析を成功するために自身が持ち込みうる糸口の数を制約してしまうので、あらゆる歴史家の過去の表象については、その妥当性についての疑問が必ず浮かび上がってくる。これらの話は、紙幅に制約がある中で歴史の展望を網羅しようとする歴史教科書には特に関係があることである。

　最後に、歴史を教えていくことの価値を重視するに当たっては、「歴史を学ぶ」ということが何を意味するのかについて注意深く定義づけしていくことが大切となる。私たちが提案しているようなカリキュラムにおいても、生徒は実に多くの時間を「歴史を学ぶこと」に費やしている。だが生徒はこの場合、ある特別な目的を持っている——それは永続的な論争問題を分析するための知識を獲得し、知性的な政策立案に達することである。（対して）歴史家たちの歴史の価値への献身的態度は、間違いなく自身が歴史を書いているという事実に拠るものである。歴史を書くということは、もしかしたら生徒たちにとっても望ましい効果をもたらすかもしれない。なぜなら自身の集めた事実を整理していこうとする試みの中で、少なくとも暗黙裡にでも、分析枠組みを採用しなければならなくなるだろうからである。しかし教師の中で

過去を現在の分析のため、もしくは歴史を書くために用いていくことを生徒たちに教える者はほとんどいない。一般に生徒は歴史家の書いたものを記憶している[16]。

法理学的アプローチへの批判

法理学的カリキュラムは「安全」なのか？

　社会科プログラムで「歴史的諸事実」に固執することに対して一ついえることがある。それは安全であるということである。こうしたカリキュラムにおいて、おそらく退屈であるという感情を除いて生徒に強い感情を引き起こすことはほとんどなく、また公的事項について議論が過熱気味になって掻き乱されることもほとんどない。本書で提案されたようなタイプのカリキュラムへの一つの批判というのは、7学年から12学年の生徒たちの相対的な未熟さとか、結果として生じる複雑な公的問題に対処する能力またはレディネスの欠如といったことに由来する。この年齢の子どもたちはしばしば国家的問題を取り扱うには若すぎると特徴づけられてしまう。だが彼らは社会が直面している大問題を「理解」していくための十分な経験が欠落しているだけという話も、こうした問題を早期に触れることで永久に残る感情的心理的ダメージに苦しめられるほどに彼らは未熟だという話も、疑わしい。

　「経験が欠如」しているという批判について熟考するに当たり、「いつ個人は自身でコントロールのとれる最も重大な『現実生活』についての経験を始めるのか」と問いかけてみてもよいだろう。おそらくそれは公教育のプログラムが終了した時、つまり自身で自身のキャリアや家族に関する選択権を持った時となるだろう。当然のことながら、その時までにおそらく一般教育のプログラムの基礎となるところが形成されてくるだろう、と。生涯教育が再生されてきているとはいえ、ここにおいて私たちが提唱しているようなタイプのプログラムを扱うことはできないとされることは明らかである。生涯教育の受講者の数が少ないこと、（法理学的アプローチの教授に）必要とされる年数、そして個人の認識形成は10代の終わりまでに十分に完成されてしま

うという見通し、これら全ては、「経験の欠如」が補われるまで生徒たちを公的論争問題に接触させるのを待とうという考え方に異を唱えるものとなる。実際のところ、大人たちが広範な社会問題に直接関わりのある重大な経験をしているとの想定だって疑わしい。年齢は、それだけでは、必要になってくる経験をしていると想定するに当たっての重要な因子となりえないのであり、むしろどの程度子どもたちの擬似経験（例えば、家庭や学校での政治的経験）と社会的問題とが関係づけられうるのか、そしてどの程度、例えば映画やテレビ、鮮明な事例研究のようなよりよい教材を通しての代理経験を彼らが利用可能なのか、といったことの方が重要な因子となる。

　中等学校の生徒たちは公的論争問題を扱うには未熟過ぎるという批判は、とりわけ説得力に欠ける。生死をかけた困難な課題に直面している他の社会の若者たちは、成人としての役割を早い年齢で期待されている。私たちの社会も今、生存をかけた諸課題に直面しているのであり、そうした社会への成人たちの関心の前提となるものは、もっと早い段階で生じるべきであるし、また間違いなく生じうるものである。社会的な品位だとか異性愛行動についての理解及び実践の成熟は、大学から中学へと降りてきている。知的な成熟も同じように大学から中学へと降りてきているということに、どうしてならないのだろうか。実際、私たちは若者たちが国や共同体の問題に責任のある問題関心を示した時にも、そうした若者たちを褒めるようなことをほとんどしない。もし若者たちが主体的にこうした問題に関心を示したとしても――特に若者たちが大人たちの立場に反対した場合――若者たちは彼らにみられる「明らかな」未熟さだとか責任のない立場にあることだとかを咎められ攻撃されやすい。思春期の若者は知的な誠実さに配慮できないだとか調和して問題に対処できないという話には、何らかの道理があるのだろうか。現在のところ、若者たちは18歳、または20歳になるまで、私たちの困難な課題について分析に参加するという知的責任から隔離されてしまう傾向にあるが、この年齢になると、就職、結婚、経済的自立といった多くのことが彼の身に押し寄せてくる。例えば、この年齢の人々の実投票者数がとても少ないことは、何ら不思議なことではないのではないか。中等学校での時間を、公的時

事へのより永続的な関心をしみ込ませていくことになぜ使わないのだろうか。

　確かに、生徒が私たちの社会の基礎的な問題に触れていくべき年齢についての疑問に対しては、確実な解答を示すには、まだまだ調査が必要である。しかしながら、時として私たちのカリキュラムは「子どもたち」の下に敷かれている「敷物を引き抜く」ことになると警告されてきたが、私たちの経験からいえば、法理学的アプローチに触れていくことに生徒が狼狽することはない。どちらかといえば、むしろその逆である。生徒は自らの知力の感覚を覚醒させる。生徒たちは歴史の諸事実を暗唱させられたり、社会科学者の抽象的な問題を議論することに参加したりするよりも、社会にとって意味のある問題を議論することに参加する時、このアプローチが彼らに刺激的で満足感を与えるものとなることも発見した。ハーバード大学の社会科プロジェクトの実験カリキュラムを受講し興味を喚起された中学生が、その事実を伝えに教師の下を再訪するというのも決して珍しいことではなかった。特にその生徒が卒業後に高校で伝統的な歴史プログラムを受けて、それに反発する時にはそうである。動機づけという面からだけでも、生徒たちを公的論争問題について議論させ分析させていくことに携わらせていく社会科カリキュラムは推薦するに値する。

　「危険すぎる」という批判の第三の側面は、注目に値するものである。それは法理学的アプローチに内在する明らかなる悲観主義である。ここで主張されるところの危険とは、おそらくアメリカ人の基本的価値の侵害、または社会内部の分裂をもくろむ勢力を強調することになるのではないか、また人々の対立を強調してしまうことになるのではないか、というものである。これらのことは、生徒の民主主義への信仰を蝕むことになるかもしれない、と示唆されている。

　この批判へは、まずは補説にも示されているこの実験的カリキュラムが明らかにアメリカ社会や政治制度の持つ価値の肯定的な面に注目を払うことを強調するものであり、このことにより私たちは従来型の社会科カリキュラム以上にこうした価値を守り、そして促進させていくことを切望していると返答しなければなるまい。永続的な人間の課題に基づいたこのカリキュラムは、

社会内部の基礎的な価値対立を深く描き出し、そしてこうした価値対立は決して完全な意味で解決されることなどありえないという点を指摘するために明らかに設計されたということは否定のできないところである。しかしこれは、生徒たちに分析的認識枠組みの一部としてアメリカ社会や政治制度のもつ価値にはっきりと触れさせていくことで、多元主義の遺産を守ってきた諸機関（制度）の主だった崩壊は回避されるはずだ、といった希望を持つことによって成しえるものである。理想をめぐる多様な解釈や理想の適用の要求から生じる対立を仲裁し軽減するに当たってのこうした諸機関（諸制度）の果たす役割を評価していくことは、私たちの政治システムの理解と尊重の本質的な部分である。多くの大人たちと同じように、自分たちの意見とは異なる立場にある者は必ず偏狭で頑迷であると想定してしまうよりも、アメリカ人の価値枠組みの範囲内では、正反対の意見の立場も擁護されうるのだということを認識することの方が、おそらくずっとよいことだろう。これらのことが実現すると、議論やディベートに向けて、より視野の広い、より共感のできる文脈を提供することになる。

　当然のことながら、公的論争は自由主義社会の避けられない遺産であるとする私たちの見解の中心をなす仮説に反発し、悲観主義への問題関心とも関わりのあるまた別の深刻な批判も存在する。批判者は次のように尋ねてくるかもしれない——どんな権利があって、端から他者愛、自己犠牲、普遍的兄弟愛といった価値によって支えられた文化というものが、教育者や先見のある者たちの良心的かつ意識的な努力を通してでは達成されないと想定するような教育プログラムを設定する権利があるのか、と。これについての回答は、人は生徒たちに何を愛するべきか、その理由はどうあるべきか、そして何を犠牲にするべきなのかといったことを考えさせることもなく、彼らに愛とか犠牲といったことを教えることなどできない、というものとなるに違いない。私たちの社会の中で普遍的な合意を見出しえると思われる価値というのは、おそらく西洋文明においては、人間の尊厳と自己実現となる。これらはこれまでも重視されてきたものであり、しかし社会の個人や集団によってその意味するところが異なってくるものでもある。

私たちは、普遍的兄弟愛というキリスト教徒の見方――あるいはこの事柄についての共産主義者の見解――が最終的に世界を物質化してしまい、真理や善について、全ての人が同じ見方を持つようにさせてしまい、また社会における政治機構の役割を弱体化させてしまう可能性があるという主張を否定することができない。そしてこのことは、つまるところ、こうした見解を教えていく責任が公教育にあるのかどうか、という疑問へと向かっていく。私たちは学校にそのような責任はないと考えている。むしろ一般教育の責任は、社会科で生徒たちに、西洋人の思想に大きな貢献をしてきた多様な政治的・倫理的伝統を示していくことにある。私たちは政治的・イデオロギー的論争に対処できる実現可能な諸機関（諸制度）を発明していくことに携わってきた古代ローマや英国の意志の強い法律家たちの遺産の一部に大きな恩恵を受けている。このような伝統は多少なりとも、階級、人種、国といったことを超越する人類共同体を認識してきたキリスト教に由来するところがある。しかし他を排してまで、これらの倫理的な立場を全てとして教えていくことは、多様化した社会への個人の持つ権限や責任といったことを超えており、一部の社会科教師の「厚かましさ」でしかない[17]。

どうのような時に公的論争問題の分析のための構造が阻害されるのか？

これら以外に、私たちのカリキュラムへの主だった批判としては、アメリカ社会の動的性質を根拠とするものがある。すでに明らかなように、私たちの実験的カリキュラムの下支えとなる基礎的な社会理論を私たちが「民主主義的な立憲主義」と呼んでいるわけだが、これは本来、ジェファーソニアンたちの原理であり、明らかに18世紀後半の生活現実に条件づけられている。生活の「諸事実」は変化してきた。重大な変化のあった事項には、重要な政治的地位を（そしてしばしば法的な地位も）有する半永久的に存在するであろう組織化された利益団体や党派（例えば政党、圧力団体、協同組合）の成長、（少なくともイデオロギー的、軍事的、経済的な意味での）いくつかの相互依存している世界共同体の出現、政府の責任が利益団体の対立への審判者から「偉大な社会」の創造への全面的かつ熱心な参画者へと転換してきたこと、といったこ

とがある。ジェファーソニアンモデルに対するこれらの諸因子の影響については、すでに第5章で取り上げた。ここで私たちが述べておきたいのは、このジェファーソニアンモデルを用いるカリキュラム開発者たちは、社会の理想と社会の現実とをより注意深く区別していかなければならないということだけである。社会が変化してきたという事実は、必ずしも理想がこれ以上適用できないことを意味するものではない。それはむしろ、現代的文脈の中でその解釈や応用を表現していくには、注意が必要だということを意味している。社会の変化に絶えず注意を払っていくこと、政治的倫理的問題を見る視座に含意しているものに注意を払っていくことが大切なのである。

法理学を教えることの未来

　本書で示された社会科の基本的なアプローチは、政治的倫理的ジレンマの中核となる公的論争問題をめぐる分析に焦点を絞るものである。このアプローチは、社会科カリキュラムが、社会の内部の集団間や党派間の対立だけでなく、アメリカの自由主義の伝統にみられる内部の対立についても、それらを回避するのではなく強調すべきことを主張するものである。教育へのこのようなアプローチは決して急進的なものではない。というのも、これは古代ギリシャにまで遡れるからである。だが大規模にこのようなアプローチを実行していくことは、現在のカリキュラムの形態とは大きく乖離しており、アメリカの中等教育における社会科の教育目標とプログラムの大規模な再考を必要とする。

　第一に、法理学的アプローチによる教室での議論に最適の教材であるケーススタディを利用できるようになる可能性は、視聴覚メディアや出版界が廉価で活用できるコミュニケーションツールの開発を進めていくに従って、将来的に増大していくはずである。しかしこれは、大学や学校でのカリキュラム開発者がモデルを提供し商業界を牽引する時、そして公学校がこうした教材に需要があることを事実的証拠として示す時、初めて生じることになるであろう。

第二に、適切な教材はこのアプローチを活用したいと考える教師の助けとなるであろうが、法理学的な教授の本質は、議論の基盤となる教材それ自体の性質にではなく、教師が生徒と関わっていく際に教師が選び取る言説の性質にある。法理学の適性がある教師は、実際のところあらゆる社会科プログラムのスコープやシーケンスの文脈の中においても、利用できる指導用メディアに関係なく、この型の教授法を強調することができる。例えばユタ州ウェーバーカントリーでは、ヴァールクイスト中学校の社会科教師のグループがハーバード・プロジェクトの教材のいくつかを合衆国史、世界地理、世界の諸課題といったシーケンスに活用しながら、この基礎的なアプローチを行ってきている。

　要は、法理学的アプローチへのコミットと、具体的なカリキュラムの形態や教材へのコミットとは区別する必要があるということである。ハーバード・プロジェクトで用いられた具体的な教材に限らず、プログラムというものは間違いなく個別的状況に合うように開発されなければならない。教師が本気で生徒が公的論争問題を認識・省察できるようになることを望むなら、多くの入手可能なプログラムから選択して、それぞれの場で通常のアプローチを応用していくことが避けられない。加えて私たちの調査は、通常のアプローチの中で論争や分析を重視していくことは、伝統的な教科内容の学びに何らネガティブな影響も与えそうにないことを明らかにするものだった。

　第三に、先に示唆されてきたように、私たちの理論的根拠に基づいたあらゆるプログラムの成功は、教師にかかっている。これは、カリキュラムの形態が中央政府に統制されるようなものではないということである。このことは、ある種のタイプの教師が必要とされているということである。つまり観念の探究や政策決定の下支えとなる法的倫理的諸原理の吟味に開かれている、範疇外の言葉を用いて考えることのできる、そして理念や観念の対立に寛容になることのできる教師である。生徒と教科内容、その両方への態度が関わってくる。例えば教師は論争の中に埋め込まれている諸価値について認識できなければならない。また彼は、こうした諸価値を連続体として解釈し、対立のポイントや性質について判断できるようにならなければならない。彼は知

識に対して仮説的なもの、問題性のあるもの（problematic）との視点を持たなくてはならない。彼は（知識に関しての）象徴－参照関係を認識しておかなくてはならない。彼は言葉についての感情的なコノテーション（含意）と認知的なコノテーション（含意）の区別ができなければならないだけでなく、言葉というものが現実を明示したものなどではなく、概念を表象したものとして扱っていくことができなければならない。知性、開放性、探究心、想像的な思考が必要となることは明らかである。そして当然のことながら、教師は公的論争問題について教室で適切に扱おうと考えるなら、また適切な情報源を生徒たちに指示することができるようになるためには、歴史や社会諸科学のよき一般的な知識基盤も有する必要がある。

カリキュラムにある教科内容についてどのくらい知っているのかといったことと同じくらい重要となるのは、生徒に対する教師の態度である。教師は、生徒を意思決定に参加する権利のある合理的な人間と認識しなければならない。生徒たちの現実についての認識を形作っていこうとするに当たって、教師は生徒たちの現実についての解釈の方法や諸問題の解決にアプローチしていく方法を前向きに評価するという、基本的な立場からスタートしなければならない。教師は生徒たちと意見交換をするなど自由に交流していくことを厭わないようにしなければならないし、生徒たちの貢献を価値あるもの、参考するに値するものとして受け止めなければならない。こうしていけば、教師の探究形態の正当性と誠実さについての生徒たちの理解は増すであろう。

どのくらいの数の教師がこうした知識・態度・行動のモデルを採用・適合できるのだろう。間違いなくその答えは、教室に持ち込まれる彼らのパーソナリティ（人格の特性）にかなりの程度左右されるだろう。どの程度までこの前提条件となる態度や議論の技能が教師教育プログラムや教育実習プログラムの中で開発されていくのだろうか[18]。また注意深く開発されたカリキュラム教材は、どの程度まで知識背景や性向の欠如を相殺することができるのだろうか。これらは答えがまだみつかっていないリサーチクエスチョンである——例えば、ある種の教師のふるまいはどののタイプの生徒に、最も効果的な探究のツールと態度を生み出すのに役立つのか、といった問いがある。

こうした方向性の研究が、カリキュラム教材や戦略とともに現在追究されている。

本書の中で示されてきた社会科アプローチは、従来型のカリキュラムをより民主的多元主義的な社会の必要と関与に沿ったものへと転換するラディカルな変革のための基盤をもたらす。こうしたアプローチの未来は1つや2つの大学を基盤としたカリキュラム・プロジェクトで開発した教材、これに関連したリサーチクエスチョンについての調査を総動員したところで、どうなるというわけではない。その未来は、公学校の全職員の、新しいカリキュラムについての概念化を進めたい、長く確立されてきた形態が変わってしまうかもしれないとしても新しいカリキュラムの構造を実験してみたい、という意志に大きくかかっているのである。

註

1 Bruner, Jerome S. *The Process of Education* (Cambridge, Mass.: Harvard University Press, 1961).
2 フレッド・ニューマンは次の論文の中で、構造とカリキュラムの課題について議論している。Newmann, Fred M. The Analysis of Public Controversy: New Focus for the Social Studies, presented at the Social Studies Curriculum Conference, Kingswood School, Cranbrook, Bloomfield Hills, Michigan, February 27, 1965.
3 Fenton, Edwin and Good, John M. Project Social Studies: A Progress Report, *Social Education* (1965), vol. 29, pp.206-208.
4 例えばブルース・キャノンの三部作がある。Canon, Bruce. *The Army of the Potomac* (Garden City, N.Y.: Doubleday & Company, Inc., 1951).
5 Shirer, William L. *The Rise and Fall of the Third Reich* (New York: Simon and Schuster, Inc., 1960).
6 Morison, Samuel E. The Oxford History of the American People (New York: Oxford University Press, 1965).
7 Toynbee, Arnold J. *A Study of History*, abridgment by D. C. Somervell (New York: Oxford University Press, 1947-57).
8 McNeil, William H. *The Rise of the West* (Chicago: University of Chicago Press, 1963).
9 例えば次の論文を参照のこと。Rostow, W. W. *The Stages of Economic Growth* (Cambridge, England: Cambridge University Press. 1960).
10 ここで、政治的社会的対立の中での学問的思考についてヘンリー・アダムズが興味深いコメントをしているので紹介したい。「講義室もまったくもって無益な場所だったが、教授室はもっと酷かった。アメリカの社会は、政治上と自治上の統治の大混乱のうちに全部が破壊されることを恐れていたが、大学のお偉方に助けを求めることはできなかった。アダムズはそういう立場にあって、国会議員も教授陣も知っ

ていたが、彼は国会議員の方を好んだ。」(Adams, Henry. The Education of Henry Adams (Boston: Houghton Mifflin Company, 1918), p 307. (刈田元司訳『ヘンリー・アダムズの教育』教育書林、1955 年、359 頁)

11 次の論文を参照のこと。Cammarota, Gloria. Children, Politics, and Elementary Social Studies, *Social Education* (1963), vol. 27, pp.205-207, 211. Greenstein, Fred I. *Children and Politics* (New Haven, Coon.: Yale University Press, 1965). Hass, R. D. and Easton, D. The Role of the Elementary School in Political Socialization. *School Review* (1962), vol. 70, pp.257-265.

12 中等学校向け社会学資料プロジェクトや人類学カリキュラム研究プロジェクトは、学問の構造それ自体にではなく、各学問領域の諸概念が生徒の社会的環境の解釈を支援していけるようにしていく方法についてより関心があることに、注意すべきである。またベテラン教師は教材開発や教授環境の場づくりに参与していくにつれて、社会科学の諸概念と生徒の世界理解との交差部分を教授戦略の重要事項として関心を持つようになることについても注意するべきだろう。

13 Committee of Seven, *The Study of History in the Schools: Report to the American Historical Association* (New York; The Macmillan Co., 1899), p. 20.

14 例えば次の著書を参照のこと。Myerhoff, Hans (ed.), *The Philosophy of History in Our Time* (Garden City, N.Y.: Doubleday & Company. Inc., 1959) ; Stern, Fritz (ed.), *The Varieties of History* (New York: World Rook Co., 1956).

15 量的データの活用を望まないいくつかの顕著な例外も存在する。Benson, Lee. *The Concept of Jacksonian Democracy* (Princeton, N.J.: Princeton University Press, 1960) ; Cross, Whitney. *The Stowed-Over District* (Ithaca, N.Y.: Cornell University Press, 1950) ; Curti, Merle, *The Making of an American Community* (Stanford, Calif.: Stanford University Press, 1959).

16 中等学校用教科書の中に示されている歴史記述の欠陥を上手く取り上げたものとして、次の研究がある。Noah, H.. J. Prince, C. E., and Riggs, C. R. History in High School Textbooks, *School Review* (1962), vol.70, pp.415-436.

17 ここでは、どんな形であれ人種隔離をする学校への公的支援に反対していこうとする姿勢を共有していることは疑いのないところである。ある特定の宗教的信条を教え、同時に別の宗教的信条に触れることのないようにそれらの信仰から隔離するために学校を利用することは、私たちの社会の多元主義的基盤を尊重することにも認識することにも、当然ながら反する働きをする。

18 教師教育のプログラムを通してパーソナリティ（人格的特性）の形を変えるという見取りに対して、ある程度懐疑的な見解を示した論文に次のものがある。Oliver, Donald W., and Shaver, James P. A Critique of "Practice in Teaching," *Harvard Educational Review* (1961), vol. 31, pp.437-448.

訳者によるコラム
「ハーバード社会科の
カリキュラム構造と授業」

　ハーバード社会科は、本編でも詳細に述べられているように、「法理的フレームワーク（jurisprudential framework）」の考え方を基盤に、公的論争問題に対する判断力の育成を図るカリキュラムや授業を提案している。「法理的フレームワーク」とは、社会にみられる公的論争問題を分析し議論する上で十分に理解され、活用実践されねばならないもの、生徒が身につけるべき思考・判断の参照枠組みとされている。その詳細については本書を読んで頂くとして、ここではフレームワークに基づいて、オリバーらが提起するカリキュラムや単元、そして授業の構成法について、概要をまとめておこう。

(1) カリキュラム：社会的価値の対立する問題領域による単元設定

　まずカリキュラムの編成については、「法理的フレームワーク」の要素である、社会的価値の捉え方が基盤に置かれている。社会において論争問題が生じる背景には、特定の社会的価値を実現しようとする行動や公的決定が、他の社会的価値を制限したり、侵害したりすることと関係がある。ある状況で何をなすべきか判断するに当たっては、特定の社会的価値が他の社会的価値とどのような関係において対立しているのか（対立するとみなされているのか）を明確にした上で、衝突する価値のどちらをどの程度まで優先させるのかについての判断基準を作り出す必要がある。例えば、オリバーらが挙げている事例に、公共の場での演説が聴衆をあおり暴動が発生しそうな場合、表現の自由を重んじ演説を続けさせるのか、聴衆の安全を重んじ演説をやめさせるのか、表現の自由を優先するか自由を制限し安全な秩序を優先するかの判断が求められるケースがある。このような場合、異なる判断によってどちらの価値が他方をどの程度侵害するか、侵害が起こるとしてそれはどの程

度まで許容できるか、といったスケール的な価値の捉え方を基に判断できることが重要となる。またそうした考え方を支える判断の基準や理由を明確にできなければならない。

　生徒がこうした価値の捉え方を身につけ、社会で生じる様々な対立や論争において、自らの判断基準をもとに主体的に判断できる素地を作るには、教育内容としても、社会的価値の対立がみられる問題領域を想定し、具体的な単元を組織する必要があろう。実際にハーバード社会科では、アメリカ社会において永続的に生起している公的問題の領域として「人種・民族の対立」「宗教とイデオロギーの対立」「個人の安全保障」「経済集団間の対立」「健康、教育、及び福祉」「国家の安全」などを設定し、個々の領域で生じてきた論争問題を単元の主題とするカリキュラム編成の考え方を打ち出した。オリバーは当時の指導学生であったニューマン（Fred M. Newmann）とともに、1950年代よりボストンの高校教師たちの協力を得ながら単元の開発を進め、その研究成果は、後に『公的論争問題シリーズ（Public Issues Series）』と題された単元シリーズとして出版された。

(2) 問題領域における公的論争問題の解決過程の解明

　個々の単元の編成に当たっては、社会的価値の対立を考察するための事例を、アメリカ社会を始めとする過去の歴史に求めることで、単元を歴史教育の単元として活用できるよう組織している。具体的には、「歴史的危機アプローチ」「問題－主題アプローチ」という二つのアプローチによる構成の方法が提案された。

　前者の「歴史的危機アプローチ」は、歴史上の特定の時期や出来事を中心に据えながら、当時の社会状況を大きく規定することとなった社会的価値の対立する問題を取り上げる方法である。社会が危機的状況にあった特定の時期や出来事に焦点を当て、その当時、社会の様々な領域で生じていた社会的価値の対立が表面化した論争を取り上げるようになっている。

　このアプローチを採用したと解される単元としては「ニューディール」「ナチス・ドイツ」「アメリカ独立戦争」「南北戦争」などの単元が挙げられる。

例えば単元「ニューディール」であれば「自由企業と公共の計画」を主題に、恐慌下での個人や企業の経済活動の自由と市場への計画・統制を図る政治的規制との間で生じた問題として、恐慌下の困窮生活での個人の責任と救済策、農家に対する生産調整、失業対策、社会保障、貧困児童、ワーキングプアへの対応などをめぐる論争を取り上げている。単元「ナチス・ドイツ」であれば「社会的強制力と個人の責任」を主題に、ワイマール共和国におけるナチスの台頭に伴う、個人や国家の行動の自由な裁量に対する社会的統制や圧力の是非をめぐって生じた問題として、特定の政治思想に基づく個人の自由な営業活動への圧力や妨害、学校や社会教育の場での思想教育、戦時下での徴兵、組織における非人道的な命令などへの対応をめぐる論争を取り上げている。

後者の「問題－主題アプローチ」は、歴史的危機アプローチとは対照的に、特定の時期や出来事ではなく、社会的価値の対立する問題領域を中心に据え、問題の解釈や解決の過程を歴史的に俯瞰させる方法を取る。すなわち、歴史に永続する特定の社会的価値の対立を中心に据え、社会状況の変化に伴い、それらの対立の様相が変化して現れた様々な論争事例を取り上げ、その解釈や解決の過程を学ぶのである。

このアプローチを採用したと解される単元としては「組織労働者の台頭」「宗教的自由」「移民」などの単元が挙げられる。個々の単元では、例えば、「宗教的自由」であれば「宗教的な信念や実践と公共の利益」を主題に、世俗的人道主義は宗教に含まれるのか、宗教的多数派が政治を行う場合の政府の持つ意味は何か、宗教的自由には信念と実践のどこまでが含まれるか、州による教育機会の提供を保護者の宗教的理由により拒むことが可能か、学校カリキュラムでは科学と同様に宗教学説を取り扱うべきか、などの論争事例を取り上げる。単元「移民」であれば「多元主義と国家のアイデンティティ」を主題に、移民を動機づけたものは何だったか、移民やその子孫は社会で不当に扱われたのかまたその場合の責任は誰にあるか、移民の二世が改名してでも成ろうとした「アメリカ人」とは何か、合衆国と移民の出身国の関係悪化が国内の移民に対する差別的扱いにつながることは正当化できるか、過去の

様々な時期の移民政策が守ろうとした公益は何か、どのような移民の制限の仕方が最も公正なものといえるか、などの論争事例を取り上げる。

単元は、今日でも議論の続く歴史に永続する問題の出現とその解釈や解決の歴史的展開を追うように構成されており、主題となる社会的価値の対立する問題領域で、過去どのような問題が起こり、どのように解決されてきたか、今日それはどのような問題として現れてきているかを捉えさせるようになっている。

(3) 単元構成：問題解決の歴史を用いた「歴史に永続する一般的問題」の解明

単元は、先に述べた二つのアプローチのどちらを採るかによって、どの時代や領域における歴史事象を取り上げ、配列するかが異なってくる。しかし、単元構成の仕方においては、多くの単元に共通してみられる形式があり、ここにオリバーらが考える歴史教育としての公的論争問題学習の本質をみることができる。

その構成を、単元「組織労働者の台頭：労働者の安全と雇用者の権利」を事例に分析してみよう。単元は、労働者の安全と雇用者の権利の対立問題を扱うもので、次の**コラム表1**に示すように、大きく四つのパートで構成される。

まず単元の全体構成をみると、過去の論争問題と現代における論争問題との双方を往還させる構成になっていることが読み取れる。

まずパート1では、労働者の安全と雇用者の権利という社会的価値の対立が合衆国の歴史上、頻繁に繰り返し生じていることを概観する。そして、ここが重要なのであるが、「歴史に永続する一般的重要問題」として、労使の対立において繰り返し論争になってきた問題を具体的に提示する。例えば、「労働者は雇用者に対するどんな主張や苦情なら合法的に表現できるか」「雇用方針に影響を与えるため、労働者はどんな方法を合法的に使えるか」「雇用者や組織労働者の力はどのような点で法により制限されるべきか」などが、単元を通して繰り返し考えていく問題として提示される。さらに重要問題は、細かくみると価値の問題、定義の問題、事実の問題という三つの側面から考えることができるということも同時に示した上で、過去の論争事例を分析し

コラム　表1　単元「組織労働者の台頭：労働者の安全と雇用者の権利」の単元構成

パート	学習の展開	内容・事例
1	主題(社会的価値の対立)の歴史を概観	労働者の安全 vs. 雇用者の権利 (組織労働者の雇用・労働条件をめぐる主張はどこまで認められるか)
1	歴史に永続する一般的問題の把握	
1	一般的論争問題の分析方法の把握	
2	主題に関わる時代状況と論争事例の把握	・労働者の組織化前後の論争状況 ［ローウェル繊維工場、NLU、AFU］ ・組織化の進展時の論争状況 ［プルマン社とフォード社での団体行動］
2	過去の問題状況と今日の問題状況の対比	
2	事例における政治的・法的決定の分析・評価と歴史に永続する問題への判断基準の形成	
3	主題に関わる現代の社会状況の把握	・現代における労働者の雇用環境や条件、組織労働者をめぐる論争状況 ・PATCO(航空管制官組合)による団体行動
3	現代の論争事例の把握と事例における政治的・法的決定の分析・評価	
3	歴史に永続する問題への判断基準の形成	
4	価値対立に関する判断スケールの形成	・団体行動を保障すべき職業の範囲 ・労働者、組合幹部、雇用者の利害関係 ・女性組合員に関わる要求と問題
4	主題に関わって今日の社会で論争となりうる問題の探究	
4	単元での自らの思考過程と達成度の振返り	

James Stewart and James R. Giese under the direction of Donald W. Oliver and Fred M. Newmann, *The Rise of Organized Labor: Workers, Employers,* adapted from the Harvard Social Studies Project, Social Science Education Consortium, 1989. より筆者作成

ていくようになっている。

　パート2以降では、労働者の組織化の歴史を段階的にたどり、雇用者との対立の様相の変化を捉えていく。例えばパート2で、労働者が組織化される以前の時期を扱う場合、労働者は労働条件の改善をどうやって雇用者に訴え

るのか、それを集団で訴える場合どんな方法があるか、労働者が組合を組織し始めた時雇用者はどこまでそれを許容したか、雇用者による組合の組織化を妨害する行為は合法的か、といった論争事例が扱われる。労働者の組織化が進み雇用者との対立が激化した時期を扱う場合、労働者が組織的に行うストライキについて、雇用者側の権利との関係で侵害の程度や正当性が問われ論争化した事例として、政府が軍隊を使ってストライキを鎮圧したプルマン社の事例、最高裁が雇用者側に団体交渉を命じたフォード社の事例という対照的な事例を扱っている。続く現代のパート3では、公務員など公共性の高い職業従事者の団体行動は認められるかという問題の事例として、1980年代のPATCO（航空管制官組合）のストライキを取り上げる。そして単元末のパート4では、ストライキと公共の利益のバランスを考える問題、地域の労働者と雇用者の関心を明らかにする問題、女性や家族に関わる今日の労働環境の問題を地域社会の調査を基に考えるようになっている。

　このように単元は、労使間の対立を示す過去の典型事例をみていく中で、当初、労働者の安全と雇用者の権利の対立と捉えられていた問題が、組織労働者の拡大に伴い、今日では公共の利益とも密接に関わる複雑な問題構造をなすようになったことに気づかせるようになっている。歴史を用いることで、現代における複雑な社会的価値の対立構造を、段階的に理解できる構成となっているのである。

(4) 学習の指導方略：論争問題の質的分析と判断基準の形成

　では単元で取り上げる個々の論争問題の学習はどのように指導されるのか。開発単元に示された学習活動をみると、個々の時代状況で生じた論争を素材としながら、そこで問われた問題を歴史に永続する問題として位置づけ考察するようになっている。

　例えば、先に挙げた労使紛争の事例では、雇用者側が組合に加入しようとする社員の情報を調べ上げ、圧力をかけたり誘導したりする行動がどこまで許容されるのか、判断とその理由が問われている。また組合側が雇用条件の改善などを雇用者側へ要求する方法について、穏当な方法から過激な方法ま

で様々な方法を列挙することで、それらを整理するスケールを作り、どのような方法までを許容するのか判断とその理由が問われている。過去に生じた社会的価値の対立の問題とその解決を試みた事例を示す一方で、現在にも通じる歴史に永続する問題として自らの判断基準を作る学習となっているのである。

　さらに、生徒がこうした判断基準を作る上での指導方略として、オリバーらは二つのポイントを挙げる。第一は、「証明基準」と呼ばれる、論争問題を価値に関わる問題、事実に関わる問題、問題を捉える言葉の定義の問題として腑分けし、それらを関連づけながら考察する思考法を身につけさせること。第二は、論争問題についてアナロジー（類似例）を用いて比較・考察することで、一貫性のある判断の基準を作り、問題をより精緻に捉えさせることである。

　コラム表 2 は、第一の方略を説明する上で、オリバーらが実際に示した人種差別の問題に関する指導方略の事例である。未亡人ウェブスターさんが下宿屋を経営していたところ、州政府は人種や宗教、国籍による部屋の賃貸差別を禁じる法律を作った。ウェブスターさんは自身の所有物件に他言は無用と考え、黒人の宿泊を拒否した。彼女のこの行動の正しさを判断するには、多くの問題を検討する必要があるとオリバーらは指摘する。例えば、価値に関わる問題として、貸し手の所有権と借り手の機会の平等はどちらがより重要かという倫理問題もあれば、個人住宅の賃貸行為に州政府が規制をかけることの是非を問う政策問題、そうした法律を州政府が作ることの是非を問う法的問題もあるという。さらに、拒否された黒人には他に宿泊可能な場所が実際にあったか、ウェブスターさんは黒人に偏見を持っていたか、黒人の宿泊を認めた場合に白人客が宿をキャンセルする可能性があったかなどの事実問題や、機会の平等、財産権など言葉の定義に関わる問題も考える必要がある。一つの行為の正しさを考える上でも、こうした多様な視角から問題を腑分けして考えることが目指されるのである。

　続いて第二の方略であるアナロジーを用いて判断基準を形作らせるための指導方法を表 4 に示した。アナロジーが用いられている理由は、行為や政策

に伴う判断の正しさを争う論争において、生徒とは異なる立場の判断を示して対比させ、自己の判断が一貫して支持できるものであるかを検討し判断の基準を明確化させるためである。

　先の事例でいえば、自宅を用いた下宿屋の営業に政府が介入することに反対する子どもには、レストラン経営の場合のアナロジーを示し、営業活動が政府の規制対象となるのは、食品衛生上の問題がある場合のみか、顧客に良好な睡眠など健康に関わるサービスを提供する場合全てを含むのかなど、対比に基づいて異なる視点から問題を検討することを促す。また、所有する自宅を下宿にする場合、その空間を個人の所有権が優先されるプライベート空間とみなせるのか、プライベートな空間の定義についても関連づけて検討させている。学習は、問題それ自体を理解するだけでなく、三種類の問いに関連性を持たせて議論することの必要性にも気づかせるものとなっているのである。

　オリバーらの考えるカリキュラムと授業は、公的論争問題の討議に参加する意識、立憲民主主義とともに形成されてきた社会的価値の知見の継承、それらを批判的に検討するための問題分析の思考ツールという、多元的共生社会の理念から導かれる資質を一貫して育てる構造となっている。また、社会にみられる問題を解決することを性急に求めるのではなく、まずは問題を分析し明確化する力を育成しようとする点でも、主権者教育や法教育に示唆するところは大きいといえよう。

（溝口和宏）

コラム表2　公的論争問題の指導方略1：問題の質による細分化

<問題状況の事例：ウェブスターさんの下宿屋>
　夫の死後、ウェブスターさんは、経営する小さな下宿屋で苦労して生計を立てていた。州が、部屋の賃貸について人種、宗教、国籍による差別を禁じる法律を通過させたことで、彼女は非常に悩まされていた。マイノリティの集団、特に黒人が好きではなかったからだ。しかし、より重要なのは、もしマイノリティに部屋を貸したら常連の下宿人が怒り、引っ越してしまうと彼女が感じていたことだ。「これは私の財産。誰に部屋を貸すべきか、私に指図する権利は誰にもない。」彼女は近隣に話していた。ある夜、ウェブスターさんは玄関の音で夕食を中断された。「空き部屋を貸せる旅行者かも」と思い、彼女が喜んでドアを開けると、そこには黒人がいた。「私はジョーンズです。町中を探しました。今夜泊まれる部屋はありませんか」と彼は尋ねた。ウェブスターさんはためらうも、「ごめんなさい。ここは満室よ」と告げた。

① 価値問題（規範的問題）
「何がなされるべきか（行動や政策の正統性、正・不正）」についての問題
・個人の信念や良心の問題：「ウェブスターさんが、ジョーンズ氏の宿泊を断ったのは正しかったか」
・公共政策の問題：「政府は、ウェブスターさんの賃貸行為について何か規制をすべきか」
・法の問題：「下宿部屋として使われる個人宅での人種差別を、州政府は禁じてよいか」
・倫理の問題：「貸し手の「所有権」と借り手の「機会の平等」、どちらの価値が重要か」「法的な正しさと道徳的な正しさの、どちらをより重要と考えるべきか」

② 事実問題（記述的問題）
起こったことを記述し、説明する問題（過去、現在、未来の人々の行動を記述する／その世界が実際にどうであったかを解釈する／ある状況がなぜ生じたかを説明する）
・特定の出来事や状態が、生じているかどうか知るための問い
　　「ジョーンズ氏が宿泊できる場所が他にあったのか」「他の借り手は、引っ越しただろうか」
　　「ウェブスターさんは偏見を持っていたのか」「この問題について南部人は北部人と異なる態度を持っているか」
・出来事と社会状況との関係を発見するための問い
　　「ジョーンズ氏の宿泊を断ることは、彼の将来に不利益を与えるのか、あるいは彼を傷つけるか」
　　「他の下宿人は、ジョーンズ氏の宿泊に対し、どのように反応するのだろうか。それはなぜか」
　　「そのことで、ウェブスターさんは事業の機会を失うだろうか」「人々はなぜ異なる人種を嫌うのか」

③ 定義問題（分析的問題）
「言葉やフレーズ、あるいは問題の持つ意味は何か」に焦点を当てる問題
・言葉や概念の意味を明確にかつ首尾一貫したものとして定義する問題
　　「偏見のある」「平等の機会」「財産権」の意味は何か。
・問題それ自体を解釈する方法（問題のうち最も重要なものはどれか）を決める問題
　　法的問題　「法はウェブスターさんが差別することを禁じたか」「彼女は法について知らされていたか」
　　　　　　　「法は憲法上の手続きに従って成立したものか」
　　道徳的問題「ウェブスターさんが黒人に嘘をついたのは正しいことか」
　　　　　　　「黒人は平等な扱いを受ける道徳的な権利を持っているか」
　　　　　　　「もし黒人が下宿屋を所有していたとして、白人に同じ行為をするのは正しいか」

（Oliver, D.W. & Newmann, F.M. (1970) *Cases and Controversy: Guide to Teaching the Public Issues Series/ Harvard Social Studies Project*, American Education Publication, pp.4-5.より筆者作成）

コラム表3　公的論争問題の分析に関わる指導方略2
　　　　：アナロジーを用いた判断基準の形成

① 　価値問題（規範的問題）の指導方略：アナロジーを活用させる
（例）「下宿部屋として使われる個人宅での人種差別を、州政府は禁じてよいか」
サム：政府はウェブスターさんにどう経営すべきか口を出すべきじゃない。
ルイ：彼女がレストランを経営しているとしたら、どう。経費節約のため、残り物を翌日に供給したら。時には食べ物が痛んで、お客が食中毒を起こすかも。でも大半の客が移動車で、町を離れたとしたら、彼らは決して文句をいうことができない。政府はウェブスターさんに特定の健康指標を保つよう強いるべきだと思わないわ。
サム：うん。もちろん。
ルイ：それが政府の規制よ。政府が個人事業に介入することに反対なんでしょう。
サム：レストランは下宿部屋と違うよ。人の健康に関わるからね。
ルイ：夜休息をとるのも健康に関わるわ。ジョーンズ氏が寒さの中で夜を過ごすとしたら、古い食品でお腹を壊すよりもひどく彼を傷つけるかもしれない。
サム：でもこの問題は彼女の家の中の話だ。不快に思う見知らぬ人に自身の部屋を貸すことを彼女は強いられるべきじゃない。
⇒　アナロジー（レストラン経営か下宿部屋の経営か。自宅での営業か否か）との対比を基に、複数の事例を区別する基準を明確にすること。
⇒　政治的法的決定（政府の規制）を認めうる特定の状況（条件）を明確化すること。
② 　事実問題（記述的問題）の指導方略：証拠を評価させる
（例）「南部人は北部人よりも黒人に対して偏見を持っているのか」
1. ヘレン：南部人は北部人よりも黒人に偏見を持っているわ。
2. スー　：そうは思わない。私の知っている南部人は皆リベラルで、黒人の友人もいるし、公民権のために戦ってさえいる。
3. ヘレン：珍しい人を知っているのよ。ニューズウィークの調査では、北部人より多くの南部人が黒人の権利伸長に反対している。
4. スー　：そんな調査は信じない。あなたは、人の態度についていわれていることじゃなく、人々の行動に注目すべきよ。
5. ヘレン：分かった。行動ね。多くの黒人が南部を離れ北部に移っている。人種分離した学校はほとんどが南部にある。南部の議員は、北部の議員より多くが公民権法に反対している。
6. スー　：それは南部人が北部人より黒人を嫌うことを意味しない。北部には大きな都市が多く、より多くの仕事があるだけ。人種分離した学校もよい学校になりうる。公民権への反対は、反黒人ではなく、州政府に連邦政府が介入する権力に反対しているの。
⇒1:個々の主張が、証拠として信頼に足るか、妥当なものか、代表的なものかを検討すること。 2:個人的観察（視野の狭さを指摘）、　3:「権威ある」資料（信頼性を検証）、 5:一般的結論を導こうとする特定の主張（典型性を検証）、6:「常識」の類推（妥当性を検証）

③ 定義問題(分析的問題)の指導方略：語彙を定義し、質の異なる問題を区別させる
トム　　：どうしてウェブスターさんに偏見があるっていうのか分からない。 ジェイク：彼女は黒人が嫌いだっていっているじゃないか。 トム　　：何かを嫌うことと、何かに偏見を持つことは違うよ。アップルパイで病気になったとしよう。それで嫌いになったと。それって偏見があるってこと。 ジェイク：いや。それは君が経験したから。パイに偏見を持つのでなく、それを試したんだ。 トム　　：じゃあウェブスターさんが黒人を泊めて、彼らが嫌いだと結論づけたら、彼女は偏見があることになるの。 ジェイク：いや。その場合は、偏った好みがあるだけで、偏見とは違う。それは好き嫌いの問題じゃなく、判断する上で十分な経験を持ったかどうかの問題だ。 トム　　：実際、彼女に偏見があるかどうかは、彼女の行動が合法かどうかという中心問題とはかなり関係のない問題だね。 ジェイク：僕らは、彼女のしたことが道徳的に正しいかを議論していると思っていた。それは、法の問題とは違うよ。
⇒　語(偏見・偏った好み)の辞書的・一般的な定義を示して意味を区別させ、特定の事例(アップルパイ)でテストさせる方法もある。 ⇒　質の異なる問題を区別し、より重要な問題について考えることで、問題の明確化に向かわせること。

（Oliver, D.W. & Newmann, F.M. (1970) *Cases and Controversy: Guide to Teaching the Public Issues Series/ Harvard Social Studies Project*, American Education Publication, pp.5-6.より筆者作成）

補論
実験用カリキュラムの実施結果

補論 第1節
研究デザインと設定

　本書の本編において説明されてきたように、市民性教育の基本目標は一般的に民主主義の維持にとって不可欠なものとして認識されている。教育の専門書は市民性教育の目的としての反省的思考や批判的思考の重要性について声高に主張するものに溢れている[1]。明らかにこれらの言及は社会科における生徒の教育的発達や訓練のその他の諸側面をまったく無視または軽視されるべきだなどと考えているのではない。社会科の教師やカリキュラムの設計者は、人間の尊厳を再定義するに当たって用いる「手段としての合理的同意」にコミットする社会に不可欠なこれらの分析的技能を教えていくことに深い関心を持つべきであるということを、これらの言及は示唆しているのである。もしこれらの分析的技能が社会の核となる重要性を帯び、また最終的に社会科にとっても大切だとするならば、人は多くのカリキュラム開発や研究をこの分野で見出していくことを期待するかもしれない。不幸にも、市民性教育においてこの側面に関しては、「新しいアイデアや実践」[2]だけでなく研究報告ですらまばらに存在しているだけにとどまる[3]。

　グレイザーは第12学年の国語を受けている生徒を対象に古典的な研究を実施した。これはおそらく批判的思考の指導を扱った教育研究の最初の重要な研究の一つであろう[4]。またハイラムは「高学力の」小学生に論理の規則を教えることについて研究した[5]。ミラーとウェストンは知能の低い子どもたちの批判的思考の改善のために、第10学年地理の教育課程を用いた試みについて報告した[6]。よく知られているところのスタンフォード社会教育調査は、批判的思考を研究の関心事の一つとして捉えてきた[7]。批判的思考の教授方法を「行うこと」「語ること」の相対的な効果がアンダーソン、マーチャム、ダンによって調査された[8]。ヘンダーソンと彼の研究仲間たちは、9〜

12学年の国語、幾何、理科、社会科での批判的思考の指導用教材を開発し評価した[9]。進歩主義教育協会の8年研究も批判的思考については関心を持っていたが、この新カリキュラムを評価するのに体系的な評価手順は用いられなかった[10]。ローズスティンはアメリカ史を通しての批判的思考の教授について調査した[11]。大学段階で行われた研究のいくつかは私たち自身の研究と関連するものもあった。例えばアメリカ教育会議主催の一般教育における評価に関する共同研究は、批判的思考を市民性の基礎技能として関心を持っていた[12]。またライルは「生徒の批判的思考能力の変革と関わってくる教室での質問方法に対して、何らかの焦点を当てるために企画された」研究を行った。そこで彼は通常の心理学の教育課程において異なる手順を用いたことなどを報告している[13]。

これらの調査報告書は他所でもレビューされてきたものだが[14]、管見の限りの先行研究から導き出されるかもしれない一般的結論は、もし批判的思考や反省的分析というものが社会科授業の目標であるとするならば、これらは従来の社会科の内容を学習することを通してでは、おそらく間接的にも成し遂げられないだろうというものだった。**批判的思考の資質能力（コンピテンス）を構成する特定の諸概念を教えるように教材や手順がデザインされなければならないのである**。加えて、こうした諸概念を生徒に提供する異なる型の教材や手順の相対的効果の結論めいた性質について、現時点ではほとんど語ることができない。結論めいた研究結果が欠落していることにはいくつかの要因を求めることができる。例えば、いくつかの研究は、異なった実験的な教授方法どうしを比較するのでもなく従来型の実験群＝統制群比較以外何もできない、教師の行動についての独立変数を適切に説明できていない、差異を統制するため統計学的技術を用いることや生徒同士を比べることができていない、学びと関係がありそうな生徒を調べ上げることができていない、などの課題がみられる。また先行研究のその他の大きな欠陥としては、政治的で社会的な問題の倫理的－法的内容の取り扱い方を生徒に教授していく中での課題に対応することができていないことがある。その代わり、これまで報告されてきた研究は比較的に単純な「批判的思考」や「プロパガンダ分析」のモデルに集中している。

限界のあるモデルの活用、不適格な調査デザイン、サンプルとして扱われる人間の数がまちまちであること、これらは結果として、断片化され、そしてかなりの程度まで累積のない研究成果にとどまってしまう事態を招いた。ハーバード社会科プロジェクト（以下「本プロジェクト」）として本書で示され、また次の節でも引き続き報告されている調査は、包括的な方法で数多くの研究課題に取り組んできた一つの試みである。しかし反省的思考の倫理的法的次元についての先行研究が少量であることもあり、本研究を報告することそれ自体が一つの初期目的とみなされなければならない。すぐに研究結果を授業に応用するためだけではなく、さらなるカリキュラム開発や研究にとってそれらは意味があるとの理由から、本研究は吟味されるべきである。

学校と生徒

プロジェクトが行われた4年間のうち、ボストン郊外に位置するある中学校がに、年間フルにこのプロジェクトに専門的につきあってもらえた。この中学校の校長と社会科の教員は協力に熱心で、本アプローチの一般目標にも深く共鳴してもらえたという事実以外に、特にこの中学校を本プロジェクトで選ぶ義務的な道理などない。

生徒たちは通常、読解力テストと学力テストを踏まえて「名誉」クラス、「平均か平均以上の」生徒たちのクラス、「平均か平均以下の」生徒たちのクラスに分けられた。この三つの集団間には能力的に重複する部分がかなりある。

このプロジェクトがこの中学校で取り組まれてきた4年間のうち、最初の2年間は教授用教材や測定法の開発とプレテストに費やされた。そして後半の2年間で本書の本編で議論されて理論モデルに明確に基づいた実験カリキュラムの体系的な評価が試みられた。実験カリキュラムは当初、7学年の始まりにおいて五つの教室に向けて示され、それは生徒が8学年になるまで継続された。このプロジェクトが施されているところの共同体の一般的特色は、このプログラムを受けている生徒たちの形態に何らかの兆候をもたらした。生徒たちのバックグラウンドは多様だが、彼らの家族の大半は公教育の価値を認めていることもあり、彼らの大半は一般的に学校でよい成績をとることに関心があった。ＩＱの平均はおおよそ113である。

カリキュラム

　公的論争の分析を方針とするカリキュラムに向けて教材を選択・組織していく上での一般的な問題については第8章で扱った。だがここで報告されている実験プログラムは一般的問題以上のことに対処していく必要があった。**表15**は実験プログラム用に開発された教材について簡潔に説明したものであり、またこれらの教材が通常の中学校で教えられている合衆国史の時系列構造にどのように合わせていったのかを明らかにするものである。社会科プログラムは7学年で南北戦争までのアメリカ史といくらかの地理が扱われ、8学年では現在までのアメリカ史と職業選択についての単元が扱われる。

　表16と**表17**は2年間の実験期間の全体のタイムテーブルの見積もりを示している。実験カリキュラム向けに開発された教材は2年以上の期間をかけて教えられたが、教えている時間は実際のところ1学年をやや超えるくらいしか必要ではなかった。教室での時間の約3分の1はむしろこの学校の通常に用いられている教科書に基づいた読解と議論を含むアメリカ史への伝統的なアプローチが占めていた[15]。残りの時間、だいたい13週程度であるが、地域地理、時事問題、就職ガイダンス、学校が記録するために行っている標準化されたテストの実施、そしてこのプロジェクトと関わりのあるテストの実施に費やされた。

　表15は以下の異なる観念に沿って実験カリキュラムが組織されたことを反映している。

(1) 公的論争問題に対処するための分析概念の枠組み
(2) アメリカ合衆国憲法の成立背景、原理、構造
(3) (1)と(2)に含まれている諸概念が適用できるような実質的な問題単元

　7学年の多くの時間で第1単元と第2単元について教えた後、この二つの概念のまとまりは必ず絡み合ってくるものであること、批判的思考教材で説明されているような価値の分析には、アメリカの立憲主義と関係のある価値や原理を用いることが求められることが明らかになった。この時点で生徒た

ちに、本章の第 2 部で提案されているような分析モデルを扱う経験をさせる時間を設けることが決まった。生徒は憲法の諸原理や批判的思考の諸概念を論争事例に適用することが求められた。この分析モデルを教授するのは 7 学年の最終単元から始まった。実験カリキュラムの 2 年目は計画通りに実行された。授業のねらいは、より広範の社会的問題の中で具体化された一連の論争事例（主に主題ベースで組織されている）にこの分析モデルを適用することを生徒に教えることである。表 15 でリストアップされたカリキュラムの資料は、実践的活動や日ごとに開発された簡潔な実例も補填されている。

教授戦略

もしカリキュラムとは生徒にもたらされる経験であるといった観点から定義するのであれば、経験プログラムをセットアップするに当たり考えなければならない主な事柄として次の二つの要素がある——一つは生徒の読む教材や提示される教材についてであり、そしてもう一つはそれらの教材の活用についてである。学校での教材にはいくつもの型が用いられていたこともあり、多くの教授戦略が教師によって用いられていた（教材の型の解説については第 8 章を参照）。

表15　実験カリキュラム(要約)

第 1 単元：批判的思考（導入：約 8 週間）		
文献	型	内容の解説
「批判的に考えることができるように学ぶ」	テキスト	Ⅰ. 私たちの周囲の世界を記述する 　A. 定義（照準と基準の定義） 　B. 類型と分類 　　1. 限られた情報に基づいて事象を分類することの危険性 　　2. 平均を根拠として類型を用いることの危険性 　C. 価値が負荷された定義や用語 Ⅱ. 検証可能な発言——事実主張 　A. 私たちの周囲の世界の出来事を記述する発言 　　1. 具体的事実主張

		2. 事実主張の要約、一般化、統計
		3. 説明
		B. 自分たちがどのくらい確信を持っているのかを語ること
		1. 道理ある疑念の持ちようのない正しい発言
		2. おそらく正しいであろう発言
		3. 道理のある疑念の持ちようのない誤った発言
		4. おそらく誤りだと思われる発言
		5. 疑わしい発言
		6. 論争的な発言
		III. 証明プロセス
		A. 仮説の枠づけ
		B. 仮説の中に潜んでいる憶測や主張
		C. サンプリング——証拠がどこまで事実主張を擁護しているか
		D. 複雑な説明の検証
		E. 証拠の出所
		1. 直観　2. 権威　3. 直接目撃
		4. アナロジーによる証明
		IV. 価値判断
		A. 価値判断と意思決定
		B. より好みの方を表明する発言
		C. ジレンマ
		D. 価値負荷的発言
		V. 論争
		A. どこから発言を始めるか
		B. 論争での二つのレベル——信念と態度

第2単元　アメリカ共和国の誕生（2週間）		
文献	型	内容の解説
通常の教科書『これがアメリカの物語だ』（ウィルダー、ラッドラム、ブラウン著、ホートンミフリン社）の第7～9章	テキスト	アメリカ独立革命と初期の出来事についての背景。
『オリバー・ウィズウェル』（K・ロバーツ著）第4章、第5章からの抜粋	感情的印象の事例	英国の法の破壊を信じることのできなかった王党派の家族の迫害についてのドラマ仕立ての説明。
『ボストン茶会事件』	論争的事例	ボストン茶会事件についてのドラマ仕立ての説明。
『ジョージ・ワトキンス』	論争的事例	サム・アダムスによる演説、そしてアメリカ急進派の会合についてのフィクション化したドラマ仕立ての説明——運動の指導者たちは「どっちつかずの人」として描かれている。

第3単元　アメリカ政府の構造と諸原理（5週間）		
A. 政府についての基本概念		
『強き者の力』（ジャック・ロンドン著）からの抜粋	概念的背景知識	石器時代の人間たちの間で政府を築いていくフィクションの文章。この文章は、集団の「権力」対個人を例証している。また一度組織化された政府を集団は獲得したら、その集団の指導者によって搾取されてしまうという危険性がある。
『マストの前の2年間』（リチャード・ダナ・ジュニア著）からの抜粋	概念的背景知識	政府の他の機関からチェックされることのない独裁的な政府の逸脱行為を例証する。
「嵐」	概念的背景知識	特権階級の人間の専門的指導の受け入れを拒否し「普通の人間」による政府を代用しようとした際に生じた、幌馬車行進を無茶苦茶にした惨状を例証する。
『アニマル・ファーム』（ジョージ・オーウェル著）の概略	概念的背景知識	政府の循環（専制→革命→民主主義→専制）、そして政治的統制を維持する際の言語の歪曲とプロパガンダの重視性を例証する。
「良き航海」	概念的背景知識	ロビンソン・クルーソン物語（遭難した人々が島でも共同生活の中で直面した具体的な問題に対処するものとして、彼らがアメリカ的システムと類似した政治的手順をどのように生み出したのかを示す）。
B. アメリカ政府の諸原理──憲法の基盤とその実行		
『市民性に関する連邦の教科書』（ジョン・G・ハービィ著、1955年）	概念的背景知識	アメリカ社会の基礎的価値（個人の自由、平等と正義、平和と秩序、一般福祉、人類愛）
合衆国史の教科書『アメリカ民主主義の物語』（キャズナー＆ガブリエル著、ハーコート・ブレイス社）第7章		政治的諸原理（法の支配、被支配者の合意による統治、法の下での平等の保護、法による適正な手続き、三権分立、チェック・アンド・バランス） 諸価値と諸原理の憲法的基盤 合意システムのメカニズム──精選された憲法の条文
第4単元　具体的な論争事例を用いるに当たって分析的概念と政治的概念を適用する （ここでの事例のほとんどは最高裁判決を基にしている）		
文献	型	内容の解説
「昼食のカウンター」	論争事例	黒人の座り込みデモのフィクションの事例。
「路上での演説」	論争事例	憲法をめぐる裁判に至った、表現の自由をめぐる事件（フェイナー対ニューヨーク州（1951年））。
「デーヴィス・ランバー」	論争事例	憲法をめぐる裁判に至った、「公平な労働者の基準に関する法律」の合憲性に異議申し立てをした材木販売者の事件（合衆国対ダービー（1941年））。

補論 第1節 研究デザインと設定　353

「住居」	論争事例	中国系アメリカ市民への居住差別に関する物語。
「国旗への敬礼」	論争事例	二つの憲法をめぐる裁判に至った、公立学校で子どもに国旗に敬礼させようとすることに反対するエホバの宣誓拒否事件。マイナーズヴィル学区対ゴヴィッツ(1940年)、ウェストバージニア教育委員会対バーネット(1943年)。
「仕事」	論争事例	憲法をめぐる裁判に至った、ある男が、失業中の法律上での兄弟が州に入境するのを手助けしたとしてカリフォルニア州に拘束された事件(エドワーズ対カリフォルニア州(1941年))。
「ラジオとバス」	論争事例	公衆バスにラジオを備えつけようとするバス会社の権利に反対した二人の男たちの事件。
「スミッティティズ」	論争事例	「宗教的財産」の広い定義のために、ある宗教セクトが税金の特権を得た。
「ラビン裁判」	論争事例	憲法をめぐる裁判に至った、ある偽金作りの机が逮捕時に調べられた(これは道理のない捜査と差し押さえを構成するか?)際に起きた事件。(合衆国対ラビノビッチ)
「境界線の外に出ろ」	論争事例	ある黒人医師に対する居住差別についての物語
「オータ裁判」	論争事例	第二次世界大戦勃発時に西海岸から移住を強制された日本人についてのフィクションのお話だが、コレマツ対合衆国(1944年)を基にしている。
「拡声器と組合」	論争事例	憲法をめぐる裁判に至った、ある都市が労働組合の公衆に対して拡声器を使って訴えることのできる地域を制限したことをめぐる事件(コバックス対クーパー(1949年))。
「時間」	論争事例	憲法をめぐる裁判に至った、政府が女性の働く権利や長時間労働の職場で雇用される権利を制限した事件(アドキンス対児童病院(1923年))。
「航海」	論争事例	鉄のカーテンの背後にある生まれ故郷の国を訪れて以来、合衆国の市民登録を拒否している長年非市民の合衆国住民の物語で、ショーネシー対合衆国(1953年)を事例にしている。

これらはいずれの事例も、アメリカ政府の諸概念や諸原理を教えるためにも例証するためにも、そして第2部で説明されているような思考過程を教授するためにも活用された。

第5単元　学校隔離政策(本編第8章及び付録Aを参考のこと)(6週間)		
第6単元　アメリカのインディアン(1週間)		
文献	型	内容の解説
教科書『これがアメリカの物語だ』第21章	歴史的背景知識	

「涙の小道」	論争事例	クリーク族のインディアンの強制移住の物語。
「ホピ族のインディアン」	歴史的背景知識	ホピ族のインディアンについての簡潔な記述。
『ホピ族の自叙伝』(レオ・シモンズ著、ユタ大学出版)の「太陽神」からの抜粋	論争事例	何人かのホピ族への義務教育についての物語。
第7単元　公正な競争と企業の独占(4週間)		
A．アメリカの大企業の誕生		
教科書『これがアメリカの物語だ』第22章と第23章の「経済革命」の文章	歴史的背景知識	南北戦争から1900年までの急速な産業の変革について生徒に何らかの洞察を提供するテキスト。
『タコ』(フランク・ノリス著)から「貨物の割合――長距離輸送と短距離輸送」	論争事例	専横的な鉄道輸送政策が農民をいかに傷つけているのかを示す事例。
「アンドリュー・カーネギー」	歴史的・概念的背景情報	どれだけ産業資本家が大きな権力を得たのかを示すためにカーネギーについて事例研究をする。またいくつかの重要な経済概念(企業の平行的統合と垂直的統合)を例証する。
「カーネギー氏の企業活動についての走り書き」	論争事例	合法であるが倫理的には疑わしいカーネギーの企業活動のいくつかを示す。
「サウス・インプルーブメント社」	論争事例	合法性が疑われるような方法でロックフェラーがクリーブランドの精錬所の独占をどのように行ったのかについて示す。
「スタンダード石油」	論争事例	合法性もモラルも疑われるようなやり方でロックフェラーはどのように最終的に石油産業をコントロールするまでになったのかを示す。
B．企業の公正かつ合法的な競争に向けての政府の試み		
「公正な競争に向けた政府の試みについての簡単な歴史」	歴史的背景知識	国際商工会議所から、シャーマン法、クライトン法、連邦取引委員会法へと企業活動を規制する政府の試みの歴史を追っていく。
「連邦取引委員会と最高裁」	論争事例	「不公正な競争」と連邦取引委員会に勧告され、最高裁で争われることになった四つの事例。生徒は連邦取引委員会に同意するかどうか尋ねられる。
「四つの連邦取引委員会がらみの事例の最高裁判決」	論争事例	最高裁はどのように二つの事例において連邦取引委員会の勧告を否決し、あと二つの事例で勧告を支持したのかを示す。そうした理由の一つとして、こうした事柄に対して最高裁は自身の司法権を維持しようとしたことがある。
C．ガソリンの小売業に見られる現代の企業活動の事例研究		
「ガソリンスタンド」	歴史的背景知識	石油産業の組織と統制、そしてガソリンの小売業にかけられる圧力についての一般的な議論。
「ガソリン販売者が議会に不満をいう」	感情的インパクト	『ニュー・リパブリック』誌に掲載された記事の要約で、ガソリンの大企業による小売販売業者への専横的な扱いを示している。

「ガソリン戦争」	論争事例	割引競争を強いられるガソリンスタンドの問題と、自由競争の枠内でこの問題に対処していこうとするガソリンスタンドのリース権や所有権のある会社の試み。
第8単元　アメリカの移民政策（1週間）		
教科書『これがアメリカの物語だ』第25章「移民——アメリカ人の問題」	歴史的背景知識	合衆国への移民の主だった波、移民への対応、差別、移民に影響を与えた主だった法制度について解説する。
同「移民——1961年」	感情的インパクト	英国領ビルマの男がビルマ人の移民割り当て人数の問題から入国できなかった話。
エドワード・R・ミューローの移民に関する映画	概念的背景知識	移民に対しての多くの国家元首たちの意見（大司教クッシング、ウォルタースなどが含まれている）
「キューバ難民」	論争事例	マイアミのキューバ難民の問題について解説する。その上で、「合衆国の政策はどうあるべきか」と問いかける。
第9単元　アメリカ労働者の問題——導入（4週間）		
第10単元　ニューディール（3週間）		
「ニューディール」	歴史的概念的背景知識	株式市場大暴落に向かう前夜の1920年代の経済や社会状況、そして大恐慌後の社会状況と1932年の総選挙について解説する。
「大恐慌」	感情的インパクト	大恐慌の間に自信を喪失し貧乏になった民衆についての具体的な事例をいくつか紹介する。
アルバート・マルツ著「この世で一番幸せな男」	感情的インパクト	失業者たちの完全にモラルの外れた行動、そして失業者がニトログリセリン搬送の仕事をみつけてウキウキしている様子についての短い物語
「農業調整法」	論争事例	最初に、農民が自らの農園を守るために暴力に訴えた諸事件を扱い、その後「農業調整法」や政府のプログラムによって生じた諸問題について話し合う。
「青い鷲」	論争事例	どのようにNIRAは大不況の諸問題や政府のプログラムに寄せられたいくつかの批判に折り合いをつけようとしているのかについて解説する。
「WRA」	論争事例	ルーズベルトに、他の選択可能な手段と併せて、最高裁人員総入れ替え案を考えさせることになった問題について解説する。
「最高裁人員総入れ替え案」と共和国	論争事例	巷の人間だけでなく多くの政治的指導者たちの実際の発言を記録したテープに基づいたドラマチックなプレゼン。

表16　実験カリキュラムに参加した生徒の社会科プログラムのスケジュール（第7学年）

主題	プロジェクト内の活動	プロジェクト外の活動
欧州は新世界を発見し西に探検した		3週
欧州諸国は新世界に植民地を築いた		3週
学力のプレテスト	2週	
短い例証を伴う批判的思考技能	8週	
アメリカ共和国の誕生	1週	1週
アメリカ政府の構造と原理（入門）	5週	
分析的・政治的概念を用いて政治的論争に対処する「モデル」を適用する	3週	
新国家の建設		3週
新国家の経済的変化と分業・分断の進行		3週
第一回事後テスト	1週	
総計	17週（テストを除く）	13週

表17　実験カリキュラムに参加した生徒の社会科プログラムのスケジュール（第8学年）

主題	プロジェクト内の活動	プロジェクト外の活動
第二回事後テスト	2週	
南北戦争と国家再建		3週
学校隔離	6週	
西への移住		1週
アメリカのインディアン	1週	
アメリカ産業革命への導入		1週
競争と独占のもたらす諸問題	4週	
就職ガイダンス		1週
アメリカの移民政策	1週	
アメリカの労働者の諸問題	4週	
パーソナリティテスト	2週	
合衆国史1900年〜1925年		2週
ニューディール	3週	
合衆国史1940年〜1960年		2週
復習	1週	
第三回事後テスト	2週	
総計	20週（テストを除く）	10週

歴史的・概念的背景知識についての教材は、素直な、記述的な、教説的な方法で取り扱われた。教師は教材の中に記載されている概念や一般原理の理解を検証するために、生徒にいくつか質問をした。感情的インパクトないしは共感を生み出す教材は、ほとんど「教授」を求めるものではなく、教材自体がメッセージを背負いこんでいるようなものであった。この文章資料を読み聞かせた後、教師はより一般的な用語を用いて、この事例が提供している問題について単純に表現した（例えば「労働者やその家族に影響を与える失業者の問題は、どのように共同体にも影響をもたらすのか」）。「持ち運びのできる」教材、例えば生徒が主に独り学習のために用いる教材も、教師による個別指導を必要とするものであった。このようにいくつかの特定の教材を用いることで、教師はいずれのグループの生徒にも同じアプローチをとるように指導されることになった。

このように、論争事例を扱うに当たっては、本書第二部で述べたような政治的分析モデルの活用が明確に教えられたのだが、ここにおいてこうした文章資料を用いつつも、二つの異なる教授スタイルが採用され、比較されることになった（この二つの教授スタイルについては補論第4節で詳述している）。この二つの教授スタイルは、「復誦型分析」と「ソクラテス式問答型分析」と呼ばれ、いずれも教師と生徒とのやりとり（対話）に主眼があった。復誦型の教授スタイルを活用するに当たって、教師は最初にその事例についての諸事実をはっきりと頭に入れているのか確かめるための質問をする。その後教師は生徒に、政治的分析モデルを用いて事例を解釈するように要求し、この事例がもたらす問題に関する異なる立場は、この分析モデルの枠内でどのように正当化されうるのか指し示すように要求し、そして選択可能な立場を明らかにして、いずれがより道理のある立場であるのか判断することを要求するような、批判的な問いを提示していく。一方でソクラテス式問答型の議論において教師はこの事例についての事実背景に関してはあまり時間をかけない。代わりに生徒がこの事例における問題に対して個人的な立場をとるように促し、その後その立場に対して、特にアナロジーを活用することを通して矛盾を指摘することを通して異論をぶつけていく。その後、教師はまずど

のようにしたら生徒の立場がより知的に論じられることになるのかについて、分析モデルを活用して主張するように生徒に指導する。次に、自分の立場や相手の立場についての自身の理解をより強化するのに生徒は何を尋ねればよいのか生徒自身が示すように要求する。ソクラテス式問答型分析の議論は、教師と生徒の間の議論のプロセス（生徒の立場を問いながらの）と、憲法の諸原理や批判的思考の諸概念から成る枠組みの範囲で主張するところの性質を明らかにしようとする教師による試みとを、交互に行うためにデザインされたものである。分析枠組みの範囲で主張するところの性質を明らかにしようとする点についての教師の行動は、復誦型のそれと類似している。

要約すると、この実験プログラムにおいて生徒は全て同じ教材を与えられたわけだが、論争事例に対して用いられる教授スタイルには体系的な違いがあり、そのことを除けば本質的には同じ方法で教材が与えられたのである。

実験カリキュラムを実際には四人の教師が実施した。彼ら全員その形式化に協力してくれた。四人全員がハーバード大学で研究の取りまとめをし、また実験に協力した中学校のある地区で教授上の取り決めをした。どちらの場所においても、彼らの第一の責任は本プロジェクトの遂行にあり、こうした体系的な研究を行った2年間においてこの四人は実験クラスだけを担当した。

研究デザイン

本研究の主要仮説はとてもシンプルである。

「公的論争問題を明確にしたり分析したりするために有益となる抽象的概念モデルの活用法を青少年に教えることは可能である。」

この仮説を検証するために、標準的な教室を統制群として設定した。3校の外の学校の統制群は、実験群の生徒たちの進歩と比較するためのベースラインとして活用された。これらの集団の一般情報のいくつかを示したものが**表18**であり、また統制群となる学校のカリキュラムを要約したものが**表19**である。ウェスト校とウィート校（いずれも統制群）は郊外の共同体に位置していた。もう一つの統制群であるビッグ校は都市部に位置する大規模校で、

いろいろな生徒が通っていた。

表18　実験群の学校と統制群の学校の一般的特質

学校	場所	学校規模概数	統制群(人数)	学年段階	IQ 平均	標準偏差
実験校	ボストン郊外	400	―	7-8	113.3	12.3
ウェスト	ボストン郊外	400	140	7-8	118.7	14.6
ビッグ	ボストン中心部	1000	140	7-9	109.8	10.7
ウィート	ニューヨーク	1200	196	7-12	116.7	10.9

※この表で報告されている生徒数は第二節以降で報告されている統計分析で用いられている数とは必ずしも一致していない。生徒が当日休んだなどの理由があるからだが、その減少分はわずかである。
※ここで報告されている平均値は多くの異なるIQ測定に基づいて報告されたものである。なぜならこの学校が普段こうしたテストを実施しており、私たちはそれを活用したからである。このような活用をしたのは、これらのIQ測定が比較可能だと想定したからだが、単一の測定法を繰り返し行うことで一般的に得られる信頼性の程度を考慮しても、それが道理に合わないということはないかもしれない。

表19　統制群の学校のカリキュラムについての簡潔な解説

学校	第7学年	第8学年
ウェスト	世界地理　ラテンアメリカ(18週) アジア(12週) アフリカ(6週)	合衆国史(※ この課程の構造は、教科書『これがアメリカの物語だ』に沿っている。)
ビッグ	合衆国史 (アメリカ発見から南北戦争まで)	合衆国史 (新政府の形成から米西戦争まで)
	この学校の教科書は『これがアメリカの物語だ』と『自由な市民の歴史』(ブラッドン&マッカーチン著、マクミラン社)。2年連続で活用されている。	
ウィート	7学年の特徴的な単元 地理的概念についての単元 経済的概念についての単元 インディアンに関する人類学単元	8学年の特徴的な単元 国家と地方の歴史についての単元
	2年連続で合衆国史 人物に依拠した文化史を重視。単一の教科書を用いているわけではない。	

本プロジェクトの全体的な研究デザインは実際のところ「実験の中での実

験」を含むものだった。統制群の生徒の学習成果と実験群の生徒の学習成果の比較だけでなく、実験群の生徒たちだけを活用して別の多くの問いについても追究していった。特にこれらの問いには、復誦型と問答型の教授スタイル（前出）の相対的な有効性だとか、生徒のパーソナリティ（人格的特性）と彼らの学びとの関係といったことも含まれる。これらの追加研究に向けた研究デザインについては後の節で詳しく登場することになるが、いくつかのことについてはここで明瞭にしておくべきだろう。まず実験プログラムを受けた生徒たちは自分たちが特殊なやり方で扱われていることを知っていた。彼らは特別なテストを受けることになっていたし、彼らの議論はしばしば記録にとられていたし、また彼らは4人の教師全員がハーバード大学と連携して、実に多くの時間を費やしてカリキュラムを開発していたことも知っていた。換言するなら、ホーソン効果は間違いなく生じていたに違いないのであり、このことは実験群に体系的なアドバンテージをもたらしただろう、ということである。その一方でこの学校で4年も本プロジェクトが行われたことは間違いなくこのプロジェクトの効果を逓減させるのにも寄与した。また本プロジェクトに参加した教師たちは、彼らがこのプロジェクトの目的に関心があったといった理由で選抜した人たちだった。実験群の学校の教師たちの教育的経験や訓練は、おそらく郊外の学校システムの下にある平均的な教師のそれと大きな違いはなかったはずであるが、彼らの一般的資質能力（コンピテンス）や、彼らの教育の革新（イノベーション）や時事への関心は間違いなく平均的な教師のそれらとは異なるものだった。彼らの教える資質能力は、彼らを選抜する際の主な基準の一つとなった。

　その他、この研究の結果の留保条件の主なものとしては、復誦型と問答型の教授アプローチを比較するために、この実験プログラムの約半分について標準的な規模（1クラス25人）のクラスを半分に割って議論させた。例えば実験的授業の約半分が約12人程度の生徒集団で実施されたのであり、このことは公立学校ではあまり一般的なことではない。

　こうしたこと以上にここで付け加えておきたい留保条件は、実験結果の解釈についてである。私たちは自らの考えを形作ってきたこの研究モデルが「温室での」実験の一つであることを強調した[16]。こうした意図は、実験状況に

おいて最良の条件を作っていくことにあり、そしてそこでの学びの差異を研究することにあった。この理由からできる限り最良の教師たちが選抜された。授業の目的別に集団を分けるのも基本的には研究デザインが必要とするところに基づいているのだが、これは授業をするのに最適化された集団規模となったという理由からも受け入れられたものである。加えて、新しいプログラムを受けた実験群の生徒たちを本プロジェクトの授業の目標と直接関わりのある測定に基づいて眺めれば、統制群よりもより多くの進歩をみせることは疑いのないところである。グレイザーの研究、そして本節の冒頭で簡潔に紹介したその他の共同研究もすでにこうした予想の基盤となるところを提供してきた。そのため、実験群と統制群の生徒たちを比較する大規模な研究は、実験カリキュラムが生徒に与える特別な経験から得られた学習成果を最も的確に反映することのできる測定はどういった種類のものなのかといった問いに焦点を当ててきた。本研究の中では、実験カリキュラムの検証だけでなく、有効性の疑わしい測定の感度についても検証することにも重きを置いた。

要約

　本プロジェクトの調査研究の基本的な目的は、公的論争問題の分析に向けて私たちが考えたモデルの示唆するところの目標と合致した試行的カリキュラムの開発と評価にある。若き高校生たちは、体系的な指導を２年間受けていくことでこうした概念的枠組みを理解したり活用したりすることを学ぶことができたのだろうか。この目的に向けてこの研究では伝統的な実験群＝統制群比較が採用された。「研究デザインの中に研究デザインがある」実験は、実験対象となる生徒たちに用いられる二つの教授スタイルの効果を比較するために、そして生徒のパーソナリティが学習に与える影響について分析するために、研究に組み込まれた。学校環境、教師、カリキュラム教材、そして私たちの標準的な社会科カリキュラムの中にこのカリキュラム教材をフィットさせる方法といったものが、これまで議論されてきた。ここで問題となってくるのは次のことである――「で、その結果はどうなったのか」。

註

1 H. R. Anderson. F. C. Marcham, and S. B. Dunn, "An Experiment in Teaching Certain Skills of Critical Thinking," *Journal of Educational Research* (1944) Vol.38, p.241; Prudence Bostwick and others, "The Nature of Critical Thinking and Its Use in Problem Solving," *Skills in Social Studies,* 24th Yearbook of the National Council for the Social Studies, edited by Helen McCracken Carpenter (Washington: National Council for the Social Studies, 1953). p.48; P. L. Dressel and L. B. Mayhew, *General Education: Explorations in Evaluation* (Washington: American Council on Education, 1954), p. 35; E. F. Pfieger, "Needed Research in Education for Citizenship," *Phi Delta Kappan* (1951), Vol. 33; S. A. Rippa, "Toward a Definition of Citizenship Education," *Social Education* (1959), Vol. 23; Eugene R. Smith and Ralph W. Tyler. *Appraising and Recording Student Progress,* Vol. III of *Adventure in American Education* (New York: Harper & Row, Publishers, 1942), p. 35; G. P. Taylor, "Teaching the Art of Decision-Making," *Journal of General Education* (1955), vol. 8, p.255.

2 K. B. Henderson, "The Teaching of Critical Thinking," *Phi Delta Kappan,* (1958), Vol. 39, p.282.

3 A. F. Joyal, "Research in Citizenship Education," *Phi Delta Kappan* (1947), Vol. 29, p.185; James P. Shaver, "Educational Research and Instruction for Critical Thinking," *Social Education* (1962), Vol. 26, p.13-16.

4 Edward M. Glaser, *An Experiment in the Development of Critical Thinking* (New York: Teachers College, Columbia University, 1941).

5 G. A. Hyram, "Experiment in Developing Critical Thinking in Children," *Journal of Experimental Education* (1957), Vol. 26.

6 J. Miller and G. L. Weston, "Slow Learners Improve in Critical Thinking," *Social Education* (1958), Vol.22, pp.315-316.

7 J. I. Quillen and L. A. Hanna, *Education for Social Competence* (Chicago: Scott, Foresman & Company, 1948) p. 141.

8 Anderson, Marcham, and Dunn, *op. cit.*, pp. 241-251.

9 Henderson, *op. cit.*, pp. 280-282.

10 Smith and Tyler, *op. cit.*, chapter. 11.

11 Arnold Rothstein, "An Experiment in Developing Critical Thinking Through the Teaching of American History," *Dissertation Abstracts* (1960), Vol. 21.

12 Dressel and Mayhew, op. cit., pp. 56, pp.64-67.

13 Edwin Lyle, "An Exploration in the Teaching of Critical Thinking in General Psychology," *Journal of Educational Research* (1958), 52:129.

14 Donald W. Oliver and James P. Shaver, *The Analysis of Public Controversy: A Study in Citizenship Education,* chapter 11; and Shaver, *op. cit.*

15 ここで基本的に用いられた教科書は次のものである。H. B. Wilder, R. P.

Ludlum, and H. M. Brown. *This Is America's Story* (Boston: Houghton Mifflin Company 1966).

16 当然のことながら、この「温室での」実験は、研究デザインが実験群と統制群の体系的（しかし理論上はあまり重要ではない）違いについても考慮に入れていないと、研究結果を適切に解釈できないとの批判に晒されやすい。本研究の主な目的は、実験群と統制群の実験的厳格さを維持しながら二つのグループの差異の可能性を、生徒の能力の差異を除いて最大化することにあった。実験群の学校の生徒はどの程度まで教師の熱意だとか能力に影響を受けているのかだとか、小集団のアドバンテージを受けているのかといったことについて私たちは大きな関心はなかった。これらは実験群の学校の生徒たちの成長にとって必要な条件だと思われるが、カリキュラムそれ自体が含んでいるものもまた必要条件となるだろうと考えられる。ある生物学的分析が明らかに念頭にあった。すなわち、虫垂の患者は彼のことを情熱のある知性的な医者か看護師が治療することによって、また大部屋よりも個人部屋にいることによって、少しはましな結果になるかもしれないが、それとは別により基礎的な治療——虫垂切除——というものがあり、そのことの方が大きな違いを生んでいる。患者は普通の外科手術を受けている時、汚い手術部屋でのこうした具体的な医療手術の効果まで説明する義務があるとは感じていない。教室での実験に関しては多くの経験を有しているマッキーチも同様の指摘をしている。「一般的に私は、もし教えるのにその変数が存在するなら何らかの影響をもたらすことを説明することになるかもしれないそうした制御のとれない変数の存在については、あまり心配しなくてよいと考えている。つまり、準備の段階で採点における仲間のサンプリングやバイアスが何らかの影響を与えるのではといった可能性について、あなた方はあまり心配する必要はないのだ。実験において試しにあなたが用いたいと考えている新しい教育方法に情熱を感じている教師を用いてみなさい。そして実験群にいることで生徒には自分たちが大いにアドバンテージがあると思い込ませなさい。こうしたことの最もありそうな結果は、『それをしたからって、大して意味のある違いは生まれない』というものだろう。もし重大な違いが生じていたとしたら、それは少なくともあなたの採用した測定が、こうした差異を示すだけの敏感なものだったという事実を示しているのであり、また理想的な状況の下において統制群で生じることについて、あなたは改善できる事実を示してもいる。これを一つの基準として有している方が、元々の結果が影響を与えていなかった場合よりも、あなたは具体的な変数を明らかにし続けていくためによりよい立場にいることになる。最近の一次的流行への熱狂についての野蛮な主張をいくらかだが抑えることになるということが、影響を与えていないという結果が出た場合においての唯一のよい効果である」。

補論 第2節
実験カリキュラムの分析能力に与える影響

　実験プログラムの評価に向けての一つの広い基盤を提供しようとする今回の試みでは、以下の四つの種類の測定が活用された。

① 「批判的思考」についての標準化されたテスト
② 本プロジェクトのスタッフが開発したSIAT
③ 事実的内容についての測定
④ 公的論争問題への関心度の測定

　このうち、①②によって測定されたこのプログラムの効果が、本節での主題となる。

批判的思考についての標準化されたテスト

　二つの批判的思考テストが実験群となる学校と統制群となる学校のそれぞれの生徒に実施された。一つはWagmisテストで、もう一つはアイオワ教育開発テスト（ITED No.5 社会科：解釈）である。Wagmisテストはワトソン・グレイザー式批判的思考評価の1、2、4とフォームA[1]、そしてミシガン州問題解決テストのパート6、パート7から構成されている。

　WagmisテストとITED No.5は2年間の実験期間中に4度、実験群の学校の生徒と、統制群の学校（ウェスト校とウィート校）の生徒を対象に実施された。テストは2年とも秋と春の二つの学期で行われた。実施上の困難から、このテストは2年目の秋に統制群であるビッグ校で実施することができなかった。なお、以下の示す結果は、このうち1年目の秋と2年目の春に実施したもの

（つまり最初と最後に実施したもの）の結果を示したものである。

結果

■ Wagmisテスト

Wagmisテストによって得られたデータの統計分析の結果を示したものが**表20**と**表21**である。この二つの表は、共分散分析[2]が学校間でポストテストの平均値に有意な差があることを明らかにしたことを表している。しかしこれらの差異は、実験群の学校の生徒の平均値がより高いことに原因があるのではなく、統制群の一つであるウェスト校の生徒の平均値が他より低いことに起因している。ウェスト校を除くと、調整後の残りの学校の生徒の平均値は極めて近似である。表20は、統制群の一つであるウィート校と比べて実験群の調整後の平均値が高いことを示しているが、この差異は.05水準で有意とはいえない。

同じパターンがデータの隅々にみられることに注目すべきである。つまり統制群の一つであるウェスト校の生徒は一貫して調整後の平均値が最低であり、一方、プレテストで最高位にあるのは同じく統制群の一つであるウィート校の生徒たちである。この結果は、統制群を一つだけ設定することが多い通常の研究デザインから考えれば、特に意味がある。もしウェスト校だけが統制群として用いられてしまっていたら、明らかに結果もその解釈も著しく異なったものとなるだろうからである。

表20 プレテスト(1959年秋実施)の得点とIQに合わせて調整した後の平均値を用いてのWagmisテストについての実験群と統制群の学校間比較

学校	人数	プレテスト		IQ		ポストテスト		調整後の平均
		平均	標準偏差	平均	標準偏差	平均	標準偏差	
実験校	109	36.50	7.96	113.51	12.31	44.94	9.56	46.36
ウェスト校	126	36.70	7.29	118.47	14.48	43.34	7.82	43.28
ウィート校	112	40.56	7.07	117.44	11.09	46.74	7.90	45.17

	平均値間の差異についての検証		
	自由度	F比	確率水準
全体	2/342	7.61	P<.001
実験校vs.ウィート校	1/216	2.25	P>.05

表21 プレテスト(1960年春実施)の得点とIQに合わせて調整した後の平均値を用いてのWagmisテストについての実験群と統制群の学校間比較

学校	人数	プレテスト		IQ		ポストテスト		調整後の平均
		平均	標準偏差	平均	標準偏差	平均	標準偏差	
実験校	108	39.67	9.84	113.56	12.36	44.88	9.58	45.61
ウェスト校	128	40.18	7.82	118.55	14.61	43.55	7.94	42.72
ウィート校	177	41.90	8.21	116.37	11.12	46.47	7.94	45.39
ビッグ校	122	39.52	7.58	109.72	10.83	43.74	9.19	45.55

平均値間の差異についての検証		
自由度	F比	確率水準
3/530	6.97	P<.001

　最も合理的な結論は、この実験カリキュラムはWagmisテストにおいては、実験群の学校の生徒たちの成績に有意な効果をもたらしていなかった、ということになる。このことは驚くような結果ではない。なぜなら、この実験カリキュラムはWagmisテストで好成績を収めるのに必要とされる特定の型の知的操作について、何の重視もしていないからである。加えて、ワトソン・グレイザー式批判的思考評価やミシガン州問題解決テスト含む因子分析の研究[3]は、Wagmisテストの中にも含まれているこれらのテストのいくつかの部分が、一般的推論からの高度な負荷をかけられていることを明らかにしている。本プロジェクトのデータは一般的に、この実験カリキュラムがこうした一般的推論の構成要素に何ら影響を与えていないことを示している。

　この解釈は、グレイザーの研究の結果、つまりほんのわずかな期間カリキュラムを扱っただけで、先の形式のワトソン・グレイザー式テスト[4]で生徒の得点に有意な差異が生じたという事実と矛盾する。しかしグレイザーの研究とここで報告されている研究との大きな違いは、本実験カリキュラムがおそらくグレイザーのカリキュラムほどにはこのテストで高得点をとるために必要となるような特別な技能について直接的にコーチするように準備したものではないことである。教師は一般的な批判的思考の問題ではなく、倫理的法的論争問題といった特別仕様の問題を扱う中で問題分析の技能を教える時、その学習の結果生じる学習増大をワトソン・グレイザー式批判的思考評

価やミシガン州問題解決テストは反映しないようだというスミスの研究[5]が、この結果を裏づける。端的にいって、これらの批判的思考テストは、カリキュラム上での次の二つの種の段取りに敏感に反応するのだろう。

(1) 一般的推論能力に影響を与えようとする段取り
(2) テストに含まれる特定の種類の推論活動に対応するよう生徒に指導していく段取り

Wagmis テストを用いたことで本研究プロジェクトが得た調査結果は、本実験カリキュラムは一般的推論に影響を与えないし、実験群の得点に有意な影響を与える特定の活動とも連動することはないという事実を示すものである。

■ ITED No. 5

表22 と表23 にあるように、ITED No.5 による統制群と実験群の統計的比較の結果は、ある程度不明瞭なところがあるとはいえ、Wagmis テストの時の結果と類似している。ここでもウィート校が最上位でウェスト校が最下位であり、成績の順位に一貫性があることを伺うことができる。表22 に報告されている実験群の生徒たちと、統制群の一つであるウィート校の生徒たちとの差異は、.05 水準で有意ではないのだが、実験群の生徒たちと、もう一つの統制群であるウェスト校の生徒たちとの差異は有意である。しかしながら、Wagmis テストと比べてのこの結果についての議論の中にみられる傾向と、ウィート校の相対的な立ち位置を踏まえると、実験カリキュラムが有意な効果をこのテストにもたらしていると結論づけるよりも、ウェスト校は何かしらの欠陥があると結論を下す方が道理に適っている。ウェスト校でのテスト結果はとても私たちを困惑させるものである。というのもウェスト校は中上位階層の人々が住む郊外の共同体に位置しており、共同体はこの学校に誇りを感じているからである。統制群として選択したとはいえ、ウェスト校の生徒たちの成績にマイナス効果をこのように体系的に与えると考えられる何らかの要素の存在を証明するものはまったくないのである。

表22 プレテスト(1959年秋実施)の得点とIQに合わせて調整した後の平均値を用いてのITED No.5についての実験群と統制群の学校間比較

学校	人数	プレテスト		IQ		ポストテスト		調整後の平均
		平均	標準偏差	平均	標準偏差	平均	標準偏差	
実験校	107	22.56	7.15	113.85	11.73	32.38	10.28	33.98
ウェスト校	129	20.50	7.17	118.53	14.69	31.20	9.73	31.53
ウィート校	184	24.33	8.03	116.87	10.80	36.10	9.29	35.20

	平均値間の差異についての検証		
	自由度	F比	確率水準
全体	2/415	11.99	P<.001
実験校vs.ウィート校	1/286	2.09	P>.05
実験校vs.ウェスト校	1/231	5.11	P<.05>.01

表23 プレテスト(1960年春実施)の得点とIQに合わせて調整した後の平均値を用いてのITED No.5についての実験群と統制群の学校間比較

学校	人数	プレテスト		IQ		ポストテスト		調整後の平均
		平均	標準偏差	平均	標準偏差	平均	標準偏差	
実験校	107	26.52	9.78	113.34	12.36	32.75	10.50	32.79
ウェスト校	134	24.95	10.44	118.69	14.58	31.24	9.75	30.53
ウィート校	192	28.02	10.15	116.69	10.88	35.90	9.39	34.11
ビッグ校	126	22.30	7.79	109.80	10.66	28.54	10.95	31.97

平均値間の差異についての検証		
自由度	F比	確率水準
3/554	8.72	P<.001

分析能力に関する本研究プロジェクトが開発したテスト

本プロジェクトの指導目的とより直接の関係がある四つの測定については、本編の第10章、第11章で論じてきたところである。

(1) SIAT No.1：議論分析テスト

多肢選択式筆記テストをグループに実施した。このテストの目的は、記載されている議論にみられる知的捜査についての子どもたちの認識能力を評

(2) SIAT No.2：議論の説明および反論テスト
　多肢選択式筆記テストをグループに実施した。このテストの目的は、記載された議論の内容を説明し、反論として適切な発言を選ぶことができる能力を評価していくことにある。
(3) SIAT No.3：会話分析テスト
　SIAT No.1 と似ているが、前もって構造化された選択肢から選ばせるものではなく、面接での質問を通して行う。
(4) SIAT No.4：分析カテゴリー体系
　会話のやりとりの中で用いられている戦略や発言の種類を説明するために、内容分析の活用を例証する。

結果

■ SIAT No.1

　SIAT No.1 は実験期間の後半に開発されたため、一つの統制群（ウィート校）だけにサンプルが限定されて実施されることになった。またプレテストを活用することができなかった。利用できたデータについては、IQ についての調整をした上で共分散分析を用いて分析された。その結果が**表24**に示されている。平均値の差異は、.001 の水準で有意である。二つの群の標準偏差の差異もまた際立っている。分散率は有意ではないが、.05 水準で有意に近い。
　実験群のテストの得点が、実験カリキュラムの影響を反映したものであることは、特に Wagmis テストや ITED No.5 で常にウィート校が実験校よりもよい得点を挙げる傾向にあったことを考慮するなら、明らかなことであるように思われる。SIAT No.1 はおそらく本プロジェクトが定める公的論争問題分析用概念モデルについての生徒の理解力を最も直接的に測定するテストであろう。しかしこのテストの高得点は、必ずしもその生徒が個人として議論に参加した際に、この概念体系をその議論に関わらせていくことができることを意味するものではない。

表24　IQに合わせて調整した後の平均値を用いてのSIAT No. 1についての実験群と統制群の学校間比較

学校	人数	IQ 平均	IQ 標準偏差	ポストテスト 平均	ポストテスト 標準偏差	調整後の平均
実験校	109	113.51	12.31	12.38	4.40	12.79
ウィート校	33	121.76	6.48	10.73	2.83	9.37

平均値間の差異についての検証		
自由度	F比	確率水準
1/138	24.52	P<.001

■ SIAT No. 2

　第10章でも論じたところだが、SIAT No.2は、労働（L）、人種統合（I）、核実験（F）、教育（E）の四つの形式の小テストが開発された。
　これら個々のトピックが選ばれたのには二つの理由がある。第一の理由は、このトピックの全てが十分に永続的な論争問題と捉えることができるものであり、実験プログラムの2年間の間にテストが使えなくなる心配がないことである。第二の理由は、「労働（L）」と「人種統合（I）」の二つのトピックは、これらが実験カリキュラムに含まれていることから選ばれた。対して残りの「核実験（F）」と「教育（E）」については実験カリキュラムの考察内容から外れていることから選ばれた。こうすることで私たちは、小テストの成績が実験カリキュラムに含まれている具体的なトピックの影響を受けたのか、それとも生徒たちは他の政治的問題にも一般的に応用しえるこうした一連の一般的分析的技能それ自体を学んだのか、検証したいと考えたのだ。その結果は、**表25**にもある通り、後者がこの場合に当てはまる。二つの形式の小テストのポストテストの平均値の統計学的比較（t値はわずかに1.26）が、このことを裏づけた——テストの基盤となるトピックを実験カリキュラムの一部として学んだことは、特にこのテストの成績において有利になることは生じなかったのだ。

表25　実験群の学校の生徒たちのSIAT No. 2の小テストの平均値

人数	プレテスト(1959年秋)		ポストテスト(1961年春)	
	労働＆人種	核＆教育	労働＆人種	核＆教育
107	19.67	19.07	23.21	23.64

※「労働」「人種統合」は実験カリキュラムの中に含まれているトピックから成る。

　もちろん、これより重要な問いは、SIAT No.2 の小テストでの実験群の成績は、自然成熟分として期待されるところよりも大きいのか、そして従来型の歴史や地理のカリキュラムの学習を通して得られると期待されるところよりも大きいのか、である。次の**表26**の結果は、SIAT No.2 がこの実験カリキュラムの影響を敏感に受けていることをはっきりと示すものである。例えば、実験群の生徒の平均値は統制群の生徒たちよりも有意に高い。この事実は、SIAT No.1 での実験群と統制群との差異よりもずっと重要なことである。なぜなら、SIAT No.2 において生徒は一般用語を用いて議論を概念化していくことが求められたのではなく、議論の抽象的分析を、前の発言に異議申し立てするのに適当な具体的な反論言明と絡ませていく必要があったからである。換言するなら、生徒は前の対話にある発言と合致する応答となるような、新たな中身のある発言を評価することが求められているのだ。加えて生徒は、この評価を実行するに当たって、最も有益な分析概念がいずれなのかについて、何の手がかりも与えられない。このテストで好成績をとるためには、生徒は合理的な政治分析のための直観、もしくはこの実験カリキュラムの中で授けられたような明瞭なる概念枠組みを持ち合わせていなければならない。

　ここでも、ウィート校の生徒の平均成績は実質的にウェスト校のそれより上回っていたが、実験校の生徒の平均点より有意に下回った。統制群である2校のカリキュラムではどちらもこうした体系的な訓練を行っていなかったことから、このことは、訓練を家庭や学校で日々どの程度行っていくのか、といった要素が、政治的分析についてはっきりとした訓練を受けていない生徒たちの資質能力に影響をもたらすかもしれないという事実を示している。だがしかし、より重要なことは、SIAT No.2 で測定できるある種の資質能力はこのレベルの成熟度の生徒になら明らかに教えることができる、という事実である。

372　補論 実験用カリキュラムの実施結果

表26　プレテストの得点とIQに合わせて調整した後の平均値を用いてのSIAT No. 2の小テスト(「労働」「人種統合」の統合形式)についての実験群と統制群の学校間比較

学校	人数	プレテスト		IQ		ポストテスト		調整後の平均
		平均	標準偏差	平均	標準偏差	平均	標準偏差	
実験校	109	18.79	5.05	113.51	12.31	23.68	5.08	24.28
ウェスト校	115	19.61	4.01	117.50	14.82	20.74	4.36	20.36
ウィート校	173	20.20	4.61	116.61	10.88	22.28	4.32	22.15

	平均値間の差異についての検証		
	自由度	F比	確率水準
全体	2/392	26.70	P<.001
実験校vs.ウィート校	1/277	19.64	P<.001

■ SIAT No. 3

本プロジェクトの人的資金的資源の問題があって、SIAT No.3 の実施を、統制群の場合、ただ1校でしか行うことができなかった。これは悔いの残るものとなった。そのテストを実施した学校はウェスト校であり、すでに述べてきたように、この学校の生徒たちは他のテストで実験群の学校の生徒たちや統制群のウィート校の生徒たちより常に成績が低かったのだが、しかし表27にあるように、ウェスト校と実験群の学校との差異はさらに大きく(P<.001)、実験群の学校の平均得点は今回得たデータをみる限り、ウェスト校よりもずっと高得点となることは容易に想像のできるところである。

表27　プレテストの得点とIQに合わせて調整した後の平均値を用いてのSIAT No. 3についての実験群と統制群の学校間比較

学校	人数	プレテスト		IQ		ポストテスト		調整後の平均
		平均	標準偏差	平均	標準偏差	平均	標準偏差	
実験校	106	18.02	7.03	113.43	12.14	30.76	10.81	31.15
ウェスト校	59	17.08	6.37	120.66	14.86	19.19	6.68	18.49

平均値間の差異についての検証		
自由度	F比	確率水準
1/160	73.39	P<.001

■ SIAT No. 4〔面接バージョン〕[6]

　SIAT No.3 と同様、このテストも統制群はウェスト校でのみ実施された。表28 にあるように、この結果は、統制群と実験群との間に、ある比較的小さいながら体系的な明らかなる差異に敏感に応じており、後者に有利となる結果となったことを示すものである。だがプレテストとポストテストとでは、一貫した形態に基づいたものではないことに注意するべきである。というのも、最初このテストを実施した後、内容分析の体系が修正されたからである。ポストテストに比べてプレテストの方が面接時間は短く、またポストテストの採点より前の段階で、採点の取り決めが少々変更されることになったのである。このことから、プレテストとポストテストの平均値の差異を「平均利得（mean gain）」と考えることはできない。

　別の点についても強調していくべきだろう。実験カリキュラムの授業が始まったのは 1959 年秋だったが、プレテストはこの時点で開発されておらず、1960 年秋まで実施されることはなかった。結果として実験群の生徒たちはプレテストが実施されるよりも前にいくらか集中的にこのカリキュラムが教授されるという経験をしている。このことが、おそらくは実験群のプレテストと統制群のウェスト校のプレテストの結果の間に有意な差異が生じてしまった理由を説明してくれるだろう（実験群の方が 1.62 高い）。プレテストの実施が遅れたことは、実験群の生徒たちの最初の段階での学習増大分を「吸収」してしまう働きとなったことは疑いのないところであり、彼らのポストテストの平均得点と統制群の生徒のそれとの差異は大きく有意差があるとは出なかった。この結果は、SIAT No.4 が生徒主導の議論で用いられた時に得られた結果によっても擁護される。

表28　IQによる調整後の平均値を用いてのSIAT No.4についての実験群と統制群の学校間比較

学校	人数	プレテスト		IQ		ポストテスト		調整後の平均
		平均	標準偏差	平均	標準偏差	平均	標準偏差	
実験校	103	10.26	3.81	113.71	12.19	19.53	10.11	19.39
ウェスト校	59	8.64	4.23	120.66	14.86	15.45	10.54	15.72

平均値間の差異についての検証		
自由度	F比	確率水準
1/157	4.28	P<.05>.01

■ SIAT No. 4〔生徒主導の議論〕

　生徒主導の議論を設定する手順は次の通りである。約12人の生徒が円状に座らされ、そこで議論課題が与えられる。その事例は研究員の一人によって朗読され、またそのコピーが各生徒に配布される。そしてそのグループはその事例がもたらす問題に対処するための政策について合意形成するように求められることになる（この問題が何であるかについても、生徒に確認させるわけではない）。25分という制限時間が設定され、時間終了時にグループの意思決定を尋ねに大人たちが教室にやってくる。ここでの議論は全て後で採点するためにテープで記録される。マイクロホンやその他の録音機器はおそらく生徒たちに、上手く立ち回ろうとする、さらなる動機をもたらすだろう。

　ベイルズ[7]やその他の小グループを用いた研究をした人たちが指摘してきたように、この非構造化の集団の状態は、手続き、社会感情、そして挑戦課題のまったく異なる三つのタイプの問題をグループの構成員にもたらす。生徒主導のグループにとっての最初の手続き上の問題というのは、誰をリーダー（または生徒がしばしば指名するように、議長）にするのかを決めること、そしていかにして秩序ある議論を進めていくのかを決めることである。コメントは議論を通して指示される、議長は自らがグループに向けて発言する前に話し手を認識しなければならない、といった仮説が通常は設定され、時にこの仮説は分かりやすく説明されたり、議論の最中でも繰り返し伝えられたりする。時折、グループはこうした手続き的問題について「解決」できなくなり、議論が秩序を失いカオスになることがある。しかし本プロジェクトの評価プログラムにおいては、大半のグループが速やかに議長を選出し、論争事例への対処という仕事に取り組んだ。高度に論争的な事例に対処していこうと試みる中で最初に挫折が生じた後に初めて社会感情の問題が生じ始める（議長選出の過程で何らかの敵対心がグループ内部に芽生えるのだろうが）が、通常これは緊張をほぐそうとする慎重な試み（冗談をいう、知己に富んだことをいう）をするか、さもなければ地位争いを演じるか（名目上の議論の権限に異議を申し立てるか）する。しかし一般に中学生はこの手の議論の状況を驚くほど上手く対処することができた。この考えられる理由としては、彼らが学校環境という、みえない抑制作用の中でこの活動をしたことが挙げられるだろう。

実験群の学校では、このテストを、2年間の実験期間中、生徒主導の議論は約3か月のインターバルをとりつつ、6度実施し、生徒たちの姿が記録されることになった。ウェスト校では1年おきに2回だけしか実施できなかった。このことは、実験群の生徒たちの方が明らかに最終議論の前までにテストをより多く経験することになり、得点の中に実際的な影響をもたらす要因となりうると考えられる。だがこうしたことからこの研究が得た最も興味深い意味のある研究成果は、2年の間に実験群の生徒に見られた行動の変化である。これらのデータを集約したのが**表29**である。6回の実験のうちの数回分しか示していないが、それは実験の間に生じた研究方法論上の問題によるものである[8]。

表29 修正版SIAT No.4内容分析システムによって採点された実験群の生徒とウェスト校の生徒の成績

学校 実施年月	ウェスト校		実験校			
	人数	平均	人数	総平均	高学力層	低学力層
1960年2月			10	31.90	34.50	28.00
1960年5月			10	71.70	74.00	68.25
1960年9月	12	31.08	19	50.11	59.00	40.57
1961年6月	12	25.08	17	59.82	74.22	43.62

表29の結果は次の結論を示唆する。

1. 実験群の生徒にみられる平均得点の変化は、統制群の平均得点が一定のままであったことと比べるなら、明らかに特定の訓練を受けたことによる効果を反映したものになっている。
2. この議論環境において用いられたテストとして、SIAT No.4 は公的論争問題を取り扱う分析モデルを簡潔に、集中的に教えるのにおそらく適している。最高裁の判決を基にした10個の短い事例が、1960年5月のテストまでは10日間の集中的な取り扱いの中で用いられた。これらの事例は、価値的発言の一般化と、この一般的価値の立場に挑戦するアナロジーの活用という二つのプロセスを例証するために具体的に用いられた。2月から5月にかけて平均得点が著しく増大しているのは、おそらくこれが長期の学

習の蓄積に匹敵する集中的教授であったことを反映している。
3. 夏季休暇中の「ウォッシュアウト（洗い流し）」効果が高いのは、学力の高いグループよりも、学力が中から低程度のグループの方であると判断される。
4. 2年目、学力の高いグループは平均得点が実質的に増大しているのが観察されるが、実験プログラム1年目の最後の時ほどの増大ではない。
5. 中から低程度の学力からなるグループが、最初の段階にまで平均得点が後退することはなかったが、彼らは2年目にあらゆる有意な増大がみられなかった。

　これらの研究成果は、実験カリキュラムのシーケンス（配列原理）と絡めてみた時、特に私たちに多くを教えてくれる。先に述べた通り、プログラムの1年目は分析技能の教授に主な関心があったが、それはあらゆる複雑な社会問題という文脈の中で教えるものではなかった。授業の各単元は、単一の論争事例であり、ほとんどの事例は比較的簡潔なものであり、専ら教える予定の概念を例証するための基盤として役立てられた。1年目のクライマックスは、より重要な分析概念の多くをいくつかの最高裁判決と関係のある論争問題といった文脈の中で相互作用させていくという、2週間の集中的な試みである。5月のSIAT No.4の議論テストで最高得点が記録されているが、これはクライマックスのすぐ後だった。
　2年目は、より広範囲の歴史的文脈の中に論争事例を位置づけることを生徒に教えていく試みがなされた。この試みは、より困難な知的課題を生徒たちにもたらす。なぜなら、議論の分析的かつ実質的な構造は、もうこれまでのように単純にスキーマ化することができなかったからである。つまり、この構造は、ここにおいて実に多くの複雑な情報を含まねばならなくなった。従って新たに加わった複雑性に対処しながら、同時に、議論の全分析的構造についての何らかの考えを保持していくことを生徒はなかなかできないという事実が、SIAT No.4によって測定されたように、生徒主導の議論における成長が1年目の終わりに到達した成長に比べて2年目の方が高くなることはないという本研究で明らかになったことの理由を説明してくれるかもしれな

い。

　これとはまた別のこれらのデータについての妥当な解釈がある。SIAT No.4 は、生徒が分析モデルの一般的枠組みを操作しながら、同時により洗練したレベルで情報を扱うことができるようにしていくという知的プロセスについて、あまり感度がよくないと解釈することも可能なのだ。SIAT No.4 の開発の際に、「一般的主張」と「個別的具体的主張」のカテゴリーを用いて事実的洗練と概念的洗練とを区別していくことを通して、偶発的な事柄に対しても対応していこうとすることに実に多くの努力が払われてきたのだが、今のところ満足のいく解決に至っていない。

　実際、学力の高いグループは 1960 年 5 月の成績よりも 1961 年 6 月の成績の方が実質的に高いにもかかわらず、私たちのカテゴリーの体系は単純にこの進歩を拾い上げなかったのでは、というのが私たちの感じているところである。だがしかし、このデータは実のところ、学びがより緩やかな生徒集団が 1 年目に分析モデルを操作する能力について顕著な成長をみせているが、2 年目は能力の増大分と同じくらいに混乱している姿もみられるという私たちの印象を裏づけるものである。振り返ってみるに、このことは驚くべきことではない。この実験カリキュラムが 2 年目で行ったように、生徒に歴史的背景となる情報や実質的な概念を与えたことは、多くの「雑音」を彼らに与えることになり、これは当然ながら論争事例の考察に当たって倫理的法的モデルを直接活用することを妨害することになる。本研究の観点からいえば、問題や課題への接近法について最も基本的な理解ができたなら、その生徒は、その問題を過去や現代の類似した事例や問題の層に配置することを可能とするようなやり方で、論争問題を説明する実質的で具体的な諸事実から分析的概念へと進展していくこととなる。1 年目の終わりの時点で、生徒たちは比較的にシンプルな、数も限られた事例においてなら、こうした分析をすることができるようになった。だが 2 年目、これらの事例の分析をするだけでなく、その学んだ分析的概念をより広い範囲の概念的歴史的情報へと、しかも実質 3 〜 6 週間の単元で関係づけることまで求められたのである。学びが緩やかである生徒集団を圧倒してしまったのは、この二重の課題の存在にあったように思われる。

これらの研究課題は、市民性教育におけるとても重要な問いとも関わってくる。つまり、生徒は公的論争問題に対して分析的に対処していくことを学ぶに当たって、どのくらい知性的でなければならないのか、ということである。私たちの経験からいえば、概要的なモデルを平均ないしは平均以下の生徒に活用していくことは可能であるが、より複雑な教材を用いると、通常モードの思考にこの分析モデルを統合していくことに、こうした生徒たちは困難さを感じるようになる。これから本研究を模写するにしても、これと類似の研究を行うにしても、あらゆるこうした試みは、平均ないしは平均以下の生徒が接していく論争問題については段階的に増大していき、また彼らが接する下支えとなる情報の量も段階的に増やしていく形で準備していくべきである。本実験カリキュラムは明らかに単純な事例から複雑な事例へと急激にジャンプアップしてしまったのであり、学力の高いグループしか、このショックから立ち直ることができなかったのである。

要約

本節の研究議論は一つの問いにずっと関心を持ってきた――（それは）ハーバード社会科研究プロジェクトでのカリキュラムのようなものを中学生に教えることは、彼らの論争問題を分析する能力、特に実際の議論場面で分析する能力に意味のある効果をもたらすのだろうか（という問いである）。分析行為への同カリキュラムがもたらす影響を評価してくために、数多くの測定が用いられることになり、そのことから一連のまとまりのある結論が出された。

まず、本研究プロジェクトで活用された「批判的思考」の標準テスト――Wagmis テストと ITED No.5 は実験群に与えられてきた知的訓練に対して敏感に反応するものではなかった。これは驚くような話ではない。なぜなら、この実験カリキュラムはこれらのテストが要求するような特定の種類の知的操作だとか一般的推論技能といったことを特に訓練するものではないからである。

本プロジェクトが開発した SIAT No.1 と No.2 の筆記テストによるデータは、本書第 2 部で設定されているような抽象的な概念を用いて考えることを

中学校に通う年齢の子どもたちに教えることができるという事実を示すものだった。この結論は SIAT No.1 の口述試験版である SIAT No.3 によって得られた結果も支持するところである。

　会話のやりとりを分析するのに用いられる SIAT No.4 からのデータは、このような明瞭な結果をもたらさなかった。面接版では、対話技能のいくつかに有意な増大がみられたようだが、「生徒主導の議論」版は何やら解釈の難しいものとなった。大きな問題は、「どうして実験カリキュラムは 2 年目に生徒主導の議論での平均的な生徒のパフォーマンスを改善することに失敗してしまったのか」である。彼らは分析モデルを学び、それを比較的にシンプルな事例に適用することはできたのだが、より複雑な情報の整理にそのモデルを活用するのには苦労していた、というのが私たち自身の解釈である。

註

1　これは第 10 章で紹介したアメリカ教育会議の批判的思考テストの形式のことである。
2　表は、この後の表と併せて「調整した後の平均値」という表題を持つ段が設定されていることに注目して欲しい。共分散分析は分散及び回帰の調査方法を統合したものである。共分散分析の中に回帰の要素を用いることで、統制群の諸変数の平均値と実験群のそれとが一致するなら、実験群の変数の平均値がどのくらいなのかを見積もることができる。例えば、実験群の変数の平均値は統制群の変数が示すところの分散のソースに合わせて調整されることになる。
3　第 10 章で議論されている。Velma I. Rust, R. Stewart Jones, and Henry F. Kaiser, A Factor-Analysis Study of Critical Thinking, *Journal of Educational Research* (1962), Vol.55, pp.253-259.
4　Edward M. Glasser, *An Experiment in the Development of Critical Thinking* (New York: Teachers College, Columbia University, 1941).
5　B. Othanel Smith and others, A Study of the Logic of Teaching: The Logical Structure of Teaching and the Development of Critical Thinking, a Report on the First Phase of a Five Year Project, University of Illinois, Cooperative Research Project No.258 (7257) of Office of Education, 1959. (謄写版)
6　ここでは方法論に関する注意喚起をしておくべきだろう。実験群に当たる学校での統制群に当たる学校でも、それぞれ四人の人間が面接を行った。聞き手のうち三人はまた本プロジェクトの実験に協力した教師であった。だが自分が担当する生徒を直接面談することはなかった。とはいえこれらの教師たち

はいずれも本プロジェクトに関わっていることについて実験群の生徒たち全員が知っていた。だが四人目の聞き手については、生徒たちの知らない人間で、どのような形で本プロジェクトに関わっているのかについても彼らは知らなかった。生徒のよく知る聞き手による聞き取りの場合の得点と、そうではない者による聞き取りの得点を比べてみたが、有意な差異はみられなかった。実際、いずれの聞き手も、自らが聞き取りをした生徒の回答に確認できるような体系的な影響をもたらした様子はなかった。同時に聞き手の方は、実験群や統制群の生徒の聞き取りをした時、彼らのことを知っていた（聞き取りの採点者は、生徒たちについての情報を有していなかったことは覚えておいて欲しい）。このことはデータにバイアスが入る影響をもたらすことになったかもしれないが、聞き手は自らの応答に細心の注意を払ったのであり、むしろあるとすれば、統制群の生徒を有利とするような傾向のものである。また聞き取りをした三人の教師はいずれもベテランである。実験群の教師も統制群の教師も、彼らが生徒とよい関係を築くのに苦労しているとの報告は上がっていない。

7　Robert F. Bales, *Interaction Process Analysis* (Reading, Mass.: Addison-Wesley Publishing Company, Inc., 1951).

8　第一に、SIAT No.4 の内容分析の手段を用いて最初にテープを採点した後は、動的カテゴリーの信頼性は急速に悪化することが確認された。議論の再採点をするには遅すぎるとされて漸くこのことが明るみに出た。結果としてこれらのカテゴリーはグループの採点を算出するために用いられてきた「重要な行為」リストから外された。第二に、事例について単に話をするだけで驚くような高得点となることが明らかにされた。これはベイルズの研究から残ってしまった因習のために生じたことだった。事例からの情報を言い換えるあらゆる発言が「個別的具体的主張」とカテゴライズされ、またあらゆる事例に関して話をするあらゆる行為が「出所」とカテゴライズされ、いずれも「重要な行為」にカウントされていた。反省の折、この残ってしまった因習はあまり賢明とはいえないと判断され、そのためこの二つのカテゴリーは「重要な行為」リストから外されることになった。このような決定はいずれもデータが意味をほとんどなさなくなってしまうほどに不規則であるように思われて漸く下されたものであった。

表29で示されている平均値間の差異の有意さを図る統計的テストをここで報告していないのには、いくつかの理由がある。①集団平均は、実験群と統制群の生徒の相対的成績の指標になるし、多様な視点で実験群の生徒についての指標となるが、一〜数人の生徒の成績の影響をもろに受けやすいこと、②各テストをした日に記録された議論の総数があまり多くない（時間や費用の問題から）。表29の総数にあるように、全員を混ぜ合わせることはデータの独立性の問題が生じる。③先の段階に記した方法論上の問題や①②を踏まえるなら、実験群と統制群の平均値の差異や、興味を抱いている実験群の生徒グループの平均値との差異は大きすぎて、あらゆる統計テストを一つの無効活動（empty exercise）としてしまうように思われる。

補論 第3節
実験カリキュラムの教科内容や公的論争問題への関心に与える影響

　通常の社会科カリキュラムの各部分を置き換えようとする、または短縮しようとするあらゆる実験カリキュラムは、そうした現存のカリキュラムにコミットする者たちから批判を受けることは疑いのないところである。この批判は少なくとも二つの点で反駁しえるものである。第一に、提案されている実験カリキュラムは、個人及び共同体の必要により合致すると主張できる。実験カリキュラムは置き換えの対象である従来型のカリキュラム以上に共通の教育目標から直接導かれたものである、と率直かつ論理的に主張することが、このような実験カリキュラム擁護の主張に含まれる。このような擁護論はすでに本書の第1章で示したところである。第二に、標準的なカリキュラムの目標（例えば、基本的な歴史知識や政府についての知識を確保することなど）を達成する上で、提案された実験カリキュラムの方が相対的に有効であると問題提起することもできる。だが不幸にも、相対的有効性についての主張はしばしば直観的次元でなされているのみで、学習効果を示すリソースに欠けている。

教科内容についての標準化されたテスト

　基本的に実証的となるこうした問いを解明していくために、標準的なカリキュラムにおいてしばしば高い優先順位が与えられるような種類の情報を測定するための三つのテストが、この測定研究プログラムに加えられた。

1. アイオワ教育開発テスト No.1（ITED No.1）
　　歴史、地理、経済、政治の各分野の概念、学識、情報を評価するための包

括的な社会科テストとして、アイオワ教育開発テストのNo.1「基本的社会概念理解テスト」が用いられた。標準的な多肢選択式の質問項目からなる。

(例)「審理陪審」とは何か。
　　　① 法廷判決　　② 人の犯した罪　　③ 真実を語る約束
　　　④ 証拠や証言を踏まえて最終的に判決を下すことを期待されている人

2．アメリカ市民の諸原理テスト（フォームA）
　コロンビア大学市民性教育プロジェクトが開発したテストを用いる。アメリカの政府や政治のプロセスについての諸原理や構造について扱っている。これも多肢選択式である。

(例) 上院議員スミス氏は休憩なしで数時間にわたり上院で演説を続けた。彼は上院に提出された法案に反対し、次の手法を通じてその通過を遅らせたり阻止したりしようとした。
　　M．議事妨害行為　N．ピケ行為　O．なれあい協力行為　P．利益誘導

3．社会関連科学に関するカリフォルニア州テスト・パート1、パート2
(※このテストの表題は誤解を生じさせかねない。このテスト、実際は合衆国史に焦点化したテストである。パート1は南北戦争の前までをカバーしており、パート2は南北戦争後を扱う。これについては、「カリフォルニア・アメリカ史テスト」と呼ぶことにする。)

　ITED No.1とアメリカ市民の諸原理テストは、2年の実験プログラムの最初と最後で実験群の学校と、ウェスト校及びウィート校の統制群の学校で実施した。カリフォルニア・アメリカ史テストは実験カリキュラムの修了時と、修了後1年たってからの二度、実施された。このテストを受けた統制群の生徒は、実験プログラムには参加したことのない同じ学校の生徒たちから成る。1回目のテストで、実験群の生徒は実験カリキュラムの7学年、8学年のシーケンスを完全に終えたばかりであり、統制群の生徒は従来型のカリキュラム

の7学年、8学年のシーケンスを完全に終えたばかりであった(表32と表35のグループA)。また、統制群の9年生の生徒は、中学校の間、実験カリキュラムにまったく接することのなかった生徒である(表32と表35のグループB)。実験プログラムが完全に終了した1年後、最初の二つのグループ(つまり統制群の生徒も実験群の生徒も、同じ時期に7、8学年を経験し、その時は9学年だった)に再度テストが行われた。このような研究デザインは、実験群及び統制群の生徒の歴史情報の保持についての疑問と関わってくるデータをもたらしてくれる。

結果

表30 プレテストの得点とIQに合わせて調整した後の平均値を用いてのITED No.1についての実験群と統制群の学校間比較

学校	人数	プレテスト		IQ		ポストテスト		調整後の平均
		平均	標準偏差	平均	標準偏差	平均	標準偏差	
実験校	108	24.05	7.10	113.46	12.35	32.71	10.02	37.18
ウェスト校	127	23.51	6.74	119.04	14.41	32.58	9.12	32.94
ウィート校	180	26.91	7.28	116.57	10.50	38.43	9.06	37.30

平均値間の差異についての検証		
自由度	F比	確率水準
1/410	17.53	P<.001

■ ITED No.1

　ITED No.1のポストテストの実験群の平均値と統制群のそれとを比較したものが、**表30**である。平均値間の差異は、.01水準以上で有意である。だが調整後の平均は、それがウェスト校の統制群の生徒達の成績が悪いことによるものであることを示している。もちろんこれは、これまで報告してきた私たちの研究成果と一致することである。おそらく、ウェスト校のある共同体の一般的教育環境、もしくは学校の教育プログラムは、他の2校と比べて質が低いのだと思われる。IQの平均値が示すように、生徒たちの学問的適性は他の2校の生徒よりよいとまではいわなくても、同じくらいなのだから。

もし私たちは、この統制群の2校が学力の高い郊外の生徒の質的範囲をまさに代表するものだと想定するならば、今回のITED No.1で測定されるような伝統的な社会科の知識は、実験カリキュラムを学んだ生徒たちに、彼らより学力の高い統制群の学校の生徒たちとやりあっていけるぐらい十分に伝わっていることを示すものである。

■アメリカ市民の諸原理テスト

　このテストの結果は表31に示されているが、ITED No.1で明らかになったことを類似している。アメリカ政府についての知識をより詳細に説明することが求められた時、実験群の生徒たちはより学力の高い統制群の生徒に匹敵する成長を平均的にみせていた。

表31　プレテストの得点とIQに合わせて調整した後の平均値を用いてのアメリカ市民の諸原理テストについての実験群と統制群の学校間比較

学校	人数	プレテスト		IQ		ポストテスト		調整後の平均
		平均	標準偏差	平均	標準偏差	平均	標準偏差	
実験校	108	24.71	8.93	113.54	12.36	34.23	7.98	34.76
ウェスト校	128	21.35	5.75	118.51	14.73	28.59	6.59	29.35
ウィート校	174	26.48	6.18	116.61	10.55	35.05	6.90	34.17

平均値間の差異についての検証		
自由度	F比	確率水準
2/405	35.74	P<.001

■カリフォルニア・アメリカ史テスト

　このテストのデータは、次の二つの重要な問いに答えるものである。

① 実験カリキュラムを学んできた生徒は、従来型の合衆国史の教育課程を学んできた生徒と同じくらい、包括的集中的歴史試験においてよい成績になるのだろうか。
② 実験群の生徒の得点は、教育課程を受けて1年後、従来型のカリキュラムを受けてきた生徒とどのように異なるのか。

次の統制変数を活用して共分散分析が行われた。

(i)　カールマン・アンダーソン知能テスト（実験群の学校で6年生の時に実施）
(ii)　スタンフォード読解力テスト（同、7年生の時に実施）
(iii)　7年生の社会科成績ポイント平均（GPA）

この三つの統制テストによって、各グループを比較したものが**表32**である。統制テストとカリフォルニア・アメリカ史テストの総得点との相関を示したのが、**表33**である。

表32　カリフォルニア・アメリカ史テストに基づいて実験カリキュラムでアメリカ史を教えられた生徒と従来型のカリキュラムでアメリカ史を教えられた生徒を比較する際に用いられた各統制尺度の平均と標準偏差

集団	人数	カールマン		読解力テスト		GPA	
		平均	標準偏差	平均	標準偏差	平均	標準偏差
実験カリ	56	108.67	11.89	59.27	15.92	3.05	0.90
従来型A	31	112.32	11.34	60.90	15.20	3.35	0.61
従来型B	59	110.54	12.04	59.91	17.11	2.97	0.74

※従来型Bは、実験期間1年目である第9学年の最後にのみテストが行われただけのグループである。

表33　実験カリキュラムでアメリカ史の教育課程を教えられた生徒と従来型のカリキュラムで教えられた生徒を比較する際に用いられた統制尺度間にみられる相関係数

	1	2	3
1　カリフォルニア歴史テスト			
2　IQ	.59		
3　読解力テスト	.71	.61	
4　GPA	.62	.52	.53

先の①の問いと関わってくる結果が、**表34**の上3列に示されている[1]。これらは、8学年の終わりまで従来型の合衆国史を学んできた生徒が、実験カリキュラムに参加してきた生徒と比べてアドバンテージが特にないことを示すものである[2]。

表35の最初の3行に報告されている結果は、1年後の知識記憶（情報喪失）に関しての問い（前述の②の問い）に関して同じ結論を示している。1年後のテストでも、実験群の平均は他の統制群の平均と有意な差がない。「従来型グループA」は実験群の生徒と同時に8年生を終えた生徒たちから構成されており、グループBは1年前に従来型の7～8学年のカリキュラムを修了した生徒たちから構成されていることに注意すべきである。この学校の学区では、生徒は通常9学年で古代史か公民のいずれかを履修する。いずれの教育課程もアメリカ史のテストと関わる能力に貢献するとは考えにくいようである。

情報喪失についての問いと関わってくる後日テストによる第二のデータが実際的に存在している。カリフォルニア・アメリカ史テストのパート1が基盤としている教材は主に7学年の社会科プログラムでカバーされている。結果として8学年の終わりまで、この情報が学ばれてから1年が経つ。表34の1行目をよくみてみると、8学年の終わりに行われたテストにおいて、このパートでの実験群と統制群の生徒の平均得点には有意差がないことが分かる。

このテストの結果から、もっと意味を引き出していくために、私たちは実験カリキュラムとの関わりから質問項目を分類し、次の四つの類型から生徒を比較することにした。

① 実験カリキュラムでは学ばれなかったが、従来型のアメリカ史の教育課程には通常含まれている項目
② 実験カリキュラムの中にのみ扱われるが、従来型のやり方（例えば教科書を読んで議論していくこと）で学ばれている項目
③ 実験カリキュラム用にだけ、それも特別に開発された問題単元の一つでトピックとして扱われる項目
④ 従来型のカリキュラムでもカバーされ、また実験カリキュラムでもトピックとして扱われている項目

表34 従来型カリキュラムを受けてきた者たちと実験カリキュラムを受けてきた者たちの第7学年または第8学年の終わりの段階ですぐにカリフォルニア・アメリカ史テストを受けた際の成績の比較

カリフォルニア歴史小テスト	項目数	実験カリキュラム(56人)		従来型カリキュラム(31人)		F比(d.f.=1/81)
		平均	標準偏差	平均	標準偏差	
第1部(南北戦争前)	115	51.52	12.04	54.03	12.88	0.37
第2部(南北戦争後)	120	53.16	13.61	52.03	13.94	1.96
全体(第1部・第2部)	235	104.66	24.14	106.06	24.92	0.34
実験カリキュラムで学ばれない項目	73	27.46	6.41	28.13	7.33	0.00
実験カリキュラムで歴史的にのみ扱われる項目	91	43.98	10.24	46.94	10.38	1.39
実験カリキュラムで主題的にのみ扱われる項目	49	24.32	6.86	23.26	6.45	3.60
実験カリキュラムで歴史的・主題的両方で扱われる項目	18	8.98 (9.19)	3.36	7.71 (7.34)	2.61	12.87*

※括弧内は調整後の平均値。＊は .001 水準で有意。

表35 従来型カリキュラムを受けてきた者たちと実験カリキュラムを受けてきた者たちが1年以上後の9学年でカリフォルニア・アメリカ史テストを受けた際の成績の比較

カリフォルニア歴史小テスト	項目数	実験カリキュラム(56人)		従来型カリキュラム(31人)		F比(d.f.=1/81)
		平均	標準偏差	平均	標準偏差	
第1部(南北戦争前)	115	54.20	12.44	54.74	14.21	0.91
第2部(南北戦争後)	120	50.82	13.67	54.67	13.65	0.23
全体(第1部・第2部)	235	105.02	24.36	109.42	26.43	0.30
実験カリキュラムで学ばれない項目	73	26.39	6.84	29.77	7.54	2.70
実験カリキュラムで歴史的にのみ扱われる項目	91	46.16	10.45	48.48	12.45	0.03
実験カリキュラムで主題的にのみ扱われる項目	49	23.91	6.97	23.26	6.41	2.07
実験カリキュラムで歴史的・主題的両方で扱われる項目	18	8.55 (8.73)	3.00	7.90 (7.58)	2.49	4.33*

※最初のつのF比は2/140の自由度がある。括弧内は調整後の平均値。＊は.05水準で有意。

この結果は表34と表35の下4行に項目別に示されている。この結果は、歴史カリキュラムの様々な編成方法がもたらす効果について、いくらかだが光を投げかけるものである。平均して実験群の生徒たちは、（実験カリキュラムの一部として）主題＝問題としてカバーされている項目については、従来型を受けてきた生徒たちより高得点になる傾向にあるが、そのアドバンテージは統計的有意にまでは至らない。だがしかし、従来型の歴史カリキュラムの枠組みの一部として学習され、そして主題＝問題カリキュラムとも結びつく項目について、実験群は統計的有意となり、アドバンテージがあることを示す（これは8学年修了時のテストでも、その1年後のテストでも同じである）。

　表34と表35をよく吟味すると、テスト実施の間隔が空いていても、平均得点をみるにこの驚きの安定性は、いろいろな説明ができるかもしれない。例えば通常9～12学年に行われるカリフォルニア・アメリカ史テストは、私たちがサンプルにした生徒たちにとって難し過ぎたのだ、といった説明も可能だ。各テストから得られたデータは単に偶然の得点であり、もし体系的な忘却効果が働くのであれば、これはテストを実施する間に期待するところ以上に一貫した忘却効果があったことを結果的に反映したものであるのかもしれない。カリフォルニア・アメリカ史テストもそうだが、多肢選択式の質問項目を用いるので、生徒は4分の1で偶然に正解を当てることができると考えられる。しかし私たちのサンプルの全テストの平均得点は107で、質問項目数の半分をやや下回る。理論上の標本分布である標準誤差は6.6であり、この得点は偶然に帰することはほとんどできない。実際、本プロジェクトのサンプルとなる生徒たちの平均得点と、テストマニュアルの中に示されている一般水準（norm）を比較すると、彼らの成績が比較的によいものであることが示される。全テストの得点が110なら、高校の合衆国史の教育課程を学び終えた11学年と12学年の生徒から大半が構成されている規範集団のパーセンタイルランク50を生み出す。8学年の修了時での全体平均107というデータは、この規範集団の中位に近いところにある。

　この得点の安定性を説明する別の可能性は、学校の内外で生徒たちにもたらされる歴史経験のシーケンスと関わるものである。おそらくテストの質問項目のかなりの割合が、8学年の終わりまでに何度も生徒が学んできた情報

をカバーするものである。そしてこの情報はまた、私たちの文化の伝承事項の一部となっている。カリフォルニアテストの得点が、特定の教育課程の中で最近獲得された知識ではなく、こうした共通情報の基本的な核を反映すればするほど、前述したような安定性が出ているのではと予想されることになる。この「文化伝承」仮説は、実験カリキュラムでは学ばれないが従来型の合衆国史の教育課程には通常含まれているような項目群（①）において、実験群と統制群との間に有意差がみられないことによっても、より支持されることになる。

　一般に、これらの研究成果は、歴史内容を網羅するのに適切な時間を確保できなくなるという心配から、現代の社会的問題の議論は公民や時事問題（民主主義の諸問題）の教育課程に制限するべきだ、と主張する者たちのこうした心配を和らげるのに貢献するはずである。この実験カリキュラムは、生徒が政治的論争問題の分析枠組みを、特定の社会問題群に適用できるように教えていくために、従来型の歴史領域の多くを取り除いたり圧縮したりしているが、今回の研究成果は、アメリカ史についての知識を伝達していく上で、従来型のカリキュラムと同じくらいの効果が実験カリキュラムにもあることを証明することになった。加えて、生徒たちは問題主題について歴史的文脈から学ぼうが、一般的社会問題についての枠内で学ぼうが、従来型の歴史としてのみこれらの情報を学ぶ時よりも、歴史知識をより多く保持していく傾向にある。私たちは立証責任が、省察を重視するカリキュラムでは事実蓄積型プロセスよりも歴史内容が犠牲になりやすいと主張する者たちの側にあると、結論を下すことになった。

現代的な問題への生徒の関心度

　コロンビア大学市民性教育プロジェクトによって開発されたのと類似した手法を用いて、生徒の関心度を測定する試みをした——新聞表題テストである。このテストは大きく三つのタイプの新聞記事をそれぞれ読ませて、興味をもった順にその表題をランクづけしていくように生徒に求めるという比較的単純な手法である。生徒に与えられる指示は、本質的に次のようになる。

ここに 30 の表題がある。あなたにとって最も興味を感じた表題については、回答欄のその文字列の左にプラス（＋）を記入し、また最も興味を感じない表題についてはマイナス（－）を記入しなさい。それ以外については何も記入しないように。

　　――パークアベニューの新教会の除幕式
　　――多くの鉱山労働者の失業
　　――フランスのドレスメーカー 4 社が新モデルを発表

ハーバード研究プロジェクトで開発した表題テストには、次の三つのタイプの項目が含まれている。

・「プロジェクト項目」…実験カリキュラムの中で学ばれているトピックと密接に関わりのある表題群から成る。
・「一般項目」……実験カリキュラムの中では学ばれることのなかった問題主題についての表題からなる。（例えば教育予算、犯罪、ベルリンの事件）
・「ダミー項目」…例えば「サメがうようよいる中に 7 時間いた男が生還」「数インチのレンガの壁の隙間に落ちた子が救出された」といった人々の興味をそそるストーリーから成る。

これら三つの項目群はランダムに質問紙上で配置される。このテストは 2 年間の実験期間のうちの最初と最後の 2 回、実験群の学校の生徒及び統制群の学校であるウェスト校とウィート校の生徒に実施された。2 回目に行われた 103 人の実験群の生徒から入手したデータを用いて折半法の信頼性見積もりを算出した。スピアマン・ブラウン公式を用いた修正後、信頼性の係数は「プロジェクト項目」で .77、「一般項目」で .55 となった。

表題テストのうちの「プロジェクト項目」と「一般項目」について明らかになったことについては、それぞれ**表 36** と**表 37** にまとめたが、これらはやや解釈が難しい。実験群の生徒は実験カリキュラムの中で学んできたトピッ

クについてほとんど関心を示していないようなのだが(「プロジェクト項目」のテストより)、統制群の生徒たちは、このテストで測定した限り、こうしたトピックに関心を示しており、さらに実験群と比較すると有意差があると出た。

表36 プレテストの得点とIQに合わせて調整した後の平均値を用いての表題テスト(小テストP)についての実験群と統制群の学校間比較

学校	人数	プレテスト		IQ		ポストテスト		調整後の平均
		平均	標準偏差	平均	標準偏差	平均	標準偏差	
実験校	102	22.93	4.30	113.38	12.26	23.93	4.45	23.75
ウェスト校	126	20.67	3.44	118.55	14.84	24.36	3.59	24.82
ウィート校	187	22.64	3.71	116.66	10.83	26.73	4.06	26.51

	平均値間の差異についての検証		
	自由度	F比	確率水準
全体	2/410	19.56	P<.001
実験校vs.ウェスト校	1/223	4.62	P<.05>.01

　表37に示した「一般項目」テストから得られた結果も同様に私たちを困惑させるものである。このテストでみる限り、統制群はトピックに実際的に興味を示していないのに対して、実験群は平均値で統制群との比較で有意差が出た。このテストで測定されたように、重要な国家的問題への「一般的」関心は、実験カリキュラムによって抑圧されたのではなく、むしろ高められたのである。考えられることとして、「プロジェクト項目」で明らかになった結果は、サティエーション効果(満腹効果)、つまりこうした特定の問題について集中的に扱ってすぐの効果を測定したことによるものと解釈することができる。統制群と比べるために、1〜2年後、本実験カリキュラムのトピックへの彼らの関心度を測定するのも面白いだろう。このような論争問題への集中的学習は、実験群の生徒をそうした問題への議論へとレディネス的にも誘うものなのか。それともこうした論争を伴う議論を避けさせてしまう働きをする傾向にあるのか。

表37 プレテストの得点とIQに合わせて調整した後の平均値を用いての表題テスト(小テストG)についての実験群と統制群の学校間比較

学校	人数	プレテスト		IQ		ポストテスト		調整後の平均
		平均	標準偏差	平均	標準偏差	平均	標準偏差	
実験校	102	25.75	4.10	113.38	12.26	26.66	4.08	26.50
ウェスト校	126	23.29	3.57	118.55	14.84	21.17	3.58	21.63
ウィート校	185	25.51	4.52	116.76	10.79	23.74	4.11	23.53

	平均値間の差異についての検証		
	自由度	F比	確率水準
全体	2/408	46.67	P<.001
実験校	1/282	41.65	P<.001

要約

　第2節で報告した本研究プロジェクトで開発した分析能力の測定によって明らかになったことがポジティブな結果をもたらしたことに加えて、この節で扱った社会科の内容測定や公的論争問題への関心度測定で得られた結果は、公的論争問題の分析枠組みを社会科カリキュラムの重要要素として組み込みたいと考える論者を励ますものである。ITED No.1、アメリカ市民の諸原理テスト、カリフォルニア・アメリカ史テストで測定する限り、実験群の生徒の社会科の内容知識は統制群の生徒たちのそれと引けを取らないものであることを本研究は明らかにした。加えて、歴史危機カリキュラムと、問題=主題単元のどちらの文脈で学んだ歴史知識も、よりよく保持されていた。社会問題への生徒の関心に本実験カリキュラムが与えた効果は、本カリキュラムで集中的に学んだ領域については少なかったが、学んでいない領域に対しては高かった。

　第2節、第3節で報告された結果は、全体的にポジティブなものであるが、注意深く留保条件をつけていく必要がある。実験群の学校は、45%もの家庭の稼ぎ頭が「会社経営、専門職、特殊技術職」に就いているという郊外の共

補論 第3節 実験カリキュラムの教科内容や公的論争問題への関心に与える影響　393

同体内に位置する。またこの実験カリキュラムの開発に関心があり教育技術もある教師を選抜した。長期の実験だったのでホーソン効果は抑えられたとはいえ、教師と生徒は自らが実験プログラムに参加していることを認識していた。また教室での議論の約3分の1は、集団を10～13人のグループに分けて行われた。これらの全ての要素は、理論上、実験群の生徒に統制群の生徒に対するアドバンテージをもたらす。にもかかわらず、これらの結果は当然ながら、受容性があり能力もある教師がこのプログラムを実施できる環境であるならば、こうした実験カリキュラムが、従来型の2年間の合衆国史カリキュラムにとって代わることを十分に保証するものである。

註

1　共分散分析の中にプレテストの得点を含ませないのは、テストを7学年の始めに実施するとするならば、実験群も統制群も同等の平均得点となると想定する必要があったこと、そして（もしくは）用いられた三つの測定は、小学校の時のアメリカ史についての知識の習得状況と大きく相互関係を持つため、7学年の始めに存在しているかもしれなかったあらゆるわずかな差異も、このテストの活用で制御されてしまうと想定する必要があったことがある。7年生の生徒たちは、その大半が同じ学区の小学校から来ており、おそらく同じような教育経験を小学校でしてきた。彼らの中に体系的な差異があるとは考えにくく、教室への生徒の配分も特定の小学校の在籍に依拠するものではなかった。ＧＰＡによって測定されるような一般知能、読解力、動機づけといったことが、おそらく生徒の小学校時代の合衆国史についての知識習得状況の予見となる要素となる（表33参照）。

2　この結果は、次の研究で得られた結果によっても支持される。Arnold Rothstein, *An Experiment in Developing Critical Thinking Through the Teaching of American History,* Dissertation Abstracts（1960）, Vol.21, No.5.

補論 第4節
二つの教授スタイルの教室での対話の実態

　第9章で私たちは復誦型分析（Recitation Analytic: RA）とソクラテス式分析（Socratic-Analytic: SA）という、授業における二つの対話スタイルについて簡潔な説明を行った。この二つのスタイルは以下の関連し合う三つの問いについての実験的研究の基盤となった。

(1) これらの教師の教授スタイルを差異化すると思われる信頼のできる内容分析システムを開発することは可能か？
(2) 教師が体系的に教授スタイルを変えることは可能か。
(3) 根本的に異なる教授スタイルは、学びの成果に違った効果をもたらすことになるのだろうか。

　この研究を実行するに当たって、私たちはこのようなスタイルの説明と差異化は正確には次の三つの次元で生じると想定した。一つは、教室でのやりとりの「理論的根拠」（の次元）であり、これはこれらのスタイルについての行動説明に向けた一つの基盤を提供してくれる。二つ目は、教師に与えられる「動作規定」（議論の中でのこれやあれやの方法でのふるまい）（の次元）である。そして最後は、教室での対話の量的集約をもたらすスキーマでの「行動カテゴリー」の選択（の次元）である。第9章は、教室でのやりとりを吟味する方法に向けて理論的土台を生み出した。ここでの私たちの挑戦課題は、調査対象となるこれら二つのスタイルについての動作説明をより推敲していくことであり、動作規定がこれまでどの程度まで上手くフォローされてきたのかを検証していくための量的研究の方法論を提供していくことにある。

二つの対話スタイルについての動作説明

復誦型分析

　復誦型分析に則った議論については本書で定義済みであるが、これは下記の手順を伴う。

1. 議論の対象となる事件の事例（ケース）が読み上げられる。
2. 最初に、生徒たちはこの事件において何が起こったのかを自分の言葉で説明することを求められる。
3. そして生徒たちは、この事件において起こった事態がよいあるいは悪いと見なされる理由を述べるように求められる（ただし、ここでは生徒たちは個人的な評価的態度について求められることはない）。次に彼らは、思考過程の諸概念に基づいた質問に答えることを通じて、この事件を分析するように求められる。生徒たちは次の作業に取り組むことになる。
    a. この事件における対立点について、一般的な社会的政治的な価値に照らして説明する。
    b. この対立に関してどのような政策的な意思決定がされうるか、各意思決定にはどのような重要な事実的仮説が関わっているのかを述べる。
    c. この個別事件を評価するに当たって、どのようなアナロジー（類推事例）を用いることができるの見通しを述べる。
    d. 候補となる意思決定のいずれかが実行に移された場合に、どのような結果が予想されるかを述べる。
    e. 事件に関するいずれかの用語が、新たに特殊な定義上の問題を作り出す可能性があるかを述べる。また、こうした問題にどのように対処することができるかについても述べる。
    f. もしもこの事件に疑わしい事実的仮説がある場合、個々の主張を裏づけるために、どのような証拠を集めることができるかを述べる。また、すでに手もとにある証拠のいずれかが何らかの主張を裏づけることになるのかについても述べる。
    g. 含みのある表現の活用のような修辞的技巧は判断に影響を与える可能

性があるが、これが本件に関して存在するか否かを述べる。
4. その次に、生徒たちはこの個別の事件において代替可能な意思決定について要約するように求められる。また、彼らは知的で質の高い意思決定に至るために考慮するべき重要な留意事項についても要約するように求められる。

復誦型分析の授業の冒頭では、分析と応用の多くが、単に教師の側から生徒に向けて説明されるだけである。数回の授業の後、生徒たちは教師の質問に答える形でより多くの分析を実施し始める。彼らは、自分たちが分析概念を正しく応用したか否かを教師に告げられる。そして、正しい応用がされていない場合は、教師の側から説明を受ける。

ソクラテス式分析
ソクラテス式分析に則った議論は、下記の手順を伴う。
1. 議論の対象となる事件が読み上げられる。（これは前述の復誦型分析と同じである）
2. 教師は、最初にこの事件で起こった出来事について生徒に質問をし、その回答を聞いて生徒たちが要旨を正しく理解しているか確認する。
3. 次に、教師はその生徒に方策を一つ提案するよう求める。これはすなわち、この事件で示された状況に関しての意思決定を求めることである。これは通常「何がなされるべきか？」というタイプの質問の形をとる。
4. 数人の生徒たちが自らの評価的態度と、その見解の根拠を発表するが、この間彼らの表明が批判や異議申し立ての対象となることはない。その後、教師による集中的な質問の時間が始まる。この質問は長時間にわたって個々の生徒に対して集中して与えられる。
   a. 生徒は、彼もしくは他の生徒が以前に尋ねられたように、議論の対象となる事件において提示された状況に関して彼がどのような方策を支持するのか尋ねられる。また、彼の見解の根拠も尋ねられる。ここでの質問は基本的に「何故？」という形をとる。
   b. 生徒の回答は、様々な形になるかもしれない。彼は自分の立場を単純

に繰り返すだけかもしれない。信条に基づく価値観の観点から自らの立場を積極的に擁護するかもしれない。あるいは、彼は具体的な結果が追って得られることを理由にその立場を選好すると表明してくるかもしれない（この場合はこうした具体的な結果が通常、一般的社会的価値観に照らし合わせて「よい」ものであるという暗黙の了解に基づいている）。

c. ここで教師は啓発された者としてふるまう。すなわち、教師は生徒のいう根拠を「受け容れる」。そして教師は、もしも生徒が自らで根拠づけをしなかった場合、生徒の立場を支持する一般的な社会的価値、あるいはそれに反した場合に彼の平安を脅かす一般的な社会的価値を言葉で表現するのである。実質的に、教師は生徒の見解を信条に基づく価値観と明示的に結びつけることになる。

d. 教師はこの後、クラス全体がこの生徒の表明する立場に賛同するように説得を試みるかもしれない。通常、ほとんどの生徒が賛同することになるだろう。なぜならば議論の対象となる事件は一つの方向に有利となる傾向にあるからである（この傾向は生徒たちの当初の立場をある程度決定づける）。 また、その立場を支持する一般的な価値について説明することは、説得力を持つからである。

e. 次に教師は、通常はその個の生徒に向けて先ほどの事件とは別の状況またはアナロジーを（それがインフォーマルな物語であるならそのことを断った上で）提供することになる。ここで提供される状況やアナロジーは、先の価値が論争事例の中に埋め込まれたまた別の価値と対立するものであることを言語化するのに適した事例となる。だがこのアナロジーにおいての価値の重きの置かれ方は逆になる。例えばもし議論している事件がレストランの白人専用席に黒人が座ることといったものとなるなら（これは機会の平等が強調されるが財産権はあまり重視されない、といった事例となる）、用いられるアナロジーは財産権の方が機会の平等よりも重視されるケース、例えばキューバにおけるアメリカ人の財産没収といった事例を取り扱うものとなるかもしれない。

f. そこで、この生徒は自身の立場を再検討するように求められる。 もしも彼がその見解に引き続きとどまる場合、彼は提供されたアナロジー

が示している逆転した価値について対応するように求められたり、同様の比重の逆転した価値が組み込まれた別のアナロジーに対応するように求められたりする。もしも生徒が翻意した場合、今度は彼が新たに支持すると決めた立場と対立する価値に重きを置くような類似事例（アナロジー）を通じて、彼の新しい立場が結果としてもたらすマイナスの影響について指摘される。例えば前述した黒人が白人専用席に座るという状況の場合、論争事例を見直すか、機会の平等がそれでもより重要となるような別の類似事例（アナロジー）を参照するように指導される。

5. 生徒たちは通常、教師が提示したアナロジーによってもたらされた事例に対して、彼らの考えの中の矛盾を解決することができない。これは、彼らが安易かつ浅薄に立場を切り替えることが許されないというのが特に理由となるようである。だが彼らは、また別のジレンマにも直面している。対象となっている生徒が自身の捕らわれているジレンマについてはっきりと認識したように思えたら、ここで教師は対話の相手を別の生徒に切り替えてもよいし、議論を分析段階へと進めてもよい。生徒たちにとって、このような方法で矛盾に対処するように強いられ続けることは非常に骨の折れることでありうる。そしてまさに今が生徒たちを「窮地から抜け出させる」頃合いだということを教師に知らせてくれる手がかりは、しばしば生徒たちの緊張あるいは彼らの緊張が切れたときのサインであることが多い。

6. 生徒が一般的にジレンマの状況を理解し、またそれに苛立ちを感じている場合は、教師は、集中的なソクラテス式問答を中止し、友人との共同作業を通して、価値の矛盾を分析的に扱うように生徒に要求する。ここにおいて教師は、教師が定義を定める権限があることについての対処法、教師が共通に作り出す事実仮説に疑問を投げかける方法、状況を明瞭なものにするために自分自身で適切なアナロジーを構成する方法、そして自らの立場の質の高い説明をする方法を示す。生徒が分析的概念を用いることについて意識するようになるにつれて、しばしば集中的なソクラテス的問答は中断されることになる。これは、生徒がこれに苛立ったことによるものではなく、生徒が妥当な立場、つまり事実の仮定が試されるか考慮に入れられ

て明確に定義された質の高い意見の立場をとるようになったためである。

　ソクラテス式分析（SA）の授業スタイルは、生徒が一つの事例を協議する際に2つの次元で同時に考えることを教えるものである。生徒は、その事例の中にみられる問題について自分が相応な立場をとっているのだということを教師に納得させなければならない。これは「主張的（argumentative）次元」である。また同時に生徒は、以前に教えられた政治的諸価値や批判的思考を用いることで、もっと事件を効率的に処理することができるということを理解する必要がある。これが、「分析的次元」である。最初は、分析的概念を教えられた後であっても、これが論争的議論と関わりがあると考える生徒などほとんどいない。生徒は、問題の本質を分析する意識的な枠組みがないような形で、「盲目的」に論議する傾向がある。教師は生徒をどうやって不可避な矛盾に追い込むかを分かっているので、より強圧的な論議をすることができる。すでに述べたように、議論を一定の時間フラストレーションを与えるものへと導き、この具体的な議論に分析的概念を活用するように生徒たちに求めていくことにより、私たちはこれまで生徒に二つの意識次元を教えようと試みてきた。もし生徒がそうしたことができないのであれば、教師は分析的概念という観点からその議論について、以下のように「説明」するのである。

　　　私は、アナロジーを用いて君の価値観を攻撃しているのだよ。あなたたちはこのアナロジーに対して自分自身でみつけた別のアナロジーの一つを用いて対抗し、自らの立場の妥当性を高めたり、このアナロジーが本件と無関係なものとしたりすることができる。またそうでなければ、このアナロジーの状況と本件の状況との間には大きな違いがあることを発見して、このアナロジーが本件と無関係であるとすることができるのだ。

7.　分析をある程度行った後で、論議を再開することもあるし、しない場合もある。再開するかしないかは、その時々の状況とクラスの熱意による。最初の頃、授業は二つの局面のパッチワークである（ソクラテス的問答→

分析、そして概念の適用——ソクラテス的問答）が、生徒が自分たちの論議を導く諸概念をよりうまく使えるようになるにつれて、教師はあまり明瞭ではない分析の方向にだんだんと向かうことになる。教室の内部の様子は理論上、厳格なる敵対者同士の関係から脱して、この事例の知性的な立場を構築するために教師と生徒との間で相互研究をしていくのだといった雰囲気へと転換していくはずである。

ソクラテス式分析の授業スタイルのソクラテス的要素と復誦型分析の授業スタイルとを比べると、二つの大きな違いが分かる。第一に、ソクラテス式の授業では、教師と生徒の間で比較的長期的なやりとりが行われる点である。一つや二つのやりとりだけで、評価的矛盾や定義的矛盾に生徒の目を向けさせることはできない。教師はまず、生徒の立場を確かめ、アナロジーや相反する証拠を通して例外事例を提示し、生徒の防御姿勢に対抗しなければならない。一方で、復誦型分析の授業スタンスでは、抽象的な立場から事例における問題を扱うのであり、生徒の私的にコミットしている立場からこうした問題を扱うことは絶対にない。例えば、「このケースで示された問題を扱うにはどんな方法があるのだろう」という問いかけを教師が投げるとする。何人かの生徒が選択可能な立場について、一言、二言で説明するかもしれない。それに対し、「この特定の立場を考える上で、二つの相対する価値のうち、相対的重要なのはどちらなのだろう」と教師は問いかけるかもしれない。復誦型の授業が続けられた場合、一つの価値的立場が与えられるかもしれないが、誰もその立場を防衛することは要求されない。このため、通常、生徒は教師と長い対話を行うということがない。

　第二に、すでに述べたように、ソクラテス式問答型の授業の方が効果は高くなりやすいことである。復誦型の授業においては、生徒はある個別のケースだけに分析的概念を用いるように要求される。彼は教師が彼に教えてきた事柄の存在以外には分析内容に関わることはない。またその事例のある立場にコミットしていることを宣言するように要求されることもない。生徒が概念を誤って用いた時にはすぐに教師から是正指導が入る。これに対してソクラテス式問答型討議においては、生徒が自らの主張する中にみられる矛盾や

「穴」に対して、教師は即座に対応する責任を有している。生徒は、教師の吟味を耐えられる限りにおいて、自分で選んだ立場を受け入れる自由がある。生徒はしばしば興奮したり動揺したりする。なぜなら、生徒は自分自身が有しコミットしている二つの価値が違いに対立していることを理解しているからである。ある特定の立場へコミットした場合や、生徒自身と教師との間に意見の相違がある場合よりも、自分の立場におけるこの価値の不調和の方がずっと彼の情動的反応を引き起こすようだ。しかし、もちろん生徒と教師との間の意見の相違や特定の立場へのコミットの影響は過小評価することはできない。

実験対象となる教授スタイルの確認

当初、以下の二つの大きな問いを調査するために体系的な実験が立ち上げられた。

1. 個々の教師たちは自らの行動を自在に操り、必要な時にソクラテス式問答型の役割または復誦型の役目を担うことができるのか。それとも私たちの方が、自然にソクラテス式問答型や復誦型の教授スタイルをとる教師を見極めなければならないのか。
2. 教師たちは一般的な教授スタイルについては取り扱うことができるとして、一つの教授スタイルの中にそのバリエーションはどういったものがあるのか。ある教授スタイルと別の教授スタイルとを区別することができなくなるような重複領域は存在するのか。

そしてある手段が、こうした問いに関わる量的証拠を生み出すために開発されることになった。

教師の行動を数値化するための観察システムを開発するために、ひとまとまりのカテゴリー、このカテゴリーが実際にそれぞれ具体的な教授スタイルに活用されるなら、その教授スタイルからみて意味のあるものを提供してくれるような、そんなカテゴリーが生み出されなければならなかった。私たち

の最初の実験用の手続き（私たちはこれを「フォームＡ」と呼んだ）[1]は、**表38**にあるように2組のカテゴリーかなら構成されるものであった。カテゴリー1～6は情緒的カテゴリー[2]、カテゴリー7～12は認知的カテゴリー、カテゴリー13・14は手続き的カテゴリーである。この手続きを用いて研究協力者である授業観察者は、授業での各発言の情緒的な含意はもちろんのこと、認知的または手続き的な意味（significance）をも推察しなければならなかった。各々の行為の内で評価可能であるものは、認知的または手続き的カテゴリーと情緒的カテゴリーとを用いて振り分けられる。

　認知的カテゴリー（7～12）の主な働きは、二つの教授スタイルを用いる中で教師が導く知的または論理的内容の差異についての疑問に答えることである。二つの教授スタイルを分けるものの中心には、教師が論争事例の中にある「事実的記述的情報」について取り扱う程度と、同事例から生じてくる「価値判断」を取り扱う程度との対比がある。カテゴリー8(記述的)とカテゴリー9(評価的)はこの種の差異を認識するために特に設定されている。カテゴリー7（矛盾の指摘）は生徒が類似する複数の状況（その事例とアナロジー）とで矛盾した判断をしていることを指摘することで、その生徒の中に個人的な価値の対立を生じさせようとする教師の試みを確認しようと意図したものである。従ってカテゴリー12（アナロジー）は明らかに重要である。カテゴリー10・11は認知的なサブシステム（副装置）についても余すところがないようにするために含められた。カテゴリー13・14は、これらがあるおかげで私たちはこの二つの教授スタイルに付随して生じうる手続き的問題についてのデータを集めることができるようになる。

表38　教師の教授スタイルを記述するための観察システムのカテゴリーについて簡潔に定義したもの（初期型）

●情緒的・社会感情的カテゴリー
1. 連帯 ── 地位を向上させる言葉または声の調子：他人への強い同意または受容。しばしば他人の見解への熱烈な受容をもって示される。

2. 緩やかな肯定的情動 ── 他者または他者の見解への穏やかな同意または受容を示すサイン。
3. 緊張の解緊張を弱めているまたは緊張を弱めようとする試みと解釈される行動。例えば笑う、または冗談をいう。
4. 緊張 ── 緊張状態を意味する行動。例えば吃音または口ごもること。
5. 緩やかな否定的情動 ── 他者に対する軽い不支持または拒絶を示す言動。例えば他人の見解に対する不信感、懐疑的な態度を伴うもの。
6. 対立 ── 相手を萎縮させる、軽蔑的な、または高度に否定的な言動。
中立 ── 中立的なふるまいまたは観察者が識別できるような感情的メッセージを伴わない発言。

● **認知的カテゴリー**
7. 矛盾の指摘 ── 他人の価値観、主張または定義に矛盾がある場合にそれを認識させるように誘導する試み。
8. 記述的 ── 出来事を記述するような発言。すなわち、現実の在り方が現在、過去、未来においてどのようなものであるか、あったか、あると思われるかを主張する。
9. 評価的 ── 出来事を評価するような発言。すなわち、好き嫌い、正邪、または善悪を含んだ発言。
10. 反復・要約・焦点化 ── 議論の最中に生じたことについて再説明する発言、または起こりつつあることや起こるであろうことに注意を促す発言。
11. 明確化 ── 議論の内容の明確化を試みる発言。すなわち、発言または特定の言葉の意味するところを明らかにする試み。
12. アナロジー ── 議論の対象となっているものと似通った状況を設定する発言。設定されるものは仮想上の状況でもよいし、現在・過去・未来において実在する状況でもよい。
非認知的 ── 観察者が識別できるような認知的(手続き上のものを含む)メッセージを伴わないふるまい。

● **手続き的カテゴリー**
13. タスク指向の行動 ── 集団の任務に合致する行動統制を指示した発言。またはその行動がどのようなものになるのか輪郭を描くように指示した発言。
14. 逸脱した行動の統制 ── 集団の任務の達成を阻害するような行動の統制を指示した発言

他に二つの要点についても言及しておくべきであろう。ユニット化、これはつまり行動を評価できるように諸要素に分けることであるが、一般にこれは一つの文章、はたまた「考察の1項目」を分析の基本とするものとした。複文は通常、それぞれが一つの単位として採点され、また重文は構成要素別に分けられた。また象徴的行動についても、話し手がある言説を発しているのか、何か要求しているのか、それとも否定しているのかといったことを示すために、各認知的カテゴリーの中で活用された。

観察者の信頼性

観察者間の診断の一貫性を評定するために、Ｘ二乗の偏差（variation of Chi-Square）[3]と二項検定（binomial probability paper）[4]の二つの統計技法が用いられた。4週間にわたる訓練期間の初期において二人の観察者は監督指導を受けつつ1日1時間から4時間、テープに記録した会話の評価作業を共同で行った。カテゴリーの扱いに慣れてくると、各自自分だけで10分間で会話を採点するようになった。また二人の観察者の合意したところについては、すぐに二項確率紙を用いてチェックされた[5]。そしてこの研究が次に議論されるに値するだけの信頼性があるのかを計測するのにＸ二乗のベイルズ的適用を用いた。私たちが採用した全てのＸ二乗の数値は、.05の確率水準というベイルズが提案した基準を下回った。

研究

カリキュラム実験の最初の1年目、観察用の手続きであるフォームＡは、プロジェクトに協力して下さった四人の教師たちが前述の極めて異なる二つの教授スタイルに即した議論をどの程度実行することができたのかを判断するために用いられた[6]。被験者である生徒たちは、論争を巻き起こした最高裁判例を用いての議論の間、まず本書第2部に示した倫理的法的モデルを継続的に活用するように指導されることになった。生徒はどちらの教授スタイルにおいても、最初の25分のやりとりがテープで記録されることになった。教授スタイルごとに6つの議論のサンプル、つまり計12個のサンプルが精

選された。そしてこれらがフォームAによって採点された。

表39 カテゴリーと教授スタイルとの相互作用をテストして教師の行動を変換比率にして表したもの

カテゴリー	二乗平均		自由度	比率
	RxC	残差		(P.<.001)
情緒的	745.654	11.304	6/322	65.99
認知的	259.894	5.131	13/644	50.66

パラメトリック統計法を用いる際、研究者は常に用いられることになる具体的なモデルの基底にある諸仮説を合致させる問題に直面することになる。分散分析法やt検定(これは後の表で登場する)は、ノーマルな人口密度からデータが生じており、分散は均質であると仮定している。こうした仮説は、結果が比率(割合)を用いて表現される時、弁明できないものとなる。この問題に折り合いをつける一つの方法は、比率から逆正弦変換を用いたアングル(角度)に転換することであり、そしてその後、算定のための一つの基準としてこれらの数値を用いることである。これらの手順は表39〜46においても用いられている。比率という観点からこれらの表を吟味したい人のために、表47は迅速な変換値についての情報を提供している。上に挙げた仮説や逆正弦変換を活用することの適否についての議論に関心のある読者は次の書籍も参照して欲しい。Virginia L. Senders, *Measurement and Statistics* (New York: Oxford University Press, 1958), p.498; Helen M. Walker and Joseph Lev, *Statistical Inference* (New York: John Wiley & Sons. Inc., 1955), p.255; and Allen Lewis Edwards, *Experimental Design in Psychological Research* (New York: Holt, Rinehart & Winston, Inc., 1950), p.203.

表40 カテゴリーと教授スタイルとの相互作用をテストして個々の教師の行動を変換比率で表したもの

教師	カテゴリー	二乗平均		自由度	比率
		RxC	残差		(P.<.001)
A	情緒的	402.841	16.950	5/60	23.77
	認知的	154.975	5.080	9/100	30.51
B	情緒的	185.825	13.132	5/60	14.15
	認知的	49.200	3.300	9/100	14.91
C	情緒的	275.538	10.699	5/60	25.75
	認知的	228.292	6.082	9/100	37.54
D	情緒的	113.829	7.434	5/60	15.31
	認知的	24.546	4.744	9/100	5.17

テープで記録された議論から得られたデータを分析するに当たり、私たちはまずこの二つの教授スタイルが用いられた際に彼らの行動パターンには大きな違いが存在するのかどうか判断することにした。教師は実際のところまったく異なる二つの授業議論を上手くこなせたのか。この問いに答えるため、私たちは教授スタイルごとに、そしてカテゴリーごとにこうした議論から採点されたやりとりについて分類し（例えばあるやりとりは、ソクラテス式討論において生じた価値判断と分類された）、分散分析法を用いてカテゴリーと教授スタイルとの間の相互作用について検証した。こうした相互作用が大となれば、異なるこうした行動パターンが実際に二つの教授スタイルの特徴であることを裏づけることになるだろう[7]。

　この分析の結果は**表39**と**表40**に示される。表39においては二つの教授スタイルに向けて全教師のデータが集積されている。表40は、データを教師別に比較できるように細分化したものである。いずれの事例においても教授スタイルとカテゴリーとの相互作用をテストする比判定法では.001水準を超える大きさを示した。二つの異なる教授スタイルの活用は、少なくともフォームAのカテゴリーのいくつかで顕著な得点度数の差異を生み出した。各教師は（それを教師全体として捉えようと個々の教師個人で捉えようと）二つの異なる教授スタイルを、二つの大変異なった種類の授業でのやりとりをもって実行することができたといえる。

　教授スタイル中の大きな差異が確認されると、次の問いが重要性を持つようになる――こうした差異には具体的にどのカテゴリーが大きく影響を与えているのか。**表41**に関連して以下に挙げる一般的に言及されている諸仮説は、人が差異をみつけることになるかもしれないカテゴリーについて示してくれる。

1. 復誦型の教授スタイルは生徒に頷きを求める対応を押しつけるので、穏やかな肯定的情動（「よしよし」といった反応）が生じやすいが、情熱的に褒めるだとか連帯だとかいったことが高頻度に生じることを期待するいかなる道理もない。これに対して復誦型よりもソクラテス式問答型討論では穏やかな否定的情動、そして対立（対抗）意識が大きく反映されるはずで

ある。ここにおいて教師もまた緊張を減じるためにより多くの緊張の解消を試みようとすると考えられる（冗談をいったり笑わせたり）。また基本的に情緒的であるソクラテス式問答型の状況下では情緒的側面での中立的なふるまいはあまりとられないと予想される。

2. ソクラテス式は論争的事例に対して生徒の私的な反応を重視するので、この教授スタイルはより多くの評価的発言がなされることになるはずだし、比例して記述的発言は少なくなるはずである。加えてソクラテス式の教授スタイルは、生徒の価値的立場に見られる矛盾を暴露しようと試みるので、教師がこの教授スタイルを採用するならより多くの評価面での矛盾を示すようになると考えられるし、自らの価値判断を語ろうとはしなくなると考えられる。

3. 二つのカテゴリーがより直接的に二つの教授スタイルの授業構成上の性質の違いと関わってくるように思われる。ソクラテス式問答型の教授スタイルは個々の生徒と表明した価値をめぐって深く長いやりとりをすることになる。一方、復誦型の教授スタイルでは、問題について教師が適切な取り扱いと考えるやり方に沿って組織される。復誦型は一人ひとりの生徒を次々に当てる形で行うのであり、各自が教師の質問に答えていくので、このような復誦型の教授スタイルの組織構造は維持される必要がある。こうしたことから私たちは復誦型の方が結果として反復、要約、焦点化のカテゴリーの占める割合がずっと大きくなると考えた。また当然ながら明確化というカテゴリーにも同様の影響があるだろうと考えた。

4. ソクラテス式問答型の教授スタイルは、その教授モデルから考えても復誦型の教授スタイルよりも多くのアナロジーの活用が結果としてみられるはずであることは明白である。またアナロジーは価値の不一致（矛盾）を明らかとするための強力な装置となる。

5. 生徒に指示を出すことは直接的タスク指向の行動としてカテゴリー化される。生徒と教師とのやりとりにかける時間の長さの違いを踏まえれば、復誦型の教授スタイルが用いられた時にこのカテゴリーに属す行動は頻繁に観察されると考えうる。

表41 二つの教授スタイルを試みる教師の行動のカテゴリー別にみる予見される差異

カテゴリー	より大きな比重となることが予見される教授スタイル	予見が当たっていたか
連帯	差異なし	予見ははずれ
穏やかな肯定的情動	復誦型	予見通り
緊張の解消	ソクラテス式	予見ははずれ
穏やかな否定的情動	ソクラテス式	予見通り
対立	ソクラテス式	予見通り
中立	復誦型	予見通り
評価的発言(意見表明)	差異なし	予見ははずれ
評価的発言(質問)	ソクラテス式	予見通り
評価的発言の矛盾の指摘	ソクラテス式	予見通り
記述的説明	復誦型	予見通り
記述的説明への不合意	差異なし	予見ははずれ
反復・要約・焦点化	復誦型	予見通り
明確化	復誦型	予見ははずれ
アナロジー	ソクラテス式	予見通り
直接的タスク指向の行動	復誦型	予見通り

カテゴリーのうち、分析するには不十分なほどに頻出度数の少ないものや教授スタイルの中核を担わないと思われるものについてはここに含んでいない。

　表41と**表42**はこうした諸仮説の結末をカテゴリー別に示している。16個のカテゴリーの中で10項目は予見が的中した形となった。予見が外れたカテゴリーは二つの教授スタイルの活用をめぐる興味深い見識を提供してくれる。例えば、計画された質問を順序通り行おうとする復誦型の教師のそうした傾向は、より多くの「連帯(感)」を表出することを意味するものである(例えば生徒の反応の強要とか)し、生徒の主張するところに不同意を表明する必要があまりない。こうした結果はまた、ソクラテス式討論の議論中心的な性質を示すものであった。また価値を重視するソクラテス式問答型の教授スタイルを用いる中で、教師はより頻繁に自らの価値判断を表明している——それは生徒から価値的発言を引き出す必要があったからと考えられる。

教授スタイル別の行動差異

　表41に示されているように各々のカテゴリーについてみれば、その予見にはいくつかの誤りがあったが、実験に協力して下さった教師は目を見張

表42　二つの教授スタイルの活用を試みる教師の相互作用の平均の比較

カテゴリー	教授スタイル		差異	t検定
	ソクラテス式	復誦型		
連帯	0.641	1.406	0.765	4.35
穏やかな肯定的情動	4.576	9.539	4.963	10.28
緊張の解消	0.495	0.465	0.03	0.25
穏やかな否定的情動	10.517	2.326	8.192	34.42
対立	8.879	0.151	8.729	6.32
中立	34.624	48.97	14.346	7.82
評価的発言（意見表明）	1.484	3.085	0.983	6.22
評価的発言（質問）	8.239	3.085	5.154	7.16
評価的発言の矛盾の指摘	5.492	0.161	5.331	7.5
記述的説明	21.231	34.93	13.699	7.66
記述的説明への不合意	0.904	0.489	0.415	2.4
反復・要約・焦点化	5.512	7.77	2.258	4.76
明確化	2.064	2.336	0.272	1.01
アナロジー	6.871	1.362	5.508	5.84
直接的タスク指向の行動	4.374	6.879	2.505	6.77
認識不能	1.456	1.672	0.216	1.15

注：表42〜46の相互作用の頻出度は統計的目的から比率、そして逆正弦値に転換した。

ような才覚を持ってその二つの教授スタイルを操ることができたと結論づけても問題ないと思われる。このことは私たちを第三の問いへと導いてくれる。すなわち、同じ教授スタイルを実施する時、教師の間に有意差が生じたのかということである。**表43**は「カテゴリー」「教師」を基盤として教室での相互作用（やりとり）を分類し、二元配置分散分析モデルを用いて相互作用の有意について検証した結果を示したものである。この表は、教師が同じ教授スタイルを用いていると想定した場合に教師間で意味があるほどに異なった行動パターンが存在しカテゴライズされているかどうかについて、私たちに教えてくれるものである。結果は、こうした事例があったことを示すものとなった（有意さの範囲は.05〜.001水準）。教師のパーソナリティが与える影響については教育学上でも主張されてきたことを踏まえると、両教授スタイルとともに教師個々の間で顕著に差異がみられたことは驚くことではない。

410　補論 実験用カリキュラムの実施結果

表43　カテゴリーと教師の相互作用（二つの教授スタイル別）

教授スタイル	カテゴリー	二乗平均		自由度	比率
		RxC	残差		
ソクラテス式	情緒的	42.218	20.172	12/120	2.09
	認知的	36.646	6.298	27/200	5.82
復誦型	情緒的	7.350	3.101	15/120	2.37
	認知的	8.578	3.304	27/200	2.60

表44　ソクラテス式問答型の教授スタイルの活用を試みる教師の相互作用の平均の比較

カテゴリー	教師				F比
	A	B	C	D	
連帯	.44	.69	.24	1.19	5.09
穏やかな肯定的情動	3.59	5.03	4.09	5.62	.19
緊張の解消	.31	.27	1.03	.36	4.17
穏やかな否定的情動	10.18	8.10	14.09	9.69	4.25
対立	14.40	9.02	6.75	5.34	2.50
中立	30.52	36.86	33.14	37.97	※
評価的発言（意見表明）	1.68	1.83	1.03	1.39	1.20
評価的発言（質問）	10.31	6.75	8.97	6.93	2.44
評価的発言の矛盾の指摘	7.59	3.64	8.21	2.53	7.03
記述的説明	16.57	25.81	16.03	26.51	7.73
記述的説明への不合意	.52	.83	1.20	1.08	1.32
反復・要約・焦点化	4.95	7.16	3.78	6.21	5.34
明確化	1.31	2.57	2.38	2.00	4.70
アナロジー	9.88	4.56	8.56	4.48	2.61
直接的タスク指向の行動	3.69	3.50	5.50	4.80	3.31

※行間の分散よりも行内の分散の方が大きかったことから比率が算出できなかった。

　表44と**表45**は、いずれもカテゴリーが同一教授スタイル内での教師間の差異を説明するものであるのかを明らかにしてくれる。多様な手法の中でもここでは一元配置分散分析法を用いて有意差を検証することにした。.05水準を超える有意な差異は復誦型の教授スタイルがとられた場合、四つのカテゴリーにみることができ、またソクラテス式問答法の教授スタイルが採られた時には八つのカテゴリーにみることができた。
　私たちはそれぞれの教授スタイルにおいてみられたこうした教師間の差異

表45　復誦型の教授スタイルの活用を試みる教師の相互作用の平均の比較

カテゴリー	教師				F比
	A	B	C	D	
連帯	.61	1.42	1.02	2.56	6.02
穏やかな肯定的情動	8.51	8.39	10.39	10.87	2.55
緊張の解消	.81	.28	.70	.08	3.50
穏やかな否定的情動	2.76	2.57	2.11	1.87	※
対立	.18	.07	.09	.26	1.14
中立	50.32	50.61	46.39	46.56	1.84
評価的発言（意見表明）	.43	72	.51	.34	3.77
評価的発言（質問）	3.31	3.26	1.81	3.96	1.39
評価的発言の矛盾の指摘	.06	.15	.34	.11	※
記述的説明	32.67	36.12	38.67	32.25	2.63
記述的説明への不合意	.56	.40	.56	.44	※
反復・要約・焦点化	8.57	8.28	6.43	7.80	2.81
明確化	2.15	2.36	2.76	2.08	※
アナロジー	1.56	1.52	1.36	1.01	※
直接的タスク指向の行動	7.61	5.76	6.28	7.88	4.01

※行間の分散よりも行内の分散の方が大きかったことから比率が算出できなかった。

　が結果として二つの教授スタイルの間でどの程度オーバーラップしているのかについても問いかけた。**表46**は、各教授スタイル内で教師によって差異がみられたカテゴリーのうち、二つの教授スタイルの間でも差異が予想されるカテゴリーのうちの二つの事例において比例中項の差異は最極値でも.05水準で有意では無かったことを明らかにしている。

　要約すると、二つの教授スタイルの間の行動の差異が検定されてF比の数値結果が出るが、この数値は疑いなく、少なくとも何人かの教師が自らそうした意図をもって教授スタイルをある程度変えることのできることを反映していた。このことは、ソクラテス式の教授スタイルを受ける生徒集団と復誦型の教授スタイルを受ける生徒集団とでは、いくつかの主だった点において、それぞれに体系的に異なる取り扱いを受けていることを示している。

表46　ソクラテス式問答型または復誦型の教授スタイルにおいて教師間の有意差がみられ、また両教授スタイル間に差異が予見されるカテゴリーの変換比率の平均値分布

\multicolumn{4}{c}{穏やかな否定的情動}	\multicolumn{4}{c}{評価的発言の矛盾の指摘}
教師	ソクラテス	教師	復誦型	教師	ソクラテス	教師	復誦型
C	14.09	A	2.76	C	8.21	C	.34
A	10.18	B	2.57	A	7.59	B	.15
D	9.69	C	2.11	B	3.64	D	.11
B	8.10	D	1.87	D	3.53	A	.06

\multicolumn{4}{c}{記述的説明}	\multicolumn{4}{c}{反復・要約・焦点化}
教師	ソクラテス	教師	復誦型	教師	ソクラテス	教師	復誦型
D	26.51	C	38.67	B	7.16	A	8.57
B	25.81	B	36.12	D	6.21	B	8.28
A	16.57	A	32.67	A	4.95	D	7.80
C	16.03	D	32.25	C	3.78	C	6.43

\multicolumn{4}{c}{直接的タスク指向の行動}
教師	ソクラテス	教師	復誦型
C	5.50	D	7.88
D	4.80	A	7.61
A	3.69	C	6.28
B	3.50	B	5.76

二つの平均値の差異は、それぞれの教授スタイルにとって予測方向からみての最極値にある場合でもt検定で.05水準の有意差がない。

表47　比率を逆正弦変換に変換した後の値

比率	程度	比率	程度	比率	程度
.01	.567	.09	5.167	.50	30.000
.02	1.150	.10	5.733	.60	36.867
.03	1.717	.15	8.633	.70	44.433
.04	2.300	.20	11.533	.80	53.133
.05	2.867	.25	14.483	.90	64.150
.06	3.433	.30	17.450	1.00	90.000
.07	4.017	.40	23.583		
.08	4.583	.45	26.750		

二つの教授スタイルの実験的比較

　これまで述べてきたように、二つの教授スタイル間の差異の記述と数量化を体系的に進めてきた結果として、私たちはプロジェクトに協力して下さった教師たちがソクラテス式問答型も復誦型も、それぞれ一貫した効果を生徒集団に与えることができたと、かなりの確信を得た。私たちの研究の次の目的は、二つの教授スタイルの相対的効果を調査することである。この調査研究の一般的なデザインについてはすでに紹介した。実験プログラムが教えられている五つの通常クラスそれぞれを可能な限り、性別、（学校で記録されていて入手可能である範囲であるが）知能テストのスコア、Wagmis テストのスコア、ITED（No.5）テストのスコア、実験に参加した教師による生徒の授業内での発言による参加度に基づいた評価といったところがそれぞれ近似値となるように配慮しながら二つのグループに分けた。いずれのクラスも通常 23 ～ 26 人の範囲で収まっていたので、それぞれの実験クラスの人数は 11 人～ 13 人となった。各クラスが分けられた結果、10 組のグループが成立したが、それぞれの特性についてまとめたのが**表 48** である。論争事例が議論されることになる時は常にクラスをこうした特性が近い二つのグループに割って、一方に復誦型分析の教師スタイルを、もう一方のグループにはソクラテス式問答型分析の教授スタイルを適用した。約 2 年にわたる実験期間において、約 50 もの論争事例が取り扱われた。

　五つの通常クラスを特性が近似した二つのグループに分けた結果、論争事例を議論するための 10 個のグループが生まれた──そして五つの教室でソクラテス式問答型分析の教授スタイルが扱われ、残りの五つの教室で復誦型分析の教授スタイルが扱われた。今回実験に参加した 4 人の教師のうち、2 人の教師は 2 組の近似したグループ群を教え、残り 2 人の教師は残り 3 組の近似したグループ群を教えた。その学校の生徒達は普段、学科の能力を基礎にしてクラス分けされていたので、結果としてこの実験では二つの成績優秀者グループ、四つの標準または標準よりやや上といったグループ、そして四つの標準または標準よりはやや下といったグループが生じることになった。

　理想的なのは、今回の調査研究のデザインを、教師の教授スタイルが学習

に与える効果だけでなく、教授スタイルと教師、教授スタイルと生徒の能力、そして教師と生徒の能力それぞれの相互作用とそれが学習に与える影響についても調査できるように設定しておくことだった。ただ運悪く私たちはこうした卓越した研究デザインを行っていくための教師及び生徒集団の人数を持ちえていなかった。

表48　10組の対比グループを特徴づける選抜された変数

クラス	人数	男子の生徒数	ITED No.5 平均	ITED No.5 標準偏差	Wagmis 平均	Wagmis 標準偏差	I.Q. 平均	I.Q. 標準偏差
復誦⑥	13	5	28.08	7.40	44.50	7.25	124.67	6.90
問答⑥	12	6	27.17	6.09	42.00	7.98	126.91	9.64
復誦④	13	7	23.83	7.54	37.83	6.11	116.83	8.32
問答④	13	5	23.46	4.50	39.53	4.52	116.00	8.71
復誦⑦	11	4	25.00	3.81	37.64	5.20	112.80	7.25
問答⑦	12	8	25.33	7.65	35.69	7.20	114.15	8.05
復誦③	13	8	16.11	3.17	32.44	4.65	105.11	7.42
問答③	11	7	16.50	4.49	30.92	4.72	105.00	8.79
復誦⑤	13	8	16.25	5.13	28.58	6.40	101.81	12.76
問答⑤	13	6	18.30	4.22	33.20	5.31	99.50	12.21

クラスの数値は、通常学級集団に振られた番号を示している。

ソクラテス式問答型と復誦型の教授スタイルの比較考察の結果

　ソクラテス式問答型分析の教授スタイルと復誦型分析の教授スタイルの相対的効果を示したものが**表49**である。表の中に示されているテストはユニットテストを除けば、本書の先の章ですでに説明されているものばかりである。ちなみに表49のユニットテストの数値は、それぞれの主だった実験単元の終了時に実施された4回にわたる教師の作成した筆記試験の得点の総計を示したものである。いずれのテストも単純に事実的事項の記憶を呼び覚ますだけの部門、分析的概念を単元のトピックの個々の側面に活用することを生徒に要求する部門、そして一つか二つのオープンエンド形式の小論文を書かせる課題からなる部門を含んでいる。いずれのテストも通常の学校での教育課

程の重圧の中で作られ評価されているのだが、その総得点は多くの項目に基礎づけられていることもあり、実験プログラムでの処方が生徒に与える即時的な効果を推し量る上で、信頼のできる指標といえるだろう[8]。

これらのデータがもたらす最も驚くべき結果は、実験期間が終了した段階で二つの教授スタイルのどちらかで教えられてきたそれぞれのグループは、実施された全ての学習測定において同じような成績結果となったということである。この結果は「教育方法」についての調査研究で一般的に明らかにされてきたところと一致する。しかしながら、このように注意深く教授スタイルにおける差異が例証され明らかにされての実験は、これまでほとんど行われてこなかった[9]。この実験で明らかになったことを理解しようと試みていくと、私たちは次のような解釈ができるのでは、という考えへと辿り着く。

1. おそらくこの指導法（＝法理学的アプローチ）は教授スタイルを超えて一般的に効果のあるものだったのだろう。全ての教師がこの二つの教授スタイルを上手くやりこなすことができるという理由からだけでなく、教師としての一般的な卓越さがあるということも、今回の実験で彼らが選ばれた理由である。いずれの教材も具体的に分析枠組みを教えるために特別に準備されたものである。教師たちは実際に教えるだけでなく、教材開発、そして教材に基づいた各授業の準備にも携わった。こうした質と参加のコンビネーションがあったことを踏まえると、それぞれの教授スタイルとは関わりなく、このような強力な教授的状況が結果を出したと想定する方が道理にあう。そのことから、分析枠組みの活用と教員養成の方が、この実験で定義づけた教授スタイルよりもずっと強力な教授上の構成要素となったとしても当然であろう。

2. SIAT No.4（面接による聞き取り）を除いて全ての尺度が生徒の分析的概念の活用について評定した。このことから SIAT No.4 以外の全ての尺度においてソクラテス式を受けたグループよりも復誦型を受けた生徒たちの方が一貫してよい成績になるようなことはなかったことは、驚くべきことである。少なくともこうした尺度によって評定される限り、ソクラテス式の教授スタイルを受けた生徒グループが分析枠組みを上手く使いこなしたとい

う事実は、当然ながらこの教授スタイルを繰り返し活用したことに原因があるのだろう。つまり分析的概念を活用しながら数多くの議論をすることは、おそらくソクラテス式を受けたグループがはっきりと分析枠組みについての説明を受けていなかった事実を補ってくれたのだろう。

表49　論争事例の議論におけるソクラテス式問答型と復誦型の教授スタイルそれぞれで教えられた実験群の各グループの対比

テスト	復誦型			ソクラテス式問答型			t検定
	人数	平均	標準偏差	人数	平均	標準偏差	
内容テスト							
ITED No.1	53	35.38	10.49	55	36.04	9.66	F=0.03
アメリカ史	52	110.88	32.62	55	109.46	28.43	0.35
市民の諸原理	52	33.40	8.15	56	35.00	7.67	1.04
一般推論テスト							
ITED No.5	55	32.73	10.10	52	32.93	10.36	0.10
Wagmis	53	44.25	9.82	56	45.61	9.17	0.74
関心度テスト							
表題：プロジェクトの主題	55	24.00	3.79	47	23.87	4.91	0.14
表題：一般的な主題	55	26.85	4.05	47	26.49	4.05	0.44
ユニットテスト	56	161.76	46.42	53	160.39	44.22	0.16
プロジェクトの政治分析テスト							
SIAT No.1	53	12.02	4.84	56	12.71	3.87	0.82
SIAT No.2	56	39.39	8.88	52	39.23	8.95	0.09
SIAT No.3	53	29.34	11.03	53	31.19	10.50	F=0.52
SIAT No.4	51	19.24	10.40	52	19.83	9.72	0.30

3. しかしSIAT（No.4）においてどうしてソクラテス式を受けた生徒グループがよい成績を残せなかったのかについて説明することは難しい。これについての最も説得力のある説明のうち、二つばかりここで紹介してみよう。第一は、このテストはもしかしたら不適切なのかもしれないというもので

ある。明らかな欠陥がサンプルとして挙げられた行動の量にみられる——実際、わずか15分なのだ。他のほとんどの筆記試験で得られた活動数と比べて、この時間でもたくさんの量の行動が得られたのだが（225個の活動数）、議論するには時間が短すぎることもあり、機会という要素が系統的な扱いをすることによる効果を上回ることができなかったのかもしれない。またSIAT（No.4）のスキーム（枠）にあるカテゴリーが適切なのかどうかというのも、今後議論していかねばならない一つの問題である。私たちはすでに、尺度の妥当性について引き続き評価していくことの必要性について示してきた。第二は、授業をするに当たっても状況に何らかの欠陥があるのかもしれない、つまり生徒は説得力が求められる文脈の中で分析的概念を用いることから実質的な利益を獲得するには年齢が若すぎたのかもしれないし、授業のやり方が彼らに意味のあるインパクトをもたらすには時間が短すぎたのかもしれないということである。私たちの印象としては、こうした両方の要素が機能したのでは、といったところである。実践授業の終わり頃でも、生徒たちの大半がまだ分析枠組みを討議型の議論に参加するに当たって使える形に翻案するのに苦労しているように思われた。こうした困難の原因が、時間の短さにあるのか、それともソクラテス式問答型分析の取り扱いという観点からみて彼らはそれを受け入れるだけの知性がまだ成熟していないことにあるのか、そうしたことに影響されたわけではない一般的な現象であるのか、言い切ることは難しい。

4. 生徒たちを特徴づけるパーソナリティ（個性）と授業の特定のスタイルから利益を受け取る彼らの能力との間には相関性がある可能性もある。換言するなら、異なった教授スタイルが生徒集団間の全体的な差異を生じさせることはないかもしれないが、あるタイプの生徒たちにはある教授スタイルの方が別のスタイルよりもよい学びをするのかもしれない。この仮説については次の節（補論第5節）で、より深い追究をする。

　学習の成果（アウトカム）の尺度に即して10個全てのグループを比較したことについて、最後にもう一度見直してみたい。**表50**はグループが受けてきた教授スタイルに関係なく、グループの生徒たちの能力が（例え知能テス

トや事前テストのスコアを統計的管理として考慮した後であっても）体系的な学び に影響を与えているという大変驚くべき結果となったことを示している。この研究の成果については、二つの明瞭なる説明が思い浮かぶ。

(1) 一般の知的能力または学科への適応性についての一つの指標としての知能テストは、このプロジェクトが強調するタイプの学びを予見するための妥当な指標としては十分ではない。
(2) 高い能力を持つ生徒たちからなるグループの教室の文脈は低い学力の生徒集団の教室の文脈とは質的に異なっている。

表50 プレテストの結果やＩＱに合わせて調整した後に四つの本プロジェクトの測定を用いて10組をテストした結果の平均値の比較

テスト	教授スタイル	実験群の学校のクラス					自由度	F比	P
		③	⑤	④	⑦	⑥			
		平均以下		平均以上		上位			
SIAT No.1	復誦型	10.27	8.07	11.34	13.77	16.23	9/105	6.82	<.001
	問答型	9.70	10.34	12.53	14.85	15.11			
SIAT No.2	復誦型	44.88	43.93	47.23	49.18	50.59	9/103	3.91	<.001
	問答型	38.78	42.84	50.12	50.09	48.56			
SIAT No.3	復誦型	27.64	25.08	26.44	33.69	36.65	9/101	4.02	<.001
	問答型	25.98	25.15	33.75	40.95	29.84			
SIAT No.4	復誦型	17.38	20.20	16.64	22.30	19.50	9/98	0.84	n.s.
	問答型	16.60	18.13	19.50	25.45	18.73			

つまり知能指数補正は、生徒の能力と授業に当たっての状況との相互作用について考慮に入れることができないという理由から、その説得力を失っている。この可能性は当然のことながら、教育学の調査研究のデザイン、そして全ての若者に等しく教育の機会を提供しようと模索している公の学校政策その両方に重大な意味をもたらす。

要約

　教室への体系的な参与観察によって得られたデータの分析から、研究に協力した教師が、ソクラテス式問答型分析と復誦型分析という、二つの異なる教授スタイルをそれぞれ用いるに当たって、まったく異なる行動パターンをとっていることが明らかになった。だがこのように極めて異なる教授スタイルによって影響されるところの学習成果についての分析は、両者の顕著な違いを確かめられないものとなったことを示すものだった。私たちは、グループの能力が、教師の用いる教授スタイルには関係なく、統計学的管理をしたとしても、大学適性試験に体系的な影響をもたらしていることを見出した。

註

1　この手段の背後にある思想やこの手段それ自体について、より広く詳細に取り扱った論文に次のものがある。James P. Shaver, "A Study of Teaching Style." Harvard Graduate School of Education, 1961.（博士論文）

2　情緒的カテゴリーは基本的にロバート・ベイルズのカテゴリーに基づいている（Robert F. Bales, *Interaction Process Analysis* (Reading, Mass.: Addison-Wesley Publishing Company. Inc., 1951).）。なお、いくつかについては名称を変更した。

3　ベイルズは信頼性の見積もりとして積率相関ではなくX二乗の偏差を用いた。その理由は、こちらの方が相互作用の中でのわずかにしか登場しないものについても含んだカテゴリーを用いているので、より偏差に敏感になりやすいことがある。X二乗はまた、カテゴリーの単位化（unitization）とカテゴリーの配置（placement）の信頼性の付帯的見積もり（concomitant estimate）を算出するのも容易である。

4　Frederick Mosteller and J. W. Turkey, "The Uses and Usefulness of Binomial Probability Paper," *American Statistical Association Journal* (1949), Vol.44, pp.194-212. またベイルズの前掲書も参照のこと。

5　このような訓練手順の中に実験者側のバイアスが注入されてしまう可能性については、次の論文を参照されたい。James P. Shaver. "Experimenter Bias: The Training of Observers," *American Educational Research Journal*, in press.

6　実際、別の原初的研究、一般的な意味でのパイロット研究がこの研究に先立って行われた。その研究の目的は、①参与観察者が観察手段の活用方法を学んだかどうか、そして②この手段を通して獲得された数量データは、議論中に測られる差異（これは二つの教授モデルに従ったものであるとの直観的判断に基づい

て精選される）を反映しているのかどうかを判断することにあった。この二つの問いに対しては、いずれも肯定的な答え（つまり「イエス」）となった。この研究については、次の論文の中で報告されている。Shaver, "A Study of Teaching Style."

7 ジョン・B・キャロルが最初にこの統計的アプローチを提案し、ウィリアム・W・クーリーがその活用において多大な助言をした。

8 四つの小テストの実施時期には大きな空白期間があるとはいえ（テストを実施したのは、1960年12月、1961年2月、同3月、同5月である）、それらの相関は、.30～.55の範囲にとどまった。テスト全体とこれらの小テストとの相関は、.72～.81の範囲にある。もし相関の最低値（.30）を一つの信頼度の係数と捉え、通常の単元の小テスト1つの4倍もの時間を要しているテストの信頼度をスピアマン＝ブラウン公式を用いて見積もるのであれば、テスト全体のスコアの信頼度の最低値は、ざっと見積もっても.63となる。次に高値の係数（.46）を用いるなら、全得点の推定信頼度は、.77にまで上がる。相関係数の値域を考慮するなら、こちらの方が現実的な見積もりであろう。

9 Lauren G. Wispe, "Teaching Methods Research," *American Psychologist.* (1953), Vol. 8, pp. 147-150.

補論 第5節
生徒のパーソナリティと公的論争問題分析

　ソクラテス式問答型と復誦型の教授スタイルに関する私たちの研究の結論は、これまでの莫大な先行研究からみても特に驚くに値しない。というのもこれらの先行研究も、一方の教授スタイルがもう一方の教授スタイルに対して一貫して優れた成果を生じさせるだけの十分な効果を有しているようだとの結果を示すことはなかったからである。二つの異なる教授スタイルは様々なタイプのパーソナリティ（人格的特性）を持つ生徒たちの学びに対してそれぞれ違った効果をもたらした可能性について追究する調査研究に従事する方が、より実りのある研究になると考えた。実際こうした研究は実りのある研究となったものが数多くある。例えばウィスプは（大学での）初歩の心理学の授業の中での話し合い活動において、ある集団には自由議論に多く参加させ、もう一方の集団には高度に構造化された話し合いにより多く参加させるという実験を行った[1]。どちらの手法も最後に実施された客観試験に向けて生徒たちを準備させるのに効果があることを証明するものではなかった。だが彼は、「個人の自律」を重要と考える生徒が構造化された授業に批判的であり、自由議論をより好んでいたのに対して、そうではない生徒たちは組織的な授業、構造化された授業を好む傾向にあったことを発見した。これと関連のある実験においてパットンも同様の結果を得た[2]。しかし両実験は異なる生徒は異なるタイプの教室環境を「好む」という事実を例証しているに過ぎず、異なる教室環境が学習者にそれぞれどういった効果があったのかといったことを指し示すものではない。

　グレイザーの批判的思考についての古典的な研究は、教授スタイルを変えたりすることを試みるものではないが、ある批判的思考をする雰囲気の中で最高のパフォーマンスを発揮できる生徒がどのような人間であるのかについ

て、ある手がかりを与えてくれる。グレイザーは批判的思考実験に参加した生徒の「幸福度」または感情的満足度を評定するために質問紙調査を実施した。そして批判的思考能力の獲得としての反応との関連を検証した。質問事項には次のものがあった。

・自分のことを信仰心があると思いますか。
・自分は家族に適切な扱いを受けていると感じますか。
・自分は異性に対して満足のいく順応をしていると感じていますか。

　グレイザーはより多くの批判的思考能力を獲得している生徒の方が、そうではない生徒よりもこうした質問項目に対してより一貫して「いいえ」と回答する傾向にあることを明らかにした。グレイザーは次のようにコメントしている。

　　この研究成果は、もしかしたら批判的思考テストで最高得点を得た生徒たちは一つのグループとして、最低得点のグループよりも知的に優れていると考えられるという理論的基盤の上に説明されるものなのかもしれない。比較的高次なメンタリティと批判的思考訓練に応じることができるだけの明白なるレディネスを併せ持つ人は当然ながら、低次なメンタリティしか持ちえなくて批判的思考の授業に応じるだけのレディネスに欠けている者たちよりも、より鋭敏かつ繊細であり、多様なパーソナリティへの欲求を有し、自身の満足の質に対して鋭い認識を持ち、そして「イエス」ということに対してより抵抗すると考えられる。そのため、より批判的思考能力を有する者たちは、おそらくそうではない者たちよりも容易に「満足」しないのだろう。[3]

　グレイザーの研究は、自分自身や自分たちの文化により批判的で、またより鋭敏かつ知性的な傾向にある者は、より慣習順応的であったりあまり知性的ではなかったりする者たちとは「批判的思考」教育の教授環境に対して大きく異なる反応をすることを指し示すものである。またこうした生徒たちの

反応は、知能といくつかの態度的因子の両方が批判的思考を教える環境への応じやすさと関係があることを示唆していることもあり、学習成果にも翻案される。

　スターンや、シラキューズ大学やシカゴ大学にいる彼の研究仲間は、子どもたちのどのような態度的因子やパーソナリティが批判的思考を教授する環境への彼らの知覚に大きな役割を果たしているのかについて確認しようとする試みについて報告している[4]。彼らは「権威主義的」「反権威主義的」「合理的」「非合理的」の四つのパーソナリティをめぐる構成因子を用いていくつかの実験が実施された。これら四つの類型は、アメリカ教育会議主催の一般教育における評価に関する共同教育向けに開発された「信念の目録」の修正版に沿って生み出された[5]。スターンは次のように語っている。

　　（『信念の目録』修正版のうちの）60個の項目は土着的で原理主義的なことについての一般化であり、これはカリフォルニア尺度の諸項目と並行するものではあるが、決して同じではない。また残りの40項目は真逆であり、国際的で相対主義的なことについての一般化を書き留めることで得られるものである。後者については権威主義者たちは拒否するが反権威主義者たちには受け入れられる。権威主義的項目の一例としては、「学校にいろいろなタイプの子どもたちが多くいることは、教師がスムーズな学校運営をしていくために多くのルールや規約を作らざるを得なくさせてしまう」といったものがある。これとは逆の反権威主義的な項目としては「より多くの公園が作られて、厳しい父親が減るのなら、青少年の非行は減少することになるだろう」がある。[6]

　権威主義を測る尺度で高得点となった生徒は「権威主義者」と分類された。また反権威主義を測る尺度に基づいた諸項目を教義として有している生徒たちは「反権威主義者」と分類された。いずれのタイプの項目も受け入れる傾向にある生徒たちは「非合理的な者」と分類され、またいずれの項目も拒絶した生徒は「合理的な者」と分類された（グレイザーの「不満足な不服従者」とスターンの「合理的な者」との間に類似性がみられるのは興味深い）。

スターンは「様々なタイプの子どもたちがいて、彼らは明らかに違った育ちをしてきたのであり、物事の多様性について明らかに違った視点を持っている」と主張している。彼はまた、教室、特にイデオロギー上の問題が生じるかもしれない人文学や社会科学の授業において、「権威主義者」「反権威主義者」「合理的な者」「非合理的な者」それぞれが実際に異なった行動をとるのかどうかについても議論した。スターンとコープが実施したこの実験は、教室でのこうした異なる行動についての疑問に直接絡むだけでなく、教授スタイルと生徒のパーソナリティとの相互作用の可能性にも絡んでくる。

　　シラキューズ大学の教養課程に入ってきた全新入生が受講する市民性コースでは三つの特別クラスが編成された。一つは「権威主義者」に分類された学生のみで構成されたクラス、もう一つは「反権威主義者」から構成されたクラス、そしてもう一つは「合理的な者」から成るクラスである。これらの判別は「信念の目録」に基づいて行われており、入学したばかりで授業を登録する前の学生を相手にクラスの振り分けが行われた。3つのクラス全てはこうした学生向けに特別に編成された作業課題を実施することに同意している同じ教員によって教えられることになったが、彼は各クラスの性質の違いについては知らされていなかった。彼は学期の期間中、週1回それぞれ三つのグループと接した。またこの教員はこの授業で起きた出来事について日記を記録し続けた。最初の一週間が終わると彼は自発的にこの三つの学生集団について、彼がこれまで出会ってきたタイプであると認識し、それをコメントした。[7]

　この指導教員の三つのクラスへの印象は、人がもしそこにいたなら誰でも予見するところであり、このことがこの測定法の著しい妥当性を構成する。この指導教員は「権威主義者」の学生たちからなるクラスに対しては「宗教に関心がある」「好奇心とイニシアチブに欠ける」と評し、そして教室での議論に参加したがらないと記した。「反権威主義者」の学生からなるクラスに対しては、抜きん出て批判的で、このコースの手順や読み物にまで疑問を

抱いてきたと記した。「合理的な者」の学生からなるクラスに対しては、礼儀正しくフレンドリーで、明らかにこのクラスの学生は「将来キャンパスのリーダーとなる」と記した。この指導教員の三つのグループへの印象は、学期中だいたい同じままであった。それは7週目に「権威主義者」または「合理的な者」に分類された学生たちには明らかに大きな進歩が生じたにもかかわらず、である。7週目、指導教員が奴隷制擁護をした際、「権威主義者」「合理的な者」両グループの学生とも大いに怒り、この姿勢に「抵抗」するようになったのだ。

　私たちの調査研究の文脈において、この実験は少なくとも二つの理由から重要となってくる。第一の理由は、この指導教員の明らかなる目的が、学生たちに倫理的政治的論争問題を扱うことを教えるところにあることである。第二の理由は、全員が「権威主義者」と分類された学生たちからなる一つのグループは、それがゆえに指導教員にある特別なやり方で取り扱われることになり、統制群（通常のクラス）に振り分けられた彼らと同じ権威主義的な性格を持つと考えられる学生たちよりも客観試験でずっとよい成績をとったことである。加えてこの成績の優秀さはおそらくこの実験に参加して下さった指導教員個人の質的なところに原因があるとは考えられなかった。なぜなら他の二つのグループ（「合理的な者」たちからなるグループと「反権威主義者」たちからなるグループ）の場合は、統制群に振り分けられた彼らと同じ性格を持つと考えられる学生に比べて特別に優れているわけではなかったからである。スターンは次のように指摘した。

　　この研究の意義は、教育の万能薬として討論法（discussion method）を用いたところにあるのではない。そうではなく特定の討論技法（discussion technique）を継続的に活用していくことが、権威主義者に分類された学生集団が通常なら抵抗感を覚える領域の知識を増大させることに効果をもたらしたという点に意義がある。[8]

　教室の分析を開始するに当たっての生産工程には主に次の三つの要素が含まれるように思われる——それは、教師が取り扱いたいと考えている内容の

具体的な型、指導教員が用いる討論の手順、そして生徒のパーソナリティである。第4節で取り上げた実験では、教師は同じ内容を極めて異なる教授スタイルで取り扱った。そして集団間の学びについての測定可能な全体的差異については考慮していなかった。このことは、教師の教授スタイル（または討論の方法）と生徒のパーソナリティとの相互作用がとても重要になってくるという予想を裏づける結果をもたらした。スターンの研究は、生徒の信念システムにおけるイデオロギー的な側面が、教室での学びと関わってくるパーソナリティの一つの重要な次元となることを示唆している。

　マッキーチは、パーソナリティと教師の教授スタイルがそれぞれ学校の学力に影響を与えている時のこの二つの相互作用について調査した一連の実験について報告している[9]。マクレラン・アトキンソンの動機理論を自らの主な出発点として用いながら、協力関係への欲求、子どもたちが感じるところの指導教員の温かさ、そして初歩心理学コースの成績の三つの間に有意な互換性があることを彼は発見した。また彼は教室内の学力到達のきっかけと、学力向上欲求、そして成績の間にも同様の関係があることを発見した。これと似た関係性については心理学のコース以外の授業にもみつけられたが、それは男性たちにだけみられた。私たちの見解でいえば、マッキーチの研究の内実はスターンの研究とあまり関わりのないものだが、その研究の示すところは似ており、ゆえにこれらの研究は私たちにとって重要となってくる。

三つの調査：パーソナリティ、教授スタイル、プロジェクトでの学び

　私たちはすでに、教授方法間を単に比較するだけの教育調査研究のデザインは基本的に実りの無いものとなることを強調してきた。そして私たちの研究では、論争問題への批判的アプローチを学ぶ生徒たちの能力と関係があるかもしれない様々な因子を探すために、単純な相関アプローチを用いてきた（このようなアプローチの結果のいくつかについては本節の後半で報告することになる）。だがしかし、私たちはパーソナリティと学びの変数との相関については、有意ではあるがその値は低いものとなりやすく、特に他の独立変数の影響を調べるために知能の影響を取り除き、そのために知能の影響が学びの差異を

説明する変数としては相対的にあまり有益ではない時に、そうなってしまう。パーソナリティと学習の研究についてマッキーチが示した次の結論に私たちは合意するようになった。

　こうした研究領域（学問的成功を予見するのに用いるための動機尺度の開発、および教授方法の相対的効用についての研究）での成果の貧弱さを多少なりとも説明してくれるものの一つとして、教授方法は生徒によってそれぞれ異なる影響を与えるものであるというものがある。ある教授方法によって成長できる生徒たちも、別の教授方法では成長しないかもしれない。また別の生徒たちは先ほどの前者のやり方では成長しないかもしれないが後者のやり方でなら成長するかもしれない。そして私たちはその平均をとる時、教授方法間での効用の差異をほとんどみつけられず、また全体に影響をもたらす唯一の動機尺度もみつけられないのである。[10]

　私たちは実験的アプローチと相関アプローチを結びつけるもっと複雑なタイプの調査研究を行わない限り、あまり成果を得ることができないようである。

パイロット研究

　このプロジェクトの前に、つまり先に議論してきた２か年の実験期間をかけて行われた本研究の前に私たちはパイロット研究を実施した。ここにおいて私たちは、教授スタイル、生徒のパーソナリティ、そして学習これら三者の複雑な関係についての最初の調査を行った。このパイロット研究ではいくつものパーソナリティ測定法が採用された。興味深い結果を生み出したものとして、次の三つの測定法がある。

① ギルフォード・ジンマーマン気質調査法
② 単語表現二分化テストなど、表現の両極からみて名詞に対しての反応の傾向性を測る測定法

③ 意志の強さ（tough-mindedness）についての測定

　また学習についての測定法としては、次の三つの測定法が、意味のある結果を生み出したという観点でいえば生産的であった。

① 時事問題の学習において自由にニュースを選ばせる際に、生徒がどの順番でニュースの項目を読んでいったのかを観察することで、彼らの関心度を測るというやり方。
② 学校での人種隔離政策（実験期間中に生徒たちが学んでいたトピック）に対する生徒の態度が、態度的発言を伴った潜在的にポジティブまたはネガティブな要素にある事実的記述の表明（存在）によってどの程度まで影響を受けるのかを観察することなどで、彼らの「証拠への敏感さ」を測るというやり方。
③ 学校の人種隔離政策に関する情報の多肢選択式テスト。

　このパイロット実験のデザインは基本的に第4節で報告したソクラテス式問答型と復誦型の教授スタイルを比較するために用いられたデザインと同じである。授業が2週間であり、ここでは一つの論争主題だけを単元で取り扱った。主題は学校の人種隔離廃止に関するものであった。3教室でソクラテス式が実施され、別の3教室で復誦型が実施されたが、教授スタイルについての具体的体系的な確認は行われなかった。三人の教師が実験に協力し、それぞれがソクラテス式の教授スタイルと復誦型の教授スタイルの両方を担当した。
　関心度測定において、ソクラテス式の教授スタイルで教わってきた生徒の方がより関心度の上昇を示すという形で統計的に有意な差異をみせていたが、教授方法が学習に与える効果については有意な差異がみられなかった。しかしパーソナリティと学習との相関性についての測定ではソクラテス式と復誦型との間には、ある興味深い差異がみられた。例えば関心度の上昇と意志の強さ（tough-mindedness）との相関は復誦型で教わってきた生徒では -2.3 であったがソクラテス式で教わってきた生徒では .46 であった。つまり学校の人種

隔離廃止問題に強靭な意志を持ってアプローチしていく傾向にある生徒は、復誦型よりもソクラテス式で教授された時の方が、より有意に学校の人種隔離廃止問題への関心度が高まるということである。これに関連した興味深い発見として、関心度の上昇とギルフォード・ジンマーマン気質調査の一般行動（General Activity）の得点との相関は、復誦型で教わってきた生徒では –.36 であったが、ソクラテス式で教わってきた生徒では .36 であったことがある。私たちはまた、ギルフォード・ジンマーマン気質調査の一般行動と同気質調査の心情的有意性（Ascendance）（.43）や社交性（Sociability）（.57）との間には高い相関があることも発見した。これらの発見は、意志の強く外交的であると特徴づけられるかもしれない生徒たちがソクラテス式の議論に好意的な反応をしている――おそらくはこれを楽しんでいる――のに対して、内向的で攻撃的な生徒はあまり強圧的ではない状況下で復誦型に接していくのであれば、主題についてより追究していく傾向にあることを示すものである。

　あまり「二分化」しない傾向にある生徒（名詞を記述するのに穏やかな形容詞を用いる生徒）は、ソクラテス式で教わってきた集団に属している時の方が、より主題への関心度が高まったことについても、ここで言及していくことにも意味があるだろう。二分化測定の得点と関心度向上の相関は、ソクラテス式で教わってきた生徒の場合 –.61 であり、復誦型で教わってきた生徒の場合 .03 であった。非常に情緒的に、または極端な視点で、世界を眺める傾向にある生徒の方が、ソクラテス式を採用する教師が決定的な答えを避け、議論を通じて主題を引き出していこうとして緊張状態に追い込むことに対して苦痛を感じているのである。

　「証拠への敏感さ」、つまり特定の含みのある事実に照らして人種隔離廃止の問題に自らの立場を変更する傾向性、これも注目に値する発見があった。この測定結果と意志の強さ（tough-mindedness）についての測定結果との間には、ソクラテス式で教わってきた生徒グループに正の相関性（.32）があり、復誦型で教わってきた生徒には負の相関（–.22）がみられた。このことは、意志の強い生徒は人種隔離廃止問題についての自らの立ち位置に挑戦してくる証拠に対して、受けてきた教授スタイル次第で異なった反応をしている傾向があることを意味していると思われる。意志の強い生徒は、ソクラテス式での

扱いを経験した後、あまり個人の意見が問われない、あまり価値志向的ではない復誦型の教授方法を経験してきた者たちよりも矛盾した証拠に対して敏感になっていた。

「証拠への敏感さ」測定の得点と、情報の多肢選択式テストの成績向上とは、ソクラテス式で教わってきた生徒の場合は正の相関があり（.47）、復誦型で教わってきた生徒の場合、負の相関（-.31）にあったこともまた興味深い。明らかにソクラテス式討論の中でより多くの諸事実を学んだ生徒たちは、テストの諸項目で表出されている価値態度面の立場性と、ある事実の負荷しているものとの間の関係に対してもより敏感な傾向にあるようだが、一方で復誦型の議論の中で諸事実をより多く学んだ生徒たちは、こうした関係にはあまり敏感ではない傾向にある[11]。教師たちも、復誦型で教わってきた生徒たちは単元の時々で示される諸事実（例えば、白人と比較した時の黒人の犯罪率や疾病率、不法出産率——これらは少なくとも白人たちにとって人種隔離政策の負の結果を示唆するものとして解釈されている）の多くについて真剣に考えない傾向にあると捉えている。しかしソクラテス式で教わってきた生徒たちは、自分の意見主張の立場の防衛を求めてくるような、そして事実的証拠と価値態度的な立場との間に考えられる関係性について個人的に考察することを求めてくるような、論争的状況内での対処の難しい諸事実にも対処していた。こうした結果は、ソクラテス式で教わってきた生徒たちが、復誦型で教わってきた生徒たちよりも、諸事実が各個人の意思決定を下す思考枠組みに関係してくるものであると捉える傾向にあり、一方復誦型で教わった生徒たちは、それらについて単に多くの諸事実として「学ぶ」傾向にあることを示唆しているように思われる（このことは情報の多肢選択式テストの得点によっても証明されている）。（諸事実の知識についてはここでは問題にしていないことを念頭にしておくべきである。つまり諸事実については「証拠への敏感さ」に関する項目の内に組み入れられている）

このパイロット研究が明らかにしてきた研究結果は、マッキーチの研究結果が正しいことを示すもののように思われる。この研究の最大の成果は、学習に影響を与える時の教授スタイルとパーソナリティとの相互関係を検証しえる調査デザインから生じたものである。

「単発の」ソクラテス式問答型授業に対する生徒の反応

　レズニックは、ある複数のパーソナリティ測定法が、ある「単発の」ソクラテス式問答型授業への異なる生徒の反応を予見するのに活用しえるのか見極める研究を行った[12]。パーソナリティ測定法はいずれも認知的スタイルの領域（開かれた思考（open-mindedness）、狭義のカテゴリーではなく広義のカテゴリーの活用、分析カテゴリー間の意思疎通など）に位置づけられるものであった。こうした測定法の多くのバッテリーについて因子分析をした結果として、レズニックは次の四つの解釈可能な諸因子を見つけ出した。

・因子①：学校でうまく立ち回りたいという願望
・因子②：メッセージを構造化するのに用いるカテゴリーの規模
・因子③：女性性（femininity）
・因子④：変革の生産（production of transformations）

　そして異なるファクタースコア（因子得点）を有する複数の生徒たちがソクラテス式で教えられた際に、ソクラテス式で教えられていない生徒と比較して、複数の学習測定からみて異なる反応をすることになるのかどうか検証するために、とある実験手順が設定された。とりわけ生徒たちには、実験者たちがある最近重要になっている社会的疑問（公営医療制度）についての彼らの意見について関心があることが伝えられていた。この問題について彼らの情報をサポートしていくために、両方の意見を持つ人たちからバランスのとれた情報提供がなされるように実験者は注意深く資料を作成して生徒たちに与えた。生徒にはどのような視点を持ってもよいと伝えられていた。統制群も実験群も高校生45人の生徒たちから構成されている。統制群では、最初から公営医療制度に関する資料が与えられ、そしてそれを読む時間、さらには意見を形成していく時間（それぞれ20分）が与えられた。しかし実験群では、最初に教師が生徒たちに、次の二つのジレンマについて検討するように要求した。

(1) 医療という観点からいえば、全ての人は「同じ価値」にあるのか。それとも共同体内部で高い地位にある人たちの方がより重要なのか。
(2) 治療費を払うことになると思われる人たちは、「慈善で」治療を受けている患者よりもよりよい治療を受ける権利があるのか。

約15分にわたる問答（ソクラテス式の問いかけ）の後、公営医療制度についての資料が生徒たちに配布され、そこで初めて生徒たちは20分間それを読むことが許された。

後日、その二つのグループの間の多くの変数——こうした変数には、開かれた思考（疑問についての両方の立場を理解し、すぐには判断を下さない能力）、対関係の理解（生徒が一つの単位として肯定的発言と否定的発言とを考慮できる程度）、偏向の理解（一つの方向性を持つ価値が内在している発言について生徒が考慮できる程度）、生徒が解答を出す際に選択した視点とは矛盾する発言が彼らの最初の頃のメッセージの中にどのくらい含まれているのかについての割合、公営医療制度についての生徒の立ち位置などがある——について実態を突き止めるために三つの学習成果テスト（learning outcome instruments）が用いられた。

このレズニックの研究で最も興味深い成果の一つが、統制群の因子④（変革の生産）と学習成果についてのいくつかの変数との間の関係は、問答を受けた実験群でのそれらの関係とは重大な差異があることを明らかにしたことである[13]。こうした結果についてレズニックは次のようにコメントした。

　　中立的な条件下では、予見された関係が当てはまることは明らかである。つまり「変革の生産」と「開かれた思考」との間には関連があったのだ。だが最後に、実験的に（ソクラテス式の）刺激的な教授スタイルを取り扱ったところ、明らかにこのことが原因で認知的行動における因子④「変革の生産」に与える影響に目を見張るだけの違いを生み出すことになった。事実上、ソクラテス式の討論は、変革を生産できる主体に、公営医療制度の問題に関して「閉ざされた思考をする」行為をとらせてしまうことになったように思われるのである。おそらく、少なくともある種の動機の転換は、普段は「開かれた思考」をする同

人を、差し迫った問題に関しては「閉ざされた思考」をする者へと変貌させてしまった可能性があるようである。[14]

そしてレズニックは自らの解釈を披露する。

  おそらくソクラテス式の討論は、変革できる能力を有する主体を、生じた問題に対して多くの可能な「解決法」を速やかに探究しようと促すのだろう。目にみえる形でも目にみえない形でも、ソクラテス式の手順はこれらの解決法の不適切さを暴露するため、これらの解決法を考えてきた主体は「にっちもさっちもいかない」と結論を出してしまうのかもしれない。結果として彼らが自らの意見を表明する時間が来てしまった時、彼らはこの問題に対して「ギブアップ」してしまい、自らとは反対の意見を持つ者たちの視点をあまり考慮しようとしなくなり、単純にどちらか一方を支持して済ませてしまうのかもしれない。逆に変革をすぐには行わない主体の方が、全ての方法をまだ吟味できておらず、この問題をまだ現実的なものとして捉えており、書面上、より真剣にその問題を取り扱っていることになっているのだ。[15]

レズニックの研究は、社会問題に対して「批判的」または「偏見のない公平な」視座で向き合うことと関わりのある動機変数と知的変数の両方を探るために設計されたという点で特に意義があるが、彼女は、「開かれた思考」と関わってくる各学習成果測定にも反映されているように、動機と変革の生産との関係を見出せたというよりも、とある型の教授手順（＝ソクラテス式問答型の教授スタイル）と生徒の変革の生産能力との関係の方を見出したのである。この点でレズニックの研究は従来の研究と結びついてくる。例えば、グレイザーは、周囲に不満を持つ傾向のある高校生たちが批判的思考を教えられた結果、より知性的となり、より成長をしたことを明らかにした。スターンとコープは「反権威主義者」と分類された生徒たちの方がよりソクラテス式の教授形態の受けがよいこと、そして「合理的な者」「権威主義者」と分類された生徒たちはソクラテス式で継続的に教えられ続けた後である場合に

のみ、こうした教授スタイルに対応することができるようになったことを明らかにした（継続的に教えられることで、反権威主義者と分類された生徒たちよりも知性的になる傾向があった）。レズニックはまさにここにおいて、複雑な言葉の関係を見極めることが特に得意とするより知性的な生徒の方が、一度だけいきなりソクラテス式の刺激を受けた場合、より「フリーズ」してしまう傾向にあることを明らかにしている。この発見は、制限された一度限りの「刺激」を受ける状況と、長期間教育的に取り扱われる状況との区別をするなら理解のできるところである。当然ながら抽象的な関係性により敏感である人は、公的論争問題が生み出すところの真のジレンマにもより敏感にあるのであり、そのため自分はそうしたジレンマに対処する適性が欠けていると人一倍感じてしまうのだ。レズニックの研究が示唆するように、こうした人はすぐに身構えてしまうのかもしれないが、長期でみれば批判的分析の訓練に誰よりも適応することができる存在なのかもしれないのだ。

研究本番でのパーソナリティに関わる諸変数の実態調査

　ここで示してきたグレイザー、スターン、マッキーチ、レズニック、そして私たちの研究の観点からみて、精選されたパーソナリティの諸因子と生徒の分析的概念や法的倫理的概念の理解及び応用能力との関係について、このプロジェクトで探究することには、それだけの価値があることのように思われる。私たちは三つのタイプのパーソナリティの測定を選んだ——それは、認知欲求と認知的柔軟性についての測定、イデオロギーへの献身度についての測定、気質や社会的情動の特性についての包括的測定の三つである。

●認知欲求と柔軟性

1. レズニックの認知欲求に関する自己報告型質問紙
〔サンプル項目〕もしあなたの好きな曲が何曲かラジオから聞こえてきたとして、しかしその曲についてよく知らない時、あなたは（a）そのまま座ってその音楽を楽しむか、それとも（b）その曲が何で、誰が作詞し、誰が演奏しているのか知ろうとするか。

2. ウェズレーの意志の強さに関する測定
〔サンプル項目〕私は宿題では、各問いに少なくとも二度の確認をする。

3. バーラックの学校での作業習慣に関する質問紙（構造化欲求）
〔サンプル項目〕私は全教科の宿題の私の割り当て分をメモに書き留める。

4. アンダーソンの到達欲求に関する自己報告型質問紙
〔サンプル項目〕真面目に自分が取り組んできたことが上手くいかなかったなら、私はとても不幸せだろう。

　測定1～4は、7段階リッカート尺度16を用いて採点されることになる。

5. 単語表現二分化テスト
　この測定法は、オズグッドの意味差判別法のフォーマット17を参考にして形式化された。変数は生徒が極端な言葉を用いて目的物を表現することを選んだその回数を数えることで得られる（1または6の回答を選択した回数）。

　　　　　　　　　例：お題「ロープ」
　　　　　　弱い　　　123456　　　強い
　　　　　　角ばった　123456　　　丸みのある
　　　　　　粗い　　　123456　　　なめらかな

　表現されることになる言葉のうちの半分は中立的なものであるが、もう半分は政治性を帯びたものであった（例えば「共産主義者」）。私たちの研究で明らかになったのは、言葉が政治性を帯びていようがいまいが、生徒たちの回答の間には大きな差異がなかったことであった。二極化して表現する傾向にある生徒たちは、いずれの用語にもそういった対応をした。

● 社会的態度とイデオロギー

1. 「持つ者」「持たざる者」質問紙
　これは経済的に恵まれないグループへ生徒がどの程度共感し、また既存の特権を持つグループは現在の地位を維持するべきだとどの程度彼らが考えるのかについて評価しようとする試みである。

〔サンプル項目〕家と仕事を持つ人々は通常、そうではない者より責任ある市民である。

2. F尺度
　これは基本的な社会化に関する問題（socialization problem）や人間関係に対しての権威主義的な解決に対する態度傾向を測定しようとして考え出されたものである 18。
〔サンプル項目〕人は自分の国や宗教が他よりましだと感じるのは当然のことである。

上二つの測定もまた、7段階リッカート尺度を用いて採点される。

3. 南部の人たちについての意見
　この測定は、ある「外集団」の不信感についての一般的な測定法である。
〔サンプル項目〕私はこれまで、南部の人について好きになることのできたことなど何もなかった。

4. ユダヤ教徒についての意見
〔サンプル項目〕私はユダヤ人がまったく正しいと思うが、私はこれまで彼らのことを好きだったことはない。

5. 黒人との社会的距離感尺度
〔サンプル項目〕黒人のいるチームでプレーすることは気にならない。

　測定法1～5は、サーストン式の心理尺度である。各項目は判定者たちがその項目に割り当てられた位置尺度に基づいて価値を課せられる 19。測定法3～4は非累積的または「点的」な諸項目からなり、各人の得点はその人が賛同した諸項目の中間となる尺度値である。黒人との社会的距離感尺度は累積的項目からなり、ガットマン式の心理尺度のように採点される。個人のスコアはその人が最終的に選択した項目の値である。

●包括的な「パーソナリティ目録」

　私たちは二つの包括的なパーソナリティ目録を用いた。一つはギルフォード・ジンマーマン気質踏査であり、もう一つはキャッテル高校パーソナリティ質問紙である。ギルフォード・ジンマーマン調査に基づいたいくつかの項目は、中学生にとってより意味のあるものとなるように修正を加えた。また生徒の経験

からは外れていると思われるが修正が難しいと思われる2～3の項目については省いた。これらの目録によって測定されると予見される特性について、以下のように簡潔に示しておこう。

ギルフォード・ジンマーマン気質調査
1. G──一般行動（General Activity）：高得点者は活動が迅速で、精力的であり、行動の迅速さやスピードを好むことを示す。
2. R──自制心（Restraint）：高得点者は思慮深く、また忍耐強い取り組みができ、自制心があることを示している。
3. A──心理的優勢（Ascendance）：高得点者はリーダーシップをとる習慣があり、個人の意見を表明し、他人に媚びないことを示している。
4. S──社交性（Sociability）：高得点者は、彼が多くの友人を持ち、会話を好み、社会活動を好むことを示す。
5. E──感情の安定（Emotional Stability）：高得点者は穏やかな雰囲気を有し、楽観主義であり、よい意味で落ち着きがあることを示す。
6. O──客観的態度（objectivity）：高得点者は打たれ強く、またあまり過度に敏感に反応するわけではなく、自己中心的でもなく、過度に懐疑的でもないことを示す。
7. F──親しみやすさ（friendliness）：高得点者は敵対的行動に対して耐性があり、好戦的でも敵対的でも支配的でもないことを示している。
8. T──思慮深さ（thoughtfulness）：高得点者は省察的、黙想的、哲学的性向にあることを示している。
9. P──よき対人関係（Personal Relations）：高得点者は他者に寛容で社会の諸制度を信用していることを示している。
10. M──男らしさ（Masculinity）：高得点者は男性的行動、職業労働、恐怖に抵抗することに関心があり、また「ハードボイルド」になろうとする傾向にあることを示す。

キャッテル高校パーソナリティ質問紙（HSPQ）
次のHSPQの内容を簡潔にまとめたものは、HSPQガイドラインの表1から引用したものである。特性の名称はギルフォード・ジンマーマン調査と同じく文字別で示す。
1. A──堅苦しい、批判的な、よそよそしい　対　穏やかな、社交的な
2. B──低い一般知性　対　高い一般知性
3. C──感情的な、成熟していない、不安定な　対　成熟した、穏やかな
4. D──冷静沈着な、退屈な　対　興奮しやすい、慎みのない
5. E──服従的な　対　支配的な
6. F──謹厳な、まじめな　対　解放的な、楽天的な
7. G──ノリのよい、信用できない　対　誠実な、粘り強い
8. H──シャイな、恐怖に敏感な　対　冒険心に富んだ、平然とした
9. I──意志の強い、現実主義的な　対　審美的な
10. J──グループでの行動を好む　対　潔癖すぎるほどに、個人主義的な
11. Q──自信に満ちた　対　自分に自信のない
12. Q2──集団依存の　対　個人で解決する力のある
13. Q3──統制のない、怠惰な　対　統制のとれた、意志のある
14. Q4──落ち着いた、平静な　対　緊張した、興奮しやすい

●ソシオメトリック・ステータス

> 前述の測定法に加え、生徒たちはクラスメイトに対する好悪判断に関わる六つの問いが尋ねられた（うち三つは肯定的な志向のものであり、残り三つは否定的な志向のものである）。要約すると、次の問いである。
>
> (1) あなたは誰と一緒にこの委員会の仕事をしたいですか（したくないですか）。
> (2) あなたはこの教室で誰に一番委員会の座長になってもらいたいですか（もらいたくないですか）。
> (3) この委員会の仕事をする上で最も役に立つ人はこの教室の誰ですか（誰が一番役に立たないですか）。

これまでの研究で私たちは、このタイプの測定で得られた陳述の間には高い相関性があることを明らかにしてきた。そのため私たちは回答を結びつけ、またソシオメトリク・ステータスについては単一の指標を用いるにとどめた。

測定の信頼性

表51は用いた各パーソナリティ測定の信頼性係数を示している。このデータの中で最も驚くべき側面としては、HSPQ の信頼度が低いことであり、特に同じ特質を持つギルフォード・ジンマーマン調査と比較した時、それが顕著になる。同じ名目の構成要素を有する特性を比較してみると、例えばギルフォード・ジンマーマン調査における「心理的優勢」は信頼性係数が .81 であるが、HSPQ の「支配的な」は .50 にとどまる。同じくギルフォード・ジンマーマン調査での「感情の安定」は信頼性係数が .81 だが、HSPQ の因子 C「感情的成熟」だとわずかに .50 である。この差異が生じた原因はおそらく多少なりとも中学生の経験と一致するよういギルフォード・ジンマーマン気質調査に修正を加えたことになるだろう。だがこうした差異は HSPQ が私たちの調査対象とする年齢集団にあまり適していないことを示唆するものである。社会的態度尺度に関する信頼性の見積もりは驚くほどに高い。唯一例外だったのは、「南部の人たちの意見」測定である。この測定法とその他の測定法との不一致が生じたのには二つの因子が働いたことによることは疑いがない。その因子とは、一つは価値態度を示す対象物への馴染みやすさであり、もう一つは問いの意味するところが結果としてもたらす特異性である。マサ

表51　パーソナリティに関する諸変数の信頼性の見積もり

認知欲求と柔軟性		社会的態度とイデオロギー	
1. レズニック認知欲求	.67	1.「持つ者」「持たざる者」	.39
2. ウェズレー厳格性	.60	2. F尺度	.56
3. バーラック学校作業習慣	.82	3. 南部の人たちの意見	.50
4. アンダーソン到達欲求	.63	4. ユダヤ教徒の意見	.53
5. 単語表現二分化	.82	5. 黒人との社会的距離感	.50

パーソナリティ目録			
ギルフォード・ジンマーマン		HSPQ	
一般行動	.71	A：堅苦しい　対　穏やかな	.39
自制心	.68	B：知性	.56
心理的優勢	.81	C：感情的成熟	.50
社交性	.85	D：冷静な　対　興奮しやすい	.53
感情の安定	.81	E：支配性	.50
客観的態度	.83	F：まじめな　対　楽天的な	.54
親しみやすさ	.83	G：ノリの良い　対　誠実な	.48
思慮深さ	.79	H：シャイな　対　冒険心に富んだ	.55
良き対人関係、寛容さ	.35	I：現実的な　対　審美的な	.62
男らしさ	.91	J：集団を好む　対　個人主義な	.29
		Q1：自信満々　対　自信のない	.62
		Q2：集団依存の　対　個人で解決	.16
		Q3：統制なき　対　統制のある	.36
		Q4：落ち着いた　対　緊張した	.00

チューセッツ州の共同体に住む中学生はおそらく「南部の人たち」という用語について特に具体的な考えを持ちえていないのであろう。

パーソナリティのデータと学習成果との関係をみる

　約35個ものパーソナリティに関する変数と、そして12個もの学習成果測定とを関係づける上での分析及び解釈における問題は、当然のことながら非常に大きなものである。私たちが最初に行った分析は、その関係性を率直に

問うことだった。このことは結果として全てのパーソナリティ目録の変数を全ての学習成果の変数の相関行列を作ることになった。そしてパーソナリティの変数と学習成果の変数の間に高い相関性、一貫した関係性があった事例は、驚くほどわずかしか存在していなかった。また姿を現した相関は、しばしば知能についてのより一般的な因子に悪い影響を受けているようだった。こうした第一回目の分析の後、追加分析においては、最も見込みのありそうな 14 の変数を精選した。最初の段階で他の独立変数の効果を見極めるために「一般的なテストを受ける能力」と関わりのある測定が取り除かれた。こうした測定としては、IQ 検査、そして適性判別テスト・バッテリーからの三つのテスト（言語推論能力テスト、抽象的推論能力テスト、事務処理能力テスト）が挙げられた。このような処理をした後の分析結果については、**表 52** で報告したい。

　学校作業習慣（構造欲求）、HSPQ-G（粘り強さ）には有意な、そして実質的な相関性があることが明らかになったが、それは私たちがレズニックの因子分析での因子①（「学校でうまく立ち回りたい願望」）での情報を上手く活用できていることを示すものである。面白いことに多くの気質調査の尺度もこの特性についてのシステム（ギルフォード・ジンマーマン調査の「心理的優勢」「思慮深さ」「自制心」）と相関関係にある。これらの変数が一つのクラスター（群）を形成する傾向にあるというのは、驚くことではない。私たちは学校での作業（勉強など）がよくありたいと高く動機づけられている、そして一般に学ぶことに関心のある、とある一人の生徒の写真を持っている。彼は自分のなすことについては体系的に粘り強く挑む傾向にある。彼はまた多少なりともアグレッシブで思慮深く、また良識のある行動をとっている。しかし驚いたことに、表 52 にみられるように、自己修養（バーラック学校作業習慣測定）と認知欲求は、高度に関係づけられている（.57）。より創造力のある個人（よく想定されているように、もし彼が高度に必修の基礎知識を有しているとして）は学校がとる厳格な制度的枠組みによって罰せられる傾向にあるという推測は、私たちのデータからは支持できないものである。

　もう一つのクラスター（群）は、ギルフォード・ジンマーマンの E「感情の安定」、O「客観的態度（打たれ強さ）」、F「親しみやすさ」、P「よき対

表52-1　精選したパーソナリティに関する変数と学習成果（ＩＱ、言語推論などの測定を取り除いた）に関する変数の一覧

1. 到達欲求	11. G-Z-P（寛容さ）	21. 表題-G（学んでいないトピックの関心度）
2. 認知欲求	12. G-Z-R（自制心）	22. SIAT No.1
3. 学校作業習慣	13. ソシオメトリック・ステータス	23. SIAT No.2
4. HSPQ-G（粘り強さ）	14. ユダヤ教徒への意見	24. SIAT No.3
5. 言語表現二分化	15. アメリカ史	25. SIAT No.4（問答型）
6. G-Z-E（感情の安定）	16. アメリカ政治の諸原理	26. ユニットテスト
7. G-Z-O（客観的態度）	17. ITEDNo.1（社会科概念）	27. SIAT no.2（再調査）
8. G-Z-F（親しみやすさ）	18. ITED No.5（解釈）	28. Wagmis（再調査）
9. G-Z-A（心理的優勢）	19. Wagmis（批判的思考）	29. 表題-H（再調査）
10. G-Z-T（思慮深さ）	20. 表題-H（学んだトピックへの関心度）	30. 表題-G（再調査）

※ G-Z とは、ギルフォード・ジンマーマンのこと。

人関係（他者や自分とは異なる考えに寛容なこと）」からなる。これらの変数の根底にある主な構成要素は、明らかに脅威を感じることなく他者と上手く付き合うことのできる能力、である。

　反ユダヤ主義測定は──おそらく予想通りの結果かもしれないが──「思慮深さ」（ギルフォード・ジンマーマン調査）とは有意の負の関係（-.27）にある。加えて反ユダヤ主義とバーラック学校作業習慣調査（私たちはこれを「構造欲求」測定と呼んできた）にも負の興味深い関係がみられる（-.27）。よく引き合いに出される民族への偏見と認知的硬直性（cognitive rigidity）との関係について、人々はこれまでこれとは正反対の予見をすることが多かった。だが私たちは、一般的に構造欲求は思慮的な生徒の行動様式とは負ではなく正の関係となる傾向にあることをここまでの研究から見出してきた。このことは「思慮深さ」とバーラック測定とが正の関係にあることからも裏づけられている。

表52-2 精選したパーソナリティに関する変数と学習成果（IQ，言語推論等の測定を取り除いた）に関する変数の相関関係

	1	2	3	4	5	6	7	8	9	10	11	12	13	14	15	16	17	18	19	20	21	22	23	24	25	26	27	28	29
1																													
2	29																												
3	40	57																											
4	39	61	43																										
5	3	8	0	-12																									
6	0	22	15	26	-6																								
7	10	14	8	15	-15	63																							
8	21	11	6	22	-25	21	55																						
9	32	43	15	19	-6	30	19	-26																					
10	42	30	30	19	18	-23	-17	-15	29																				
11	5	24	25	22	-4	37	58	49	13	1																			
12	16	32	33	31	1	9	15	20	13	37	21																		
13	27	15	21	16	-23	16	21	8	8	5	16	7																	
14	-20	7	-27	20	-4	4	7	-9	1	-27	-12	-9	-1																
15	21	16	3	-2	-2	21	3	-17	8	6	5	2	17	-30															
16	21	23	5	20	0	5	2	2	28	5	5	2	29	-35	51														
17	20	19	4	12	5	12	-2	-17	15	15	-1	4	33	-11	62	68													
18	21	17	9	23	6	16	-2	-8	8	14	7	6	14	-20	70	54	60												
19	6	5	-1	17	1	10	4	8	4	0	5	12	11	-19	52	36	39	57											
20	8	35	35	41	-9	33	33	26	20	6	25	23	10	-9	27	1	8	8	0										
21	10	20	16	39	-16	34	26	15	11	-10	20	9	16	-3	33	10	8	15	7	64									
22	19	13	19	21	-22	18	21	22	4	-2	24	12	40	-17	34	46	38	43	42	3	7								
23	29	26	15	36	6	18	0	15	14	4	3	3	15	-13	21	29	30	36	34	13	12	47							
24	29	39	30	30	4	3	-4	-2	30	21	8	12	21	-24	28	49	36	33	26	8	7	42	28						
25	16	13	10	28	3	9	7	3	29	21	14	18	12	-7	5	15	11	13	13	6	6	13	6	38					
26	26	18	12	8	18	8	4	-15	21	21	2	7	28	-21	41	47	45	41	30	-8	-9	39	27	35	6				
27	18	8	13	19	11	11	5	8	8	3	0	2	2	0	-17	-12	-2	6	6	-8	-11	13	49	3	12	9			
28	2	-11	-5	10	-23	1	10	28	-5	-9	6	2	6	-10	10	-2	-6	11	6	-8	-3	17	23	2	5	-3	19		
29	-13	25	16	26	-28	34	25	27	1	-5	23	12	7	-11	16	-6	-3	-11	45	55	23	23	49	2	-3	-14	-19	17	
30	-4	10	0	14	-15	24	15	27	4	-7	-2	10	10	-4	1	-5	-13	-20	-3	32	46	4	7	6	7	-7	-16	5	48

※小数点以下2ケタを数値で示し，小数点を省略している。

パーソナリティの諸変数と学習成果との関係

　パーソナリティの諸変数のクラスター（群）を発見していく中で、一つの疑問が生じてくる——こうした特性や傾向は、学習成果測定でみた時、どの程度個人のパフォーマンスと関係しているのか。表52に示されているマトリクスは、この疑問に答えることがとても大変なことであることを示唆している。

　社会問題への関心に関する測定（表題（Headline）テスト）での成績は、前述の二つのパーソナリティ変数のクラスター（群）と関係がある。表題テストの得点と最も高い相関性があるのはHSPQの因子G（粘り強さ）との関係であるが、表題テストの得点は「学校の動機づけと秩序」群や「人間関係」群とも関係がみられるのである。だが前者のクラスター（群）だけにSIAT No.2やSIAT No.3に反映された知的到達と関係がみられるようだ。パーソナリティと学習変数のその他の関係には、こうした一貫したパターンはみられない。予想のできるところかもしれないが、学力到達欲求の方がより学習とは一貫した関係がある。だがテストパフォーマンス（試験性能）の流動性において、これはほんの小さな因子の一つに過ぎないことを示しており、相関性は低い傾向にある。ギルフォード・ジンマーマンの因子T（思慮深さ）も多少学習と関係がみられることが明らかになっているが、これはあまり驚くようなことではない。ソシオメトリック・ステータスと学習との間にも、いくらかだが正の関係があると考えることができるかもしれない。特に私たちの問いの中で語られてきたように、ソシオメトリック・ステータスは、おそらく学校への適応のまた別の指標なのである。

　最も興味深く、また刺激的な成果の一つは、粘り強さについての測定（HSPQの因子G）と心理的優勢（ギルフォード・ジンマーマン調査の因子A）が、SIAT No.3やNo.4との間に有意な正の関係がみられたことにある。SIAT No.4はその他のSIAT測定を含めてその他の学習成果測定の中で、SIAT No.3とだけ関係性を確認できる。そこで次の問いが生じる——その他のSIAT測定とは共通するところのないSIAT No.4は、SIAT No.3とはどの点に共通部分があるのか。これについては二つの解答が思い浮かぶ。いずれもSIAT No.1とNo.2ほどには構造化されていない（テストの形式によって前もって決められるこ

となく自由な回答ができたことで生徒は恩恵を受けた）。そして両方とも個人面接法を採用している。そのためSIAT No.4（面接法）の好成績は、生徒の知的訓練の賜物というだけでなく、彼らの社交的であろうとする傾向や人間同士のやりとりの中での粘り強さにも左右されることになるというのも頷ける。当然のことながら、このことは評価手法の開発において難題を生むことになる。私たちはこれまで、こうした作業を通して「自然な」雰囲気で生徒たちの分析的技能を測定することの重要性を強調してきた。このことは筆記テストや前もってコード化されたテストよりも口頭でのやりとりを活用することの方がよいのだということを意味していたのかもしれない。しかし口頭でのやりとりは、その分析的思考の資質とはほとんど関係がないかもしれない重要なパーソナリティの諸因子に重大な影響を受けているとするならば、こうした影響を取り除いて独立変数として扱っていけるような方法論的ないしは統計学的な手法を私たちは見つけ出さなければならい。

表52が明らかにするその他の興味深い成果としては、IQ、言語推論、抽象的推論、事務処理能力が取り除かれた後、SIAT No.4を除いて、各種学習成果測定の間には数多くの高い相関がみられたことである。共通分散が残っていることは、本プロジェクトによって開発されたテストによるスコアにも数多くの構成要素が影響していることを示唆するものである。こうしたテストのうちの一つを用いたらあるスコアになるとして、その多様な構成要素を発見してその縺れた糸を解いていくことは、これからの研究上の大きな課題であり、研究の行く手に控えているのである。

本節において私たちはパーソナリティの変数と学習成果測定の成績との関係についてだけ議論をしてきた。そして私たちはそれらの学習（例えば学習成果測定で高得点をとること）との関係については語ってこなかった。表52の偏相関マトリクスから私たちは、社会問題に向き合い続けていくことに好意的な反応をしている生徒について、一つのモンタージュ写真を思い描くことができる。彼には高い認知欲求がある。感情的には落ち着いており、友好的である。他者や自分とは異なる考え方に対して寛容であり、自分のやることに粘り強く挑み、自分自身や自らの考えに対して客観的で、それでいて「平然」としている。彼はまた物事を二分化「したりはしない」傾向にある。お

表53 教授スタイルと生徒のパーソナリティの間の統計的に有意な相互作用に含まれるパーソナリティと学習成果測定（要約）

パーソナリティ測定	学習成果測定						
	表題-G	SIAT No.4	SIAT No.3	SIAT No.2	SIAT No.1	ユニットテスト
G-Z							
因子A	X						
因子E					X		
因子F		X				X	
因子O				X			
認知欲求	X			X			
構造欲求		X					
二分化		X	X				
服従性	X						
F尺度		X					

そらくもし彼が複雑なことを取り扱うとして、重要問題について分類不可能な扱い（non-categorical treatment）をすることをよしとはしないだろう。しかしSIAT No.2 の結果や Wagmis の得点をみる限り、パーソナリティと学習の関係についての一般化は、まだまだ難しいようである。

生徒のパーソナリティと教授スタイルとの相互作用

私たちは本書の補論前半で教授スタイルと学習成果との関係性を探る試み、または生徒のパーソナリティと学習成果との関係性を探る試みについては、これら三つの因子を同時に考察することができるような複雑な研究デザインでも用いない限り、あまり実のある成果を生み出さないだろうと主張した。二元配置分散分析はパーソナリティと教授方法との相互関係によってどのくらいまで学習が重大な影響を受けているのかを評価するための一つのテクニックを提供してくれる。特にここでは共分散調節型の二元配置分散分析[20]が用いられることになり、ソクラテス式問答型と復誦型それぞれの教授スタイルは生徒たちのパーソナリティ次第で学習成果測定のポストテストの平均得点（IQ やプレテストのスコアを踏まえてポストテストには調整が加えられた）の差異を生み出すのかどうかを検証することになった。この分析に当たって私たちは七つの学習成果測定法と、そして学習に明らかに関係があると思われる十三個の

パーソナリティの変数を含めた。表53はその要約をしたものであるが、「外部の権威への従順さ」の傾向性について測定するために本プロジェクトが開発した「服従性テスト」を除けば、これまですでに話題にしてきた測定法ばかりである。それぞれのパーソナリティ測定の得点分布は上中下で三区分けされた。そしてそれぞれの生徒はこのような三等分の中のどこに位置するのかが確認された。このようにして学習成果測定での生徒の得点については、彼らの教えられた教授方法の種類、そして各パーソナリティ変数の分布においてその生徒が位置するのが上位か中位か下位かによって分類することができるようになった。二元配置分散分析の基礎として用いられる、こうした分類の結果得られたセル・エントリー（セル内の記入値）は、各二元分類に分けられることになる生徒たちの平均得点である。ある分析がある有意な相互効果を生み出す時、これは教授スタイルがある次元に与えている影響、ないしはパーソナリティが別の次元に与えている影響を示している周辺平均を見極めることで、人が期待するところとは異なるセル平均（cell mean）のパターンが示すものである。

　この分析から得られた91個の相互作用の関係性のうち、12個が.05水準で有意だった。これだけの数があれば私たちはシンプルに上手くいけば五つくらいの有意な相互作用の効果のあるものをみつけることになるかと考えていた。この研究の結果は、生徒たちのパーソナリティを教授スタイルは思っていた以上に体系的な相互作用の効果を生み出す協力作用があるということを明らかにしているように思われるだろう。しかし私たちは、予想外にそれは貧弱な効果しか生み出していないことを発見した（表53は統計的に有意な相互作用が結果としてみられたテストを示した）。だが統計的に有意であった相互関係からも、そして有意に近い数値を出した相互作用からも、解釈可能なパターンを読み取ることは困難だった。だがしかし、ここには一つの重大な傾向が存在していた。注意深くデータを読み取るなら[21]、学習成果測定法が論理的に考えて特定のコーチングや授業の形態と密接な関係にあればあるほどに、その成績はここでのパーソナリティや教授方法とは関係が薄いものとなることが分かってきたのである。例えばユニットテストは、ある特定の単元を教えてからすぐ後に実施されており、教えている単元の中身とより密接

な結びつきがあった。ユニットテストにおいては、たった一つのパーソナリティ測定法が教授方法と相互作用をして有意な結果を生み出すにとどまった。SIAT No.1 や No.3 もまた教室で教えられた具体的な技能などと密接に関係があり、これらも相対的にみてパーソナリティと教授方法との相互作用にあまり影響を受けていなかった。その一方で問答型のインタビューである SIAT No.4 は、私たちが教えてきた技能を測定する方法の中では最も複雑であり、質問などを投げかける際に情緒面でも知性面でもコントロールが必要とされるものであったが、この研究では四つの統計的に有意な相互作用がみられた（**表54**はこれらの結果について、もう少し詳しく示したものである）。

　予想できるところであるが、ギルフォード・ジンマーマン調査の因子Ｆ（親しみやすさ）で高得点であり、敵対的行為に対して寛容との兆候にある生徒たちは、ソクラテス式の教授スタイルで教わった時、(SIAT No.4 のような) 生々しい論争的なテストの設定場面の中で社会的論争問題を分析することについてよりよく学んでいることを示した。だがこれよりずっと驚かされた発見は、このギルフォード・ジンマーマン調査の因子Ｆ（親しみやすさ）の得点が低い生徒の場合、復誦型の授業スタイルで教えられた時の方が、前述のテストの条件下でよりよいパフォーマンスを示したことである。このことは、「あまり親しみやすいとはいえない」生徒は、ソクラテス式をとる教師との関係においてであっても、一貫して自身の心の中に生じるような感情を表に出していくことを彼らからあまり要求されないのなら、まさに喫緊の課題に対して十分適応していけるということを示唆しているのかもしれない。Ｆ尺度によって測定されたように、権威主義と教授スタイルとの相互作用の効果についてもクリアになったように思われる。権威主義的ではないとされる生徒は、もしソクラテス式で教わるなら、SIAT No.4 でよりよいパフォーマンスを示すが、権威主義的とされる生徒は、もし復誦型で教えられるなら、同じテストにおいてよりよいパフォーマンスを示すのである。同じパターンは単語表現二分化テスト（二分化の傾向性）でも繰り返され、また実質的にギルフォード・ジンマーマン調査の因子Ｆ（親しみやすさ）でも同じパターンとなった。あくまで推測だが、ソクラテス式の教授スタイルをとる教師の「非権威主義的な」スタンスは因子Ｆで高得点となった生徒たちの不安感を呼び起こすで

あろうし、ソクラテス式の討論の中で物事について二分化して考える傾向のある者なら直面することになるに違いない問題の持つ複雑さというものも、彼らの不安感を呼び起こすであろう。これらの研究成果は、より権威主義的な生徒たちや（または）二分化して物事を捉えてしまう傾向にある生徒たちが、彼らがあまり個人として扱われることのない復誦型の環境で社会的論争問題に触れた時、SIAT No.4 のインタビューでの和やかな雰囲気での中でより分析的概念を用いるパフォーマンスを発揮できること、そしてその一方で彼らとは真逆のタイプの生徒は、ソクラテス式での対話の折によりよい学びをするであろうことを示唆するものである。

表54　IQとプレテストでの得点から調節したSIAT No.4での聞き取り、及びポストテストの得点に教授スタイルと生徒のパーソナリティの相互作用が与えた重大な影響について（要約）

〔ギルフォード・ジンマーマン調査の因子F（親しみやすさ）と教授スタイル〕

スタイル	因子F			スタイル	ソース	d.f.	二乗和	二乗平均	F比
	低	中	高						
問答型	17.25	20.10	22.74	20.03	1xJ	2	820.12	410.06	
復誦型	29.87	16.48	17.67	21.34	Within	49	4234.15	86.41	4.74
G-Z-F	24.56	18.01	19.80						

〔F尺度と教授スタイル〕

スタイル	F尺度			スタイル	ソース	d.f.	二乗和	二乗平均	F比
	低	中	高						
問答型	25.60	20.22	14.82	20.21	1xJ	2	683.70	341.85	
復誦型	17.29	24.75	18.37	20.14	Within	79	8067.44	102.12	3.34
F尺度	21.30	22.56	16.66						

〔単語二分化テストと教授スタイル〕

スタイル	言語二分化			スタイル	ソース	d.f.	二乗和	二乗平均	F比
	低	中	高						
問答型	19.71	18.45	18.30	18.82	1xJ	2	505.64	252.82	
復誦型	12.48	22.79	20.36	18.54	Within	79	6200.43	78.49	3.22
二分化	15.97	20.69	19.37						

〔学校作業習慣テストと教授スタイル〕

スタイル	構造欲求			スタイル	ソース	d.f.	二乗和	二乗平均	F比
	低	中	高						
問答型	22.71	17.31	19.73	19.92	1xJ	2	728.67	364.34	
復誦型	15.94	23.73	16.83	18.83	Within	88	8714.18	99.02	3.68
構造欲求	19.32	20.52	18.28						

バーラック学校作業習慣テスト（構造化欲求）の結果は、とてもすっきりした一つの解釈をするのには適していない。この測定での得点が高くても低くても、ソクラテス式で教わった時に生徒たちはSIAT No.4での成績がよく、その一方でこの測定での得点が中位にある生徒たちは復誦型で教わった時の方がよい成績であることが明らかとなった。おそらく学校の作業を構造化しようという欲求を感じない生徒たちは「自由な流れ」のソクラテス式について、より組織的な復誦型に比べてあまり制約的ではないことから、より共感するに値するものだと捉えるのだろう。「がんじがらめ」感があまりないと感じることで、彼らはより自由に活動するのかもしれないし、少なくとも構造の欠陥と思われることについてあまり問題関心を持たないのかもしれない。そして彼らは復誦型で教わった場合よりも論争問題の議論によりよい形で自身を適応させていくことを学ぶのだろう。その一方で高い構造化欲求を持つ生徒は、低い構造化欲求しか持たない生徒には魅力的に思えてくるソクラテス式討論の同じ特徴について、より邪魔なものに思えてくるようである。同時に、高い構造化欲求を有する生徒にとっては、彼らが取り乱すことになる原因となるまさにその欲求が、また議論に彼自身の組織構成をはめるように彼らの背中を押してくれるものでもあるのだろう。結果としてやりとりを秩序づけていこうとする彼自身の活動は、SIAT No.4の聞き取りの際に上手くやるのに彼が必要とするフレームワークを提供してくれるのかもしれない。それはもちろん、構造化の欲求が低い生徒が曖昧さに対してリラックスした態度で臨むことで高められていく学びほどのものではないのだろうが。同じ理由で、議論において自らの秩序立てを与えようとする衝動を持たないのに、ソクラテス式の教授スタイルがみるからに秩序を有していないことを心配してもう少し十分な構造が必要だと感じている生徒が（例えばバーラック測定で中間域に位置づくような生徒）、より体系的な復誦型の議論の中での方が省察的なフレームワークに適応してくことを学ぶと期待することは、道理のあることである。

一般的な結論

　私たちの包括的な「探り出し（fishing expedition）」によって明らかとなった万華鏡のような研究成果をもってして、生徒のパーソナリティがどのように学習と関係があるのか、生徒のパーソナリティが教授スタイルとどのように絡み合って学びを促進する効果、または抑制する効果を生み出しているのかといったことについて一般的な結論を出すことは困難である。だがいくつか主だった点については強調しておきたい。第一に、知能指数、言語的推論能力、抽象的推論能力についての現在活用できる中で最良の測定法が統計学的に取り除かれたとしても、「より成績のよい」生徒と一般に関わりのある、ある種の特性が学習と関わってくることが明らかになった。例えば認知欲求とソシオメトリック・ステータスは、いずれも知能指数とはまったく独立して、効果的な学習者を見極めるためのよき指標である。先にも述べたように、こうした特性と知能との間には相互作用があり、このことが知能の効果を最大のままコンスタントに保つことを不可能にしているか、または既存の知能テストはこのタイプの統計学的統制には不向きな測定法であるのかのどちらかが考えられる。既存のテストは、この実験カリキュラムが必要としているようなタイプの学問的適性の測定をねらいとしていない可能性もある。

　第二は、生徒のパーソナリティ、教授スタイル、そして評価手法の間には複雑な関係があることが研究から明らかになったことである。学習成果測定での問答型インタビューを通じて様々なパーソナリティの諸相が二つの教授スタイルと関係づけられていく、そうした一連の発見をしてきた私たちの視点からいわせれば、教室での学習は実際これまで用いられてきたものよりずっと洗練された調査研究法を必要とする高度に複雑なものであるということが明らかになったのである。

　このことは最終考察へと私たちを誘う。すなわち、この性質についての教育研究をなすために注意深く測定法を築き上げていくために必要なことについての考察である。心理的優勢と社交性と、そして問答型インタビューによる試験での生徒の成績との間には、驚くべき関係があり、このことがこの研究の重要性を強調している。私たちは公的論争問題の判断について発言し

たり支持したりする生徒の能力を評価するためのより有効な手立てとして SIAT No.4 をとても信用している。通常の筆記試験と比べてテストを行う状況がとても「自然」であり、生徒が一人の大人として政治的議論に接していく文脈にも呼応し合っている。加えて生徒は、自らの政治的・倫理的選択とは関係なく、重要な問題を認識し、そして彼の判断との関係からそれらについて知的に解明することができることを示すならば、高得点をとることができる。だが、私たちの研究結果は、この測定が知的な資質能力 (competence) だけでなく人間関係にも敏感に反応することを示唆するものであった。そして人間関係は疑いなく重要であるのだが、私たちのような教育目標を持つカリキュラムの効果の測定を台無しにしてしまう因子でもある。外部との人間関係の効果を無効とする測定法が開発されねばならないか、さもなければ、知的成果へのカリキュラムの与える効果を測るのにコントロールするのに用いるために、人間関係の資質能力を的確に測定する方法が開発されなくてはならない。当然のことならばこの課題それ自体は興味深い研究領域となることを示唆するものである。例えば人々は、論理の安定性といった理由からではなく、会話の流暢さだとか対人関係の資質能力といった、より一般的な気質的因子を理由として、どこまで説得力のある主張を生み出すのか、とか。

　おそらくこの調査研究を解釈する上でこれまでに判明した最大の困難とは、データの量的過多である。私たちは（特に学習成果に関して）もしもっと限られた数の情報を分析するように努めていたならば、当然ながら私たちの調査結果はもっと「明瞭」になり、私たちの結論や勧告はもっとはっきりとしたものとなったであろう（知らないことは解釈する必要も生まれない）。だが私たちの試みは明らかに探検的であった。もし何らかの一貫した目を見張るようなパターンが私たちの研究成果に存在していたのなら、もちろん私たちは喜んでそれを示しただろう。しかし私たちはほんのわずかの手がかりを見つけ出すことができただけであり、これは今後の研究に持ち越されることになった。

　この研究で明らかになった主な発見は、学習効果、教授過程、パーソナリティを評価するのにより有効かつ信頼できる方法を開発していくための方法論的研究の必要に現在迫られているということであろう。

註

1 L. C. Wipe. "Evaluating Section Teaching Methods in the Introductory Course," *Journal of Educational Research* (1951), Vol. 45, pp.161-186.

2 J. A. Patton, "A Study of the Effects of Student Acceptance of Responsibility and Motivation on Course Behavior," University of Michigan, 1955.（博士論文）

3 Edward M. Glaser, *An Experiment in the Development of Critical Thinking* (New York: Bureau of Publications, Teachers College, Columbia University,1941),p.158.

4 George A. Stern. "Environments for Learning," in Nevitt Sanford (ed.), *The American College* (New York: John Wiley & Sons, Inc., 1962).

5 P. L. Dressel and L B. Mayhew, *General Education: Explorations in Evaluation* (Washington: American Council on Education, 1954).

6 Stern, *op. cit.*, pp. 692-693.

7 *Ibid.*, pp. 697-698.

8 *Ibid.*, p. 701.

9 W. I. McKeachie. "Motivation, Teaching Methods and College Learning," in Marshall Jones (ed.). *Nebraska Symposium on motivation* (Lincoln: University of Nebraska Press, 1961).

10 *Ibid.* pp. 111-117.

11 これらの結果はいずれも――価値の帯びた証拠の一片を示されても生徒は立場を変えなかったこと、もしくは、新たな証拠に接して自らの立場を変えたこと――社会的観点からいえば「善いこと」なのかもしれない。その「善さ」は、新しい証拠に接しても立場を変えることができないことの理由がどの程度まで（その証拠を認識した後に）決定のネガティブな結果を合理的に無視したことによるものなのか、もしくはそうしたことの原因がどの程度までこうしたネガティブな結果を個人が便宜的に無視ないし忘却する要因となる微細な心理的メカニズムによるものなのか次第で変わるのである。

12 Lauren B. Resnick. "The Handling of Contradictory Information: A Study in the Effect of Cognitive Need, Cognitive Style, and Motivation Arousal," 1962.（謄写版）

13 因子「変革の生産」は、その人の準拠枠を転換、もしくは「ゲシュタルト破壊」する能力を測定することだと思われる。この因子に大きく負荷を与えるテストには次のものがある。①学校＝大学連携能力テスト（SCAT）：基本的な知能テストであり、筆記と口述の能力を数値化する。本分析用に得点は合計された。②隠れた数値テスト：複雑な絵の中から数字を読み取る能力を測定する。③単語関係づけテスト：単語のリストに新しい関係性をみつけていく能力を測る。④ゲシュタルト変換テスト：選択肢として与えられた事物の一部のみ用いて問題解決に挑むように被験者に求める。

14 Resnick, *op. cit.*, p. 25

15 *Ibid.*, p. 27.
16 この型の尺度についての非専門的な議論をしたものとして、次の著書を紹介しておこう。Clair Selltiz, Marie Jahorta, Morton Deutsch, and Stuart W. Hook, *Research Methods in Social Relations* (New York: Holt, Rinehart & Winston, Inc., 1960), pp. 366-369.
17 C. E. Osgood, G. I. Suci, and P. H. Tannenbaum, *The Measurement of Meaning* (Urbana; University of Illinois Press, 1957).
18 T. W. Adorn, Else Frenkel-Brunswik, Daniel J. Levinson, and R. Nevitt Sanford, *The Authoritarian Personality* (New York: Harper & Row. Publishers, 1950).
19 サーストン式尺度による計測手順の議論については、次の著書を参照のこと。Selltiz, et al, *op. cit.*, pp. 359-365.
20 学びの測定に基づいて得られた得点を比較するに当たって共分散分析を用いることについては、補論第2節の註2で簡潔に説明している。共分散調節型の二元配置分散分析について専門的に議論したものとしては、次の著書がある。William W. Cooley and Paul R. Lohnes, *Multivariate Procedures for the Behavioral Sciences* (New York: John Wiley & Sons, Inc., 1962, chapter 5. 私たちは分析に当たって、ウィリアム・クーリーからコンピュータ・プログラムを提供してもらい、またその他多くのアドバイスを頂いた。
21 全結果を論じたものに、次の報告書（特に13章）がある。Donald W. Oliver and James P. Shaver, *The Analysis of Public Controversy: A Study in Citizenship Education*. Report of Corporative Research Project No.8145 (Cambridge, Mass.: The Laboratory for Research in Institution, Harvard Graduate School of Education, 1963). これについてはアメリカ文章資料機構に保管されている（請求番号8672）。

訳者解説

　本書は、Donald W. Oliver & James P. Shaver, *Teaching Public Issues in the High School*, Utah State University Press, 1966. の全訳である。邦題は、内容を加味して『ハーバード法理学アプローチ－高校生に論争問題を教える－』とした。著者であるドナルド・オリバーはハーバード大学教育学部教授（当時）であり、最初ジェームス・シェーバーはその指導学生であったが、途中でユタ州立大学のソルトレイク校に就職した。本書の原著がユタ州立大学出版会から出されるのはそのためである。

　オリバーとシェーバーは、プラグマティズムを支持する者が多かった当時のアメリカの教育者たち（オリバーらとしては、特に、ジョン・デューイ、ローレンス・メトカーフとモーリス・ハント、ゴードン・ハルフィッシュとフィリップ・スミス、そしてハロルド・ラッグらを想定していた）の社会問題学習の議論に疑念を抱いていた。ちょうどハーバード大学でジョン・ロールズらによって、最大多数の最大幸福を是とする功利主義の姿勢が、少数者の利益や権利、そして人権を阻害する危険があると批判され始めていた 1950～60 年代、オリバーらはアメリカのプラグマティストたちの社会問題学習の議論の多くにも功利主義と同じ問題の構造が潜んでいることをみつけ、代わりとなる新しい社会問題学習論の構築に取り組むことになった。それが本書で示した「法理学的アプローチ」である[1]。「法理学的アプローチ」については詳しくは本書を読んでいただくのが一番だが、一言でいうなら、主に弁護士や法学者など法曹関係者がある論争問題を捉えて処理していく際に用いている思考過程のことであり、論争問題についてアナロジカルな事例と比較していくことで、その問題に対する自らの留保条件つきの一般的価値基準を明確にし（例えば価値Ａより価値Ｂを優

先するとして、その境界線はどこにあるのかアナロジカルな事例を複数比較する中で考え出して「○○でない限り価値Aは価値Bより優先される」といった留保条件つきの一般的価値命題を導き出す）ここから具体的な問題事象に対処していこうとするものである。数年前にマイケル・サンデルが東大生らを相手に「哲学講義」をしている中でもこれを披露していた。

　オリバーとシェーバーは、いくつかの財団や合衆国教育局の支援を受けながら、1950年代後半から1970年代前半にかけてのおおよそ15年にわたってこの「法理学的アプローチ」の研究に取り組むことになる。この研究は「ハーバード社会科研究プロジェクト」と呼ばれるようになり、彼らが最終的に1969年に開発したカリキュラム教材『公的論争問題シリーズ』（本書内で示されている実験カリキュラムの内容を下地にして教材集として一般販売され、現在も改訂版が売られている）は「ハーバード社会科」と通称名で合衆国では知られるようになる。このプロジェクトが進行していた時期は、丁度「教育の現代化」と呼ばれる合衆国のカリキュラム改革運動と時期が重なるのであり、彼らが開発した『公的論争問題シリーズ』も「教育の現代化」運動後期（「教育の人間化」が意識されるようになった頃）の作品として位置づけられることが多い。

　オリバーらは当時のプラグマティストの論争問題学習論に疑問を抱いていたとはいえ、彼らは社会問題学習を中核とするカリキュラムを志向していたという点で、1916年のNEAの報告書、1930年代のラッグやチャールズ・ビアードの社会科教育論、そして1950年代のメトカーフらの「クローズド・エリア」論など、今日において社会科の正統派と位置づけられるプラグマティストたちの系譜の先に位置づけることができるだろうし、合衆国の教育史家も彼らをそのように位置づけるのが一般的である。また彼らの学校現場への問題意識、知識論、認知論、学力論などは基本的には進歩主義の教育者の考え方に近いことは、社会科教育の流れを「伝統的知識伝達型」「社会科学重視型」「反省的思考重視型」の三つに類型化したバー、バース、シャーミスの研究[2]においてオリバーらが「反省的思考」重視の教育論として他のプラグマティストと同列に位置づけられるだけでなく、むしろ典型的事例であると紹介されている事実からも確認できる[3]。つまり彼らの教育論は、人間目標重視であり、

教育変革志向であり、社会改良志向であり（ただしカウンツのように体制のラディカルな「改造」を志向するのではなく、現在の民主体制や理念を前提としている穏健な姿勢である）、経験主義的であり、構成主義的であり、問題解決的であり、社会と子どもの必要重視であり、協働的な学び重視である。

またオリバーらは、本書の第1章や本書の全体構成からもうかがえるように、目標―内容―方法の連続性を意識したカリキュラム設計と、計画→実践→評価・省察→修正・再試行の流れを重視しているところから、ラッグやラルフ・タイラー、ヒルダ・タバのような教育工学的なアプローチを重視しているが、併せて、本書の第8章以降からもうかがえるように、子どもたちの反応や関心、彼らが埋め込まれている文脈などで教師は自主的にトピックや教材、教授法などを柔軟に改変するべきであるとしており、キルパトリックや今日の佐藤学の教育論にも通ずる柔軟かつ状況即応的なアプローチもかなり重視した部分もある。

本書が出版されたのは1966年。ハーバード社会科研究プロジェクトの丁度折り返しの頃に出版された。ただ、実は本書の出版とカリキュラム教材『公的論争問題シリーズ』[4]の完成（1969年）の後、同研究プロジェクトの成果物（報告書や論文など）においてシェーバーの名前がほとんど出てこなくなる。最近のアメリカ国内の論文によると、どうもオリバーとシェーバーは喧嘩をしたらしい[5]。その原因はよく分からない。明らかなことは、オリバーはその後、研究パートナーに自分の指導学生の一人であったフレッド・ニューマンを指名したこと、そしてニューマンとの共同研究に切り換わるのと同時に、ハーバード社会科研究プロジェクトは、社会参加学習、共同体への直接関与のカリキュラムの開発といった方向にシフトしていったことである。その意味で、本書はハーバード大学教育学部の社会科研究プロジェクトの第一期の集大成とみるべきだと思われる。

本書の構成の特徴・後世に与えた影響

本書の構成の特徴は様々あるが、訳者としては二点のみ挙げておきたい。本書の構成の特徴の第一は、オリバーらが「まえがき」でも記しているように、

カリキュラム＆学習論の計画→実践→評価・省察（→修正・再試行）の全プロセス（今日の言葉でいうならＰＤＣＡ）を丁寧にたどっている「模範的な」開発研究であることである。

　第1部「一般教育における社会科」は三つの章から成るが、理論仮説を設定する箇所であると言えるだろう。第1章は「一般教育において、子どもたちは社会の何をどのように、なぜ学ばなければならないのか」を論じている部分である。スティーブン・ソーントンの言葉を使うなら「エイム・トーク (aim-talk: 教育のねらいをめぐる議論)」をしている箇所である[6]。そして伝統的な社会科のカリキュラムの内容や教育方法に疑問を投げかけ、カリキュラムを公的論争問題中心に再編していくことの必要性が主張される。ちなみにオリバーらは本書の中で第12章も併せて読むことを勧めている。第12章においてオリバーらは、「教育の現代化」運動真っ只中であった当時盛んに作成された「学問中心カリキュラム」を批判している箇所がある。オリバーらの同カリキュラムへの問題意識は、同カリキュラムを作成した人たち（多くは社会科学者）は、学問をすることそれ自体が全ての一般市民にとって意味のあることと決めつけており、なぜそうした学問を学ばねばならないのか、その学問を学ぶことが社会問題の分析に与えるプラスの影響とマイナスの影響は何か、こうしたことをろくに議論していないことに向けられている。第2章は公的論争問題の分析や判断に社会的価値を用いる必要があることをミュルダールの議論などを参考にしながら主張している箇所である。そして第3章はそうした社会的価値に段階性を設けるべきか否かを議論している。平等を優位とするか、自由を優位とするか、最大多数の最大功利か。オリバーらの見解は、そのいずれをも否定し、代わりに「人間の尊厳」というやや抽象的な価値理念を上位に置くことを主張する。

　第2部「公的論争問題の分析を教授するための概念枠」は四つの章からなるが、ここは第1部の議論を踏まえて、カリキュラムや学習の実際計画を描いていく具体化の箇所である。第4章や第5章は「人間の尊厳」を守るために合衆国政府はどのような社会的価値や制度を生み出してきたのかが論じられている。ここでオリバーらが立憲主義を重視していることを伺うことがで

きる。第6章以降ではいよいよ「法理学的アプローチ」が登場する。第6章は公的論争問題が、価値的問題、事実的問題、定義的問題に整理できること、そしてそれらは異なる問題処理の方法が必要になることなどが示されている。第7章は、「法理学的アプローチ」に基づいた論争問題学習の具体的な手順が紹介されている。

　第3部「法理学的認識枠を公的論争問題の授業に応用する」は五つの章からなるが、ここでは実際の学校に理論を応用する際の議論と、そしてそれを評価するにはどうしたらよいのかといった評価法の在り方についての議論が展開する。第8章では、実際に学校に法理学的アプローチをカリキュラムとして実施していくやり方として、「被疑者の権利」「人種差別」「労働者の権利」といった問題や主題を軸とする内容編成（問題−主題アプローチ）と、「独立戦争」「南北戦争」「進歩主義の時代」「ニューディール」といった既存の合衆国通史教育の編成を軸とした「歴史的危機アプローチ」の二つが紹介されている。ここから、オリバーらは公民の時間に投げ入れ的に法理学的アプローチを行うことではなく、法理学的アプローチを軸とした（歴史を含む）社会科教育全体の改造を目論んでいることを確認することができる。また実験校（ボストン周辺とニューヨークの中等学校4校）では、合衆国通史の中で2年間にわたり実験カリキュラムを行うことになったこともあり、主に「歴史的危機アプローチ」を軸としたカリキュラム編成が採られたことなどが示される。第9章は「法理学的アプローチ」の実施に際しては、ソクラテス式問答型と復誦型の二つの教授スタイルがそれぞれ意図的に採用されたことが示される。それは、どちらがより「法理学的アプローチ」をするのに効果的なのかを検討するためである。なお、授業における対話分析についても併せて議論しており、フランダースやベイルズらの対話分析法（量的分析）が検討されている。第10章と第11章は、その効果測定をするために開発されたテスト（SIAT No.1〜No.4）が紹介されている。そして第12章は全体のまとめであり、「法理学的アプローチ」に向けられた批判への再反論が試みられている。

　最後の補論も、「補論」なのにかなりの分量がある。五つの節から構成されており、実験カリキュラムの教育効果を先のSIAT No.1〜No.4などを用

いて測定した結果が紹介され、また多面的多角的に分析・考察されている。実験校でのテストの結果をみる限り、実験カリキュラムを通して子どもたちに「法理学的アプローチ」はある程度浸透したとみることができるようである。ただ、その教授法はソクラテス式問答型がよいのか復誦型がよいのかは、生徒の性格に左右されるようである。また、実験カリキュラムは必ずしも歴史についての事実的知識を欠落させるようなマイナス効果はみられなかったようである。ただ、実験校は中学生を対象にしているとはいえ、いずれもIQの高い生徒が集まっているボストン郊外やニューヨークの学校であることには注意をしておきたい。指導困難校でのこの実験カリキュラムの効果について、この本は何も指摘していない。この後もハーバード社会科研究プロジェクトは、そうした学校での試行実験をした形跡がない。そこまで手が回らなかったようであり、同プロジェクトの一つの限界と指摘してもよいだろう。

　本書の構成の特徴の第二は、特に教科内容について、学問まずありきの議論をしているわけではない点である。これは本書の第1章や第12章の議論に顕著な部分である。これはこの当時隆盛を極めた「教育の現代化」運動において所謂「学問中心カリキュラム」を作ってきた数多くの名門大学の研究グループの姿勢と、ハーバード大学の研究グループの姿勢との間に大きな差異がある事実を示すものである。オリバーらは法学まずありきではなく、市民一般にとって必要となる教育の在り方を問う中で、最終的に公的論争問題を「法理学」的に学ぶというアイデアに行き着いた。最終的に法理学に目が向いたわけであり、それは「内容の深い理解→子どもが躓かない教授方法の探究→具体的なカリキュラム」の順ではなく、「目標への深い理解→目標に合致した内容と教育方法の探究→具体的なカリキュラム→試行実験による子どもの躓かない教授方法の探究」の順となる。

　オリバーらが学問まずありきの議論を嫌った理由としては、第12章で「社会科学者はこれまで主だった社会問題の明瞭化と解決に華々しい貢献をしてきたのであり、彼らのこうした思考形態はまさに従うべき、また教授されるべきモデルとなる、とは必ずしもいえない」「例えば経済学者の専門用語は公的な議論において大切な役割を担っていることは確かである。だが社会科

学者の公的論争についての知見はおそらく、彼自身の概念スキーム（枠組み）の厳格さによって支えられているのと同じくらいに、しばしばそれによって妨害されてもいる」「社会科の目標と明らかにかかわりがあるにも関わらず、社会科学者たちの研究の中で彼らにまったく無視されてしまっている省察や行動のモデルが複数放置されてしまう」などと指摘していることからも分かるように、全ての社会科学が社会問題の考察に有益とは限らない（薬にも毒にもならない場合や、害をもたらす場合もある）といった意識が彼らにあることを指摘できるだろう。

　こうした本書の特徴は、後世にどのような影響を与えたのだろうか。訳者としてはまず貢献の面として三点挙げておきたい。第一の貢献は、アメリカの特に社会系分野のカリキュラム開発の研究方法論の明確化具体化にいくらか貢献したことである。すでにタイラー、ラッグ、タバらが1960年代までにカリキュラム開発の理論について示してきていた。そして彼らも自身で社会科カリキュラム教材を開発した研究者だった。だがオリバーとシェーバーは、カリキュラム開発研究にやや複雑すぎる数量分析を導入した点（本書の第8章〜第11章と補論）が、従来とは異なる点であった。この後、シェーバーは全米社会科教育協議会（NCSS）の会長となり、同学会で初めて研究ハンドブックの作成を試み、また『Theory and Research in Social Education』という専門機関誌を出版するなど、教育研究の科学化に尽力した。ユタ州立大学赴任後のシェーバーの研究の多くは、研究方法論をめぐる議論に向かう。これはニューマンにもみられる傾向であり、量的研究を駆使することが研究の科学化に寄与するはずだと考えていたようである。ただ同時にシェーバーは、目的意識のみえない研究（特にカリキュラム開発に寄与しない研究）や、科学性が低いと彼の目には思えた質的研究の多くに好意的ではなく、そうしたシェーバーの姿勢は、研究方法論の画一化を招くのではないかとの批判を、次の研究世代のキース・バートンらから受けることになった[7]。

　第二の貢献は、法教育の礎となったことである。「法理学的アプローチ」は、裁判事例を積極的に取り入れて議論をさせる学習の走りとなった。「法理学的アプローチ」登場以前にも教師が個人的にこうした裁判事例を学習に取り

入れるケースはあった（例えばイザドラ・スターなど）が、教授法やカリキュラムの包括的なデザイン、そして評価法まで含んだ体系的な構想を示したのはオリバーらが最初であり、大きなインパクトを関係者に与えた。もちろん、法教育の礎となったのはオリバーらハーバード大学のグループの研究だけではない。「教育の現代化」運動が展開したこの時期は、多くの大学の研究室が様々なカリキュラム教材の開発に携わり、また政府や財団も莫大な資金をこうした研究に投資したことで知られる。各大学の法学部も例外ではなく、アメリカ法曹協会（ABA）などが UCLA やジョージタウン大学などに資金を提供し、これらの大学（または大学が協力した外部機関）が次々カリキュラム教材を開発した。オリバーらハーバード大学の研究とその他の大学・機関の研究との決定的な違いは、その他の大学・機関は法制度、もしくは憲法、民法、商法など実定法、または法学の学的体系まずありきの議論（つまり法曹関係者と一般市民の法知識や法的リテラシーのギャップ解消を主な目的とする議論）を展開する傾向にあることに対して、ハーバード大学はまず法ありきではなく、まず教育目標ありきの議論を展開した点である――オリバーらはこうしたディシプリン・ギャップ解消にはまったく関心がなく、少数者に配慮できる立憲主義の精神に則った善き主権者の形成を主な目的とする議論の中で、法学の成果の一部を取り込むことが重要であるとの結論に至ったに過ぎない。この違いは他の大学は法学部がカリキュラム教材開発に携わったのに対して、ハーバード大学は教育学部が教材開発に携わったことが影響していると思われる。本書では、オリバーらが先行研究となるプラグマティストの論争問題学習についての議論、そして学問中心カリキュラムや伝統的な歴史カリキュラムについての批判的検討をする姿を第 3 章や第 12 章から確認できるが、UCLAやジョージタウン大学などの研究過程にはこうした先行研究を批判的に検討する姿勢がほとんどみられない。UCLA やジョージタウン大学の問題関心は専ら学校現場で法が扱われていない実態や市民の法理解度が低い実態に向かっており、教育学の研究成果の継承と発展への貢献という意識は極めて低いといわざるを得ない。ただ、そうした大学・機関の研究であっても、一般市民が法を学ぶことの意味をまったく問わなかったわけではない。その結果、

法それ自体を理解することを目的とした学習や大学での法学の学びを簡易化しただけのようなプログラムだけでなく、暴力的態度矯正用のプログラムや生徒間のもめごとやご近所の問題解決を目指すプログラムなど、大学での学びでは決してみることのなかった市民性育成教育として評価できる法を活用したカリキュラム教材が様々に登場することになり、ハーバード大学の「法理学的アプローチ」とともに、「法教育」という一つのジャンルを形作るようになってきたのである[8]。

　第三の貢献は、「一般教育において、子どもたちは社会の何をどのように、なぜ学ばなければならないのか」を論じ、そこからカリキュラムの在り方を問いかける姿勢は、「教育の現代化」運動後期（1970〜80年代）のカリキュラム作りに変化をもたらし、これらが従来型の歴史や地理のカリキュラムをラディカルに改造させ、今日の「多文化教育」「法教育」「環境教育」などの新しいジャンルを生み出すことに貢献することになったことである。「教育の現代化」運動前期（1960年代）のカリキュラムは、オリバーらが第12章でも指摘しているように、単純に社会諸科学の学問的構造を市民に伝達することに重点が向きすぎて、その教授の意味を問いかける姿勢のみられないものが多かった。しかし「教育の現代化」運動の後期は、少しずつカリキュラム教材の開発者に「なぜ歴史や地理を私たちは学ばなければならないのか」「なぜ法を私たちは学ばなければならないのか」と問いかける姿勢がみえてくるようになり、それと併せてこれまでカリキュラム開発者が運動前期においては関心を持っていなかった人類学や社会学や心理学、そして法学など、多様な学問を地理や歴史、公民等のプログラムに組み込む「学際的な」試みがみられるようになった。これら学際的なカリキュラム教材の多くは教育目標を学問的構造の伝達よりは、多文化共生、民主的な社会の形成や主権者の育成といったところに置いた。併せて論争問題や宗教、慣習といった社会的価値を積極的に教材に取り入れる傾向も顕著になった。社会参画を志向するカリキュラム教材も登場した。やがてこれらは「多文化教育」「法教育」など、従来の教科の枠で収まらない教育を生み出した。

　もちろん、「教育の現代化」運動後期のこうした変化に直接影響を与える

訳者解説 463

カリキュラム教材を開発したのはオリバーらばかりではない。また、公民権運動や公害・自然破壊の深刻化、ベトナム戦争の泥沼とアメリカ的価値への疑念の高まりなど、社会の変化もかなりこうした変化に影響を与えていることは確かである。ただこれだけはいえる。後世への貢献は、明らかに「教育の現代化」運動前期のカリキュラム教材（例えばフェントンの開発した『中等ホルト社会科』など）よりも、後期のカリキュラム教材の貢献の方が大きい。オリバーらの開発した『公的論争問題シリーズ』も、こうした後期を代表するカリキュラム教材である。

　最後に、本書の与えた「悪影響」とまではいわずとも、「予想外の結果」についても三点触れておきたい。第一点目は、オリバーらにみられる学際的なカリキュラム教材開発の姿勢（本書からもうかがえるように、オリバーは従来型の歴史教育カリキュラムの改造として実験カリキュラムを開発していた）は、大学の歴史学者や歴史学を学んできた教師のアイデンティティ・クライシスを引き起こした。これは80年代以降の歴史教育復興運動を呼び起こす。教育史家ダイアン・ラヴィッチは社会科が合衆国の学力低下の元凶だと80年代に入り厳しく社会科を批判した[9]。歴史教育は歴史学のディシプリンに則るべきであるといった声は、歴史学者だけでなく広く知識人の中からも生じるようになった。ブッシュ（父）やクリントン政権もこうした動きを実質的に支持し、ナショナル・スタンダードから「社会科」が外されるという事態を生んだ。オリバーらが開発した学際的な実験カリキュラムは、現在の合衆国において、公民教育関係者や法教育関係者が話題にすることはあっても、合衆国の歴史教育研究者の中で話題になることは極めて少ない。「あれは歴史教育ではない」とされているのである。

　第二点目は、「多文化教育」「法教育」などの新しい教育の誕生は、従来の教科教育への関心の相対的低下を招いた。それでなくとも社会科はその地位を歴史学者たちによって揺さぶられつつある中で、合衆国の若い教育研究者たちの関心も、昔ほど社会科に向かなくなった。

　第三点目は、「法理学的アプローチ」も実験カリキュラムやそれを基に生み出された『公的論争問題シリーズ』も、一部の問題関心の高い教師の意識

や授業を変えることができたかもしれないが、圧倒的に多くの合衆国の社会科教師の意識や授業に与えた影響はわずかだったことである。この事実は、教育学研究をより現場の事実に目を向ける実証研究へとシフトさせるきっかけとなったが、併せて開発研究の地位を低下させることになった。

これらはいずれも本書だけの責任、もしくはオリバーらだけの責任とはいえないが、本書を執筆した当時、二人はこうなることを予期しなかったであろう。

＊＊＊

訳者たちが本書を翻訳した理由①：我が国の立憲主義的教育の未熟さ

読者の中には、どうしてこうした古い本の翻訳に今頃になって私たちが取り組んだのかと疑問を覚える方も少なからずおられよう。ここからは訳者らが本書の翻訳を今取り組んだ理由について論じていきたい。

第一の理由は、やはり現在の立憲主義の危機的状況と、これに学校教育が対応できていない現状とを挙げることができよう。これまでも日本政府は特に安全保障問題について、PKO法案を始め実質的に「解釈改憲」ともとれる法案を次々と制定してきた。だがこうした事態は現在の安倍政権においてより深刻になり、もはや安保問題だけに限定した話ではなくなってきている。野党の弱体もあって、特定秘密保護法、共謀罪法など、テロ防止を口実に国民の思想信条の自由、知る権利、表現の自由を侵し、国民が政府を批判することを難しくさせてしまうかもしれない法案が次から次に国会で通過してきている。放送法を変えてマスコミが反政府的報道をできなくさせてしまえといった話すら出てきている。政治家などの中には、内閣首班の指名の手続きが明文化されておらず勅令にも制限をかけていない（つまり黒幕が権力を好き勝手にできてしまう）あの大日本帝国憲法を、自主制定憲法だという理由だけで支持すると平気でのたまう者もいる。

本来、裁判所は政府の行為や法案の違憲性についてしっかりと監視をせねばならない。しかし、現在の日本の裁判所がそのような機能を十分に果たせ

ているのかと問われると難しいところである。そもそもこうした国を二分するような法案に、少数の司法エリートが違憲立法審査をして「ノー」を突きつける権利がどの程度あるのかという議論もあり、裁判所にばかり監視の仕事を任せることに無理がある。

　こうした中で、憲法学者を中心に立憲主義の重要性が唱えられるようになり、一般の市民の中にも彼らの声に賛同する動きがみられるようになった。本来、政府の暴走に対しての審判を下すべきは裁判所よりも市民である。しかし少し前まで学校教育は立憲主義についてきちんと教えてこなかった。10年くらい前までは、訳者の勤め先（東京学芸大学）でも教師志望の学生に「憲法を一番遵守せねばならないのは誰か」と質問すると、十中八九で「国民」との答えが返ってきていた。だが昨今の憲法学者らの呼びかけの影響力は大したもので、最近では（あくまで筆者の勤め先の大学の学生に限った話だが）10人中7〜8人が「政府」「為政者」「公務員」「権力」だと答えてくれる。しかし「では、具体的に政府はどういった違憲的行為をしているか。その疑いがあると議論になっている法案や政治的行動について、事例を挙げなさい」と問いかけると、ほとんどの学生は事例を挙げることができない。

　それもそのはずで、最近の学校現場では、特に高校の公民科などで確かに心ある教師によって立憲主義がどのようなものなのかが教えられるようになってきているようなのだが、それは大抵の場合、立憲主義とは何であるのか、何のためにあるのか、といった理念や定義について説明するところでとどまっているようなのである。本来、立憲主義を教えるということは、その理念の教授だけでは十分とはいえない。実際に、「法理学的アプローチ」のように、具体的な論争事例について一人ひとりが判断を下していく学習を生徒たちに積極的に経験させていかないのであれば、生徒たちの中で立憲主義についての実質的な理解と意味のある行動は生まれてこない。換言すれば、生徒は立憲主義の理念を理解していても、実際的議論を展開できないのであれば、その生徒は立憲主義を担える市民になりえていないのである。

　もちろん、数は多くはないだろうが、本書のオリバーらのように、論争問題を積極的に学校の授業に取り入れて議論をさせている教師が我が国にもい

ることを訳者も知ってはいる。ただ、彼らは本当に立憲主義を意識した主題選びができているだろうか。立憲主義を意識するからには、本書第8章のリトルロックの事例のように、教師は、国や地方公共団体の行為の違憲性が問われた事例や、法律や条例の違憲性が問われた事例を積極的に取り扱っていく必要があるだろう。論争問題や裁判事例なら何でもよいわけではないのであり、「ご近所のもめごとを扱っています」「日常生活でこれから生じそうなもめごとを扱っています」だとか、「A氏は有罪か否か」を議論させています、といったのでは駄目なのだ。しかも公民の授業で1、2回こうした授業をしたというだけでは教育効果は薄いと思われる。

　最近では模擬裁判を取り入れているという学校を目にする機会も増えてきた。ここでは当然、裁判事例が取り扱われる。だが、大抵の場合、それは「違憲性」を議論する事例ではない。模擬裁判は、裁判の手続きや「疑わしきは罰せず」の原則を体験的に理解させることを目的としていることも少なくなく、その場合、裁判事例それ自体は媒体として位置づけられるにとどまる。訳者らが本書を訳した一つの理由は、こうした我が国の教育の実態に問題提起をしたいことがある。裁判事例の選定についてもっと拘っていこうではありませんか、もっと立憲主義に寄与できるような事例を積極的に学校現場で取り扱っていこうではありませんか、と訳者らは呼びかけたいのである。

　加えて、内容精選の問題だけでなく、論争問題を積極的に学校の授業に取り入れているという教師たちの教授方法についても、訳者らは問題提起をしたいと考えている。つまり、論争問題を議論させる際に、ただやみくもに話し合わせているだけで、論争問題の論点を分析・整理し対処していくための具体的な手続きを教師は示せていないのではないか、と。もちろん、そうした現場ばかりではないことは訳者も知っている。学校現場の中には、トゥールミン図式を活用するなどして、論点を分析・整理するアプローチを採用しているケースも時々目にする。ただ、これらもほとんどが、論点整理それ自体が目的化してしまい、論点をどう処理したらよいのか、生徒も教師も分からないまま終わってしまっているようである。特に価値の対立構造（例えば「プライバシー」対「知る権利」）を明らかにした後、教師も生徒もこれにどう対

処したらよいのか、途方に暮れている姿をよく目にする。「法理学的アプローチ」は、明らかにこれへの対処を可能にする。

オリバーらの「法理学的アプローチ」は、我が国の立憲主義的教育の可能性を、内容・方法の両面から広げていくものなのである。

訳者たちが本書を翻訳した理由②：開発研究の危機

訳者らが本書を訳したもう一つの理由。それは、まもなく我が国がオリバーのような斬新なアイデアを持って授業の戦略やカリキュラムを構想する力を学校現場も教育学も失ってしまうのではという危機感からくるものである。その危機感の根拠とは何か。もちろん行政主導の教育現場の管理統制が一段と深刻化してきていることも理由の一つである。だが、それ以外に訳者は次の2つが現場の構想力の低下に大きな影響を与えると考える。一つは旧師範学校系大学教育学部の大学院の教職大学院一本化によって、誰よりもカリキュラム・デザイン力を持つ教科教育学を専門とする研究者（この場合、教科教育学を専門にして博士号かそれに類する資格を有した者のことを指す）を、現場の普通の実践家に置き換えようとする昨今の行政主導の大学改革の趨勢である。もう一つは、二つの旧帝大系の実践系教育学——その場その場の状況即応に拘るあまりに事前の授業計画について丁寧に議論すること（教育工学的アプローチ）を軽視する昨今の東大系教育方法学の主流派と、授業計画づくり（教育工学的アプローチ）を重視するが、あくまで諸学問の規範構造（structure of discipline）まずありきの議論をする傾向の強い、いわば「教育の現代化」運動前期の教育的発想を色濃く残す京大系教育方法学の主流派——の隆盛によってである。ここで挙げた三つの出来事は、相互補完関係にあり、教師の授業の戦略やカリキュラムの構想力を阻害している。

最近の大学教育政策でその専門領域を担う後継者育成までも実質的に否定されそうなのは、旧師範学校系大学を根城としていた教科教育学だけである。東大系のレッスン・スタディ重視の発想や京大系の「学問する」他の理論や考え方は、その全てではないかもしれないが、しっかりと国家の教育行政に採用・包摂されている。この二大学の教育方法学者の意識がどのようなもの

であれ、実際的にこの二大学の教育方法学の理論や考え方は、今の教育現場の実際のカリキュラム（enacted curriculum）へのラディカルな変革をほとんど生まない。一番のラディカルな変革を生み出す可能性があるのが教科教育学者たちであり、それは時に政府の教育政策に反するものになるかもしれない。だからこそ政府はその牙城を壊したのではないか。それが訳者の昨今の教育改革の見立てである。ここではそれについてもう少し具体的に説明していき、訳者らが本書を訳したことのもう一つの理由を語りたいと考えている（なお、渡部竜也『主権者教育論―カリキュラム・学力・教師―』春風社、2019年（出版予定）において、ここでの主張については、実例も踏まえて詳しく説明するので、併せて読んで頂きたい）。

　まず本書を読んで、読者の方はオリバーらの「法理学的アプローチ」や実験カリキュラムをどのように感じただろう。「なんだか難しそうだな」「うちの学校でできるのだろうか」といった気持ちと「そうはいっても、この構想は斬新で、面白い。自分ではとても思いつかないな」といった気持ちが相半ばではないだろうか。少なくとも訳者が最初に本書に出会った時の感想はこれだった。「法理学的アプローチ」は間違いなく学校現場から生まれてはこないだろう。なぜなら、一見すると一部の進学校を除いてとてもできそうにないように感じるからだ。現場教師は子どもたちに実践できそうなことではない限り、例えアイデアとして思い浮かんだとしても、その開発に真剣に取り組んでいこうとはまず思わないだろう。「法理学的アプローチ」は、まさに現場での実践可能性よりも理念の追求を重んじる（できるかどうかは後から考える）研究者だからこそ開発する気になった代物だと思われる。

　とはいえ、大抵の教育関係者には「法理学的アプローチ」なんてとても思いつかないのではないだろうか。まず法理学それ自体を普通知らない。法曹関係者の育成では合衆国で右に出るもののないハーバード大学という土壌があるから、生まれた発想といえるだろう。だが法理学の存在を知っていたとしても、普通なら中等学校用の教授法として注目はしないだろう。では、なぜアメリカ合衆国の教育学者たちは法理学に注目することができたのか――おそらく、これと同じような疑問を、1970年代に「教育の現代化」運動の

特に後期のカリキュラム教材に出会った訳者らの先輩方である教科教育学者たち（例えば森分孝治）も抱いたのだろう。この疑問こそが、諸先輩が合衆国のカリキュラム開発研究に注目するきっかけとなったと思われる。やがて諸先輩は、①現場に変革をもたらすほどの大胆な発想は、実践可能性だとか文脈だとかを一度括弧にくくって議論する中からでないとなかなか生まれてこない、②そもそも民主主義的市民には何が必要かというラディカルな議論をする必要がある、といった仮説を有するようになり、「エイム・トーク（aim-talk: 教育のねらいをめぐる議論）」を軸とする脱文脈的なカリキュラムや教授戦略についての開発研究の体系化を進めることになったのだろう。例えば最終的に森分氏らによって整理された我が国の開発研究のプロセスは、本書の中でオリバーらがとる全体構成と類似点が多い[10]。

　もちろんこうした開発研究が、一般の学校現場の変革にどの程度まで寄与できるのかと問われると疑問が残る。実践可能性が後回しであることが、やはりネックになる。だが、こうしたラディカルな発想でカリキュラムや授業戦略を作る姿勢は、明らかに一部の心ある現場教師を刺激した。そして彼らの挑戦によって緩やかに現場に適応できるものへと還元・応用されてきた（大抵の場合、脱論争的なものにされたり、単純化されたりしたのだが）。また志を同じくする者たちが、新しいジャンルを作り研究会を作る。本書が法教育の礎となり後世の多くの研究者や（一部かもしれないが）教師に影響を与えたように、「教育の現代化」運動の特に後期に開発されてきたカリキュラムや教授戦略は、規制の教科の枠にとらわれない、そして子どもにとって意味のあるものをみつけようとする教師や研究者に確実に継承され、「多文化教育」「環境教育」「開発教育」などの新しいジャンルや研究会を作る礎となった。

　しかし、この事実を合衆国の教育学の研究者たちの一部も、そしてその追随をする我が国の教育学の研究者たちの多くも、正しく評価できていないようだ。我が国において、特に開発研究に対して「悩ましい」議論を展開したのが、日本教育学会の中心メンバーでもあった某東大教授である。氏の議論は、「教授」ばかりに目を向けてきたこれまでの教育研究を「学習」に目を向けるものへと転換していく必要があり、そのためには学校現場の授業実践

における子どもたちの学びについて観察をし、そこで明らかになった事実から授業実践を省察することが重要であると論じる。従来型の授業研究は何をどのように教授するかという事前計画のところばかりに関心が向かい、それは「一般の子ども」という存在しない人間を対象とした机の上の設計図であり、必ずしも教室の子ども個々の個性や彼らの埋め込まれた文脈に配慮したものではないと批判する。ここまでの議論展開は訳者も頷ける。しかし某氏はさらに、開発研究にみられる教育工学的なアプローチは、教育学者による授業開発研究の独占という事態を生み出し（教師の「官僚化」）、現場教師を研究者が示す教授戦略に関する一般理論に従わせるだけで、創造的な授業実践を生み出せない「技術的熟達者としての教師」を生み出すだけであるとバッサリと切る。氏は、計画の議論よりも授業の現実を現場で観察・解釈する力（鑑識眼）を向上させ、そこから子どもの学びの文脈に配慮して状況即応的に目標を定めたり修正したり、授業の方向性・指針を決めたり組み立てたり修正したりすることのできる「反省的実践家」に転換しない限り、実践可能かつ創造性に富んだ授業実践を教師の自力（または協働）で生み出せず教師の専門職化と民主化は進まないといった議論を展開する[11]。こうした某氏の議論は「理想的な教授法」の一般スタイルを提唱しようとする（と氏が捉えた）教科教育学や教育方法学の一部の研究姿勢への批判に向かい、やがてこれらの学的存在の否定にまで議論が進んだ[12]。

彼ら東大系の研究者たちの多くが注目したのは、現場教師が互いの鑑識眼を磨き合う場、例えばレッスン・スタディと呼ばれる現場の教師の授業実践後の学び合いの空間であった。彼らは急速にレッスン・スタディでの教師の議論や分析視点、省察過程の観察・考察を重視するようになり、教師がレッスン・スタディの中でどのように成長しているのか記録しようと躍起になった。こうした現場教師のレッスン・スタディとは距離を置いた場所（例えば大学の研究室）でカリキュラムや教授戦略の開発に重点を置いてきた教科教育学などの研究姿勢は、教育学のメインストリームから時代遅れの学問との烙印を押されて強制的に退去、排除されそうになった。

ただこうした東大系研究者たちの現場のレッスン・スタディの参与観察は、

ある種当たり前の結果を記録することになる——現場の教師のレッスン・スタディでの議論のほとんどは、例えそれがベテラン教師の間の議論であっても、教材内容の正確さと面白さ、教師の教育技術の的確さ、そして授業での子どもの様子と子どもの行動についての解釈、授業計画と実際のズレといったことに向いており[13]、それが現場で自明視されている教授スタイル、教授戦略を根源的に問い直すところにまで直結することはほとんどなく、例えこうしたことがあったとしても、それは長年その実践を行ってきた教師が、何らかの偶然のきっかけで生じるといったものであったという事実である。日本社会の教師文化を否応なく継承する現場の教師たちは、当然その授業も「日本的」であり、ベースのところで共通した仮説を有している[14]。よほどいろいろな授業を国内外で観察してきた（または授業に関しての情報を知っている）問題意識の高い教師が、しかも複数名[15]レッスン・スタディの場に参加して問題提起でもしない限り、教師たちは自らが当然としていることについて疑う術を持ちえていないし、例え疑ったとしても代案として革新的で妥当な教授戦略が思いつくとは限らなかった。同じような世界観を持つ教師間での会話をいくら繰り返しても、彼らの世界観を自力で壊すことは極めて困難なのである[16]。学校現場の現実は佐藤学の主張するところとむしろ逆で、教育工学的アプローチの否定はそうした教師たちの斬新な授業デザインについての情報・知識[17]をより貧弱なものにし、そのことは教師の授業デザインの創造性を奪い、状況即応的に対処するにしても、その際の教師の選択肢を狭めてしまう。教師は「技術的熟達者」から脱する術を失うのである。

　ただ東大系の教育方法学者の多くは、未だこうした現実を直視しようとせず、レッスン・スタディなどの教師の学び合いが教師の能力を向上させるのだとの主張に固執し、教師のレッスン・スタディなどでの学び合いの様子について過剰かつ強引かつ過剰に評価しようとする傾向にあるようだ[18]。例えば、新米教師集団によるレッスン・スタディとベテランで研究熱心な教師集団によるそれとを比較してベテランの視点や解釈の巧みさを過剰に評価したり、レッスン・スタディにより自身の実践を省察する教師の姿や省察後に教師が導き出した修正案について時にジャーゴンと思われるような言葉を持ち

出して説明したり、ドラマティックに描き出して、読み手を幻惑させるかのような研究戦略が頻繁に採用された[19]。しかしこうした研究は、現場で自明視されている授業スタイルや戦略の変革につながるどころか、むしろそれらを学的に承認し権威づけまでしてしまうだけである。現場に蔓延する年功序列的秩序を助長することにすらつながる危険性もある。

　京大系の教育方法学者たちは、こうした東大系教育学者たちの議論の欠陥を見抜いていた。例えば石井英真は、教育工学的アプローチ（設計志向）を採用したからといって、それがすなわち現場教師の創造性を否定して、彼らを決められたことを愚直に実行するだけの存在にしてしまうわけではないし、逆にレッスン・スタディによる省察を採用したからといって、彼らが行政や学会が支持するカリキュラムや教授戦略を無批判に受け止め、その遂行ばかりに関心を持ってしまう存在になってしまう可能性だって十分にあると指摘する[20]。訳者がかつて石井氏を招いて話を聞いた範囲で感じるところとして、氏の問題意識は、現場で自明視されてきたカリキュラム（学習指導要領を含む）や授業戦略に対抗する独自の構想を生み出してきた民間研究団体主導の教師文化が衰退していく中で、東大の研究者たちの教育工学的アプローチを否定する議論は、こうした教師文化を防衛するどころか、行政と一緒になってこれを破壊しかねないとしたところにあるようだ。石井氏は教師の専門職化と民主化に教育工学的アプローチが不可欠と考えているといえるだろう。

　その石井氏を始めとする京大系教育方法学者の多くが教師のカリキュラムと授業戦略の開発力向上の切り札として採用した概念が「真正の学び」である。彼らは「真正の学び」についての考え方をニューマンやウィギンズらから継承しているようであるが、この二人の違いについてはあまり意識していないようである。彼らは「真正の学び」について実にいろいろな説明をしているので訳者としてはやや掴みにくいのだが、教育による子どもたちの「社会化（市民化）」「主体化」「学問化」を進める試みと捉えていると整理すると分かりやすいのではないか。ここでの「学問化」とは、各種学問が育ててきた研究作法と研究成果を学び手が継承できるようになることであり、「社会化（市民化）」とは、そうした知識を社会の健全な維持・発展に寄与する形で

活用することで市民社会の一員として認めてもらえるようになることであり、「主体化」とは、独自の見解や判断を生徒が下せるようになることである。

　京大系教育方法学者のいくつかの原稿をみて訳者が感じるところとして、彼らは次のような仮説を前提として議論を展開しているようである。第一の仮説は、学問にはそれぞれ独自のディシプリンがあるが、その根底のところ（本質）には共通した構造または要素があり、それはブルームが示した（特に認知面の）タキソノミー、またはその改良版としてマルザーノらが示したそれのようなものとなる、というものである。第二の仮説は、こうした認知の構造（要素）はそれ自体では意味のないものであり、各学問のディシプリンという形で還元されることで初めて意味をなす、というものである。第三の仮説は、そうした認知の構造（要素）、または各学問のディシプリンは、一朝一夕で身につくものではないため、繰り返し「教科する（＝学者や専門家と同じように主体的な研究過程を経験する）」授業を展開することが必要となる、というものである。第四の仮説は、学問のディシプリンはどの領域のものであっても何らかの形で社会にとってポジティブな意味を有しているものであり、その意味が学習者に伝わるように、実生活での活用場面と併せて扱うことが学習効果を高める、というものである。第五の仮説は、学問のディシプリンを「教科する」授業の中で主体的に身につけることは、学習者の思考の主体性を高めることに貢献する、というものである[21]。

　こうした仮説を前提にするなら、「真正の学び」を構成する授業の成立条件である「社会化（市民化）」「主体化」「学問化」は互いに矛盾することのない概念となる。確かにこうした仮説は、理科領域（物理、化学、生物、地学）や数学領域ではきれいに当てはまるのかもしれない。しかし、人文・社会科学領域に置き換えた時、明らかにこのような仮説のいくつかは幻想であることがみえてくる。例えば歴史学者の中には、事実の解明と個別記述を重視し、逆に解釈を極力避けるようなアプローチを採用する研究者もいる。これではブルーム（マルザーノ）のタキソノミーの一部の要素しか必要としないことになる。こうした歴史学者より解釈を積極的に行う歴史学者の方がより「教科している」「深い理解をしている」と彼らは価値づけるのだろうか。また

歴史学研究の多くは、必ずしも現代への貢献を少なくとも直接は意識していない。むしろこうした世俗的なことから距離をとり、一般市民の過去との付き合い方とは一線を画して「不自然な問題関心」に基づいて「不自然な思考」をすることで、学問としての歴史学を確立しようとしてきた側面がある[22]。そうなると、そのような歴史学のディシプリンを学ぶことは、むしろ現代社会への貢献から距離をとることにつながってしまう。

事実、京大系教育方法学者たちが示す歴史教育の「真正な学び」の事例には、物理や数学の事例のような「社会化（市民化）」「主体化」「学問化」の三つが充足したものがみられない。例えば描かれた時代が異なる二つの絵図を比較させ、その時代的特質の違いを読み取らせるという授業を彼らは歴史の「真正の学び」の授業例として示しているが、こうした学びの内容が現代社会にどのような貢献をするのか、明瞭な説明を彼らはしていない[23]。彼らは、歴史教育において「歴史（学）する」ことが「社会化（市民化）」を満たさない時、オリバーのように歴史学以外の学問を選択し組み込んで「歴史で○○学（法理学）する」ことで「学問化」と「社会化（市民化）」とを同時に達成しようとすることを選択せず、「歴史学する」ことで「学問化」を守る一方で「社会化（市民化）」の使命を果たすことを放棄する選択をしたようである。この選択はおそらく「○○教育は○○学に則らなくてはならない」という、彼らの常識的な感覚からくるものであって、何らかの教育的な議論から生じたものではないだろう（強いていえば「人類の文化遺産の継承」というやや保守的で教育的根拠の薄い発想からの正当化だろう）。学問化こそが、彼らにとって何よりも優先する価値であることが透けてみえる。

京大系の教育方法学者の多くの発想は、少なくとも東大系の考え方に比べれば、教師のカリキュラムや授業設計の創造性を高めることに寄与する可能性が高い。だが彼らの多くはまず学問ありきの議論をしている。主権者を作るのにより有効な学問や主題は何だとか、主権者育成に何の貢献もしない、場合によっては害になる学問や思考体系は何かだとか、そうした発想で物事を考えるわけではない。これでは、国粋主義的な歴史学が公的カリキュラムに採用されようが、御用学問的な地政学が組み込まれようが、市場万能主義

訳者解説 475

的な新古典派経済学が公民カリキュラムの中核に居座っていようが、それらが学問として一定の地位を確保している限りにおいて、私たちは受け入れるしかないことになる。また逆に、主権者を育成するのに肝心な主題や思考体系（例えば社会学）が入っていなくても私たちは気がつかないかもしれない。さらには、学問的ではないと目される授業の戦略は問答無用で否定される危険性もある。例えば「歴史にifはない」「歴史から教訓を導いてはならない」と歴史学者がいうからという理由からだけで、授業でそうした問いを投げかけられなくなる、ということもありうる話だ[24]。こうした国家権力への対抗力の弱い学問（共犯関係の学問）や主題がカリキュラム上でずらりと並んでいても、そのことのイデオロギー性に気づかないままそのカリキュラムの枠組みに依拠しながら授業作りを進めてしまう危険性の高い京大系のアプローチは、国家権力に利用される形で包摂されることがあったとしても、その逆、国家権力のカウンターとしての機能を果たすことにはなりにくいのではないか。またそのまず学問ありきの発想は、「教育の現代化」運動前期のカリキュラムと同様の失敗を繰り返し[25]、「真正の学び」「教科する」の掛け声ばかりで、しかし民主主義社会を形成するのに大切になってくる「対抗社会化」のための教材内容や教育方法を現場にもたらさないのではないか[26]。

東大系のアプローチも、京大系のアプローチも、おそらくオリバーらの「法理学的アプローチ」と、それを取り入れた歴史カリキュラムといった発想を教師または研究者が生みだすような（または海外からそうした構想やカリキュラム教材を教師または研究者が発見してくるような）チャンスを生みだしはしないだろう[27]。これは学校現場の現実的なことをいったん括弧にくくり、既存の学校教育を支える学問体系すら疑って見るラディカルな「エイム・トーク（aim-talk: 教育のねらいをめぐる議論）」をしない限り、生まれてこない。本書の翻訳は、この事実を再確認することで、今や絶滅危惧種である私たち教科教育学を専門とした者たちの最後（?）の訴えをしたいがために行ったのである。教科教育学の開発研究、教科教育学の教育工学的アプローチこそが、実は現場のラディカルな変革に一番寄与できる。この影響は心ある一部の教師にとどまるかもしれないが、大切なことはこうした心ある教師を増やしていく努力であ

り、だからこそ教科教育学主導の教師教育が必要となるのである。

＊＊＊

　本書は、渡部竜也（東京学芸大学）・溝口和宏（鹿児島大学）・橋本康弘（福井大学）・中原朋生（環太平洋大学）・三浦朋子（亜細亜大学）の教科教育学・法教育研究を専門とする教育学者5人が翻訳した。第1章・第2章は橋本、第3章は三浦、第4章〜第7章は渡部、第8章〜第9章は溝口、第10章〜第12章は渡部、補論第1節〜第5節は中原と渡部が担当した。

　この度の出版に際しては、東信堂に支援をしていただいた。こうした支援なくして、本書の出版はできなかった。この場を借りて感謝申し上げたい。なお、「訳者解説」の主張はあくまで渡部個人の見解であり、他の訳者や東信堂の関係者の主張や考えと同じではないことは、改めて付け加えておきたい。

2018年11月5日　渡部竜也

1　プラグマティストらの社会問題学習の考え方とオリバーらの考え方の違いについて論じた研究として、次のものがある。渡部竜也「社会問題科としての社会科」社会認識教育学会編『新社会科教育学ハンドブック』明治図書、2012年、97〜98頁。渡部竜也「法思想の変遷と法学習論の展開に関する史的・原理的考察－「公民科法学習」「社会科法学習」「法関連教育法学習」の相克－」『東京学芸大学紀要　人文社会科学系Ⅱ』第60集、2009年、5〜14頁。
2　Barr, Robert. Barth, James L., and Shermis, S. Samuel. *The Nature of the Social Studies*, An ETC Publication, 1978, pp.110-111.
3　オリバーとシェーバー、そして後に「真正の学び／学力」論を展開するフレッド・ニューマンの知識論、認識論、学力論がデューイらプラグマティスト（実用主義者）のそれらに影響を受けている（プラグマティストのそれらとほぼ同じ位置にある）ことについては、バーらの研究の他、次の論文でも指摘されている。Whitson, James A. and Stanley, William B. The Future of Critical Thinking in the Social Studies, in Nelson, Murry R. ed. *The Future of the Social Studies*, Social Science Education Consortium, Inc., 1994, pp.25-34.
4　本書や『公的論争問題シリーズ』については数多くの研究論文がある。しかしい

ずれも紹介、またはカリキュラム教材の構成についての原理的説明にとどまり、「実用化」を意識した研究は皆無だといえるだろう。それは訳者たちのこれまでの研究も例外ではない。今回の全訳は、「法理学的アプローチ」を机上の空論に終わらせないようにするための、訳者たちの決意の表れである。

5　Bohan, C. H. and Feinberg, J R. The Author of the Harvard Social Studies Project: A Retrospective Analysis of Donald Oliver, Fred Newmann, and James Shaver, *Social Studies Research and Practice*, Vol.3, No.2, 2008.

6　スティーブン・ソーントン著（渡部竜也、山田秀和他訳）『教師のゲートキーピング－主体的な学習者を生む社会科カリキュラムに向けて－』春風社、2012年、特に第3章。バートン&レヴスティク「日本版まえがき」『コモン・グッドのための歴史教育』（註21）、12～15頁。他教科の「教育のねらいについての議論」については、例えば美術教育や音楽教育の事例を紹介したものとして、次の論文がある。今井康雄「アート教育カリキュラムの創造－ひとつの予備的考察」『教育変革への展望⑤　学びとカリキュラム』岩波書店、2017年。

7　Barton, K. C. Introduction, in Barton K. C.（ed.）*Research Methods in Social Studies Education: Contemporary Issues and Perspectives*, Information Age Publishing, 2006, pp.1-10.

8　法教育と「教育の現代化」運動の関係については、次の論文を参照にされたい。渡部竜也「法思想の変遷と法学習論の展開に関する史的・原理的考察－「公民科法学習」「社会科法学習」「法関連教育法学習」の相克－」『東京学芸大学紀要　人文社会科学系Ⅱ』第60集、2009年。

9　ダイアン・ラヴィッチ著（末藤美津子、宮本健市郎、佐藤隆之訳）『学校改革抗争の100年－20世紀アメリカ教育史』

10　森分孝治『社会科教育学研究－方法論的アプローチ入門』明治図書、1999年。

11　ここまでの某氏の主張を確認するのに一番適していると訳者が考える氏の著書は、次の著書である。佐藤学『教育方法学』岩波書店、1996年。

12　佐藤学「「教職専門職大学院」のポリティクス－専門職化の可能性を探る－」『現代思想』第4号、2005年、98～111頁。

13　レッスン・スタディにおける現場教師の授業分析の傾向性（授業分析の際に自明としている視座）について、大学教員などを比較することで明らかにした研究としては、渡部竜也「我が国のベテラン社会科教師の授業分析に見られるコレクトネス：教育学者・ベテラン教師7人の授業批評に見られる分析視点の違いから」『東京学芸大学紀要　人文社会科学系Ⅱ』第67集、2016年を参照のこと。

14　「日本的な」授業スタイルや教師文化については、例えば渡辺雅子『叙述のスタイルと歴史教育』三元社、2003年などの日米比較が参考になる。なお、「日本的な」授業スタイルに埋没しないようなレッスン・スタディを生み出すという問題意識から、最近、外国の教師との対話によるレッスン・スタディを企画しているのが、名古屋大学の柴田章好氏とサルカール・アラニ氏である。

15　そうした教師がレッスン・スタディの場において一人しかいない場合、その人物はレッスン・スタディの場で突っ走って浮いてしまうような事態がしばしば生じて

いる。またその教師が「浮く」ことを危惧している場合、場の空気を壊さないようにするために、あえてレッスン・スタディで黙っていたりする。レッスン・スタディは何よりも同僚意識の形成のために日本社会では実行されてきた現実があることが、ここからうかがうことができる。レッスン・スタディにおいて、ある発言が同僚性を揺さぶる危険がある時、教師はそうした発言を回避する傾向にある。つまり、同僚の批判を避け、不勉強な同僚が参加できないような高次の議論をすることを避け、現状の簡単な修正にとどまろうとする。ちなみにこうした少数の「浮きそうな」教師たちは、同じ語りのできる教師たちが集まる勉強会（民間教育研究団体など）や学会などに参加し、そこで議論している。小学校教師は子どもを「見取る」ことを重視する研究会に参加する人が比較的に多いのに対して、中学校や高校の教師は教師を観察する研究会や授業計画や教材を創造的に作ることを重視する研究会（教科教育学系の学会もこちらに含む）にだいたい参加する傾向がある。（これらの事実は、訳者の指導学生が学会等に参加する 20 人の小学校教師の聞き取りから明らかにした。卒論のため未公刊だが、東京学芸大学教育学研究室の図書館に来たらデータを見ることができる。）

16　そもそも教師の多くは基本的に保守的な存在、変革を望まない存在である。このことは、東京大学の秋田喜代美氏が論文の中でもハーグリーブスやダン・ローティのそうした研究を紹介しているように（註 19）、東大系の教育方法学の中でも認識されつつあるようである。ただ、なぜ教師が保守的なのかに関する議論はやや不十分である。大抵の教師は学校現場で自明視されている「日本的な」授業について誰よりも好きで、その授業をしたいがために教師という仕事を選んでいるケースも少なくないという事実について、しっかり認識しておく必要がある。彼らが、現場で常識化している授業スタイルや授業の戦略の変革の原動力にはなりにくいのはそのためである。

17　例えば最近教育学で注目されている PCK が、こうした知識の主力構成要素となる。

18　ただし、安彦忠彦など、某氏のカリキュラムや授業の開発研究を軽視する言動に批判的である研究者もいることも付記しておきたい。例えば安彦は、「アメリカには依然としてカリキュラムの構成・開発の流れも明確にあり、一面的に見ることは避けるべきである」と述べ、教育工学的アプローチによる開発研究は時代遅れでアメリカの教育学会では過去の遺物となったと主張する佐藤を牽制している（安彦忠彦『新版 カリキュラム研究入門』勁草書房、1999 年、20 頁など）。

19　こうした研究について具体例をいちいち挙げることはここではしないが、例えば次の研究はその典型であるので一読されたい。秋田喜代美「授業づくりにおける教師の学び」佐藤学他編『教育変革への展望⑤　学びとカリキュラム』岩波書店、2017 年、71 〜 104 頁。

20　石井英真「教師の専門職像をどう構想するか：技術的熟達者と省察的実践家の二項対立図式を超えて」『教育方法の探究』第 16 号、2013 年、9 〜 16 頁。同じく「授業研究を問い直す―教授学的関心の再評価―」日本教育方法学会編『教育方法 43 授業研究と校内研修』図書文化、2014 年、36 〜 48 頁。

21　ここまで議論してきた京大系教育方法学者の多くの教育論や彼の暗黙裡に持つ仮説については、次の著作や論文によく特質が出ているといえる。石井英真『今求められる学力と学びとは―コンピテンシー・ベースのカリキュラムの光と影』日本標準ブックレット、2015 年。同「資質・能力ベースのカリキュラム改革と教師指導の課題―教科の本質を追求する授業のあり方―」日本教育方法学会編『教育方法 46　学習指導要領の改訂に関する教育方法学的検討―「資質・能力」と「教科の本質」をめぐって―』図書文化、2017 年、35 〜 48 頁。

22　この辺りの議論については、ヘイドン・ホワイト著（上村忠男訳）『実用的な過去』岩波書店、2017 年や、キース・バートン＆リンダ・レヴスティク著（渡部竜也、草原和博他訳）『コモン・グッドのための歴史教育』春風社、2015 年などを参照のこと。「不自然な」という表現は、サム・ワインバーグ著（渡部竜也訳）『歴史的思考―その不自然な行為』春風社、2017 年でワインバーグが歴史学の思考や研究姿勢をそのように表現していたところから借用した。

23　この手の学習に対して、理系志望の生徒や歴史に興味関心のない生徒から「過去このことは過去のことだろ。だからどうした」といわれた経験をお持ちの読者も少なくないのではないか。ちなみに訳者はよく妻にいわれる。彼らとしては、政治史や経済史ではなく、民衆史や社会史を用いれば、生活と歴史学とが併存できると考えており、絵図の比較（元ネタは加藤公明実践）を事例として扱っているのだと思われるが、それは「過去の」生活とつながるだけである。現在の生活とは、必ずしもつながらないのではないか。

24　これら歴史学者が通常嫌う思考が民主主義社会の形成者の育成にとって重要となってくることを論じるものとして、前出のバートン＆レヴスティクの著書（註 21）を参照のこと。

25　彼らの教育論と「教育の現代化」運動前期に見られる主な教育論との違いは、彼らの方がブルーナーらよりは学問と子どもたちの社会生活とを結びつけて教授しようとする意識がある点くらいにとどまるのではなかろうか。（石井英真「「科学と教育の結合」論と系統学習論―反知性主義への挑戦と真の知育の追求―」田中耕治編著『戦後日本教育方法論史―カリキュラムと授業をめぐる理論的系譜―』ミネルヴァ書房、2017 年。）

26　そもそも京大系教育方法学者の多くは、こうしたカリキュラム上の教科内容の在り方をめぐる具体的な議論やイデオロギーをめぐる議論を、アメリカでは教育社会学やＮＣＳＳなど社会科教育系の学会、日本の場合は教育社会学や社会科教育学系の学会でかなり行われてきた歴史があることをあまりご存じない（もしくは意図的・戦略的に無視している）のではと思われる。例えば石井氏は「日本では『何を教えるのか』という教育内容レベルが学習指導要領で規定されることもあり、研究者や教師によるカリキュラム研究が元々未熟である。(…) 教育実践研究は技術主義的・心理主義的傾向を強め、むしろカリキュラム研究の空洞化が進んでいる」といった説明をされているが（同「学校改革とカリキュラム変革の歴史と現在」『教育変革への展望⑤　学びとカリキュラム』岩波書店、2017 年、137 頁）、これは旧帝大系の教育学

者や日本教育方法学会、日本カリキュラム学会などの間でいえることに過ぎないのであり、歴史教育者協議会などの民間教育団体も、全国社会科教育学会や日本社会科教育学会などの教科教育の各学会も、教科内容を含んだカリキュラムをめぐる議論は（外国のカリキュラムの紹介も含んで）活発で、かなりラディカルな提案もなされている。議論の視野が狭過ぎはしないか。

27　京大系教育方法学者の多くは、ソーントンらの唱える「エイム・トーク（aim-talk）」を通して、教育目標、内容、方法の連続的な議論をしていくことについては、多少は支持するかもしれないが、その結果としてオリバーらのように主権者育成のために歴史の授業を歴史学以外の学問に依拠することについては、反対するに違いない。それは、例えば石井氏が安彦忠彦を批判した次のコメントにおいて確認できる。「教育の理念・目的や人間像に関する検討といった、価値に関わる議論を学校現場において展開していくことは重要だろう。（…）しかし（…）学力の外に置かれた、価値観や道徳性に関わる内容が、意識的・直接的に教育可能なものとして実体化し、それによって教科の系統や内容の学び深めのプロセスが歪められはしないか。人間は学習によって獲得された能力を文化として社会的に蓄積し、次の世代は、そうした文化を学習することで、人間らしく発達していく。系統的に組織された文化遺産を学ぶこと自体、その過程や学び深めや再創造を伴うものであるなら、それは思想や人間性の基盤となる認識枠組み（見方・考え方）や世界観の形成につながり、日常的な行為に知性や思慮深さや見通しをもたらしうるのである」。つまり、「主権者の育成」などの外部の価値が、学科固有のディシプリンを崩してしまう可能性があり、そのことが文化遺産の学び深めや再創造を阻害することになり、日常的な行為への見通しや思慮深さを阻害するのだ、と（同「資質・能力ベースのカリキュラム改革をめぐる理論的諸問題―教育的価値を追求するカリキュラムと授業の構想に向けて―」『国立教育政策研究所紀要』第146集、2017年、111～112頁）。彼のこのような主張は、デッカー・ウォーカーとジョナス・ソルティスの定義に従うなら、「進歩主義」ではなく「伝統主義」の教育観そのものであるし、ヘンリー・ジルーの定義に従うなら「相互作用イデオロギーによるリテラシー教育」の教育観そのものである。ここに彼の伝統的な教養主義の姿勢（学問の無批判的受容の姿）をはっきりと確認できるところである（デッカー・ウォーカー＆ジョナス・ソルティス著（佐藤隆之／森山賢一訳）『カリキュラムと目的―学校教育を考える―』玉川大学出版部、2015年、33～40頁。ジルーの定義については、佐藤学「言語リテラシー教育の政治学」マイケル・アップル他編著『批判的教育学と公教育の再生』明石書店、2009年）。

事項索引

あ行
アイオワ教育開発テスト(ITED)No.1
　　　　　　　　　　　　381-384, 392, 441
アイオワ教育開発テスト(ITED)No.5　254,
　　　　310, 364, 367-369, 378, 413-416
アナロジー　　　　　　　　169, 397-403
アメリカ教育会議の一般教育における評
　価に関する共同研究　　　　249, 347
『アメリカ人のジレンマ』　　　　　26
アメリカ人の信条　　　　　　17, 34-42
意志の強さに関する測定　428, 429, 435
一般主張(一般原理)　　　　　　　147
一般的留保条件　　　　　　　　　183
一般福祉　　　　　　　　64, 112, 139
イリノイ州批判的思考プロジェクトの批
　判的思考テスト　　　　　　　　254
F尺度　　　　　　　　　　436, 445-448
温室での実験　　　　　　　　　　360

か行
各自でやりとりのあるアプローチ　232
学問(規範)の構造　　　　　　　　314
価値的問題　　　138, 143, 161, 174, 264
価値の源泉　　　　　　　　　　71-75
価値負荷された言明(価値負荷的な言葉)
　　　　　　　　　　　　　　　　158
学校での作業習慣に関する質問紙 435, 440
合衆国憲法の前文　　　　　　　　111
カリキュラムガイド　　　　　　　　7
カリキュラム開発　　　　　　　　11
キャッテル高校パーソナリティ質問紙
　(HSPQ)　　　　　　　　　　436, 437
『教育目標の分類学』　　　　　　　12
共産主義　　　　17-18, 65, 119, 135, 198

キリスト教(キリスト教思想)　17-18, 69-70
ギルフォード・ジンマーマン気質調査
　　　　　　　　　　427, 429, 437, 438
ケースメソッド(事例研究法)　　　128
啓蒙的な利己主義　　　　　　　62-64
権力分立　　　　　　　　　　　　107
コーネル式批判的思考テスト　　　255
公的決定　　　　　　　　　　　80, 81
功利主義　　　　　　　　　　52, 64-66
合理的合意　　　　　　　　　85-90, 96
黒人との社会的距離感尺度　　　　436
個人主義　　　　　　　　　　　60-62
コロンビア大学市民性教育プロジェクト
　のアメリカ市民の諸原理テスト
　　　　　　　　　　　　　　382, 389

さ行
ジェファーソニアンの諸原理　　　116
『思考の方法』　　　　　　　　　　12
事実主張　　　　　　　　143-149, 167
事実的問題　　　　143, 161, 164, 171
自然権　　　　　　　　　　　　　72
自然法則　　　　　　　　　　　　66
私的決定　　　　　　　　　　　80, 81
実用主義(プラグマティズム)　47, 178
　　　　　　　　　　　　　　180-182
指南書　　　　　　　　　　　　　78
自発的集団　　　　　　　　　　　90
市民性教育　　　　　　　　　　　　5
社会科学(社会科学者)　　　5, 313-321
社会関連科学に関するカリフォルニア州テ
　スト(カリフォルニア・アメリカ史テスト)
　　　　　　　　　　　　　　382, 384-390
社会的価値　　　　20-22, 26, 83-87, 90

社会的有用性 48
社会問題分析テスト（SIAT）No.1 268-270, 368-369, 416-418, 441-451
社会問題分析テスト（SIAT）No.2 270-278, 370-372, 416-418, 441-451
社会問題分析テスト（SIAT）No.3 282-290, 370, 416-418, 441-451
社会問題分析テスト（SIAT）No.4 290-311, 373, 417-421, 441-451
尺度の構成体 38, 41, 181, 182
主観的な相対主義 45, 46
主権者教育 i
証拠への敏感さ測定 428-430
新聞表題テスト 389
神秘主義的な民主主義 55-57
進歩主義教育協会の8年研究 254, 347
スタンフォード社会教育調査 346
正義 111
洗脳 20
ソクラテス式問答型の教授スタイル 247, 357, 407, 408, 410
ソシオメトリック・ステータス 438, 441, 443

た行
対立の統制 17
多元主義 14-20
多尺度分析 239
多数派による専制 59
単語表現二分化テスト 435
定義的問題 129, 137, 164, 217, 262
適法手続き 103-105
到達欲求に関する自己報告型質問紙 435

な行
内容選択 4
南部の人たちについての意見 436
人間の尊厳 13-16, 35-36, 51, 80-85, 97

認知欲求に関する自己報告型質問紙 434

は行
評価的問題 165
平等性 68, 69
復誦型の教授スタイル 247-250, 357, 401, 406-414, 421
分離すれど平等 49
ホーソン効果 360, 393
法の支配 99-101
法の下での平等の保護 103
法理学的アプローチ（法理学的な授業） x, 191, 192, 313, 324
法理学的認識枠 162

ま行
ミシガン州問題解決テスト 310, 364
『民主主義の論理』 52
民主的な手続き（民主的な手続き主義，民主的な手続きアプローチ） 51, 52, 57
「持つ者」「持たざる者」質問紙 435
問題—主題アプローチ 195-199, 335, 336

や行
ユダヤ教徒についての意見 436

ら行
立憲主義（立憲民主主義，民主主義的な立憲主義） 93-95, 97-99, 116-119
倫理的理想 38
歴史的危機アプローチ 196, 322, 335, 336
連邦主義 108

わ行
ワグミステスト 364-369, 378, 413-416, 441

ワトソン・グレイザー式批判的思考評価
テスト　　　　　　　　254, 310, 364

人名索引

あ行

アンダーソン, H・H (Anderson, H. H.)　233
アンダーソン, H・R (Anderson, H. R.)　346
アンダーソン, リチャード (Anderson, Richard C.)　232, 240
ウィスプ, ローレン (Wispe, Lauren)　421
ウェズリー, エドガー (Wesley, Edger B.)　8
エウィン, E (Ewing, E. C.)　256

か行

カットン, ブルース (Catton, Bruce)　315
キルパトリック, ウィリアム (Kilpatrick, William H.)　238
グレイザー, エドワード (Glaser, Edward M.)　346, 421

さ行

シャイラー, ウィリアム (Shirer, William)　315
スターン, G (Stern, G. G.)　423-426
スチーブンソン, C (Stevenson, C. L.)　256
スティンゾール, B (Steinzor, B.)　295
スミス, オサネル (Smith, B. Othanel)　237-239
スミス, フィリップ (Smith, Philip G.)　12, 47-49

た行

デューイ, ジョン (Dewey, John)　12, 47, 178, 231, 238
トーソン, トーマス (Thorson, Thomas)　52-53
トインビー, アーノルド (Toynbee, Arnold J.)　315
ドラッカー, ピーター (Drucker, Peter)　121

は行

ハイエク, A (Hyack, A.C.)　70
ハイラム, G (Hyram, G. A.)　346
ハルフィッシュ, ゴートン (Hullfish, Gordon H.)　12, 47-48
ハント, モーリス (Hunt, Maurice P.)　49
バーラック, ハロルド (Berlak, Harold)　305-307
ヒューズ, マリー (Hughes, Marie)　235-237
ビアード, チャールズ (Beard, Charles A.)　13, 255, 256
フランダース, ネッド (Flanders, Ned A.)　233-235
ブキャナン, スコット (Buchanan, Scott)　66-67
ブルーナー, ジェローム (Bruner, Jerome)　314
ブルーム, ベンジャミン (Bloom, Benjamin S.)　12
ヘインズ, R (Heyns, R. W.)　295, 296
ベイルズ, ロバート (Bales, Robert B.)　239, 292-296
ホスパース, ジョン (Hospers, John)　256
ホワイト, モートン (White, Morton)　72, 178

ま行

マクニール, ウィリアム (McNeill, William H.)　316
マッキーチ, W (McKeachie, W. J.)　426, 427, 434
ミュルダール, グンナー (Myrdal, Gunnar)　17, 26, 33-37, 174, 188
ミラー, J (Miller, J.)　346
ミラー, アーサー (Miler, Arthur S.)　121
メトカーフ, ローレンス (Metcalf, Laurence E.)　49
モリソン, サミュエル (Morison, Samuel E.)　315

ら行

ライル, エドウィン (Lyle, Edwin) 347
ラウプ, ブルース (Raup, R. Bruce) 49
ラッセル, バートランド (Russell, Bertrand) 256
リップマン, ウォルター (Lippmann, Walter) 53
リンゼイ, A (Lindsay, A.D.) 57, 120
レズニック, ローレン (Resnick, Lauren) 431-434
ローズステイン, アーノルド (Rothstein, Arnold) 347

訳者紹介

渡部　竜也(わたなべ　たつや)
　1976年生まれ。東京学芸大学教育学部准教授。広島大学大学院教育学研究科博士課程後期修了。博士(教育学)。
　専門は、社会科教育学、カリキュラム研究、授業開発論、教師教育論、主権者教育、歴史教育など。主な著訳書に、『アメリカ人の生活と学校カリキュラム』(ハロルド・ラッグ著、春風社、2018年(共訳))、『世界初　市民性教育の国家規模カリキュラム―20世紀アメリカNEA社会科委員会報告書の事例から』(春風社、2016年(編訳))、『アメリカ社会科における価値学習の展開と構造―民主主義社会形成のための教育改革の可能性』(風間書房、2015年)など。

溝口　和宏(みぞぐち　かずひろ)
　1967年生まれ。鹿児島大学大学院教育学研究科教授。広島大学大学院教育学研究科博士課程後期修了。博士(教育学)。
　専門は、社会科教育学、歴史教育、公民教育。主な著書に『社会科教育学研究ハンドブック』(明治図書、2015年(共編))、『現代アメリカ歴史教育改革論研究』(風間書房、2003年)など。

橋本　康弘(はしもと　やすひろ)
　1971年生まれ。福井大学教育・人文社会系部門教授。広島大学大学院教育学研究科博士課程前期修了。修士(教育学)
　専門は、社会科教育学、公民教育、法関連教育。『「公共」の授業を創る』(明治図書、2018年(編著))。『授業LIVE　18歳からの政治参加』(清水書院、2017年(編著))など。

三浦　朋子(みうら　ともこ)
　1981年生まれ。亜細亜大学法学部准教授。千葉大学大学院人文社会科学研究科博士課程修了。博士(学術)。専門は、公民教育、法教育。主な著書に、「行政の役割に着目した中学校社会科教材開発―地方自治体と住民の関係性から社会参画のあり方を考える―」亜細亜大学総合学術文化学会『学術文化紀要』(第30号、2017年)。関東弁護士連合会編『わたしたちの社会と法―学ぼう・法教育』(商事法務、2016年(編集協力))など。

中原　朋生(なかはら　ともお)
　1970年生まれ。環太平洋大学次世代教育学部教授。広島大学大学院教育学研究科博士課程前期修了。博士(教育学)。専門は、幼児期から高校までの公民教育、法教育。主な著書に、『現代アメリカ立憲主義公民学習論研究―憲法規範を基盤とする幼稚園から高等学校までの子どもの市民性育成』(風間書房、2015年)など。

ハーバード法理学アプローチ──高校生に論争問題を教える──

2019年1月15日　　初 版　第1刷発行　　　　　　　　　　　　〔検印省略〕
　　　　　　　　　　　　　　　　　　　　　　　　　定価はカバーに表示してあります。

訳者ⓒ渡部竜也・溝口和宏・橋本康弘・三浦朋子・中原朋生／発行者 下田 勝司　　印刷・製本／中央精版印刷

東京都文京区向丘 1-20-6　　郵便振替 00110-6-37828　　　　　　発 行 所
〒 113-0023　TEL (03) 3818-5521　FAX (03) 3818-5514　　　　株式会社 東信堂

Published by TOSHINDO PUBLISHING CO., LTD.
1-20-6, Mukougaoka, Bunkyo-ku, Tokyo, 113-0023, Japan
E-mail : tk203444@fsinet.or.jp　　http://www.toshindo-pub.com

ISBN978-4-7989-1531-9　C3037

ⓒ Tatsuya WATANABE, Kazuhiro MIZOGUCHI, Yasuhiro HASHIMOTO, Tomoko MIURA, Tomoo NAKAHARA

東信堂

ネオリベラル期教育の思想と構造——書き換えられた教育の原理	福田誠治	六二〇〇円
世界の外国人学校	末藤美津子編著	三八〇〇円
アメリカ 間違いがまかり通っている時代——公立学校の企業型改革への批判と解決法	D・ラヴィッチ著 末藤美津子訳	三八〇〇円
教育による社会的正義の実現——(1945-1980) アメリカの挑戦	D・ラヴィッチ著 末藤美津子訳	五六〇〇円
学校改革抗争の100年——20世紀アメリカ教育史	D・ラヴィッチ著 末藤・宮本・佐藤訳	六四〇〇円
アメリカ公立学校の社会史——コモンスクールからNCLB法まで	W・J・リース著 小川佳万・浅沼茂監訳	四六〇〇円
アメリカ学校財政制度の公正化	竺沙知章	三四〇〇円
現代アメリカの教育アセスメント行政の展開——マサチューセッツ州《MCASテスト》を中心に	北野秋男編	四八〇〇円
アメリカ公民教育におけるサービス・ラーニング	唐木清志	四六〇〇円
[増補版]現代アメリカにおける学力形成論の展開——スタンダードに基づくカリキュラムの設計	石井英真	四六〇〇円
ハーバード・プロジェクト・ゼロの芸術認知理論とその実践——内なる知性とクリエティビティを育むハワード・ガードナーの教育戦略	池内慈朗	六五〇〇円
ハーバード法理学アプローチ——高校生に論争問題を教える	三浦・溝口・橋本・渡部・中原訳	三九〇〇円
社会を創る市民の教育——協働によるシティズンシップ教育の実践	桐谷正信編著	二五〇〇円
アメリカにおける学校認証評価の現代的展開	大友秀明	五二〇〇円
アメリカにおける多文化的歴史カリキュラム	桐谷正信	三六〇〇円
現代日本の教育課題——二一世紀への方向性を探る	浜田博文編著	二八〇〇円
現代ドイツ政治・社会学習論——「事実教授」の展開過程の分析	大友秀明	三六〇〇円
現代教育制度改革への提言 上・下	日本教育制度学会編	各二八〇〇円
日本の教育をどうデザインするか	岩槻知也他編著 村田翼夫	二八〇〇円
現代日本の教育課題——二一世紀の方向性を探る	上田学 村田翼夫編著	二八〇〇円
バイリンガルテキスト現代日本の教育	村田翼夫編著	三八〇〇円
社会形成力育成カリキュラムの研究	山口満	六五〇〇円
社会科は「不確実性」で活性化する——未来を開くコミュニケーション型授業の提案	西村公孝 吉永潤	二四〇〇円

〒113-0023 東京都文京区向丘 1-20-6
TEL 03-3818-5521 FAX03-3818-5514 振替 00110-6-37828
Email tk203444@fsinet.or.jp URL:http://www.toshindo-pub.com/

※定価：表示価格（本体）＋税

溝上慎一監修 アクティブラーニング・シリーズ（全7巻）

東信堂

① アクティブラーニングの技法・授業デザイン　水無田気流 編　一六〇〇円
② アクティブラーニングとしてのPBLと探究的な学習　溝上慎一 編　一八〇〇円
③ アクティブラーニングの評価　成田秀夫 編　一六〇〇円
④ 高等学校におけるアクティブラーニング：理論編（改訂版）　石井英真 編　一六〇〇円
⑤ 高等学校におけるアクティブラーニング：事例編　松下佳代 編　一六〇〇円
⑥ アクティブラーニングをどう始めるか　成田秀夫　一六〇〇円
⑦ 失敗事例から学ぶ大学でのアクティブラーニング　亀倉正彦　一六〇〇円

学びと成長の講話シリーズ

① アクティブラーニング型授業の基本形と生徒の身体性　溝上慎一　一六〇〇円
② 学習とパーソナリティー ―「あの子はおとなしいけど成績はいいんですよね―」をどう見るか　溝上慎一　一六〇〇円

大学生白書2018 ―今の大学教育では学生を変えられない　溝上慎一　二四〇〇円
アクティブラーニングと教授学習パラダイムの転換　溝上慎一　三八〇〇円
グローバル社会における日本の大学教育 ―全国大学調査からみえてきた現状と課題　河合塾編著　三二〇〇円
大学のアクティブラーニング ―全国大学調査からみえてきた現状と課題　河合塾編著　二〇〇〇円
「学び」の質を保証するアクティブラーニング ―3年間の全国大学調査から　河合塾編著　二八〇〇円
「深い学び」につながるアクティブラーニング ―全国大学の学科調査報告とカリキュラム設計の課題　河合塾編著　二八〇〇円
アクティブラーニングでなぜ学生が成長するのか ―経済系・工学系の全国大学調査からみえてきたこと　河合塾編著　二〇〇〇円
社会に通用する持続可能なアクティブラーニング ―ICEモデルが大学と社会をつなぐ　土持ゲーリー法一　二〇〇〇円
附属新潟中式「3つの重点」を生かした確かな学びを促す授業 ―教科独自の眼鏡を育むことが、「主体的・対話的で深い学び」の鍵となる！　新潟大学教育学部附属新潟中学校 編著　二五〇〇円
ポートフォリオが日本の大学を変える ―ティーチング／ラーニング／アカデミック・ポートフォリオの活用　土持ゲーリー法一　二五〇〇円
ティーチング・ポートフォリオ ―授業改善の秘訣　土持ゲーリー法一　二〇〇〇円
ラーニング・ポートフォリオ ―学習改善の秘訣　土持ゲーリー法一　二五〇〇円

〒113-0023 東京都文京区向丘1-20-6　TEL 03-3818-5521　FAX 03-3818-5514　振替 00110-6-37828
Email tk203444@fsinet.or.jp　URL:http://www.toshindo-pub.com/

※定価：表示価格（本体）＋税

東信堂

放送大学に学んで——未来を拓く学びの軌跡	放送大学中国・四国ブロック学習センター編	二〇〇〇円
ソーシャルキャピタルと生涯学習	J・フィールド 矢野裕俊監訳	二五〇〇円
成人教育の社会学——パワー・アート・ライフコース	高橋満編著	三二〇〇円
NPOの公共性と生涯学習のガバナンス	高橋満	二八〇〇円
コミュニティワークの教育的実践	高橋満	二〇〇〇円
学級規模と指導方法の社会学——実態と教育効果	山崎博敏	二二〇〇円
高等専修学校における適応と進路——後期中等教育のセーフティネット	伊藤秀樹	四六〇〇円
「夢追い」型進路形成の功罪——高校改革の社会学	荒川葉	二八〇〇円
進路形成に対する「在り方生き方指導」の功罪——高校進路指導の社会学	望月由起	三六〇〇円
教育から職業へのトランジション——若者の就労と進路職業選択の社会学	山内乾史編著	二六〇〇円
教育と不平等の社会理論——再生産論をこえて	小内透	三二〇〇円
マナーと作法の社会学	加野芳正編著	二四〇〇円
マナーと作法の人間学	矢野智司編著	二〇〇〇円
〈シリーズ 日本の教育を問いなおす〉		
拡大する社会格差に挑む教育	倉元直樹・木村拓也編	二四〇〇円
混迷する評価の時代——教育評価を根底から問う	西村和雄・大森不二雄・倉元直樹・木村拓也編	二四〇〇円
教育における評価とモラル	西村和雄・大森不二雄編	二四〇〇円
《大転換期と教育社会構造：地域社会変革の学習社会論的考察》 戸瀬信雄編		
第1巻 教育社会史——日本とイタリアと	小林甫	七八〇〇円
第2巻 現代的教養Ⅰ——生活者生涯学習の地域的展開	小林甫	六八〇〇円
第3巻 現代的教養Ⅱ——技術者生涯学習の生成と展望	小林甫	六八〇〇円
第3巻 学習力変革——地域・自治と社会構築	小林甫	近刊
第4巻 社会共生力——東アジアと成人学習	小林甫	近刊

〒113-0023 東京都文京区向丘1-20-6
TEL 03-3818-5521　FAX03-3818-5514　振替 00110-6-37828
Email tk203444@fsinet.or.jp　URL:http://www.toshindo-pub.com/

※定価：表示価格（本体）＋税